数学高阶思维区域推进的系列研究

三角形

主　编　张娟萍
副主编　艾　阳　戴秀梅
编　委　张娟萍　艾　阳　戴秀梅　王卫东
　　　　孟敬芳　金　纶　孙　杰

浙江大学出版社
·杭州·

图书在版编目（CIP）数据

数学高阶思维区域推进的系列研究．三角形 / 张娟萍主编．— 杭州：浙江大学出版社，2024.11
　　ISBN 978-7-308-24313-1

Ⅰ.①数… Ⅱ.①张… Ⅲ.①中学数学课—初中—教学参考资料 Ⅳ.①G633.603

中国国家版本馆CIP数据核字(2023)第200819号

数学高阶思维区域推进的系列研究——三角形

主　编　张娟萍
副主编　艾　阳　戴秀梅

责任编辑	傅百荣
责任校对	何　瑜
封面设计	林智广告
出版发行	浙江大学出版社
	（杭州市天目山路148号　邮政编码310007）
	（网址：http://www.zjupress.com）
排　　版	杭州林智广告有限公司
印　　刷	广东虎彩云印刷有限公司绍兴分公司
开　　本	710mm×1000mm　1/16
印　　张	20.75
字　　数	351千
版 印 次	2024年11月第1版　2024年11月第1次印刷
书　　号	ISBN 978-7-308-24313-1
定　　价	76.00元

版权所有　侵权必究　　印装差错　负责调换
浙江大学出版社市场运营中心联系方式：0571-88925591；http://zjdxcbs.tmall.com

总　序

培养思维是发展核心素养的关键

众所周知,核心素养导向的课程改革,在课程内容结构化、育人方式、教学方式、学习方式、教学评价、学业评价等方面,提出了全方位的新要求。在基础教育课程教学深化改革的进程中,我们面临着许多重点难点问题,诸如核心素养导向的教学设计、学科实践、跨学科主题学习、作业设计、考试命题、综合素质评价等。为了解决这些难题,教育理论界提出了大量新概念,如大观念、大主题、大概念、大单元教学、深度学习、基于问题的学习、STEAM教育、主题学习、研究性学习、跨学科学习、理解力课程、建模式教学、项目化学习……令人眼花缭乱,给人以无所适从的感觉。一线教师到底该如何应对呢?

基础教育的课程、教学、评价等必须随时代发展而不断改革,这是不以人的意志为转移的。我认为,在迅速发展的教育改革大潮中,守正创新是把握改革方向的唯一正道。如何处理好守正与创新的关系,在继承基础上创新,走一条"积跬步以至千里"的改革道路,是每一位教育工作者都应认真思考的问题。对于数学教育教学改革而言,我们必须以落实立德树人根本任务、发展学生核心素养为目标定位,潜心追索数学教育的本来面目,探寻数学教育教学改革的方式方法,以"一张蓝图绘到底,撸起袖子加油干"的坚强决心,通过坚忍不拔的努力,实现数学育人的时代目标。

那么,在深化数学教育教学改革的行动中,到底什么才是发展学生核心素养的关键?我的答案是要大力培养学生的思维。这是出于如下理由。

第一,数学是思维的科学,由此决定了数学育人的重心在培养人的思维。正如《义务教育数学课程标准(2022年版)》(简称《课标(2022年版)》)指出的,数学在形成人的理性思维、科学精神和促进个人智力发展的过程中发挥着不可替代的作用。

第二,中国学生发展核心素养的文化基础包含人文底蕴、科学精神两大素养。其中,科学精神包括理性思维、质疑批判、勇于探索。理性思维的重点是:崇尚真知,能理解和掌握基本的科学原理和方法;尊重事实和证据,有实证意识和严谨的求知态度;逻辑清晰,能运用科学的思维方式认识事物、解决问题、指导行为等。质疑批判的重点是:具有问题意识;能独立思考、独立判断;思维缜密,能多角度、辩证地分析问题,做出选择和决定等。勇于探究的重点是:具有好奇心和想象力;能不畏困难,有坚持不懈的探索精神;能大胆尝试,积极寻求有效的问题解决方法等。可以看到,科学精神发展的关键在于促进思维发展。

第三,注重培养思维能力是我国数学教育的优良传统,"双基"和"三大能力"是新中国成立以来我国数学课程长期坚持的教学目的。《课标(2022年版)》将数学课程应着力培养的核心素养界定为"会用数学的眼光观察现实世界、会用数学的思维思考现实世界和会用数学的语言表达现实世界"。这一表述没有离开我国数学教学目的发展的历史轨迹,其核心仍是培养思维。

第四,心理学的研究表明,智力、能力发展的核心是思维的发展,也就是说,学生的智力、能力发展,其落脚点都在思维的发展上。同时,发展心理学强调,培养思维能力的关键在于培养抽象与概括能力,智力、能力发展的突破口是思维的逻辑性(深刻性)、灵活性、创造性、批判性、敏捷性等思维品质的培养。由此可见,思维发展的基本路径与核心素养发展的基本路径完全一致。

总之,发展学生的思维是数学育人的永恒主题!这是数学课程的精髓,是数学教育的真谛,也是把握课改内涵的基点。

真正的改革发生在课堂。我们欣喜地看到,广大一线教师在自己的课堂教学中开展了大量行之有效的改革实践,张娟萍老师就是其中的佼佼者。张老师牢牢把握住数学课程教学改革的时代脉搏,抓住思维教学这个关键,围绕"课堂教学中的高阶思维",一以贯之地开展了十多年理论探索与实践研究,久久为功,在"实践—理论—再实践—……"的循序渐进中,在自己所在的区域里将数学课堂教学改革不断推向深入,不仅有效提升了本地区的数学教学质量,而且极大地促进了当地数学教师群体的专业化发展。

"数学高阶思维区域推进的研究丛书"是张老师团队的最新研究成果。本套丛书精选了"几何直观与代数表达""代数推理""三角形""圆""函数""数学项目式学习开发、实施与评价"等六个专题,建构了五维度研究框架,从数学课程内容的历史追溯课程标准与教材分析，体现高阶思维的教学设计，尊重学生主体地位、注重学生自主学习、激发学生主动思考的课堂教学实施，发挥评价的导向诊断反馈作用、注重过程性评价、实现以评促教和以评促学、促进学生全面发展，以及提升作业设计水平等方面展开有结构的系统研究，形成了系列化成果。这样的研究源于课堂教学实际需求，在实践基础上进行理性概括，形成的成果有很强的"草根气息"，可借鉴、可示范、可迁移。事实上，根据"最近发展区"理论，指导课堂教学改革的理论与经验并不是水平越高越好，而是"合适的才是最有用的"。

值得称道的是，本系列丛书是张老师带领自己区域内的老师编写而成的。作为一名基层教研员，这项工作成为她推动区域教研的抓手，所在区域的每所学校都有教师参与编写工作，这些老师中有许多是没有写作经验的，在张老师手把手的引领下，老师们从开始的无从下手到逐步入门，在一遍遍地编写、修改、再修改的过程中，领悟编写技巧，掌握研究方法，提高教研能力，同时在"理解数学，理解学生，理解教学"上得到明显提高。所以，本丛书不仅是张老师的数学高阶思维研究成果区域推广的结晶，而且也是创新区域教研工作的成果。

2017年夏天，张老师的专著《数学高阶思维》出版，我以"提高数学思维层次是发展核心素养的必由之路"为题写了一个序言。原来我以为，张老师也会像许多人那样，写一本书——评一个特级或正高——获得一些荣誉，然后束之高阁、无声无息。但张老师并没有按如此轨迹行事，而是持续地在做以高阶思维为统领的数学课堂教学改革。这让我感到十分钦佩。就如我在那篇序言中所说的，张老师对数学教育改革具有强烈的使命感，对改变课堂教学现状具有急切的紧迫感。她天天沉浸在课堂里，与一线教师一起摸爬滚打，在探寻符合本地实情的数学教育教学改革道路上勇毅前行。

为张娟萍老师点赞！

章建跃

2023年国庆节于北京吾庐

序　言

　　高质量教育应重视提升学生的思维层次,发展高阶思维。笔者经过20年的数学思维实践研究,2017年12月笔者又在浙江大学出版社出版了《数学高阶思维》一书,通过课程目标导引,完成了数学课程目标内容的思维层级系列设计;践行体现"生本、生成、生长"的"NO PPT、NO 数学题"的课堂范式,实现提升教学实践思维层级的目标,成为广大中学数学教师变革课堂教学、提升专业化发展水平、提高教学能力的助推剂。该书在理论和实践上均有大的突破,具有很高的推广价值。2020年12月,笔者在浙江大学出版社出版了《发展数学高阶能力》一书,为老师提升课堂思维层级提供了可操作的指南,使日常每一堂课和每一个知识点的教学实施都能促进学生参与高层次思维。

　　笔者秉承着这样的理念:任何学生都能发展高阶思维,任何数学题也可以让学生经历不同思维层次的锻炼。发展学生核心素养的要义是提升学生数学思维层级。

　　针对许多人对数学高阶思维的误区:认为成绩好的学生才要培养高阶思维、认为难的题目才能培养高阶思维,笔者鲜明地提出:数学对于学习困难和成绩优秀的学生的最大吸引力都在于"数学具有挑战性的思维";简单的数学题也可以通过设置任务来促进学生高层次思维参与,并发展高阶思维的能力。

　　当前乡村初中数学教育的现实问题积重难返。2021年国家义务教育质量监测反馈的乡村学校学生八年级数学教学典型问题如下:学生学习自信心不足,兴趣不多、学习习惯差,自我效能差,相关检测的得分率低于省级平均4.4个百分点,低于全国平均9.6个百分点,在全国所处的等级为3星(以10星划分);课堂以大量PPT呈现代替学生知识的发生、发展过程,用大量题目的训练代替数学教学;作业繁难偏旧;课堂中教师对教学和学生有绝对控制权,忽视学生的认知需求、思维能力和心理情感,忽视学生主动参与课堂实践活动的需要;传统教育以纸笔测试为主,其评价内容偏重知识,忽视能力,评价主体单一,主要由教师评价,分数成为评价学生的唯一标准,学生疲于应付。

AI能取代人类的大量工作,唯一不能超越的是人类的创造力(人类独一无二的思维能力),以及人类的情感态度。所以,当下教师要抓住与学生情感交互、提升思维层级的切入点突破教育困境,注重学生、教师、同伴与资源之间的生成和交互。学生是知识、资源的消费者,也是创造者。乡村初中数学教育的破解之策唯有提升思维,教育改革最根本的途径唯有改变课堂学生的主体性。

基于这样的思考,着力研究生本、生成、生长的课堂构建与推广,从点到面,突破乡村初中数学教育的问题,发展乡村初中学生思维。笔者全职加盟乡村地区的数学教研工作,为大面积提升欠发达地区基础数学教学质量贡献力量。

2022年版课程标准提及"核心素养"一词90余次。"数学核心素养"主要包含"数学抽象、数学推理、数学建模、直观想象、数学运算和数据分析"。在各阶段核心素养的具体表现中,有"意识""观念""能力"之分。意识是基础层次,是指学生在思考问题时能自觉地从数学的角度观察问题、分析问题,并利用数学的知识、方法解释或解决问题的一种思维习惯;中间层次是观念,是指运用数学的观点、方法去观察、认识问题的自觉意识和思维方式;最高层次是能力,是与数学活动相适应,保证数学活动顺利完成所必须具备的心理条件。小学阶段除了运算能力、空间观念外,主要是形成初步的"数学意识",而初中阶段在小学的基础上,将形成概念相对明确的观念,并发展为数学关键能力。

义务教育阶段数学课程内容由数与代数、图形与几何、统计与概率、综合与实践四个学习领域组成,按"内容要求""学业要求""教学提示"三个方面呈现,每个领域的课程内容都有一条思想、方法的暗线,体现素养培养的路径。

(一)"数与代数"领域包含三个主题,共49条具体内容。其中函数有16条,涵盖了函数基本概念的意义、一次函数、二次函数、反比例函数的图象与性质、解析式的求法。

学生由具体的量抽象到数;学生对数的认识,拓展到整数、有理数、无理数;由数量关系二次抽象到代数式;当用字母表示未知数时,代数的学习内容拓展到方程和不等式;当字母表示的是变量时,代数的学习内容就拓展到了函数。对应的运算从整数、分数的四则运算拓展到有理数的运算、乘方和开方的运算等,从数的运算拓展到代数式的运算、方程和不等式的求解。在这种知识进阶过程中,思维层次发生了"质"的飞跃,即由小学阶段的基于经验感悟的"意识"上升为初中阶段的基于概念理解的"观念"层面,促进学生思考研究一个代数对象的基本路径,在已有基础上,使知识生成、生长,形成知识体系,就是知识的整体架构。学生在学习和形成这个结构的过程中,把握数学学习该"研究什么""如何研究""研究结果的表达""与相关知识的联系""需要注意的问题""用本单元知识解决问题的基本类型和方法",进而领悟数学的基本思想、积累基本活动经验,发展数学核心素养。

(二)"图形与几何"领域包含三个主题,共92条具体内容。其中图形的性质有59条,涵盖了初中平面几何的大部分内容,是发展学生空间观念和推理能力的重要载体;图形的变化有25条,包括图形的轴对称、平移、旋转、中心对称、相似和投影等,主要研究图形的各种运动,探讨运动过程中的不变性质和不变的量,这是我们研究图形的几何性质的本质问题;图形与坐标有8条,包含坐标与图形的位置、运动及表达等,体现了数与形的紧密联系。从逻辑证明、运动变化、量化分析三个方面研究点、线、面、体、角、三角形、平面多边形和圆等几何图形的基本性质和相互关系。学生经历研究一个图形的路径:探索定义、表示(有文字表示、图形表示、符号表示)、画法、组成元素分解、性质、判定、特殊化图形、图形关系、应用等;掌握图形探究的一般套路:背景—概念—性质—联系—应用;由一般图形到特殊图形的定性、定量研究,寻找变化中的规律和不变性;通过对一个图形的研究路径和方法的把握,进一步探索别的图形,形成内容结构:一条线(直线、射线、线段)、二条线(平行、相交)、三条线(三角形)、四条线(四边形)、曲线(圆)。

学生在经历上述过程中,发展空间观念、几何直观、推理能力,从基于经验的感悟和意识上升到理解和观念层次,从感性认识上升到理性认识,实现思维的进阶发展。

(三)统计与概率的有关内容我们将另外探讨。

(四)"综合与实践"有3条具体内容,可采用项目式学习的方式,其要素是"问题"和"综合",关键是设计能启发学生进行思考的、引导学生经历观察、实验、猜测、计算、推理、验证等数学活动的"问题串",综合运用所学习的数学思想、方法、知识、技能解决一些生活和社会中的问题。

直观的图形有利于关联信息、丰富变化,从而挖掘量和量之间的关系和变化规律,可用代数表达进行定量刻画,并通过数据运算、代数推理得到更一般的数学规律。因此,教学中要充分发挥几何直观和代数表达的优势,运用几何直观在分析问题过程中的作用,引导学生经历利用几何直观,把复杂问题转化成简单问题的过程;同时从代数符号运算和推理的维度,由算术和数据探究得到和表达数学规律。代数推理是通过数学证明、等式变换等方式将复杂的问题简单化,得到抽象的形式逻辑。函数是数学的灵魂,在物理、化学、经济等其他学科有广泛的应用,在解决实际问题中,函数建模是最基础的工具,因此函数在整个数学教学中具有统领性地位。在平面几何图形中,三角形是直线型图形的代表,是学生研究的第一个最基本的几何图形,它体现了几何研究的一般观念,为后续四边形、圆等几何图形的学习奠定坚实的基础,圆是最完美的图形,在现实生活中的应用非常普遍,是曲线型图形的代表;通过两个典型几何图形的深入研究,关注要素和要素的关系,体现确切表达几何学的研究对象,用命题的方式刻画研究对象的性质和关系,结合图形变换和数形结合,掌握"图形与几何"领域推理论证的教学原理、目标和策略。综合实践是培养学生综合素养、发展高阶思维的主要载体,以问题解决为导向,整合数学与其他学科的知识和思想方法,让学生从数学的角度观察与分析、思考与表达、解决与阐释社会生活以及科学技术中的问题,感受数学与科学、技术、经济、金融、地理、艺术等学科领域的融合,提高发现与提出问题、分析与解决问题的能力,发展应用意识、创新意识和实践能力。

"数学高阶思维区域推进的研究丛书",选了"几何直观与代数表达""代数推理""三角形""圆""函数"和"数学项目式学习开发、实施与评价"这六个主题展开研究,形成了《几何直观与代数表达》《代数推理》《三角形》《圆》《函数》《数学项目式学习开发、实施与评价》六本书。所有主题从六个方面呈现结构:一是数学史的角度。数学的学习顺序与数学自身的发展过程分不开,因此系统地梳理和阐述本主题的发展历史对师生的教与学都有重要的意义。二是分析课程标准和教材,尤其是新的课程标准与原课程标准比较所凸显的数学内容对核心素养的要求。三是在此基础上设置体现学生主体的教学设计,设计挑战性数学任务,基于问题情景和数学逻辑的连贯性,让学生浸入数学脉络的本身,引发深层次数学思考。四是数学课堂中践行"不用PPT,不用现成的数学题",由学生生成数学任务、生长数学知识,课堂中的练习题也不是老师给出,而是由学生根据习得的数学知识自己编制,通过实践活动、群组合作和自我调控,实现创新、决策、批判能力发展,提高学生学数学的兴趣,促进学习面貌改观和学业水平提升。五是每个主题都分别设置了作业或表现性评价策略。六是对相关主题未来预判等。

数学史研究、课程标准和教材梳理、以学生为主体的教学设计以及课堂实施、教学评价和作业跟进等各环节,也是教师教学的流程。教师进入课堂之前,首先是准备教学设计,教学设计之前必得先分析教学目标,教师要先了解数学史知识发展脉络、研究课标、教材对照,确定单元整体目标和课时目标。

  本系列丛书,可作为教师日常教学和数学内容研究路径的参考典范,也是教师培训的抓手,整个临安区每个学校都有教师作为作者参与,以发挥教学参考和研究的辐射作用。许多作者都没有写过论文,作者们也是在研究过程中习得研究方法和研究能力,同时在数学专业水平、理念、理论水平和教学实践方面得到快速提升。如何开展教学研究、如何根据分析课标、数学史和教材确定教学目标、如何设计教学内容、如何开展课堂教学实施、如何进行教学反思、如何撰写案例、如何进行课题研究,作者亲身经历了各个环节,反复磨炼改进,作者的理念、思维水平和能力发生了质的变化。

  《几何直观与代数表达》第一部分,通过回溯图形与代数的历史,追溯古希腊几何学、中国古代几何学、近代几何、现代几何到几何学的统一,形成几何编年史的时间轴;由远古代数到初等代数到高等代数,进一步到抽象代数的发展,形成代数史的发展篇以及代数史的教学篇;同时从概率论的发展史和数理统计的发展史,阐述了统计与概率研究和教学的历程。第二部分是关于几何直观与代数表达的内涵解读,分析新课程标准,特别体现核心素养所包含的几何直观、代数表达的内涵,通过以图助数、以数解图体现几何直观与代数表达的互促。第三部分是系统架构教学内容,确定课程目标与教学目标,包括目标的导向功能、评价功能、调控功能、激励作用等功能价值;确定目标设计的维度,从而形成目标设计的策略。第四部分为发展学生高阶思维的实践路径探寻,体现图形直观与代数表达的课堂实施环节和教学策略。第五部分为促进思维提升的表现性评价,即基于过程的表现性评价和基于差异的个性化评价。第六部分为展望"几何直观与代数表达"发展学生高阶思维的样态,实现几何直观与代数表达的联通,应用代数手段和几何手段的问题解决。

  《代数推理》首先表现为数学抽象能力,通过代数推理抽象对象的本质、对象间的关系。《代数推理》的第一部分阐述了代数推理的演进过程,由自然数到分数的产生,到负数的产生,到无理数的产生,到实数的产生,到复数的产生,梳理了数的产生和发展过程;由加法、减法、乘法、除法,梳理了四则运算的演变;由概念符号和关系符号,体现了数学的符号表达,体现了代数式的发展;由方程的产生与发展、不等式的产生与发展和作为数学概念的不等式的语言表达,呈现了函数的产生与发展。第二部分根据《课标(2022年版)》的要求解读代数推理的内涵,从数学运算、数学规律、数学建模的角度描述代数推理的呈现方式;由记忆与再现、联系与变式、反思与拓展三个维度体现代数推理的表现水平;由整体性、一致性、阶段性反应代数推理的一以贯之的特征。第三部分为解析代数推理的内容。第四部分反映代数推理的实践操作。第五部分为关于代数推理的作业设计。第六部分为代数推理的未来走向,与信息技术深度融合,通过编程发现代数规律、处理分析数据、可视化代数推理过程,发现数学规律、发展推理能力。

《函数》的第一部分,由函数的萌芽到函数诞生,溯源函数的演进过程,科学的数学化为函数概念的内涵奠定基础,代数符号化为函数概念的表述提供载体,解析几何为函数概念的呈现搭建平台。第二部分重塑函数单元结构的内容价值:分析函数特征;从函数概念、图象、性质解析函数研究内容;以函数类型多样化、函数图象的作图路径一般化、函数图象变换及函数问题解决数形结合的思想等角度体现函数研究常用的方法。由素养立意解读函数教学过程,体现抽象、推理、建模的问题解决过程。第三部分为设计架构函数的教学内容。第四部分为函数单元的课堂实施,以课堂导入、新知呈现、知识深化、总结提升、作业布置等实施环节,探究函数概念,挖掘性质,形成单元整体建构的策略。第五部分以函数单元呈现促进学生思维进阶,类比一次函数的研究过程和方法得到二次函数、反比例函数的研究内容和研究一般路径,使学生自主地探究得到二次函数、反比例函数创造性的内容、方法;应用函数构建可应用的问题背景,解决生活中实际问题和跨学科的问题;学生在知识的探究、应用过程中形成创造性思维的习惯。第六部分重构了函数单元作业,特别构造了综合实践类作业,包括具有思维层次性、具有思维发散性和具有思维延伸性的实际探究类作业、问题解决类作业和跨学段、跨学科的学科综合类作业。

《三角形》的第一部分回顾了研究三角形的历史,即从人类社会早期对三角形的认识,中国早期对三角形的面积的研究和应用,中国早期对直角三角形的研究和应用,西方文明早期对三角形的研究,从三角形到三角学的三角形研究史;由经历探究、体验方法、感悟思维、品味应用体现三角形史料融合于教学的育人价值。第二部分锚定学习三角形思维发展方向的系统架构,分析概念、性质、图形关系以及特殊三角形等教学内容,设置以学生起点、学生思维发展规律和思维形成过程的三角形单元教学设计。第三部分从学的角度、用的角度开展三角形单元教学实施。第四部分分析三角形教学中促进推理能力发展的要义,得到几何图形探究的一般套路,基于实验几何、图形变化,培养学生推理能力。第五部分对三角形教学发展进行分析,现代教育技术促进三角形教学的研究以及学生进一步高阶学习的演进。

《圆》首先追溯圆的研究和发展历程,通过对 π 的研究历程的介绍、圆面积计算的演变以及与圆有关的名题典故和著名定理的概述,分析中小学圆教学内容的演进,圆的数学史对学生教育的价值以及HPM视角下对初中数学"圆"的教学影响。其次,通过对比新旧课标变化以及对不同版本的教材进行对比,从核心素养的维度俯视初中平面几何中的圆,精准剖析圆的内涵,从图形本身的视角阐述圆的要素、相关要素及其基本关系;从图形性质的视角、从图形变换的角度、从度量计算的角度、从圆周运动的视角研究圆的性质、计算、证明、与图形的关系,架构有效的教学活动设计,设计巩固型作业、拓展性作业。通过圆与多边形的联结、圆在生活和科技中的广泛应用,引导学生综合运用圆的知识和方法解决情境真实、复杂的问题。

张娟萍

2023年5月于杭州临安

前　言

　　三角形是几何图形中最基本的图形,也是研究其他图形的基础,是衔接图形与代数知识的重要桥梁.它简单而又能充分反映空间的本质,被称为古希腊几何学研究的主角.三角形以它独特的魅力,搭建了几何学习的基础架构.从古至今,三角形一直都深深吸引着人们为之着迷,也值得数学人为之倾注心力.

　　人们常说,数学学习的两极分化往往是发生在平面几何的学习中.实际上,更具体可以说是发生在三角形单元的学习过程中.因此,三角形的知识板块对于整个数学课程的学习是至关重要的.同时,我们知道数学教学的主要任务就是培养学生数学思维能力.当代数学教育注重解决问题的能力、批判性思考和创造力,因此迫切需要培养学生高阶思维的能力.而三角形作为平面几何中最基本、最重要的内容,其知识板块能够为一线教师在研究课堂教学中如何发展学生的核心素养、提高学生的高阶思维能力提供重要的参考和启发.出于这样的目的,我们深入研究了与三角形内容相关的数学史、不同版本的初中数学教材内容、《义务教育数学课程标准(2022年版)》(简称"新课标")的变化内涵等,并结合了丰富的教学实践探索,旨在回答以下这些问题:三角形的研究历史有哪些？三角形研究的历史史料对数学教学有怎样的价值？新课标核心素养导向下的三角形单元内容具体要求是什么？在三角形单元的教学设计和实施过程中如何发展学生的数学核心素养、培养学生的高阶思维能力？现代教育技术如何更好地融入数学教学,助力数学教学的发展？初高中衔接视角下三角形知识如何演进？

　　第一章叙述了中国和世界其他文明古国对三角形知识的研究历程和内容,阐述了将古人对三角形知识研究的史料素材融入数学课堂教学的重要价值.正如新课标所要求的:"立德树人"是教育的根本任务,"文化育人"是坚持"文化自信"的必经之路,本章深入挖掘历史长河中三角形研究的历程和素材,并将其融入数学教学之中,最终实现文化育人的根本目的.

第二章立足于对新课标和教材的解读,对三角形单元内容进行系统的分析和架构,从整体上准确把握住三角形单元的教学要求和变化趋势,并进行合理、适切的分解和整体规划.基于学生、基于数学、基于教学,根据不同知识点的教学需要和学生特点,综合利用各种教学形式和策略,让学生完成三角形知识单元的学习,从而彰显数学学习的整体性、结构性和关联性.

基于第二章的系统架构,第三章从新授课教学、习题课教学、复习课教学、综合实践课教学等各种不同课型的角度,探索三角形单元的教学实施路径,旨在以三角形的研究路径和方法为基石,为更多几何图形的研究打开探索的大门!

第四章旨在培养推理能力,结合理论与实践,探究在一般观念引领下三角形单元的教学设计和实施,基于要素和要素关系、基于实验几何、基于图形的变化,着力发展学生的推理能力核心素养.

第五章着眼于促进学生高阶思维发展,一方面积极探索新课标背景下现代信息技术与初中数学教学有机融合的促进作用与教学范式,促进数学教学方式方法的变革,另一方面以初高中知识的对接案例为具体分析,探索初高中知识的衔接教育,将学生思维更好地延伸发展.

整本书由特级教师张娟萍主编,第一章研究三角形的历史回顾主要由王卫东老师撰写,第二章锚定思维发展方向的系统架构主要由艾阳撰写,第三章发展数学思维的三角形单元教学实施由金纶、孙杰共同撰写完成,第四章三角形单元促进推理能力的发展由戴秀梅撰写,第五章促进学生数学思维发展的趋势由孟敬芳完成.各组员明确分工,互相研讨,不断打磨,力求为读者提供更好的阅读内容.

本书试图从理论与实践相结合的角度更好地阐述三角形单元的教学对培养数学核心素养、高阶思维的重要价值,在写作过程中注重具体案例的设计与分析,并提供了丰富的教学片段和案例,便于读者们理解与应用.希望本书对各位读者大有裨益!

目 录

第一章 回顾三角形的历史研究 /1
    第一节 三角形研究的历史 /1
    第二节 三角形史融合于教学的育人价值 /12

第二章 锚定思维发展方向的系统架构 /39
    第一节 三角形单元的内容分析 /39
    第二节 三角形单元的教学设计 /74

第三章 发展数学思维的三角形单元教学实施 /94
    第一节 学——主题知识的课堂教学实施途径 /94
    第二节 用——主题知识的习题教学实施途径 /113
    第三节 融通——主题知识结构化的教学实施途径 /132
    第四节 拓展——主题知识的实践教学实施途径 /149

第四章 三角形单元促进推理能力的发展 /224
    第一节 关于推理能力的理论分析 /224
    第二节 发展推理能力的教学实践 /227

第五章 促进学生数学思维发展的趋势 /283
    第一节 现代教育技术对三角形教学的促进 /285
    第二节 初高中衔接下的知识演进 /298

后 记 /313

第一章

回顾三角形的历史研究

坚持文化自信,是习近平新时代中国特色社会主义思想的核心内容之一.文化自信是对中国特色社会主义文化先进性的自信,坚持文化自信就是要激发全国各族人民对中华传统文化的历史自豪感,形成对社会主义核心价值观的普遍认识和价值观认同.

义务教育阶段的数学课程以习近平新时代中国特色社会主义思想为指导,以落实立德树人为根本任务,以学生发展为本,以核心素养为导向,让学生获得"四基",发展"四能",形成正确的情感、态度和价值观,在课程内容选择上要关注数学学科发展的前沿与数学文化,继承和弘扬中华传统文化.

数学知识是伴随人类文明一起产生、发展、繁荣的.几何是数学教育教学的核心内容之一,几何图形是人对生活空间中物和事进行了解、描述、解惑的工具,对学生从直观到概念抽象,由抽象到直观表达、思维逻辑表述,具有不可代替的作用.三角形是平面几何图形中结构最简单的基础性直线型图形,也是研究其他直线型图形的基石,理清三角形知识的结构体系,经历的三角形知识的探究过程,掌握三角形知识的学习方法,可对整个平面几何内容的学习与稳固基础起到事半功倍的效果.

第一节 三角形研究的历史

一、人类社会早期对三角形的认识

数学知识源于人对生活现实的实践认识,同时又为人的生产生活需要服务.人类对三角形的了解、研究、应用究竟开始于何时,现没有准确的记载.

"三角形"应该是伴随人类社会文明一起产生发展的.这一点从古代史前遗址中考古发掘出来的生产工具、生活器具、礼器等就可以说明.如便于手握的石斧(如图1-1-1所示)就呈三角形,人类在生活中广泛应用三角形应该是因为它的稳定性,如图1-1-2所示的良渚文化遗址三足陶罐.有的是对三角形有一种特别的喜好,把它当作一种图案装饰,如图1-1-3所示的仰韶文化遗址出土的三角纹钵和图1-1-4所示的仰韶文化遗址出土的直角三角纹钵,甚至把三角形当作一种图腾制作成礼器,如图1-1-5所示的四川出土的三角形的玉器.图1-1-4中的三角形被考古学家认为是"直角三角形",说明在史前文明中已经有了对"直角"的直观概念认识.据战国时期尸佼所著《尸子》记载:"古者,倕(传说为黄帝或尧时期的人)为规、矩、准、绳,使天下仿焉."也就是说在公元前2500年前,生活在黄河流域的中国人已有"圆、方、平、直"等形的概念.古籍记载大禹治水"左准绳,右规矩,载四时,以开九州,通九道,陂九泽,度九山",从图1-1-6所示的明代《三才图会》可见在上古三皇五帝时期"规、矩、准、绳"已是测量工具.

 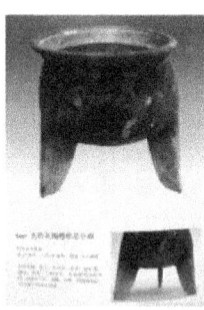  

图1-1-1　　　　图1-1-2　　　　图1-1-3　　　　图1-1-4

 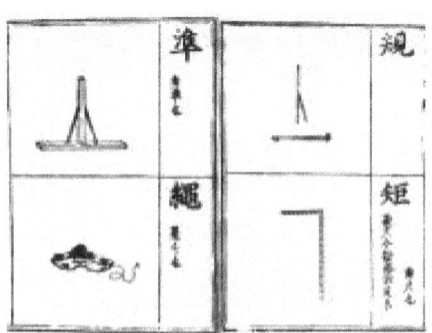

图1-1-5　　　　　　　　图1-1-6

二、中国早期对三角形面积的研究和应用

《周髀算经》商高篇记载"圆出于方,方出于矩".在这里"矩"已经超越了作为一种测量工具的意义."圆出于方,方出于矩"这一句已经描述出圆与方、方与矩之间的数量关系和逻辑关系.在西周初期(公元前11世纪)"矩"已经具有多种含义,不单单表示直角,还具有表示直角三角形的图形含义.《周髀算经》记载"合矩以为方"和《墨子》记载"方,矩见支也",说明"矩"和矩形之间的图形关系,也包含面积之间的关系.从中可以发现三角形的面积计算方法是由矩形的面积计算方法而来的,直角三角形的面积可以看成矩形面积的一半(见图1-1-7).

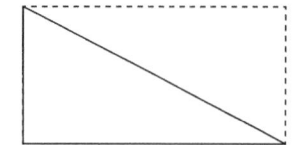

图1-1-7 《周髀算经》中的"合矩以为方"

随着社会发展和生活实际需求,对三角形的认识和研究转向于面积的计算和测量长度、高度、深度等应用上.《九章算术》中记载:"今有田广十五步,从十六步,问为田几何？方田术曰:广从步数相乘得积步."(注:广指田地的宽度;步指古代长度单位,不同时期的一步长度不一样,秦汉时期一步相当于5尺,1尺大概是现在的21.35～23.75cm,隋唐以后一步相当于6尺,1尺相等于现在的29.6cm;从指田地的长度;方田术指长方形的田地计算方法.)"今有圭田,广十二步,正从二十一步,问为田几何？术曰:半广乘以正从."(注:圭原指古代帝王、诸侯祭祀时手里拿的玉制礼器,这里指三角形;广指三角形的底边;正从在这里指三角形底边上的高)说明古人对任意三角形的面积计算方法来源于矩形的面积计算方法.《周髀算经》也记载"半其一矩".直角三角形的面积可以从图形的角度得到其是矩形的面积的一半,那么从直角三角形的面积计算方法到任意三角形的计算方法也适用.这里是从特殊到一般的思考转换过程.大家都知道,特殊情况下成立的,不一定普遍成立,那么古人又是怎么得出任意三角形的面积是"半广乘以正从"的呢？对于任意三角形的面积公式,有文献记载的最为经典的是刘徽的"出入相补"(也被后人称为:"以盈补虚"法),其用代数推理的方式证明了三角形的面积公式如图1-1-8所示.

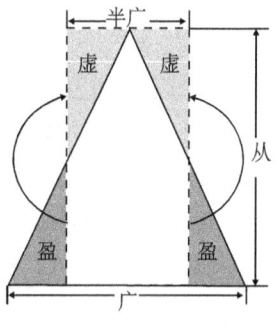

图1-1-8

也可以把一个任意三角形看成两个直角三角形的和差来解决,如图 1-1-9 所示,$S_{\triangle ABC}=S_{Rt\triangle ACD}+S_{Rt\triangle BCD}=\frac{1}{2}S_{矩形ADCF}+\frac{1}{2}S_{矩形BECD}=\frac{1}{2}S_{矩形ABEF}$

或 $S_{\triangle ABC}=S_{Rt\triangle ACD}-S_{Rt\triangle BCD}=\frac{1}{2}S_{矩形ADCE}-\frac{1}{2}S_{矩形BDCF}=\frac{1}{2}S_{矩形ABFE}$.

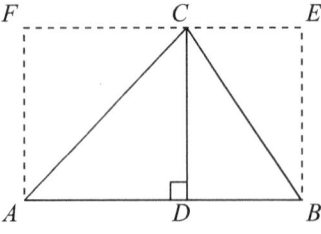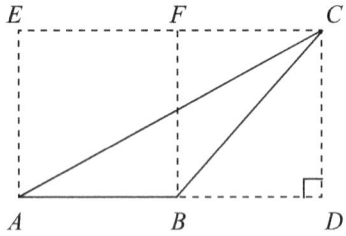

图 1-1-9

中国古人很早就掌握了同底等高的两个三角形的面积相等,他们在推导任意三角形的面积公式时,可能是利用了图形的面积的恒等变形. 古人很早就有了平行线和等高的概念,在《墨子》中记载有对平行线的理解"平,同高也",这为古人利用夹在两条平行线之间垂线段处处相等,把任意三角形的面积转化成直角三角形的面积提供了可能性,按照《墨子》描述,若

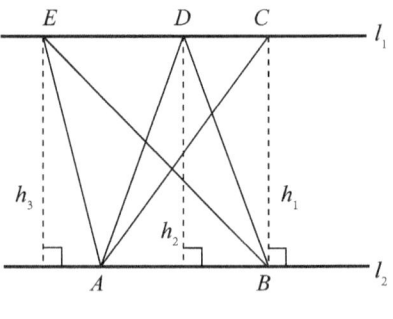

图 1-1-10

$l_1 /\!/ l_2$,则高 $h_1=h_2=h_3=\cdots$,如图 1-1-10 所示,那么 $S_{Rt\triangle ABC}=S_{\triangle ABD}=S_{\triangle ABE}$. 不管何种方法,矩形的面积算法是起点,三角形的面积公式来自矩形,而特殊的直角三角形面积算法是其他平面图形面积算法的基础.《周髀算经》记载"实成势化,尔乃变通",也就是说有了面积变换的基础,可实现各种变换. 从特殊到一般是我们研究平面几何图形问题常用的方法和过程.

三角形面积的求法直到宋元时期才有了新的发展. 中国古代著名数学家秦九韶给出了著名的三角形面积公式——三斜求积术. 秦九韶的著作《数书九章》记载了这样的例子:"问沙田一段有三斜,其小斜一十三里,中斜一十四里,大斜一十五里,……欲问田为几何?……以小斜幂并大斜幂,减中斜幂,余半之,自乘上,以小斜幂乘大斜幂,减上,余四约之为实,一为从隅,开平方得积."他的求面积方法是:最短边的平方加上最长边的平方的和减去第三边的平方所得的差除以二得商,再把上述方法所得到的商平方得到一个数.同时把最短边的平方乘以最长边的平方得到一个积减去上面得到的那个数,把所得的差乘以四分之一,再开方就是三角形的面积.如果用现在我们所知道的平面几何的图形和知识来表示三斜求积术,就是:已知△ABC的三边长分别为a、b、c,且$a<b<c$,S表示△ABC的面积,则$S=\sqrt{\frac{1}{4}\left[a^2c^2-\left(\frac{a^2+c^2-b^2}{2}\right)^2\right]}$.

这个式子也被称为秦九韶公式,它与西方的三角形面积公式——海伦公式是等价的.秦九韶所在的南宋时期海伦公式还没有传入我国,因为被称为西方平面几何圣经的《几何原本》(中国译名),直到明朝时期才由中国的科学家徐光启和意大利传教士利玛窦联手翻译传入我国,"几何"二字是由徐光启首次命名的.

三、中国早期对直角三角形的研究和应用

因为在实际生活中测量田地面积的需要,促使对三角形的面积算法研究的发展,同时也是因为测量高度和深度、长度的需要,促使对直角三角形的三边关系、比例等的研究.因《周髀算经·商高篇·勾股圆方术》中记载有"勾广三,股修四,径隅五","故禹之所以治天下者,此数之所生也".中国古代人们掌握勾股定理并应用于生活实际需要最早可以判断为大禹治水时代(公元前21世纪)或更早的时期.同时《周髀算经》的"商高篇"给出了勾股定理的推理证明方法——积矩法:"既方之外,半其一矩,环而共盘,得成三、四、五."图1-1-11所示即为商高积矩法.也就是说中国在公元前11世纪已经利用图形面积的不同表示方法推理证明了勾股定理,远早于西方公元前6世纪毕达哥拉斯提出的证明,而且证明的方法也比毕达哥拉斯的证明简单(如图1-1-12所示).

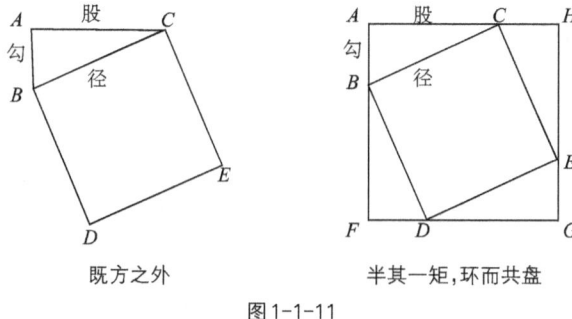

既方之外　　　　　　半其一矩,环而共盘

图1-1-11

毕达哥拉斯学派证明勾股定理需先证 △ABK≌△ADC,再利用同底等

高证 $S_{\triangle ABK}=S_{\triangle ACK}=\frac{1}{2}S_{正方形ACHK}$,所以 $S_{正方形ACHK}=S_{矩形ADMN}$,同理可得 $S_{正方形BFGC}=S_{矩形EBNM}$,所以$S_{正方形ACHK}+S_{正方形BFGC}=S_{正方形ADEB}$.

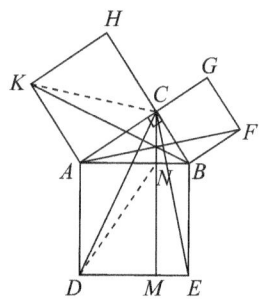

图 1-1-12 毕达哥拉斯学派证明勾股定理

也是因为测量的需要,中国最早在大禹治水时期,已经掌握了有两个角相等的直角三角形三边对应成比例,并且将其应用于治水中.大禹治水"左准绳,右规矩",矩在测量中到底有什么样的作用呢?《周髀算经·商高篇·用矩之道》记载:"偃矩以望其高,覆矩以测深,卧矩以知远,言施用无方,曲从其事."也就是说,把"矩"仰立放置,可以测高度,把"矩"俯视放置,可以测深度,把"矩"水平放置,可以测两地之间的距离,使用"矩"无方向限制,可根据需要灵活应用,如图 1-1-13、图 1-1-14、图 1-1-15 所示.

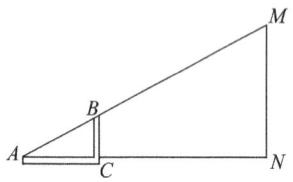

图 1-1-13 偃"矩"以望高

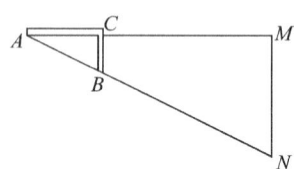

图 1-1-14 覆"矩"以测深

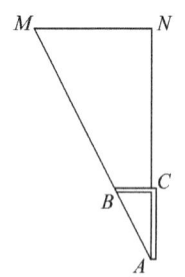

图 1-1-15 卧"矩"以知远

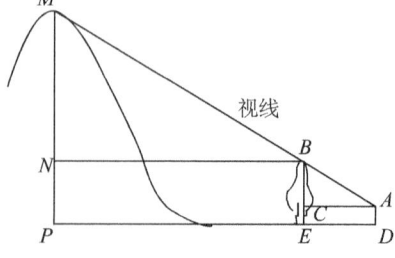

图 1-1-16 相似测山高

那么怎么算出高度、深度和长度呢？在《九章算术·勾股》中记载有这样的例子："今有山居木西,不知其高。山去木五十三里,木高九丈五尺。人立木东三里,望木末适与山峰斜平。人目高七尺。问山高几何？术曰:置木高减人目高七尺,馀,以乘五十三里为实.以人去木三里为法.实如法而一,所得,加木高即山高."它的计算方法是:把大树的高度9丈5尺减去人的眼睛离地面的高度7尺,再乘以大树与山之间的距离53里,把所得的积除以人与大树之间的距离3里所得的商加上大树的高度就是山的高度.其实它的依据就是平面几何中的相似三角形的对应边成比例.如图1-1-16所示,BE表示大树的高度,AD表示人的眼睛距地面的高度,MP表示山的高度,PD表示人与山的距离,PE表示大树与山之间的距离,DE表示人与大树之间的距离,AM表示人的视线,则BE、AD、MP都与PD垂直,$AD=CE$,$BE=NP$,则BC就表示大树的高度与人的眼睛距地面高度之差,MN就表示山的高度与大树的高度之差,那么$BN//PE$,$AC//DE$,(《墨子》记载"平,同高也"),所以可以根据有两个角相等的两个三角形相似判定$\triangle ABC \backsim \triangle BMN$,根据相似三角形的性质可以得到:$\dfrac{MN}{BN}=\dfrac{BC}{AC}$,即$MN=\dfrac{BC \times BN}{AC}$,所以$MP=MN+NP=\dfrac{BC \times BN}{AC}+BE$.

《周髀算经·陈子篇》还记载:"正晷者,勾也.以髀为股,以影为勾,勾股定,然后可以度日之高远.正晷者,日中之时节.正南千里勾一尺五寸,正北千里勾一尺七寸.候其影,使表相去二千里,影差二寸,将求日之高远."这是陈子测影算日高的原理,用现在的平面几何复原,如图1-1-17所示,点P表示太阳位置,点N表示太阳正下方位置(此时影子长为零),h表示竿子高度,n表示竿子立在B处时的影子长,m表示竿子立在E处时的影子长,s表示竿子分别立在B处和E处之间的距离,x表示竿子立在B处和N处之间的距离,l表示竿子立在N处时太阳P点到竿子顶端的距离,其中h是已知的,s、m、n均可以测量出.从图中我们可以知道$\triangle PAM \backsim \triangle ACB$,$\triangle PDM \backsim \triangle DFE$,我们根据相似三角形的性质"相似三角形的对应边成比例"可以得到$\dfrac{PM}{AM}=\dfrac{AB}{CB}$,$\dfrac{PM}{DM}=\dfrac{DE}{FE}$,即$\dfrac{l}{x}=\dfrac{h}{n}$①,$\dfrac{l}{s+x}=\dfrac{h}{m}$②,由①可以得到$x=\dfrac{nl}{h}$,由②可以得到:$x=\dfrac{ml}{h}-s$,所以得到关于$l$的一元一次方程$\dfrac{nl}{h}=\dfrac{ml}{h}-s$,可求得$l=\dfrac{hs}{m-n}$.陈子测影算日高堪称中国古代数学测量中的经典,是中国古代对数学的杰出贡献,是利用相似三角形对应边成比例的经典之作,被中国数学界称为陈子模型(也叫重差法).虽然陈子测量太阳高度的结果与实际有较大的误差,因为他忽略了地球是圆的事实,但仍不影响他被后人称为"中国的测量之父".

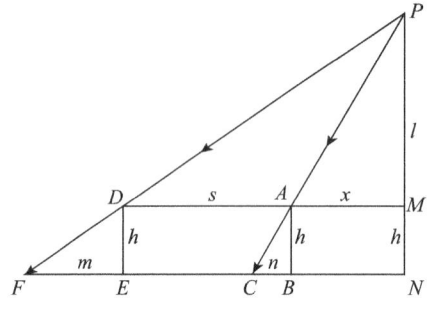

图1-1-17 陈子测影算日高模型图示

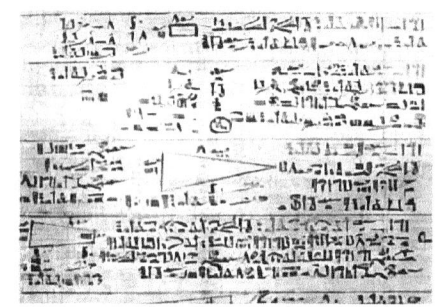

图1-1-18 莱因德纸草书

四、西方文明早期对三角形的研究

在西方国家,人们认为几何知识起源于古埃及的尼罗河流域,是尼罗河的赠礼,也是因为测量的需要促使人们对三角形知识的了解和应用.据说在古代尼罗河流域洪水泛滥,经常冲毁田地,而国王根据田地的多少来征税,因此在每次洪水过后需要重新界定田地的边界和测量其面积,于是就有了三角形的面积计算方法.那么古埃及人对三角形的面积是怎么计算的呢?根据现藏于大英博物馆的《莱因德纸草书》(公元前1650左右的古埃及数学著作)第51题的记载:三角形的底是4海特(古埃及时期的一种长度单位),边是10海特,求面积,算法是取底的一半,乘上边,这就是三角形的面积,如图1-1-18所示.但是由于字迹和图形模糊不清,后人不知道"边"是表示底上的高线长,还是三角形一边的长,这个三角形也不确定是否为直角三角形,因此这个例子不能说明那个时期古埃及人就已经知道三角形的面积等于底乘以高的一半.因为有研究者认为《莱因德纸草书》第51个问题中的图形不是直角三角形,因为第51题中的文字"边"并不是底边上高,根据"边"在《莱因德纸草书》记载的其他问题中表达的意思是等腰三角形,那么《莱因德纸草书》所记载的三角形的面积计算方法是不正确的.

关于埃及,大家第一个想到的应该是金字塔,金字塔是埃及的古代文明代表,可以说金字塔代表了当时埃及在自然科学所有领域的水平,但更多的是后人对金字塔的一些数据有着神奇的向往,比如胡夫金字塔的底面周长

365恰好等于一年的天数,地球与太阳之间的距离恰好是1.5亿千米,是10的9次方倍,等等.有这样一个有关金字塔的传说,在公元前2600多年的时候,有一个埃及的国王在看到已经为他而造的金字塔时,突然想知道金字塔的高度,可是身边没有一个人知道确切的高度,包括当时掌握与神灵对话的祭司都无法回答,也无法从塔顶穿过塔身中间去测量,而塔的外侧因为是斜的、测量的数据也不是塔高,这可是难倒了国王身边的所有人.有一个叫法捏斯的学者,在知道这件事情后,决定想办法测量出金字塔的高度.他尝试了几个方案都以失败告终.但这件事一直困扰着他,他成天都在思考着怎么去测量,连吃饭、外出时他都在思考着.有一天他外出,在走路的过程中也一直思考着这件事.由于太过于专注这件事,他竟一头撞到了路边的树,疼痛的刺激让他缓过神来,他低头看到自己和树在地面的影子,忽然想到,能不能从太阳那里获得帮助.在古埃及时期,太阳是埃及人所信奉的神灵.法捏斯想到在太阳光下,从早上到傍晚,人的影子是变化的,早上和傍晚时人的影子是长长的,中午时人的影子很短,那么有没有一个时间人的影子的长度恰好等于人的高度呢?他通过一段时间的测量,找到了某一时刻人的影子的长度等于人的身高.根据这个方法他测量出了金字塔的高度.法捏斯的方法是,在太阳底下,当人的影子的长度等于身高的时刻,测量出金字塔的影子长,那时的影子长度就是金字塔的高度.

这是一个利用相似三角形的对应边成比例的方法进行的测量.这只是一个传说故事,但这个传说故事产生的时候,人们肯定已经把相似三角形的对应边成比例的数学知识广泛应用于生活实际需要之中了.

在四大文明古国之一的古巴比伦的两河流域,巴比伦人也是因为实际生活中的需要才有了对三角形知识的研究.生活在两河流域的古巴比伦人创造了世界上最早的文字——楔形文字,比古埃及的象形文字、中国的甲骨文都要早.古巴比伦人把文字刻在泥板上晒干,可以长期保存.古巴比伦人已经掌握的数学知识也是通过这种方式记载在泥板上的.在已经挖掘出来的50万块泥板中,经研究其中有关纯数学知识的就有300块左右.古巴比伦人对平面几何的知识已经有了初步的掌握,但大多是有关图形的面积计算方法.他们已经能把不规则的图形分割成长方形、三角形、梯形等来计算,也就是已经能用一边乘以另一边的一半来计算三角形的面积.但是他们画在泥板上的图形过于粗糙,看不出三角形是否为直角三角形,同时经过岁月长期的侵蚀,有些文字已经模糊不清或者剥落,无法证实一边乘以另一边的一半中,是否有其中一边是表示三角形高.和古埃及人一样,现有的资料无法说明古巴比伦人已经准确掌握了三角形的面积公式,但这并不影响古巴比伦人在三角形研究上的杰出表现和成就.根据对这些有关泥板书的研究,可以发现古巴比伦人已经掌握了直角三角形三边之间的关系——勾股定理.现珍藏于美国哥伦比亚大学普林顿收集馆中的"普林顿322号"(如图1-1-19所示)泥板上就记载了我们现在所说的勾股数.经专家研究发现,"322号"泥板所记载的勾股数竟然是素勾股数(如果在一组勾股数中,除了1以外,没有其他的公因数,那么这一组勾股数叫作素勾股数),研究发现除了第11行和第15行以外,竟然全是素勾股数,而且在泥板的记载中给出了毕氏参数的值.新南威尔士大学的科学家研究认为,这是世界上最早的、最准确的三角函数表,是一种按比例计算的三角函数,类似于初中阶段建立在相似的直角三角形基础上的三角函数,而不是高中阶段建立在圆和角度基础上的三角函数.

图1-1-19　普林顿322号泥板照片和拓片

作为四大文明古国的印度,对数学的发展也作出了杰出的贡献,但古印度对数学的贡献主要是在代数方面,如数字1、2、3、4、5、6、7、8、9、0是由印度人创造的而不是阿拉伯人.根据现存古印度最早的大概成书于公元前5世纪到公元前4世纪的数学著作《准绳经》上面记载的内容,在当时古印度人就已经掌握了勾股定理和相似三角形的性质,以及一些几何图形的面积计算.当时,古印度的数学知识是掌握在宗教阶层手里的,数学知识多半是以文字表达的经验性的法则.其对勾股定理的描述是:矩形对角线生成的(正方形)面积等于矩形两边各自生成的(正方形)面积之和.

五、古希腊和《几何原本》

不管是我们中国还是古埃及、古巴比伦、古印度,对数学的研究都是建立在生活实际需要的基础之上的,在古埃及和古巴比伦一些初步的几何学知识传入古希腊,这些几何学知识在生活实际中被广泛应用,但这些知识往往是无序和零散的.古希腊时期,哲学非常盛行,辩论是希腊人学习哲学的重要方式,他们经常通过辩论来学习.古希腊的哲学家认为学习几何是寻求真理的最佳途径.哲学家柏拉图(公元前427—公元前347)甚至称"上帝就是几何学家".古希腊人当时的学习方式完全是以对话形式进行的,同时当时人们检查学习效果时常以辩论的形式来进行,这种问答、讨论、辩论的学习方式最能激发人本身的想象力,讨论和辩论最能培养人的抽象思维和逻辑思维能力.因此古希腊的数学家欧几里得认为"智慧训练"就应该从以研究图形的几何学开始.欧几里得着手对前人留下的零散的几何知识进行梳理、论证和甄别,把这些几何学知识开始以一种条理化、系统化的方式联系在一起.欧几里得把前人的数学思想和个人知识的完美结合,创作了数学史上的巨作《几何原本》.《几何原本》是建立在公理化体系上的平面几何学专著.所谓的公理化,就是几何学中的定理和结论都是建立在一些已知的结论基础上的,是经过严密的逻辑推理出来的,而这些已知的结论又是靠更为基础的结论作为基础推理出来的.也就是说每一个定理和结论是建立在最初的显而易见又无须证明的结论之上的.欧几里得把最初的显而易见又无须证明的结论称为公理.《几何原本》在卷首就给出了五条公理和公设.例如:三角形全等的判定边角边公理是其他判定定理的基础.《几何原本》是人类文明史上除《圣经》外流传最广、影响最深的著作,是演绎推理的辉煌成就.

六、从三角形到三角学

随着三角形知识逐步完善,人们对生活中的一些自然现象开始尝试用三角形的知识去解决.中国历史上,陈子模型利用相似三角形的知识去测量太阳和地球之间的距离,并观察一年四季太阳位置的变化.古代天文学家使用圭表来测量日影的长度变化,以此确定时间.中国利用圭测量影长的变化规律来确定时间.随着人们在测量技术的研究和天文学的需要,人们开始关注研究三角形的边与角之间的关系.在直角三角形三边之间有了勾股定理的关系后,再利用测量太阳底下竿子影长来确定一天中的某一时刻,其实这就是太阳光线与地面(水平面)角度的变化导致影长变化的原因,但在当时只是利用直角三角形相似对应边成比例,说明三角学是伴随着平面三角形知识在生活实际测量中日渐成熟的萌芽和起步.三角学原指三角形的测量,以研究平面三角形和球面三角形的边和角关系为基础,达到测量为目的的学科.数学史上认为古希腊数学家希帕霍斯(Hipparchus)出于对天文学研究的需要,根据对球面上的角度和距离的计算,制作了一个与现在几乎相同的"弦表",使解三角形的问题得到了一定的发展,也促使数学研究的内容向一个新的领域发展.但这不是三角函数,现如今在初中阶段的教材中的教学内容"锐角三角函数",从函数的观点来说不能称之为函数,因为初中阶段对三角函数的定义概括是建立在直角三角形相似对应边成比例的基础上的.

第二节 三角形史融合于教学的育人价值

有关数学史的著作最早是公元前4世纪古希腊的欧德姆斯写的《算术史》《几何史》和《天文史》,真正具有里程碑意义的标准数学史是19世纪末到20世纪初出版的由德国数学家康托尔写的《数学史讲义》(其中第4卷由不同国家的9位数学史家合作完成),由此奠定了数学史作为一门独立学科的地位.当时数学史的主要功能是为了说明数学发展历程在一个民族文化和文明传承中的地位,揭示数学的文化价值,而不是为教育服务.

美国著名数学史家史密斯认为数学史可以为数学教学改革提供借鉴,他强调了人们在研究数学学习过程所遇到的困难的相似性对数学教学有重要意义,有些数学问题的探究过程往往是挫折不断,有的需要几代人,可能需要几百年,甚至上千年或几千年后才被解决,难倒世界的问题也会难倒处于学习之中的学生.人类在不断研究解决问题的过程和方式方法,学生在学习过程中心里也会以类似的历程思考同样的困难.德国生物学家海克尔在19世纪提出了生物发生学定律:"个体发育史重演种族发展史."并且他把该定律应用于心理学领域,指出"儿童的心理发展不过是种族进化的简短重复",后来把定律运用于数学教育,历史发生原理应时而生,并受到了广泛的讨论和推崇.与史密斯同期的美国数学家卡约黎认为,教师在课堂上介绍与数学相关知识可以激发学生的好奇心,因为学生从心理上很想了解当时人们是怎么去思考分析问题的,是用什么方法解决问题的.卡约黎认为数学不是枯燥乏味的,也不是呆板不变的,数学是不断发展进步的,而且生动有趣,数学史有助于学生正确认识数学的本质,同样他也认为学生在学习数学的过程中遇到的困难具有历史的相似性.数学家M.克莱茵认为,历史上数学家所遇到的困难,正是学生也会遇到的学习障碍.M.克莱茵指出:"数学家花了近一千年的时间才得到了负数的概念,又花了一千年的时间才接受了负数的概念,因此我们可以肯定,学生在学习负数时一定会遇到困难."

在我国钱宝琮先生率先研究数学史和力推数学史课程.钱宝琮先生(1898—1974年,浙江嘉兴人,先后在上海交通大学附属中学、南开大学、浙江大学等校任教)是我国数学史大家,钱老先生受美国著名数学史家史密斯和卡约黎影响,从20世纪20年代开始相继在南开大学、浙江大学开设数学史课程,钱老先生认为数学史一个最重要的功能是为中学数学教师服务,他认为师范院校应该开设数学史课程.

数学史的价值并不只是局限于教学生给予历史相似性启迪.20世纪90年代,美国学者总结出了多方面数学史的教育价值.

对学生来说:

- 数学史能够帮助学生理清数学概念的意义,能够帮助学生加深理解数学概念,能够帮助学生理解数学本质.
- 数学史能够引发学生的好奇心,激发学生的兴趣,从而使学生欣赏数学独特的美,爱上数学.
- 一个数学问题漫长而曲折的解决过程,可以让学生从中获得心灵的启迪和安慰,不会因自己对一个数学概念的不理解而自责.

对教师来说:

- 数学史为教师在教学中提供了丰富的历史素材.
- 数学史可以促使教师思考自己的教学过程,从而改进自己的教学方式.
- 数学史在课堂教学中引入,有助于学生从中获得解决问题的思想和方法.

作为最先在数学史上成体系的学科内容之一(在西方国家对平面几何学知识先于代数领域),有关三角形研究的素材广泛而悠久,因此三角形数学史的育人价值不言而喻.

数学史内容融入教材由来已久,对数学史的作用已引起重视,且在教材编排中安排了一定数量的有关数学史的材料.教材编排者在教材中按照自己的设计意图,把数学史素材以不同的方式融入,有的是把数学史素材作为一节内容的课后习题,如2013版浙教版教材中把古希腊泰勒斯首先发现的"两个角及其夹边对应相等的两个三角形全等"作为课后习题,安排在八年级上册教材的第一章1.4.3节的习题中,用来让学生了解事实和加深对定理的理解和应用.

也有的是把史实进行适当的改编作为一节课课前引例,如2013版浙教版教材八年级上册第二章"2.3等腰三角形的性质"这一节中把古代人们校准水平的仪器和方法改编成用含45°三角板和铅锤结合的方式来检测横梁是否水平,以图片加问题的形式作为生活情境问题.

也有的是作为课后综合实践的教学内容(也是微项目化学习内容)安排的,如2013版浙教版教材八年级上册第二章"2.7探索勾股定理"第一节内容学习完后,勾股定理在历史上引起许多数学家的研究和证明,介绍了中国古代很早就发现了勾股定理和赵爽对勾股定理的证明方法,要求学生在课后查阅相关资料并收集历史上有关勾股定理的证明方法,形成数学小论文.这让学生了解中国历史上对数学发展的贡献,增强民族自豪感,加强对中国文化的认同感.

也有的把在历史上应用数学知识的经典实例改编成教学中新概念产生的引例,如2013版浙教版教材九年级上册第四章"4.1.3比例线段",把黄金分割嵌入意大利著名画家达·芬奇的名画《蒙娜丽莎》中,从视觉美感的角度感受,让学生加深对黄金分割点和黄金比的理解.

也有的是把它作为课后阅读材料,附着在一章或一节内容教学完成之后,作为学生自行阅读的材料,让学生去了解数学发展史具有里程碑意义的史实,如2013版浙教版,在八年级上册"4.2平面直角坐标系"内容之后,安排了阅读材料对笛卡尔生平以及对几何学发展的贡献进行介绍,笛卡尔平面直角坐标系的建立使得解析几何学诞生,解决了"数"与"形"深度结合的问题,人们可以用代数的观点去研究几何,使几何学进入一个全新的领域.

数学教材(教科书)是编写者按照自己对知识理解,并考虑历史上数学家当时对问题解决的心路历程和思维方式,同学生的思维能力水平相结合,按照一定的方式编排的.数学教材是把学习内容以文本的方式呈现,学生往往只是从直观上感受到我今天要学习什么,用这个知识解决了几个题目.教师呢?如不深入思考,只是想到我今天这节课要去上点什么,用它去做几个题目给学生示范.若教师思考深入一点的话,会想今天要讲的内容该怎么讲学生才会听得懂,设计几个怎样的问题才能让学生想到所用的方法,才能理解今天所学的知识.其实教材文本在呈现所学知识的内容,以及能用它解决与之相关的简单数学问题之外,还隐含着知识的产生、发展、抽象等思维过程,而思维过程是不会主动呈现的,需要教师引导学生体会,也就是说我们教师要去体会教材编写者在编写过程中的思维过程.同时,教材编写的思维结构与学生理解的思维存在着较大的差异,这种差异是由学生所处年龄段的生理、心理、大脑发育水平以及学生个体的思维习惯等所决定的.教师在课堂教学设计时应去思考:

①教材上文本内容编写者为何要这样写?
②这里为什么要用这部分文本内容?
③在教学过程中怎么做才能体现编写者的意图?
④要有一个什么样的过程才能让学生和教材编写者在思维上碰撞出火花,以达到真正体现课程育人的目的?

数学学科最大的特点是逻辑性,数学中任何一个概念、公式、定理、思想方法都不是无缘无故产生的,都有它的逻辑起点,有其漫长的产生过程.我们要确保课堂教学过程中对新知识的产生是顺其自然的,符合学生认知规律,也利于学生思维水平的发展和提高.

三角形是伴随着人类文明一起产生的,在历史发展过程中积累了大量有关三角形的研究素材,那么我们教师应该怎么利用好这些素材,才能达到育人的目的呢?

一、重走历史之路,经历探究之美

中学阶段是人一生中的一个转变期,更为重要的是发育期的学生对外界事物的认知方式从感性认识向理性认识过渡,对外界事物开始以一种质疑的态度对待.小学阶段对三角形知识的学习重在三角形的面积和边长、角度的计算,初中阶段根据学生的心理发展特点,对三角形的研究开始转向三角形的本质属性上,开始以公理化的逻辑思维方式来研究.教师可以根据学生开始对外界事物认知方式转变,助力学生在数学学习方式上的转变.

例如:2013浙教版八年级上"1.1认识三角形"一节内容中,通过一句话:"小学里我们已经学过,三角形的内角有以下性质:三角形三个内角和等于180°."直接给出了三角形的内角和定理.而小学里学生对三角形的三个内角之和等于180°是通过剪、拼的实验操作方式得到的,这是符合当时学生认知水平的,因为几何是具有高度抽象、逻辑体系的.而小学生的大脑发育尚不成熟,小学生缺乏较强的抽象能力,更多的是直观感受认识.因此,我认为有必要进行"三角形三个内角和等于180°"定理的证明教学,让学生在几何学习上有一个逻辑推理的感悟.

那么怎么引导学生从剪拼的过程中获得对定理证明的逻辑思维方式呢?我们可以让学生重温小学的拼图过程,学生会把三角形撕开后拼出如图1-2-1后面两种情形.

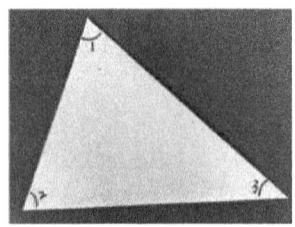 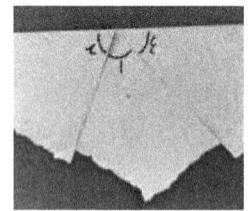 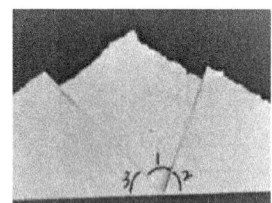

图1-2-1　说明三角形内角和性质的拼图

教师可以让学生思考以下问题:

①拼出的图形中三个角具有什么特点呢?

②拼图过程中什么是不改变的?又改变了什么?

学生清楚拼出的图形是三个角共顶点,拼图的实质是角度的大小不变,改变的是角的位置,这就抓住了问题的本质.

那老师可以接着问:我们有没有办法改变△ABC中三个内角的位置使得三个角共顶点,而且角的大小不变呢?学生经过思考和尝试后画出了如图1-2-2.

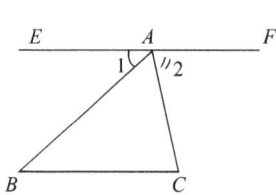 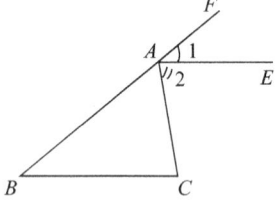

图1-2-2　三角形内角和证明把拼图转化成平面图形

三角形的内角和定理是由古希腊数学家泰勒斯通过拼图发现的,一开始用六个同一大小的正三角形进行拼图,再尝试用六个同样大小的等腰三角形,都可以把不同的顶点放在同一点铺满该点周围的区域,而且没有重叠,最后才用三个同样大小的三角形拼图,发现也具备同样的结论.泰勒斯的拼图是一个从特殊到一般的思维过程,是一个实验操作求证的过程,不具备数学学科的严谨性和完备性.因为在泰勒斯时期还没有"两直线平行,同位角相等"等定理和逆定理,因此泰勒斯无法真正地从几何学的逻辑推理角度给出证明.学生在小学第一次拼图的过程就再现了泰勒斯当时发现三角形内角和定理的拼图过程,在思维上其实也经历了与泰勒斯一样的挣扎.图1-2-2的证明方法是在泰勒斯之后,毕达哥拉斯学派发现了平行线的性质定理"两直线平行,内错角相等"及其逆定理,并给出了证明.图1-2-2右边图是欧几里得的证明,图1-2-2证明方法其实就是学生在学习过程中体现了数学思维的历史相似性.

如果教师选择恰当时机,给予学生鼓励,可以充分帮助学生树立学习的兴趣.如:在学生完成拼图后,教师可以说你们就像伟大的数学家一样,因为公元前6世纪的古希腊数学家泰勒斯也是通过拼图发现了三角形内角和等于180°的定理,那么学生心里肯定有满满的自豪感.在要求学生完成证明时,若学生苦于无法想到证明方法,教师可以鼓励说:"即使是数学家泰勒斯也没有立即给出证明方法."学生一定会想数学家都不会,我不会没有关系,不要因为一个问题而自我否定:这样一个问题我都不会,我不是学数学的料.在学生完成与图1-2-2相同的证明方法时,教师可以称赞说你们的证明方法居然和毕达哥拉斯、欧几里得的一样!那学生当时的心里会是怎样的一种状态呢.其实只要我们在恰当的时机,给予一句恰当鼓励的话,就可以激发学生的求知欲,可以使学生在遇到困难时重拾信心,也可以让学生在完成任务时获得满满的成就感,这就是课程育人.

如果教师在学生完成证明后就立即进入下一教学环节,可能会错失让学生的思维经历更高层次发展的机会.学习不仅仅是重制前人的过程,更应该关注对学生学习过程的方法迁移能力和创造能力的培养,使学生掌握数学的基础知识和基本技能,同时培养学生的发散性思维、批判性思维和创造性思维,让核心素养在学生身上生根发芽.

那在完成证明定理:三角形的三个内角和等于180°上述证明之后,教师需追问以下两个问题:

①上述证明都是通过两直线的同位角相等或内错角相等,将角集中到三角形的某一个顶点以拼成一个平角.那么,三个角集中的这个点是否一定要在三角形的顶点上呢?

②能不能试一试将角的顶点放在其他位置,看看是否也可以证明出相同的结论?

学生借鉴图1-2-2的方法,经过合作讨论,很快就有学生想到了如下三种情况:角的顶点分别在一条边上、在三角形的内部、三角形的外部,如图1-2-3. 从开始角的顶点在三角形的顶点,到边上,最后到三角形的内部和外部,其实数学思维本质上是从特殊到一般的过程,在方法上具有共性,都是通过构造平行线来完成角的转化,这样的过程既让学生体验了数学证明的完备性和逻辑性,还让学生感受到思维层次的丰富性.这三种证明方法体现了学生在思维上从模仿到创造的转变.

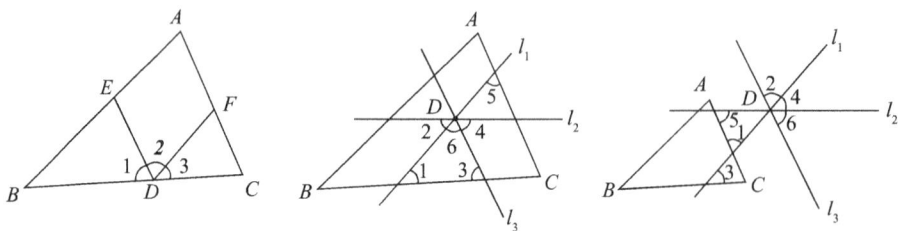

图1-2-3 定理:三角形三个内角等于180°学生证明方法

在学生完成上述图1-2-2的证明过程后,当学生的学习热情和兴趣处于高峰时,教师不妨提出这样的问题:"同学们,你们能不能尝试不利用平行线的性质来完成定理的证明?你们在课后不妨去试一试."在数学史上,确实有数学家不利用平行线的性质而证明了三角形的内角和性质定理.德国数学家提波特最先利用旋转的方法证明该定理,他的方法是把三角形的某一边所在的直线分别以三个顶点为旋转中心,分别按同一个方向(顺时针或逆时针)旋转三次,直线回到原来的位置,三次旋转共旋转了180°.

教师稍作思考,泰勒斯发现三角形内角和定理灵感就是来自我们生活中一种生活现象——在地面上铺砖(利用矩形状的砖可不留缝隙地铺满一个点周围区域).教师可以从拼图开始,提出一些逐步递进的问题,引导学生思考:

①为何泰勒斯的拼图中六个同样大小的等边三角形或等腰三角形可以围绕着一个点,恰好做到不留空隙、不重叠地铺满该点周围的区域?

②六个同样大小的不等边三角形是否也能做到不留空隙、不重叠地铺满该点周围的区域?

③那么在生活中你们是否看到过用同样大小的正五边形面砖来铺地面?

④为什么没有看到过用正五边形面砖来铺地面呢?

⑤有人认为正六边形比矩形美,想用正六边形的面砖来铺地面可以吗?

⑥也有人认为单一形状的面砖不够美观,想采用不同边数正多边形面砖

来铺地面,这样做是否可行?……围绕这一系列的问题,让感兴趣的学生自行组成学习小组在课余时间去解决,学生一定可以写出一篇质量不错的数学小论文.这一过程就是引导学生从生活中去发现问题、提出问题、分析问题、解决问题的过程,这个过程正是培养学生高阶思维的过程.我们只要抓住这样一个小小的瞬间,就可以让"四能"在学生身上落地生根,开花结果.

二、重走历史之路,体验方法之美

学习三角形,绕不开勾股定理.虽然它只是平面几何学中的一个普通定理,却又是数学中非常重要的一个定理,它引起了历史上很多数学家的关注,并提出了不同的证明方法.有据可查的方法居然多达四百多种,目前还没有找到其他定理的证明方法有如此之多,可见勾股定理的重要地位.

在中国数学史上,最早对勾股定理给出完整证明的是东汉末至三国初的赵爽.生活在三国时期的刘徽也给出了勾股定理的证明,两人对的证明方法是一致的,都基于出入相补原理.出入相补原理实际上是指将一个平面图形分割若干部分,然后重新拼成一个新的图形,总面积等于各部分面积之和,形状改变而面积不变.在中国数学史上,矩形的面积算法是所有图形面积算法的起点,出入相补原理是其他多边形面积算法的理论基础.其实出入相补原理与其说是原理,不如说是一种方法.利用该原理我们不但可以解决平面几何中的问题,也可以解决一些代数领域的问题.

根据数学家刘徽给出的三角形面积公式的证明方法,可以画出如图1-2-4所示的图形;把△ABC分割成如图的(1)、(2)、(3)、(4)四个部分,把(1)这部分拼到(5)的位置,把(3)拼到(6)的位置,这样就把△ABC改变成了与它面积相等的矩形BCDE.

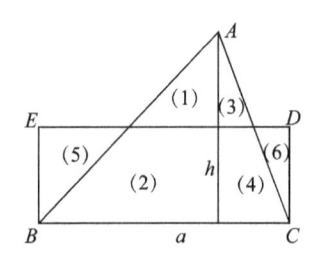

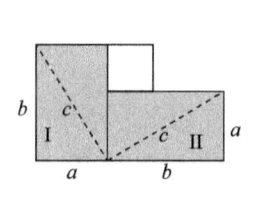

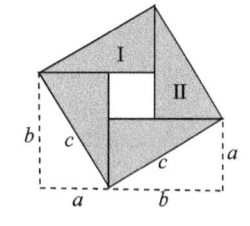

图1-2-4 三角形面积公式证明　　图1-2-5 赵爽对勾股定理的证明方法

赵爽给出的勾股定理的证明方法如出一辙,如图1-2-5,其实就是该图左侧的两个三角形Ⅰ和Ⅱ拼到该图右侧的位置.

其实也可以用出入相补原理来解决有关线段之间比的问题,如三角形中位线的证明,如图1-2-6所示,2013版的浙教版对三角形中位线证明方法是:把△ADE绕点E旋转180°后得到△CFE,其实也可以看成把△ADE剪下来拼到△CFE的位置.

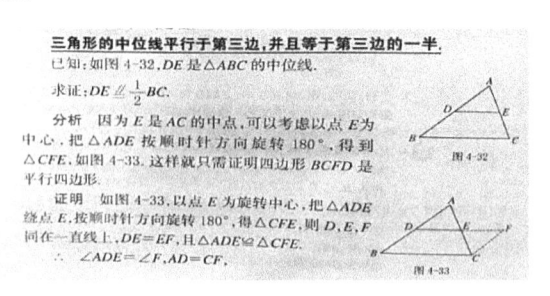

图1-2-6　2013浙教版对三角形中位线定理的证明

用出入相补原理可以得出相似直角三角形的对应边成比例.在中国数学史上,虽然找不到相似三角形对应边成比例的记载,但很早就利用这一原理来解决生活中的测量问题:"勾中容横,股中容直"就是描述这一内容,那么在中国古代的数学家是怎么解释这一数学知识内容的呢? 南宋数学家杨辉在《续古摘奇算法》中记载:"直田之长名股,其阔名勾.于良隅角斜界一线,其名弦.弦之内外分二勾股,其一勾中容横,其一股中容直,二积之数皆同.以余勾除横积,得积外之股,以余股除值积,得积外之勾,二者皆通".这就是出入相补原理解释"勾中容横,股中容直",如图1-2-7.矩形的对角线把矩形分割成两个一样的直角三角形,这样就使得矩形AEOG的面积等于矩形OHCF的面积(即图中的阴影部分面积相等),所以可以得到$EO \times OG = HO \times OF$,而$OH = GD, OH = BE$,所以$EO \times OG = BE \times GD$,所以得到$\dfrac{GD}{EO} = \dfrac{OG}{BE}$.

出入相补原理也可以解决折改直的问题.如图1-2-8,若要图(1)中的四边形ABCD改变成与它面积相等的三角形,也就是把折线ADC改成直线,同时又要保持面积不变.我们可以连接AC,然后过点D作AC的平行线交直线BC于点E,连接AE,就把折线ADC改成了直线AE,同时又保证了四边形ABCD的面积等于△ABE的面积.这里的原理是图(2)中的两个阴影部分的面积相等,即把△AOD分割出来补到△COE的位置.

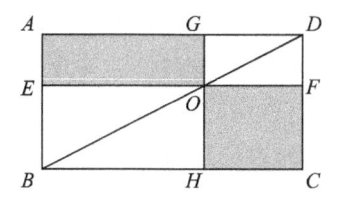

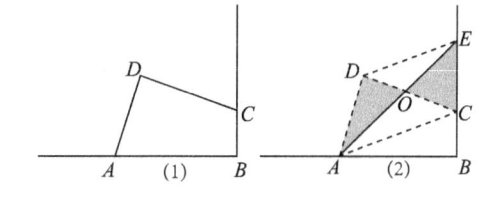

图 1-2-7　勾中容横,股中容直　　　图 1-2-8　折改直(作图)

在代数内容中,刘徽和赵爽都给出了利用出入相补原理可以证明平方差公式$(a+b)(a-b)=a^2-b^2$,如图 1-2-9.

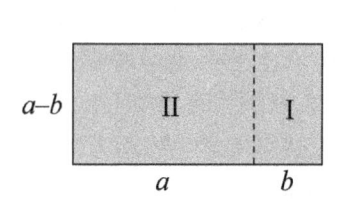

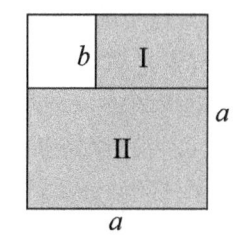

图 1-2-9　平方差公式的证明

也可以用出入相补原理解一元二次方程,例如方程$x^2+6x=16$,如图 1-2-10.把图(1)中的矩形沿直线 EF 剪开后,需使得 $BE=3$,且直线 EF 与直线 AB 垂直.剪下的矩形 $BCFE$ 摆放到图(2)中 $DNMH$ 的位置,这样就在图(2)的右上角处留出了一个空白的边长为 3 的正方形 $FGMN$,而阴影部分的面积保持不变,仍然为 16.因此大正方形 $AEGH$ 的面积是 25,它的边长是 5,因此可以得到 $x+3=5$,可以求出方程的解是 $x=2$.虽然从方程的解上看,利用出入相补原理可以求一元二次方程的解,但却遗漏了一个根,这确实有点遗憾,但这是由几何图形的直观所决定的,因为具体的边长怎么会是负数呢!

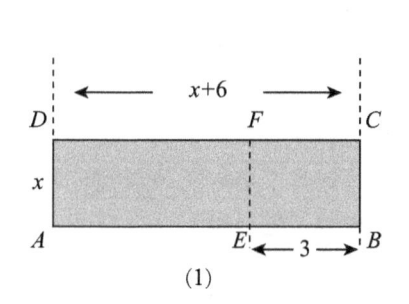

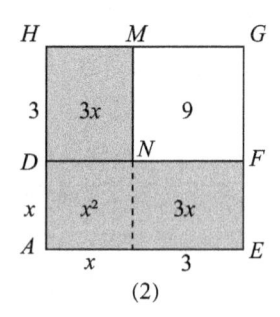

图 1-2-10　利用出入相补解方程:$x^2+6x=16$

出入相补原理是中国古代几何学体系的支撑,我国古代侧重于几何问题的求解,是从经验和实例中概括出来的.虽说是原理,但更像是一种几何求解的方法.不但可以解决平面图形的面积问题,也可以求立体几何的体积,甚至可以利用它解决一些数列求和、极限问题,使中国古代几何学在世界数学发展史上自成一体,现在再回头看它,依然魅力四射.

三、重走历史之路,感悟思维之美

数学思维是指通过对数学信息整合、抽象、概括,挖掘其本质属性,按照一般思维规律认识数学知识的理性活动的过程.衡量思维能力高低的重要指标主要表现为:思维的深度性、思维的广阔性、思维的灵活性和思维的批判性.数学的教学过程是教科书编写者的思维活动、数学教师的思维活动和学生的思维活动三者之间的一个融合过程.在这个过程中,数学教师的思维活动显得尤为重要,因为教师的思维活动是架通教材编写者思维活动和学生思维活动之间的桥梁.同时,教师的思维活动又直接影响学生的思维活动品质,也就是说学生的思维水平能否从低阶思维向高阶思维发展取决于教师课堂教学.教师利用数学史上丰富的素材其实就可以促使学生思维能力朝着思维的深度性、广阔性、灵活性、批判性方向发展.我们可以利用数学史上丰富的有关三角形的素材,促进学生思维水平由低向高发展.

等腰三角形是初中阶段着重研究的一类特殊的三角形,它除了具有一般三角形的性质外还具有一些特殊的性质,如"等边对等角""三线合一".等腰三角形是初中阶段学生第一个研究的特殊直线型类图形,研究等腰三角形的方法对后续研究直角三角形和特殊的多边形有着非常重要的借鉴作用.

各版本的教材基本上在学习了轴对称图形相关知识之后再学习等腰三角形,而且教材都是在了解一般三角形之后就接着探究三角形全等的条件.教材这样安排无非是出于两个原因:一是等腰三角形是轴对称图形,学生易从实验操作折叠发现等腰三角形的相关性质;二是易于学生从操作过程中发现等腰三角形的证明方法.

例如,2013浙教版就是把等腰三角形的性质放在了八年级上2.3节.八年级上册第一章内容为三角形的初步知识(包含了全等三角形判定和性质),第二章第一节的内容为图形的轴对称.浙教版是通过画出一个任意等腰三角形后进行折叠和测量,探索内角之间有什么关系开始呈现这一部分教学内容的,如图1-2-11.教材上给出了通过作顶角的角平分线构造出全等三角形方式证明性质定理:"等腰三角形的两个底角相等",再构造这种思维源自于一开始的画图和折一折.折叠后观察发现在折痕两侧的部分完全重合,说明重合部分的图形是全等的,全等图形的对应边相等、对应角相等.教师只要引导学生稍作分析思考,不难发现折痕其实就是等腰三角形的顶角平分线,也是底边上的高线和中线,这样就可顺势得出等腰三角形另外两个重要性质:等腰三角形的轴对称性和"三线合一".虽然我们可以由实际操作折叠中,从顶角平分线、底边上的中线和底边上的高线三个不同的视角构造全等图形,分别可以利用SAS(作顶角平分线),SSS(作底边上的中线),HL(底边上的高线)等方法来证明出等腰三角形的性质,也可以体现出方法的多样性,其实这里还有一个同一性,虽是三条线却又是同一条线(一条线具备了三个功能),都源自等腰三角形的轴对称性,但不足以展现数学思维的广阔性、深度性、创造性和批判性.

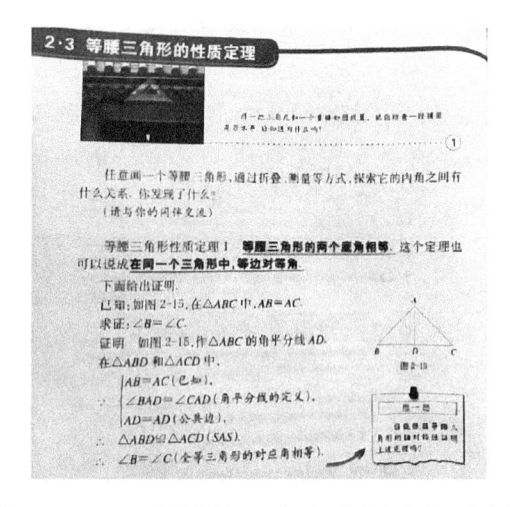

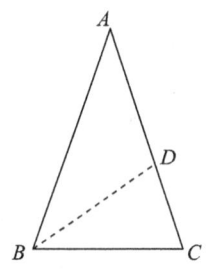

图1-2-11　2013浙教版等腰三角形两个底角相等证明方法　　图1-2-12　作一底角的平分线

那么,教师要想让学生在数学思维的广阔性、深度性、创造性和批判性上有所经历和感悟,在课堂教学该怎么去引导学生思考呢？教师可以从已有学生的证明方法中去总结思考,可以设置一些问题去引发学生的思考和尝试,把学生的思维活动引向高阶思维活动.

案例1-2-1

师:本课节前的图片中的内容为什么可以检查一根横梁是否水平呢?

生:铅垂线若过等腰三角形底边的中点,那么铅垂线垂直于底边,则横梁在水平线上,若铅垂线若不过底边的中点,那么铅垂线与底边不垂直,则横梁不在水平线上.

师:很好.古人就是利用这种方式来判断生活中的一些水平线问题.通过作顶角的角平分线或底边上的高线或底边上的中线构造全等方法证明定理:等腰三角形的两个底角相等.那么角平分线一定要顶角的角平分线才可以吗? 可不可以是底角的平分线呢?

学生一开始一定会画出如图1-2-12的图形,而且学生会很快告诉教师,不能.学生也一定会回答:这两个三角形分别是锐角三角形和钝角三角形,不可能全等.

教师质疑:等腰三角形的底角有两个,你们所画的只是其中一个底角的平分线啊!

学生马上就画出如图1-2-13的图形.这时学生观察图形后,不会很快就否定这种方法不行,一定会积极思考寻找判定△BCD与△CBE全等的条件,但是由于学生所学知识储备不够的缘故无法给出证明.学生从作一个底角的平分线到作两个底角的平分线,寻找证全等条件的整一个过程中,是思维上的一个经历挣扎和批判、质疑的过程,是一个高阶思维活跃的过程.学生在经历失败的尝试后,教师不要忘记给予鼓励和肯定,明确告诉学生,作两底角的平分线可以证明出"等腰三角形的两底角相等",但还需学习更多的几何学知识,只是暂时还不能.

师:既然通过作两底角平分线来构造全等暂时还无法证明,那么有没有通过其他方式来构造全等呢?

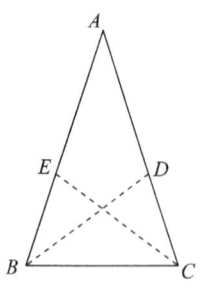

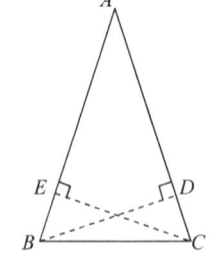

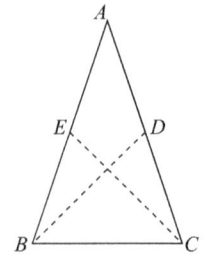

图1-2-13 作两底角的平分线　　图1-2-14 作两腰上的高线　　图1-2-15 作两腰上的中线

生:我通过作两腰上的高线(如图1-2-14),可以完成.先利用AAS证△ABD与△ACE全等,得到BD=CE,再利用HL定理证Rt△BCD与Rt△CBE全等,得出∠ABC=∠ACB.

生:我也是作两腰上的高线的,用同样的判定方法先证△ABD与△ACE全等,但是我是利用SSS来判定△BCD与△CBE全等的.因为由第一次全等可以得到AE=AD,可以利用等式性质得出BE=CD.

生:老师,我的方法比他们的更好.虽然我也是作两腰上的高线,但是我只用了一次全等,由高线我想到了面积,根据三角形的面积等于底乘以底边上高的一半,可以得出:$\frac{1}{2}AB \times CE = \frac{1}{2}AC \times BD$,而AB=CD,所以CE=BD.再利用HL定理证Rt△BCD与Rt△CBE全等.

生:我是作了两腰上的中线(如图1-2-15),作中线可以得到:AE=AD,BE=CD.先利用SAS判定△BCD与△CBE全等,得出∠AEC=∠ADB,利用互补得出∠BEC=∠CDB,这样可以根据SAS判定△BCD与△CBE全等,得出∠ABC=∠ACB.

师:同学们思考一下,从添辅助线的功能上来看,上述证明方法有无共同的特点?

生:都是出现了两条辅助线,而且都是与腰相交的.有一种利用面积得到高线相等,其余的都是需要证两次全等来完成证明.

师:利用面积来得出高线相等,这位同学的方法给了我们新的启示:几何图形的证明也可以用代数推理的方式来得到,感谢这位同学的所给我们的新的方法.我们不妨去看看证两次全等的同学的方法,第一次都是证△ABD与△ACE全等,而从条件中我们知道已经具备两个:AB=AC,∠A是公共角,我们所添加的辅助线就是为了第三个条件:在两腰上重新构造了相等的线段,比如,作中线的目的就是为了AE=AD.那么我们有没有做其他辅助线的画法来得到AE=AD呢?

生稍加思索:可以,只要在两腰上截取AE=AD(如图1-2-16).仍然可以利用SAS判定△BCD与△CBE全等.教师继续追问:D、E两点在线段AB、AC的延长线上是否可以?学生经过画图、思考、合作讨论后,答:可以(如图1-2-17)先用SAS证明△BCD与△CBE全等,得到BD

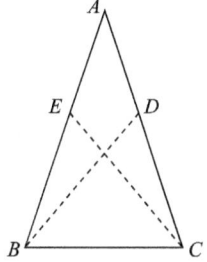

图1-2-16 在两腰上截取AE=AD

$=CE$,$\angle AEC=\angle ADB$,那么可以利用 SSS 证明 $\triangle BCD$ 与 $\triangle CBE$ 全等,或者利用 SAS 证明 $\triangle BCD$ 与 $\triangle CBE$ 全等,得出 $\angle EBC=\angle DCB$,就可以证出 $\angle ABC=\angle ACB$.

继续追问道:D、E 两点在线段 AB、AC 的延长线上可以证明出 $\angle ABC=\angle ACB$,那么 D、E 两点在线段 AB、AC 的反向延长线上呢?

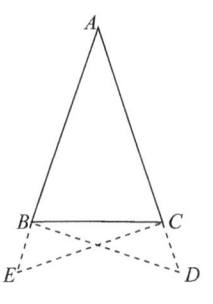

图 1-2-17 在延长线截取 $AE=AD$ 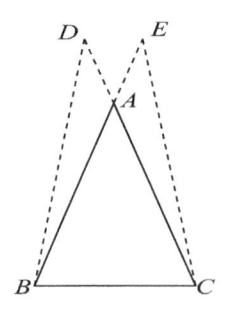   图 1-2-18 在延长线截取 $AE=AD$

学生继续画图、思考、讨论后,回答道:可以(如图 1-2-18),还是先用 SAS 证明 $\triangle ABD$ 与 $\triangle ACE$ 全等,得到 $BD=CE$,$\angle AEC=\angle ADB$,那么可以利用 SSS 证明 $\triangle BCD$ 与 $\triangle CBE$ 全等,或者利用 SAS 证明 $\triangle BCD$ 与 $\triangle CBE$ 全等,就可以证出 $\angle ABC=\angle ACB$.

师:很好.从上面的证明方法中,我们可以得出一个结论,只要 D、E 两点分别在直线 AB 和直线 AC 上,使得 $AD=AE$,都可以证明.从点运动的角度来看,无论底角平分线、腰上的高线还是腰上的中线,无非都是 D、E 在整个运动过程中出现了几个特殊的位置(教师几何画板演示,如图1-2-19).那么除了以上所说的几个特殊位置以外,D、E 两点还有没有另外的特殊位置呢?

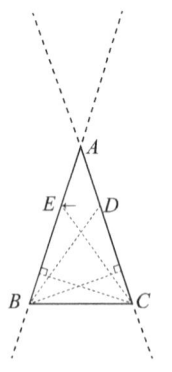

图 1-2-19 几何画板演示 D、E 运动过程 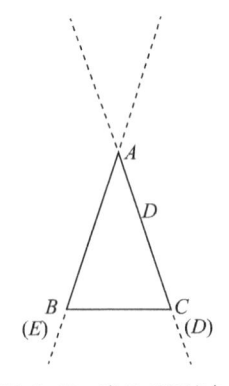   图 1-2-20 当 D、E 两点与 C、B

生：还有两个位置，一个是 D、E 两点均与 A 点重合，还有一个是 D、E 两点分别与 C、B 两点重合.

师：那么 D、E 两点均与 A 点重合时，就不存在 $\triangle ABD$ 与 $\triangle ACE$，D、E 两点分别与 C、B 两点重合时（如图1-2-20），$\triangle ABD$ 和 $\triangle ACE$ 其实都是 $\triangle ABC$，那么由这个特殊的位置，能不能想到一种不要辅助线的证明方法呢？

生：……？

师：历史上还真有一个数学家不添加辅助线证明了等腰三角形的两个底角相等.他把 $\triangle ABC$ 看成了两个 $\triangle ABC$ 重合在一起，这样就出现了 B 与 C 对应，C 与 B 对应的关系，即：$AB=AC,AC=AB,BC=CB$，可以得出 $\triangle ABC$ 与 $\triangle ACB$ 全等，得出 $\angle ABC=\angle ACB$.这是古希腊数学家帕普斯的证明方法.

师：我们其实在一开始就已经通过作顶角平分线的方法完成对定理的证明，为什么我们还要思考尝试新的不同的证明方法呢？我们先一起回顾整个对定理证明方法的产生过程，总结一下我们的所有证明方法得出的活动过程.

师生一起小结完成下面的思维结构图（如图1-2-21），在搭建思维结构图时，教师应指出数学史上有名数学家及其使用的证明方法，让学生从心理上获得一种成就感和自我肯定.

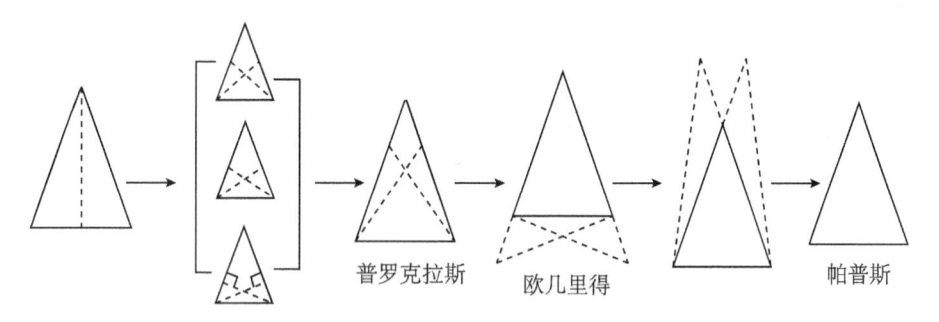

图1-2-21　等腰三角形的两底角相等证明方法思维框架图

案例中，在证明等腰三角形的两个底角相等过程中，从一开始的折叠动手操作，到作顶角平分线证明定理"等腰三角形的两底角相等"，是一个从现实生活现象中抽象出平面图形的一个过程，并用几何的演绎推理的方式来证明.这一过程也是学生最为困难的，它包含了三个层面的过程：一是用数学的眼光来观察现实世界;二是用数学的思维方式来思考现实世界;三是用数学的语言来表达现实世界.

案例中,从作顶角的平分线到作一底角的平分线的过程,是学生认知方式的一种自然表现.它是在作顶角的平分线(一条线)基础上进行了一个简单的方法迁移,是一种简单的模仿行为,在思维上并没有进行理性地分析和质疑,教师的质疑促使学生的思维进入一种从质疑到创造的思维过程,画两个底角的平分线构造全等也就顺势而成,但是受学生知识储备的缘故,学生无法寻找到判定全等的要素,在心理上虽说是一种失败的尝试,但后续给出这么多的证明方法,如同一个人在狭长而又找不到出路的通道里,心理出现焦躁不安情形时,在面前突然打开一扇门一样欣喜不已.这种心理体验对学生的学习思维方式影响无疑是巨大的.

从底角平分线到两腰上的中线、高线,到两腰的任意两点(普洛克拉斯的证明方法),再到两腰延长线的两点(欧几里得的证明方法),再到两腰反向延长线的两点,再到两点与底角的两个顶点重合(帕普斯的证明方法),这是一个层层递进的过程.结合历史上数学家们的证明方法,引导学生逐步改变点的位置,开阔了学生的视角,在数学思维上让学生经历一个从特殊到一般,又回到特殊的完整过程,使得学生在思维的广阔性、深度性、灵活性和批判性上有了一个充分的感受.

最后几何画板的演示不仅有助于让学生对帕普斯的证明方法理解,更为重要的是揭示问题的本质(截线段相等),让学生由"静"向"动"转变,以运动的观点来思考问题、分析问题.从中能总结出问题的本质属性,使得学生对数学的逻辑推理有一个更深的感悟.

虽然不用数学史素材也能让学生的数学思维水平得到发展和提升,但数学史能让学生感受到历史上数学家们不懈探究、求真创新的品质,我们又何乐而不为呢?

四、重走历史之路,品味应用之美

三角形作为平面几何图形中的一种基本图形,与人类社会一同起源发展,已经成为一种深深扎根于人类社会中的符号.不管将来社会发展到哪个高度,我们人类也一定会对它不舍不弃.不管在科技领域,还是日常生活中,甚至在传承文化思想的著作里,都深深留下了三角形的烙印.

在几何学中,"三"有着它独特的魅力."由三条不在同一直线上的线段首尾顺次连接而成的图形叫三角形";这是教材对三角形给出的定义.唯有三角形的三条边长确定,三角形的形状和大小就唯一确定了,这就是三角形的稳定性."不在同一条直线上的三个点可以确定一个圆"可见三角形确定了,另外一个图形"圆"的大小和位置也是确定的.立体空间中,我们也知道,不在同一直线上的三个点确定一个平面.《墨子》中有关直线的记载是"直,参也"."参"为三,用现在的话来讲就是三点共线,这就是射击中的瞄准原理.

人们对三角形的了解始于它的稳定性.这种稳定性,在物理力学中发挥着它的神奇作用,如体现中国世界第一的基建水平的桥梁建造技术中的斜拉索桥.利用索塔、斜拉索、桥梁组成了一个稳定的三角形,同时利用索塔两侧对称的斜拉索巧妙地把桥梁的上承受的重力转移给桥塔.同样是碳元素组成的铅笔和钻石,铅笔是轻轻一划就留下书写的痕迹,钻石却因为碳原子间有着三角形的结构而坚硬无比,可以用它切割玻璃和金属材料.哪怕是生活中那微不足道的三脚架;都可以稳稳支撑起一个比它重几十倍的物体.

中国古代对"三"的理解是万物皆由三出.代表中国本土传统文化的经典著作《道德经》这样记载:"道生一,一生二,二生三,三生万物."可见对"三"的独特理解.从史前遗址考古出土的文物"三足陶罐"生活器皿,到商周时期的生活中的青铜器"三足鼎","鼎"所赋予的含义就也变为"至尊""尊贵""显赫"等.据《左传》记载,在夏朝建立之初,把天下分为九州,制九鼎,每鼎代表一州,集中放在都城,以显示王权的至高无上.在中国汉字语言文化中常用"三足鼎立"来形容三方制衡相持的关系.在西方国家也是利用三角形稳定性的原理来确立三权分立的国家治理体制,确保权力三方相互制约平衡.国与国之间的关系也常常利用三角关系来达到相对平衡,避免国家之间的矛盾激化,引起地区的战乱.

人认识世界首先从观察开始,说直接一点就是用眼睛看身边的事物.眼看身边的物品时,第一个感觉就是看上去舒不舒服.除了颜色以外,还有就是所谓的协调不协调,这就是视觉上的美.说起视觉上的美,永远离不开数学中的黄金比.在历史上究竟是谁最早发现了黄金分割点,至今无确切的定论.现代的数学家认为公元前6世纪古希腊的毕达哥拉斯学派已经掌握了黄金分割点,因为他们研究过正五边形和正十边形的作图.公元前4世纪,古希腊数学家欧多克索斯开始从比例的角度系统研究黄金分割,数学家欧几里得根据数学家欧多克索斯的研究成果,在《几何原本》中系统论述了黄金分割.鉴于数学课程核心素养中"三会",以及我们的身边存在大量的黄金分割所带来的美,教师应及时抓住能把学生素养落地的机会.在引导学生学习黄金分割之后,应再上一节关于黄金分割与生活综合实践课,充分利用历史素材和现实身边中有关黄金分割事例来打开学生的创造性思维.2013浙教版在学习了黄金分割点的概念和黄金比之后,专门以文字加图片的形式介绍了古希腊的帕特农神庙,神庙的正面高与长之比就等于黄金比.教师可以从帕特农神庙开始综合实践课.

【案例1-2-2】

师:帕特农神庙的正面我们可以看成是一个矩形,这个矩形的宽与长的比等于黄金比,那么这个矩形叫做黄金矩形.请同学们利用手中的工具,在A4纸上作出一个黄金矩形(不限作图工具).

学生已经学习了黄金分割点的概念和黄金比,在不限作图工具的前提下,学生比较快地利用宽长之比等于0.618,如图1-2-22.

师:所有学生画出的图形中,都先约定了长的长度,宽等于长乘以0.618,算出宽,再画图.这种画法,只能说明宽长之比接近黄金比,因为0.618本身就是一个近似值.在约定长的长度后,再来计算宽,利用刻度尺画线段有一个测量上的误差,整一个过程中出现了两次取近似值,这样一来,所作的矩形的宽长之比等于黄金比的误差较大.那么如果要同学们比较精准地画出这个矩形该采用怎么样的作图方式呢?

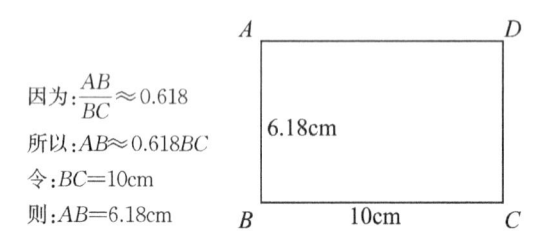

因为:$\frac{AB}{BC} \approx 0.618$

所以:$AB \approx 0.618 BC$

令:$BC = 10$cm

则:$AB = 6.18$cm

图1-2-22 黄金矩形(画法一)

生:尺规作图,且宽与长之比不取近似值而是等于$\frac{\sqrt{5}-1}{2}$.

师:我们可以从这样一个角度思考分析,因为宽比长等于$\frac{\sqrt{5}-1}{2}$,所以我们可以假设矩形的长等于2,则宽等于$\sqrt{5}-1$,减1,我们可以看成是减长的一半,也就是说先要作出一条长度为$\sqrt{5}$的线段,再减去长的一半.

作出一条长度为$\sqrt{5}$的线段就成为我们作出这个黄金矩形的关键.同学们不妨回忆一下,我们是如何在数轴上找到表示实数$\sqrt{2}$的点的.请同学们在纸上尝试利用尺规作图画出一条线段等于$\sqrt{5}$.

学生回忆在数轴上找到表示是实数$\sqrt{2}$的点的方法,部分同学还是能比较顺利画出线段长等于$\sqrt{5}$的线段.如图1-2-23.

生:作一个直角三角形,使得两条直角边$AB=2,BC=1$,则$AC=\sqrt{5}$.

师:那么线段长为$\sqrt{5}-1$,在所画的图形中又该如何表示出来呢?

生:只要线段AC减去线段BC的长就可以了.

学生只要能画出长度为$\sqrt{5}-1$的线段,利用尺规作图画出黄金矩形就顺利了.如图1-2-24.到此学生的思维已经进入一种高阶思维状态,但还是停留于数学知识层面.要想打开学生的创新思维,教师应乘胜追击;把刚才作图的这种数学思维过程转化为解决实际问题的思考、分析、实际操作的过程.

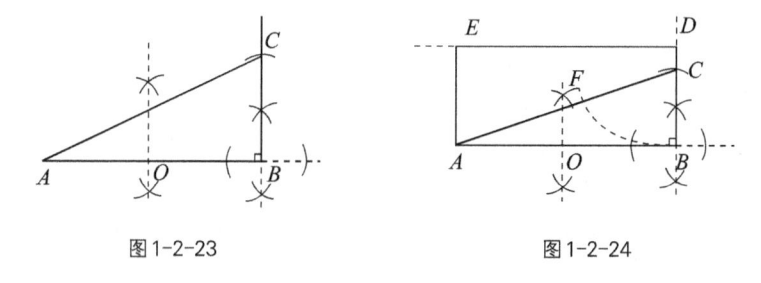

图1-2-23

图1-2-24

师:刚才我们只是利用尺规作图,作出了一个黄金矩形.那么你们能否利用折叠的方式,在A4纸中折出一个黄金矩形呢?

脱离作图工具,通过折叠轴对称的原理来确定长为$\sqrt{5}$的边,对学生来讲如同进入一个陌生的环境之中,茫然而不知所措.这时教师应该对前面的尺规作图再进行一个新的分析总结.$\sqrt{5}$是利用直角三角形的两直角边分别为1和2得到的,换一种思维方式,其实就是一条直角边是另一条直角边的一半.矩形的A4纸有直角,在矩形的纸片中折出一个等腰直角三角形对学生来讲是简单的,那么只要在等腰直角三角形的一条直角边上找到中点就有这一半的关系了,自然就可以找到长$\sqrt{5}$的线段了.

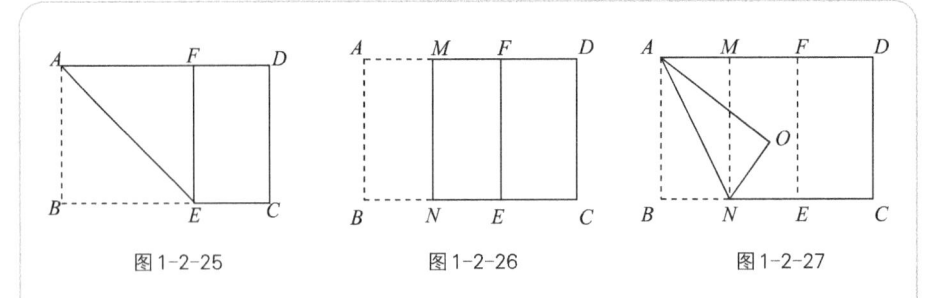

图1-2-25　　　　　　图1-2-26　　　　　　图1-2-27

第一步,如图1-2-25,只要把矩形纸片一边AB沿直线AE折叠使得AB与AF重合,点B落在点F处,把纸片沿直线EF折叠一下,留下折痕EF.根据轴对称的性质就可以判定△ABE是等腰直角三角形,四边形ABFE是正方形.

第二步,如图1-2-26,把纸片沿直线MN折叠,使得AB与EF重合,则点M、N分别是BE、AF的中点.

第三步,如图1-2-27,把△ABN折叠一下,留下折痕AN,假设AB的长为2,则$BN=1, AN=\sqrt{5}$.

找到长为$\sqrt{5}$的线段AN,怎么通过折叠去找到长为$\sqrt{5}-1$的线段成为关键.在前面的折叠过程中,已经知道长为1的线段有四条,即:$AM=MF=BN=NE=1$,但是线段AN与它们并不在同一条线段上.需要再次折叠,使得线段AN与其中一条长为1线段重合,而且要共端点.

那么第四步,如图1-2-28,只要把纸片沿∠DAN的角平分线所在的直线对折,则线段AN落在AD上,点N落在点P处,所以$AP=AN=\sqrt{5}$,$MP=\sqrt{5}-1$,而$MN=2$.

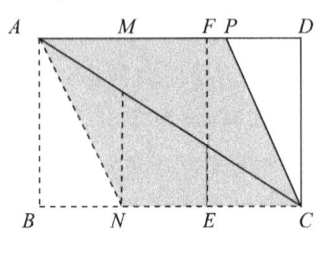

图1-2-28 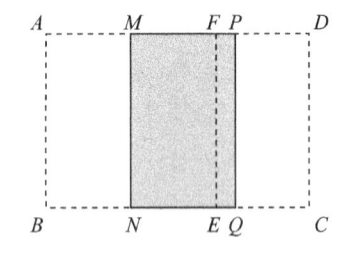　　　　　　　　　图1-2-29

最后一步,如图1-2-29,只要沿直线PQ折叠,使得D点落在AP上,就可以得出一个矩形MNQP,且$MP:MN=(\sqrt{5}-1):2$的黄金矩形.

折纸也是一种动手操作,但与尺规作图有着很大的不同.折一个矩形,这是学生能触及到的,是一个利用数学知识创作的过程,而尺规作图对学生来说是一个画图的过程.是可看见却无法用手触及的,是抽象的.

黄金分割在生活中给我们带来很多的美.教师可以布置微小的课后实践任务:利用黄金分割给我们带来美的享受,给自己的妈妈选择一双鞋跟适当的高跟鞋.这个小小课后实践,远不只是让学生实践了一次利用数学知识为生活服务那么简单.

现在大部分学生都有一个普遍性的现象:让学生自己独立思考去解决一个几何问题,往往是抓头摸耳,毫无头绪.特别是在考试后常常感叹:"这个题型老师已讲解过好几遍了,我就是想不起来怎么做."可在教师或同学稍一提醒,就会感叹:"原理这么简单,我怎么就没有想到呢?".有很多学生其实并不是没有掌握其中的知识点和方法.

数学课程最大的特点是逻辑性和连贯性.教材是把学生需要学习的内容按照学生的认知方式以螺旋的方式安排教学单元的,在一个教学单元中又是按照课时教学分成一块一块的.教师在课堂教学时也是切块来进行课堂教学的,因此学生接受知识时只是点状的、碎片化的.学生习惯于碎片化学习,没有整个知识结构和数学学习活动的体系结构,那么他们关注的知识只是眼前和现在.学生只能复述现有的结论,进行简单化的逻辑推理或判断.随着时间的推移,学生就养成了一种简单的思维习惯:"有了上才能下,要有左才能有右,因为 A 所以 B",这样一种简单狭隘的逻辑思维判断,难以进入高层次的思维活动.这也是学生经常感叹:"我怎么就没有想到呢?""这个题目看上去很熟悉,可我就想不起了怎么做!"背后真正的原因.因此教师在完成相关知识教学后的复习课时,帮学生建立起知识结构体系就显得尤为重要,特别是在初三进行中考前的第一轮复习时,在查漏补缺的同时,应着重帮学生建立初中阶段数学知识结构化体系,打通相互之间的联系.就如学生看到三角形的图形,能想起初中阶段有关三角形的所有知识.

在历史上,所有初中平面三角形的知识都是古人在解决实际问题中的测量问题得出的,如勾股定理、相似三角形、解三角形,包括对全等三角形的认识也是从测量距离中获得的.

古希腊数学家泰勒斯是有史料记载最早利用全等三角形来测量距离的.为了测量出海面上船到海岸边的距离,泰勒斯的方法是:人戴一个有帽檐的帽子,在海岸线某一处,然后压低帽檐,使得人的眼睛、帽檐、船在同一条视线上.这样人的身高、视线和船与人的距离就构成了一个直角三角形.人保持身体姿态不变,以人所站立处为旋转中心转动身体,同样沿着帽檐的视线就看到陆地某一点,则陆地上该点与人的距离就是船与海岸线的距离.这就是有关泰勒斯的"帽子测距离"的故事."帽子测距离"的方法多少有点理想化,因为该方法要确保陆地上足够大的平地才能实现测量距离,有点不太现实.可是从数学的角度是完全可行的,而且测量出的距离就是船与人之间的距离,如图1-2-30,因为在该测量方法中,人的身体AD是两个三角形的公共边,AD与水平面BC是垂直的,不改变帽子的形态,则视线AB、AC与人身体AD的夹角大小不变.根据全等三角形的判定定理"角边角"就可以得到三角形全等,所以距离相等.

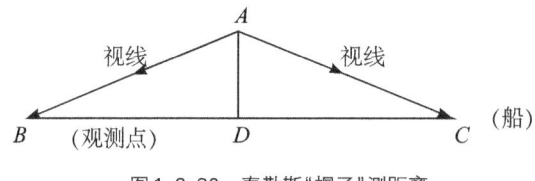

图 1-2-30 泰勒斯"帽子"测距离

泰勒斯如何得到这一全等三角形的判定方法的,这已无法考证.但是泰勒斯的方法在后续的测量中被广泛应用,像拿破仑行军途中测河流宽度,八路军战士阵前测碉堡与阵地间的距离等故事.

核心素养中的"三会",就是让学生具备用数学的方式来提出、分析、解决现实生活中的问题的能力.教师完全有必要在初三复习中设置测量问题,让学生利用初中阶段所学的有关三角形的知识解决测量问题.既让学生积累数学活动经验,感受数学的价值以及数学与生活关系,又让学生的数学应用意识和创新意识得到培养发展.同时在解决问题的过程中也帮助学生理清了知识之间的联系,搭建起知识结构框架.有这么多的益处,教师何乐而不为呢?

初中有关三角形的知识学习主要集中在八年级和九年级,涉及特殊三角形、全等三角形、相似三角形、解直角三角形等.由于是分散学习,因此学生学习的方式是碎片化的、零散的,在学生的大脑里是以分块的形式储存记忆的,缺乏横向与纵向的联系,也就是说没有结构的.那么教师在复习课上该怎么上才能帮助学生建立知识的结构体系呢?教师可以充分利用知识产生的具体情境来设计课堂教学.实际生活中的问题不但可以使学生不再有数学课枯燥乏味的感受,名人轶事更易吸引学生的注意力,故事里拿破仑行军途中测河流宽度,就是教师可以利用的好素材.

【案例1-2-3】

问题:拿破仑是19世纪法兰西第一帝国的缔造者,是法国历史上一位伟大的政治家、军事家.拿破仑在率领法国军队征战欧洲各国的过程中,曾遇到这样一个问题:有一次在行军途中,遇到了一条不明情况的河流,部队急需渡河,而作为军队的指挥官的拿破仑想知道河流的宽度.假设河流平面图如图1-2-31所示,线段AB表示河流的宽,在不渡河的前提条件下,请你利用在初中阶段所学的有关三角形的知识帮拿破仑测量出河流的宽AB.

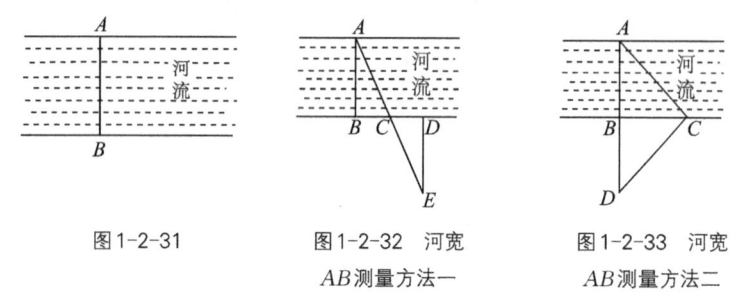

图1-2-31

图1-2-32 河宽AB测量方法一

图1-2-33 河宽AB测量方法二

学生经过独立思考和小组讨论后,给出了以下几种测量河流宽度AB的方法.

方法一:如图1-2-32所示,在河岸的一侧B点处,作河宽AB的垂线段BD,在垂线段BD上取中点C,再过点D作一直线与BD垂直,并在这条垂线上找一点E,使得A、C、E三点同在一条直线上.可用"ASA"得到△ABC与△EDC全等,则AB=ED,只要测出ED的长度即可.

方法二:如图1-2-33,在河岸的一侧B点处,作河宽AB的垂线段BC,在C点测出∠ACB的大小,在垂线段BC的另一侧,以C为顶点,作∠BCD=∠ACB,∠BCD的一边CD与线段AB的延长线交于点D,可用"ASA"得到△ABC与△DCB全等,则AB=BD,只要测出BD的长度即可.

方法三:如图1-2-34,在河岸的一侧B点处,作河宽AB的垂线段BC,在C点测出∠ACB的大小,在垂线段BC的另一侧,以B为顶点,作∠CBD=∠ACB,∠CBD的一边BD与过C点且与BC的垂线交于点D,可用"ASA"得到△ABC与△DCB全等,则AB=CD,只要测出CD的长度即可.

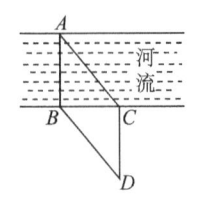

图 1-2-34　河宽
AB 测量方法三

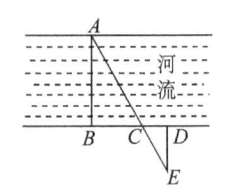

图 1-2-35　河宽
AB 测量方法四

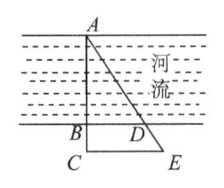

图 1-2-36　河宽
AB 测量方法五

方法四:如图 1-2-35,在河岸的一侧 B 点处,作河宽 AB 的垂线段 BC,在垂线段 BD 上任取点 C,再过点 D 作一直线与 BD 垂直,并在这条垂线上找一点 E,使得 A、C、E 三点同在一条直线上.可用"有两个角对应相等的两个三角形相似"得到△ABC 与△EDC 相似,则 $\dfrac{AB}{DE}=\dfrac{BC}{DC}$,只要测出 DE、CD、CB 的长度即可算出河流的宽 AB.

方法五:如图 1-2-36,在河岸的一侧 B 点处,作河宽 AB 的垂线段 BD,延长 AB 到 C,过点 C 作 AC 的垂线 CE,使得 A、D、E 三点同在一条直线上.由于直线 BD 和直线 CE 都与直线 AB 垂直,所以△ABD 与△ACE 相似,则 $\dfrac{AB}{AC}=\dfrac{BD}{CE}$,只要测出 BC、BD、CE 的长度即可算出河流的宽 AB.

方法一、二和三利用全等,是学生解决问题首选方法.这是因为全等三角形进入初中后,第一次全面而系统学习的平面几何核心内容,对学生的影响无疑是根深蒂固的.方法四和五是利用相似来解决问题,和前面三个方法一样都是利用两个三角形之间的关系来解决问题.但是在确定三角形相似的条件上比全等要少一个(全等是特殊的相似图形),因此学生也能想到.全等和相似都是研究两个图形之间的边、角关系,线段长度与角的角度学生往往忽略它们之间的联系.教师在复习课中应让学生清楚,在三角形中三条边长确定,三角形的三个内角大小也是确定的,也就是说边长与角之间存在一种特定的关系——三角函数.

教师若没有发现学生中有利用单个的特殊三角形或特殊角来解决测量河流的宽 AB,应及时追问:初中阶段我们学习了全等三角形和相似三角形以外,还学习了哪些有关的三角形知识?不用全等或相似能不能测量出河流的宽 AB 呢?

学生经过再次思考与讨论发现手中的一副三角板含特殊角的直角三角形可以解决测量河流宽AB.学生于是给出以下两种测量方法.

方法六:如图1-2-37,作河宽AB的垂线BC,以垂线BC为一边作45°角,使角的另一边经过A点,则△ABC为等腰直角三角形,所以测出BC的长久就是河流的宽AB.

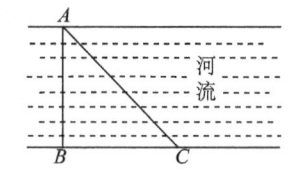

图1-2-37　河宽AB测量方法六　　图1-2-38　河宽AB测量方法七

方法七:如图1-2-38,作河宽AB的垂线BC,以垂线BC为一边作30°角,使角的另一边经过A点,则△ABC为直角三角形.因为∠ACB=30°,所以$\frac{AB}{BC}=\frac{\sqrt{3}}{3}$,即测量出BC的长就可以算出河流宽AB了,因为$AB=\frac{\sqrt{3}}{3}BC$.

方法六,是利用了等腰三角形的两腰相等,把测量AB的长,转化成了测量BC的长,方法七,是利用了初中阶段三角函数的定义(三角比),$\tan 30°=\frac{AB}{BC}=\frac{\sqrt{3}}{3}$,方法六也可以看成利用了:$\tan 45°=\frac{AB}{BC}=1$,从测量的操作步骤了来看,后面利用边角的关系更为简单实效,但从学生解决问题的过程来看,从全等到相似,再到三角函数,其实就是学生把知识的一个再认识和搭建结构的过程.但是从方法一到方法七,其实在解决问题的过程中,弱化了角度测量的要求,虽然最终的结果会与实际的距离有较大的偏差,但是方法却是可行的.从方法一到方法七,涉及了全等、相似、三角比,其中方法二也可以看成是利用等腰三角形的轴对称性,方法六和七也可以看成含特殊角的直角三角形边角关系,而且操作过程也逐步简单化,其实这也是数学史上人类对三角形认识的一个发展过程,学生在利用三角形不同的知识解决同一实际问题,就是一个对三角形的再认知的过程,是对三角形的有关概念、性质、判定的再理解,同时更是对三角形有关知识相互关联的过程,无形之中帮学生搭建了初中有关三角形的知识结构.

任何一门学科知识都不是从来就有的,是人们在对现实生活世界认识过程中逐步形成发展起来的.有些概念的形成到被人们所接纳、理解,经历了漫长的时间跨越,就如负数的概念,从形成到被人们普遍接纳理解就经历了一千多年的时间.那么学生对负数的理解也就存在巨大的困难.新的知识有时并不会人们所接受,有的人为了坚持真理甚至付出生命的代价,如无理数从发现到被人们的接受.数学史已成为人类文化的一部分,它不再是单纯的一个数学知识体系发展的过程.数学史本身的发展历程就蕴含了丰富的人文精神教育价值,如质疑精神使得数学不断地丰富,敢于坚持真理的精神,如无理数的发现到现在的被人们所认可,不断探索的精神使得数学朝新的领域不断地发展.

随着对数学史融入日常教学中作用的深入研究,数学史的教育价值也逐步被广大教师和学生所接纳.例如:激发学生的学习兴趣和动力;让学生获得心理安慰,对某些概念的不理解不会产生自我否定心理作用;可以改变学生的数学观念,如数学知识在日常生活中用不到的想法;可以让学生了解数学知识的发展在推动社会进步中的作用等等.总之,数学史在让学生获得关键能力和必备品质上作用是毋庸置疑的,也是不可或缺的.

◎ 参考文献

[1] 喻平.《义务教育数学课程标准(2022年版)》学业质量解读及教学思考[J].课程·教材·教法,2023,43(01)

第二章

锚定思维发展方向的系统架构

在中学数学课程中,三角形是居于核心地位的直线型几何图形,是能够充分体现出"借助简单对象阐释深刻思想"的理想载体.三角形的研究学习对整个初中几何课程也是至关重要的,可以帮助学生掌握研究一个数学对象的基本套路,初步形成数学思维方式.以三角形为载体的初中几何学习,对于发展学生的几何直观、逻辑推理、抽象能力、应用意识等数学核心素养也有奠基性作用.因此,对于三角形单元的课程标准解读、教材编写分析、教学设计与课堂实施等,都是值得我们广大数学教师下大力气去潜心钻研的.本章立足于2011年和2022年两个版本的《初中数学义务教育数学课程标准》的深入解读,对三角形单元中的三角形有关概念、三角形的基本性质、三角形的特殊化、三角形的要素和相关要素之间的关系等方面进行系统地分析和架构.从整体上准确把握初中三角形单元的教学要求和变化趋势,并进行合理、适切的分解和整体规划.根据不同知识点的教学需要和学生特点,综合利用各种教学形式和策略,让学生完成对一个相对完整的三角形知识单元的学习,从而彰显数学学习的整体性、结构性和关联性.

第一节 三角形单元的内容分析

一、三角形及其相关概念

我们知道,在几何图形的研究的过程中,抽象出研究对象是几何研究的首要任务,也是我们认识几何图形的第一步.如果抽象的过程不充分、数学对象不够明确的话,那后续进一步的研究就很难顺利开展了.笔者将2011年版、

2022年版的初中数学课程标准进行了逐字逐句的对比后发现,两版课标中对三角形的概念及其基本要素(边、角)、相关要素(中线、高线、角平分线等以及垂直平分线)以及全等三角形的概念教学要求保持不变,仍然是要求达到"理解"的目标层次.不同的是,2011年版课程标准指出:"了解等腰三角形的概念、了解直角三角形的概念、知道三角形的内心与外心."而在核心素养的要求下,新版课程标准修改为:①理解等腰三角形的概念;②理解直角三角形的概念;③了解三角形的内心和外心.对于等腰三角形、直角三角形这两类特殊三角形的概念学习要求发生了重要变化,从"了解"的层次上升到了"理解",此外对三角形的内心与外心的学习要求也从"知道"提升到了"了解".

显然,三角形单元的相关概念教学的行为动词变化在课程标准的重新修订中尤为突出.深入剖析和理解这些行为动词变化的内涵,有助于我们广大教师更加深刻地理解新课标带来的教学提示和指引,能够让我们更加准确地把握住数学教学应该达到的水平和程度.在《义务教育数学课程标准(2022年版)》的附录2中,对数学学习的行为动词进行了准确的解释说明.根据课程标准中有关行为动词分类的阐述,"了解"一词是指从具体实例中知道或举例说明对象的有关特征,根据对象的特征,从具体情境中辨认或者举例说明对象;"知道"和"了解"在课标中的描述是一组同类词,均有初步认识的含义,没有进一步地去进行区分说明.但是,用词发生变化的背后或许也含有深意,通过词典的解释查询,"知道"表示只是明白了大概的道理的意思,并能说出其要点,是指对事物有所了解、认识知道了发生过的情况;而"了解"表示明白了全部的道理及过程的意思,但不能准确说出,当别人提及时能判断其正误,了解释义知道得很清楚.而"理解"的要求则是指描述对象的特征和由来,阐述此对象与相关对象之间的区别和联系.从"知道"到"了解",从"了解"提升到了"理解",可见新课标关于三角形单元的概念教学要求发生了由浅入深的重要变化,这是对几何图形概念教学的高度重视.

这种变化的由来,也正是因为当前的数学课堂教学中,几何图形概念的教学还存在着诸多问题,具体表现有以下几个方面:

①概念教学重结论而轻过程.受教学时间的限制以及教师自身对概念教学的理解和把控不到位等原因,我们许多教师在引导学生对图形概念形成的过程中探究和体验不足,课堂上留给学生主动地思考和探究的时间较少,缺乏一些能够引导学生抽象出几何图形概念并理解概念本质属性的数学教学活动,甚至还有概念教学走走过场的现象.这样的课堂教学导致了学生对几

何对象的本质认识不清,知识的迁移能力和问题的解决能力欠缺.

②概念教学重练习而轻思维.我们有许多教师在巩固学生数学概念的方式上较为单一,常常习惯于通过习题练习来强化学生对图形概念的理解,而引导学生在思维上主动建构数学概念的较少,对于数学概念的丰富和拓展也较少.这样的教学与学习方式容易造成学生数学思维的固化,忽视了数学思想的训练和建构,忽视了激发学生的数学兴趣进而对数学概念的再创造,不利于学生的创造性思维和核心素养的发展.

③概念教学过程中忽视对概念获得和应用的小结.我们往往在概念的习得和应用之后忽视了对数学概念学习经验的小结和积累,学生缺少了对数学知识结构化、系统化、条理化地建构知识体系,以至于学生不能很好地灵活运用数学概念解决问题以及后续学习的迁移.

这样的数学概念教学现状必须引起我们高度警觉,新版课程标准在这方面的重大变化也正是给了广大数学教师一记当头棒喝,核心素养导向下的数学概念教学必须引起数学教师的高度重视.我们要清楚地认识到,数学概念的学习是数学基础知识的重要组成部分,是发展学生思维、培养数学能力的重要基础,对后续引申开来的数学相关知识结构具有非常重要的意义.正如2022年版课程标准中"图形与几何"板块的教学提示中明确指出的,到了初中阶段,主要侧重于学生对图形概念的理解,以及对基于概念的图形性质、关系、变化规律的理解,要培养学生初步的抽象能力、更加理性的几何直观和空间想象能力.所以说,理解概念是一切数学活动的基础,数学教师必须重视数学概念的教学.

首先,教师要对三角形概念及其相关的概念(三角形的内角、外角、高线、中线、角平分线、重心、内心、外心)以及特殊的三角形(等腰三角形、直角三角形、等边三角形、等腰直角三角形)、全等三角形和相似三角形等图形概念有足够深入的研究和理解,准确地把握这些图形概念的本质特征和内涵,这样的话才能够减少自己在教学中的偏差,进而准确地引导学生探究和理解概念的内涵和本质.可以从三角形的基本要素和相关要素去着手,紧紧地抓住要素之间的关联,先帮助学生理清基本要素和相关要素之间的联系,包括要素之间的位置关系和数量关系,然后再进一步去考虑三角形基本要素特殊化之后的边、角及三线之间具有怎样的关系,如等腰三角形、直角三角形的边和角的特殊关系等.具体如下:

三角形是由不在同一条直线上的三条线段首尾顺次相接组成的图形.其

中"三条线段"是三角形的组成要素,将之命名为三角形的"边"."不在同一直线上"和"首尾顺次相接"是要素之间的位置关系.具有这样的基本关系的三条线段围成了封闭图形,形成三个角,我们称之为三角形的三个"内角".因此,我们称三条边和三个内角是三角形的基本要素.那么,为了更好地研究三角形的内角,进而引入了"外角"的概念;为了更好地研究三角形的边,进而引入了三角形的高线、中线、角平分线,以上这些就将它们称之为边、角的相关要素.接下来从三角形的同一要素去展开研究:由基本要素"边"的特殊化,得到了等腰三角形、等边三角形的概念;由"内角"要素的特殊化,得到了直角三角形的概念,进而还得到了等腰直角三角形;由三角形的高线、中线、角平分线的特殊位置关系引入了垂心、重心、内心的概念;从不同要素之间的关系去考虑,我们又引入了全等三角形、相似三角形的概念.像这样,以"要素"作为重要的关联点尝试着去建构三角形知识的体系,促进三角形相关概念之间的整体联结,像这样的数学概念教学有助于学生掌握研究几何对象的基本方法和一般套路,形成可迁移的数学学习思维和能力.

对于三角形单元的概念教学,我们应该以明确的方式教会学生"如何观察""如何定义",以使学生逐渐学会抽象一个数学对象的方式方法.在抽象三角形相关概念的过程中,也有基本的研究方法可以去遵循,具体可以按照以下方式展开:首先是定义与命名,一个几何图形的本质特征是指其组成要素及其基本关系,以此为指导思想,通过对典型实例的分析、归纳得出共性,再抽象、概括出三角形的组成要素及其基本关系,然后用严谨的数学术语作出表述,就得到了三角形相关要素的定义.在三角形相关概念的教学中,一定要让学生在明确"几何图形的要素、要素之间的关系各指什么"的基础上,对"三角形的组成要素是什么""要素之间有什么关系"展开分析、归纳、类比的思维活动,这样才能做到有的放矢.其次是表示,即用符号表示三角形及其组成要素.数学对象的表示是与众不同的,有符号语言、文字语言和图形语言等多种方式.特别是符号语言的使用,使数学表达具有简洁性、明确性、抽象性、逻辑性等融为一体的特点,可以极大地缩减数学思维过程,减轻大脑的负担,更有利于我们认识和表达数学对象的本质.所以,在抽象研究对象阶段,要重视数学对象的符号表示.最后,还要重视概念的归纳小结,对三角形相关概念的获得、生成和应用等学习过程进行小结,这就使得这一对象所包含的要素和相关要素条理化、结构化,并可由此确定一种分类研究的路径,使后续研究顺利展开.

在教学中有必要通过有意义的数学活动,设计并实施好从具体到抽象的完整过程,实施过程由"概念生成—概念辨析—概念应用—概念小结"四个阶段具体展开,要让学生有足够的时间和空间去感受、体验数学概念产生和发展的完整过程,在此基础上真正地促进学生对数学概念的深层次理解,进而能够形成脉络清晰的知识结构.下面分别以问题串追问思考、动手操作实验活动两种不同形式的概念学习过程为读者呈现两个三角形相关概念教学的片段,以供大家参考和借鉴.

数学课堂中借助"问题串"的形式开展教学,可以使教材内容以更饱满的形式出现,有效地培养学生分析问题、解决问题的能力,加强学生数学思维能力,从而发展其数学核心素养.以问题串引领的学习方式对于启发学生的思维广度和深度有着重要的影响作用,通过逻辑化的问题设置可以逐步引领学生深入地进行思考,理解数学概念的本质属性.在前面的学习中,学生已经学习了三角形的相关知识和等腰三角形,在此基础上进一步研究另一类特殊三角形——直角三角形.可以借助学生已有的经验和研究套路进一步研究直角三角形.下面以2013浙教版数学八年级"2.6直角三角形的概念"教学片段为例进行展示:

【案例2-1-1】
直角三角形的概念学习

问题1:同学们,你还记得我们是怎样由一般三角形得到了等腰三角形吗?

生:将三角形的边特殊化得到了等腰三角形.

追问:那又是怎样得到了等边三角形的呢?

生:将等腰三角形的边继续特殊化,我们又进一步得到了等边三角形.

问题2:那么,如果我们将三角形的角也特殊化,又能得到怎样的三角形呢?

生:直角三角形.

【设计意图】在问题的引导下,学生回顾梳理了等腰三角形、等边三角形的概念习得过程,从要素入手,将三角形的边和角进行特殊化研究,进而引出特殊三角形的概念学习,培养和提高学生的类比迁移学习能力.

问题3：直角三角形有什么特征呢？

生：有一个角是直角.

追问：可能会有两个直角吗？

生：不可能，因为三角形的内角和是180°，如果有两个直角的话，三个角的和就超过180°了，这是不可能的.

问题4：现在，你能用一句话来描述直角三角形的定义了吗？

生：有一个角是直角的三角形就叫做直角三角形.（教师板书定义）

【设计意图】在以往直角三角形概念的教学中，我们往往习惯于给学生展示一些直角三角形形象的图片，让学生从中观察并描述这些三角形共有的特征，进而抽象出直角三角形的概念.这样的概念习得过程，还是仅仅停留在了表面特征，缺少了对直角三角形概念本质的理解和剖析.本案例的设计，基于学生对直角三角形已有的认知经验，抓住定义中的"有一个""直角"两个本质特征，通过问题引导，强化学生对直角三角形概念生成和辨析的学习过程，真正理解直角三角形概念的本质和内涵.

问题5：你能自己动手画一个直角三角形吗？

学生活动：借助三角板，动手画直角三角形.

追问：再来看它的组成要素，考虑到直角三角形的特殊性，夹直角的两条边和另一条边，我们分别可以叫做什么？这几个角呢？

生：夹直角的两条边叫做直角边，另一条边叫斜边；这个90°的内角叫直角，另外两个角叫做锐角.

师：为了表示直角三角形，我们给这个角画上直角符号（如图2-1-1）.

问题6：将直角三角形的三个顶点都标上大写的字母A、B、C，你能用符号表示这个直角三角形吗？

生：取大写字母R和小写字母t，可以将它记作Rt△ABC，这里的直角也可以记作Rt∠B了.

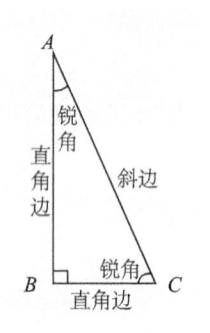

图2-1-1

【设计意图】利用先行组织者策略，将学生的原有认知结构中存在可利用的经验和方法，发挥其对新观念（即新概念、新命题、新知识）的固定、吸收作用，有助于问题的解决.通过让学生动手画直角三角形、用符号表示直角三角形，让学生从文字语言、符号语言、图形语言三个方面深刻地认识和理解直角三角形的概念.

概念的引入,它不同于一般的数学课堂导入.数学概念引入是要站在"学"的立场上考虑,以学生为主体,为学生提供学习环境,让学生处于一种问题情境中,促使学生自主去分析、比较、综合、抽象出数学概念.数学概念教学不能求快,要充分考虑学生的主体地位,找准概念的切入点、剖析概念的固着点以及深挖数学概念的关键点,一步一个脚印,让学生吃透概念,真正理解概念,而不是死记硬背.情境活动、操作探究的学习方式也为学生提供了开放、有趣的探究环节,让学生主动地探索、积极地思考,充分体验概念形成的过程,数学学习能力和学习兴趣也得到了很大的提升.下面以浙教版数学中相似三角形的概念教学片段为例进行展示:

【案例2-1-2】
相似三角形的概念学习
环节一:视频导入,激发兴趣
课前先播放展示一段1分30秒的关于利用"缩小灯"的动画短视频,让学生观察图形的变化并描述变化的规律特征.

【设计意图】为了充分调动学生学习的积极性和主动性,使学生变被动学习为主动愉快的学习,让几何课上得更加生动有趣和高效,这节课采用了情境教学、探究与应用相结合的教学方式.在导入阶段,用学生熟悉和喜爱的动画视频入手,激发学生的探究热情,活跃了课堂氛围,为后续相似三角形的概念学习打下较好的基础.通过观察"缩小灯"下三角形的前后变化,让学生经历从具体到抽象(三角形的相似)的过程,直观地感知相似三角形的产生.

环节二:操作实践,探究新知
师:请同学们量一量学案纸上的△ABC与△DEF各个内角的度数,算一算各条边的长度,你能发现这两个三角形各内角和各条边之间有什么样的关系吗?
学生活动:借助量角器量出两个三角形每个内角的度数,计算各条边长.
生:$\angle A=\angle D=75°$,$\angle B=\angle E=45°$,$\angle C=\angle F=60°$;$AB=2DE$,AC

=2DF,BC=2EF.

追问:像这样的两个三角形,叫做相似三角形.通过前面的测量和计算,你能给相似三角形下一个定义吗?

生:对应角相等、对应边成比例的两个三角形叫做相似三角形.

师:类比全等三角形的表示方式,你能试着用符号语言表示相似三角形吗?

生:将≌符号的等号去掉,可以记作:△ABC∽△DEF.

师:注意,对应的顶点必须写在对应的位置上.

【设计意图】为了培养学生的逻辑思维能力、合作交流能力和动手实践能力,本节课采取了动手操作、自主探究和合作学习的方式.引导学生通过观察、猜想、操作验证、归纳交流等学习过程,经历相似三角形的概念发生和发展过程,深刻理解相似三角形的本质属性,锻炼和提高学生的抽象思维能力和分析、解决问题的能力.

数学概念教学能够培养学生的实践能力和创新精神,数学概念高度凝聚了数学家的思维,是数学认识事物的思维结晶,其中蕴含了最丰富的创新教育素材,可以这样说,在概念学习中养成的思维方式方法的迁移能力是很强的.所以概念教学更重要的是让学生从中体验到数学家概括数学概念的心路历程,领悟数学家用数学认识世界的思想真谛,学会用概念思维,进而发展智力和培养高阶思维能力.在学生刚刚习得了三角形的高线、中线、角平分线的概念时,在此基础上进一步引导学生自主探究和发现重心、垂心和中心的概念,是初步培养学生创造性思维能力的有利时机.

【案例2-1-3】
三角形的重心概念学习

问题1:同学们,在我们的日常生活中,经常会听到重心这个词.你能说说你所听到过关于重心一词的例子吗?

生:像跳远跳高或者起跑的时候,体育老师总是会说把重心放低;在坐公交车时候如果没有座位,站着时,需要把腿分开重心降低,这样在乘车过程中就会减少晃动;不倒翁就是利用了重心低的原理;羽毛球比赛的前场平抽球时身体需要放低重心,否则容易下网.

追问:同学们举的例子都很好,实际上,我们最近在研究的三角形,也有重心.伟大的古希腊数学家阿基米德一直在研究物体的重心,也是他第一次发现了三角形的重心以及它的重要性质.你们想知道他是怎么发现的吗?接下来,我们一起来探究什么是三角形的重心.

【设计意图】这样的问题情境设计能够让学生增强对"重心"概念的体验感,并且激发学生的学习兴趣,为学生理解概念的本质打好基础.

【教学片段1】

教学活动:展示与重心有关的图片,通过图片的观察,启发学生站不稳是由于重心不稳,自然地引出三角形重心的本质实际上就是重心所在的点能够代替物体的重量,启发学生理解在初中阶段所学习的平面几何知识中,重心就是图形的中心.

问题2:老师刚才发给每个小组一张质地均匀的三角形硬纸片和一些如细绳等材料工具,你们能否利用它们找到一个支撑点,使得这张三角形的硬纸片能够处于平衡状态呢?请大家动手试一试.

学生进行尝试,采用悬挂法、支撑法、针顶法,确定三角形薄板的重心.在这个过程中,通过学生的动手操作,直观地得出结论,通过计算机演示进一步验证,三角形中线的位置关系——三条中线交于一点,进而得到三角形的重心的概念.

【设计意图】在教学中加强了实验探究活动,力求激发学生的求知欲,引导学生主动参与交流讨论,凸显解决问题的过程.在学生自主探究的过程中,教师根据学生归纳的结论进行有效的指导和启发,既提高了学生探究的兴趣,又能引导学生发现正确的结论.这两个环节的探究,符合认知心理发展的规律,为学生亲身感受和体验知识发生、发展、形成的过程提供了机会,也体现了几何演绎的思想和方法.像这样,引导学生自主探究和发现的几何概念的教学过程,有利于学生创造性思维的培养,在一定程度上对学生的数学思维层次的提高起到了推动作用.

总而言之,对数学概念教与学的研究,是数学教育心理学的主要任务之一.没有对概念内涵的基本把握,后续研究将无法顺利开展,对性质的研究也会成为无米之炊.在2022年版新课程标准的指导下,我们广大数学教师必须更加重视几何概念教学，意识到几何概念教学的重要意义，精心地思考和设计几何概念教学的内容和形式，努力尝试以几何图形的要素为关联点，将各要素之间建立起关联，形成结构化、系统化和条理化的数学知识体系.

二、三角形的性质定理探索

三角形，这样一个看上去简单的几何图形，却蕴含了丰富的、奇妙的几何定理，它所提供的欣赏数学美的机会也是无与伦比的.我们知道，对于一个几何对象的研究，在抽象出其几何概念之后，接着就需要从它的定义出发去研究几何图形的性质.对比分析了新旧两个版本的课程标准，其中对一般三角形的性质定理的教学要求主要包含了：①探索并证明三角形的内角和定理，掌握它的推论——三角形的外角等于与它不相邻的两个内角的和；②证明三角形的任意两边之和大于第三边；③探索并证明角平分线的性质定理——角平分线上的点到角两边的距离相等，反之，角的内部到角两边距离相等的点在角的平分线上；④探索并证明线段垂直平分线的性质定理——线段垂直平分线上的点到线段两端的距离相等，反之，到线段两端距离相等的点在线段的垂直平分线上；⑤探索并证明三角形的中位线定理.

对比可见，关于三角形基本性质定理的课标教学要求在文字阐述上并没有发生变化.但是值得我们注意的是，以上这些性质定理的教学要求中表述行为动词均特别强调了"探索"和"证明"，这样的共性特征足以说明核心素养导向下几何探索教学的重要性.

几何探索能力在初中数学教学中具有重要的地位，几何探索能力的培养有利于学生自觉、深刻而牢固地理解和掌握几何知识，是开发学生智力、培养学生逻辑思维能力的重要手段.作为合情推理的重要环节，有效的探索活动在初中数学学习阶段能帮助学生归纳总结、发现结论，从而培养和提高学生的创新精神和推理能力.在教学中探索培养学生几何探索能力的有效手段、良好的教学形式和教学方法，是新时代初中数学教师开展教学研究的重要内容之一.

但实际上，如今许多数学课堂中还充斥着不少的假探索和错探索，诸如探索目标不明确、探索的结果过于简单或者结论不值得学生去探索，探索的方向错误、学生花了大量的时间精力去探索却没有达到课程标准的要求等等问题，以上这些问题很大程度上制约了学生素养能力的培养和提高.因此，教师首先需要清楚什么是探索、为什么要去探索，又是如何进行探索的，这些是我们一线教师急需解决的问题.

首先明确什么是探索:数学课程标准在有关行为动词的分类中,对于"探索"一词是这样来进行定义的:指在特定的问题情境下,独立或合作参与数学活动,理解或提出数学问题,寻求解决问题的思路,发现对象的特征及其与相关对象的区别和联系,获得一定的理性认识.从定义解释来看,"探索"一词更加强调了问题解决的过程性,应该更加重视探索的过程和体验,并且要求学生获得相关对象的理性认识.

其次应搞清为什么要探索?事实上,在数学教学活动中,教师深感困惑的一个问题就是如何做到让学生"知其然,并知其所以然",老师们都知道各种各样的数学性质以及这些性质的证明方法,但很多时候不知道如何让学生自主、自然地发现这些性质,甚至有的老师自己都不知道这些性质是如何发现的.所以,教师应该多思考"这些性质是怎么发现的?我该如何引导学生发现和猜想这些性质?",如果数学教师能意识到它的重要性,并且将"教会学生发现和思考"作为核心任务,在数学教学中经常引导学生去观察、猜想、验证归纳,这将大大提高学生发现问题和提出问题、解决问题的能力.

那么,我们的数学课堂教学又该如何引领学生学会主动思考、启发学生探究和引起猜想呢?法国著名的数学家拉普拉斯曾经说过这样一句话"在数学这门科学里,我们发现真理的主要工具是归纳和类比."此外,波利亚也曾形象地称"类比是一个伟大的引路人."可见,在图形性质的研究过程中,引导学生进行有效的类比,使其产生自然合理的思考,是让学生明确性质研究的一般方法.教师在几何探索教学过程中,首先,应该给学生充分的探索空间和时间,不能将探索性的要求当成知识的讲解;其次,教师要给学生创设探索活动的平台,设置一系列的问题,让学生展开探索;最后,还要鼓励学生多样化地表达和解决问题.我们应该根据具体的教学内容,从学生实际出发,创设有助于学生自主学习的问题情境,引导学生通过实践、思考、探索、交流等,获得数学的基础知识、基本技能、基本思想和基本活动经验,促使学生主动地、富有个性地学习,让他们能够真正体验知识的发生和发展过程,并且尝试着从不同的角度进行思考,运用不同的方法去解决问题,不断提高他们发现、提出、分析、解决问题的能力.所谓"探索",重在过程、重在发现.在三角形性质定理的教学过程中,更需要注意的、也是难点所在的就是有关性质的发现.例如,如何想到"三角形的外角等于与它不相邻的两个内角的和""线段垂直平分线上的点到线段端点的距离相等""角平分线上的点到角两边的距离"等值得研究的数学问题.性质定理的教学要重视学生的认知起点和已有经验,引导学生经历性质定理的发现过程、证明思路的猜测过程以及证明方法的尝试过程,教学过程中要设法让学生充分经历"观察、实验、猜想、探究、推理、归纳"的几何学习探究过程,真正达到"知其然,知其所以然"的境界.在这样的课堂教学中,学生有机会不断地感悟归纳推理和演绎推理的过程,增强自身的推理能力,学会用数学的思维思考现实世界.

　　研究和发现一个数学对象的性质,要充分利用确定这个对象的要素,要学会把对应元素与确定这个研究对象的要素相互联系起来,然后看位置关系,数量关系.我们知道,三角形性质定理的丰富多彩来自于它的要素与相关要素的相互作用和联系,因此仍然以"三角形的组成要素的相互关系"作为"引路人",去思考去探索,会有更多的精彩发现.基于这样的认知基础,教师在三角形相关性质定理的教学过程中,首先是要紧紧地抓住"要素、相关要素之间确定的关系就是性质"的指导思想,比如:边角的相等关系——等边对等角,等角对等边;边角的不等关系——大边对大角,大角对大边;三边的定性关系——两边之和大于第三边;内角的定量关系——内角和等于180°等等,这些基本性质非常直观,学生通过观察、测量或剪贴等简单的操作活动不难发现,属于较低层次的要求,学生比较容易习得.其次是三角形相关要素之间的性质,如:外角与内角的关系——外角等于不相邻两内角之和;外角之间的关系——外角之和为360°;中线的位置关系——三条中线交于一点(重心);高的位置关系——三条高交于一点(垂心);角平分线的位置关系——三条角平分线 交于一点(内心);三边的垂直平分线的位置关系——三边的垂直平分线交于一点(外心);三边中点连线与三边的位置关系、数量关系——两边中点连线平行于第三边且等于第三边的一半,角平分线的性质定理、线段垂直平分线的性质定理等等通过设计问题串或任务活动引导学生对"三角形中的几何元素及其相互关系"进行有序而层层深入的探索,这样的课堂学习过程对于学生发现并且提出相关性质的大胆猜想是非常重要的.在进一步证明猜想的过程中,也可以通过这种知识间的内在联系提供证明的思路、找到证明的方法.

　　下面结合2013浙教版数学八年级上册第一章第三节"三角形内角和等于180°"的三角形性质定理教学,谈谈对探索教学的一些粗浅看法.

　　数学课程标准第三学段(7-9年级)的课程内容中提出要求:探索并证明三角形的内角和定理,在浙教版教材中只给出了一种证明方式,这种证明方法与小学里学生初步了解三角形内角和是180°的学习内容相互衔接.小学教材在此内容的学习中,是通过将纸质三角形进行剪拼从而获得直观的感受,让学生了解三角形的这个性质.在初中阶段,学生进一步学习了平行线以及平行线的性质定理,通过分析可以发现,作平行线可以起到与剪拼类似的作用,进而证明出三角形内角和定理.但是除了这种证明的方法外,实际上还有其他多种证明方式,这也是教师要在课堂教学过程中引导学生进一步去探索的,以此来丰富学生的理解,提高学生的思维层次,在探索中积累数学探究的经验.

【案例2-1-4】

三角形内角和定理的教学

问题1:同学们,我们知道,要判定一个命题是真命题,需要给出证明,为什么要证明呢?

生:因为眼见不一定为实.

师:对,"眼见"不一定为实.要判定一个命题是真命题,往往需要从命题的条件出发,根据已知的定义、基本事实、定理(包括推论),一步一步推得结论成立,这样的推理过程叫做证明.

【设计意图】《证明》是2013浙教版数学八年级上册第一章《三角形的初步认识》的过渡课,是学生第一次真正意义上对"证明"的学习,在此之前仅仅只是初步的接触,未形成规范意识.本节课是学生在上节课学习了证明的表述格式后进一步的学习,包括文字型命题证明的书写规范;进一步体会证明的两种方法,包括综合法和分析法,特别是体验辅助线在证明中的作用.

师:三角形有几个角?

生:三个!

问题2:那你知道三角形的三个角有什么性质吗?

生:三角形的三个内角和等于180度.学生洋洋得意地回答.

师:你怎么知道三角形三个角的和等于180度? 继续追问.

生:小学里学过了.

师:你们还记得在小学里是如何学习"三角形的内角和等于180度"

的吗？

学生活动：同学们开始回忆，有的甚至开始动手操作了，利用草稿纸先折出并裁下了一个任意的三角形，接下来将三角形撕成了三块，但是保留角的完整，然后在桌上开始拼了起来．

生：我记得小学数学老师是让我们把一个纸质的三角形的三个角先剪下来，然后将它们都拼在一起．我们发现拼出来后是一个平角，由此知道了"三角形的内角和等于180°"．

师：你说得非常好，我们在小学里的时候，就是利用这样直观地剪一剪拼一拼的方式让同学们发现了三角形的这个性质．但是，刚才大家也说了，眼见不一定为实，这种看出来的也还只能算是你们的直观感受，到了初中里，我们还需要通过证明才能够确保三角形的这个性质定理是成立的．

【设计意图】课程标准中，图形的性质强调通过实验探究、直观发现、推理论证来研究图形，在用几何直观理解几何图形基本事实的基础上，从基本事实出发推导几何图形的性质和定理．本环节从三角形的基本要素入手，借助学生已有的认知经验，回顾和动手操作剪拼操作实验的过程，让学生明确对性质的探究可以采用观察、剪拼、测量计算等多种方式获得猜想．引导学生聚焦三角形的要素（角）和平角，为接下来三角形性质证明的探究做好准备．

师：画在黑板上的这个三角形还能剪剪拼拼吗？

生：不能了．

问题：那你有什么办法可以把分散的这三个内角∠A，∠B，∠C给它们"凑"成一个平角呢？

生：添一条辅助线！

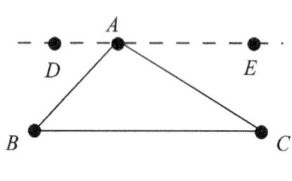

图2-1-2

追问：你是如何想到添辅助线的？

生：因为添加辅助线可以构造出新的角，也可以让角进行转移．

师：非常好，那你们打算添加什么样的辅助线呢？

生：过点A做一条与BC互相平行的平行线．

追问：有了这条平行线，有什么用呢？

生：这样∠B、∠C就能转上去了！和另外两个角相等，∠BAC就"凑"成了一个平角，即∠B+∠C+∠BAC=180°．

（教师和学生一起完成具体的证明过程，由教师书写，语句后面带上理由.）

问题3：同学们，你们还能想到如何添辅助线，将这三个角"凑"成一个平角呢？

学生似乎有了兴趣，开始在草稿纸上画画写写.先让学生独立思考，老师下来巡视指导.

师：我刚才发现，我们同学们很聪明啊！有同学已经有了多种多样的方法进行证明，下面请大家前后左右四人小组进行讨论，分享一下自己的想法，看看能不能碰撞出新的思维火花.

学生活动：小组讨论，继续探究.

师：下面请小组派代表来给大家分享一下你们的证明方式.

以下几种是学生分享的证明方法：

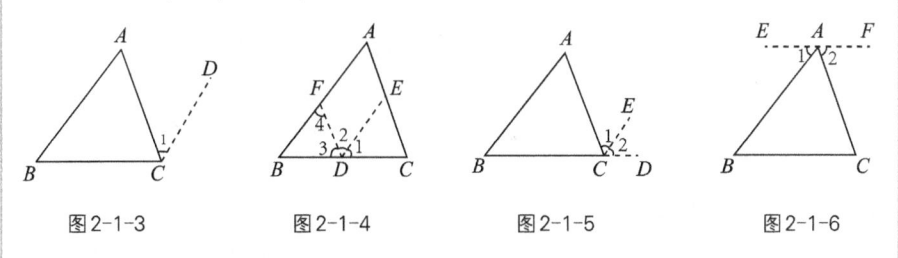

图2-1-3　　　　图2-1-4　　　　图2-1-5　　　　图2-1-6

生1：老师，受到前面这种证法的启发，我们可以过点C作直线CD，CD平行于AB（如图2-1-3）.

这时$\angle 1$与$\angle A$构成了一对内错角，根据两直线平行，内错角相等的性质得到这两个角相等.又$\angle B$与$\angle BCD$是同旁内角，又根据两直线平行，同旁内角互补，$\angle B$和$\angle BCD$相加为180°.进一步得到$\angle A$、$\angle B$、$\angle C$的和就可以转化成$\angle 1$、$\angle B$、$\angle C$的和，即$\angle B$和$\angle BCD$相加为180°，三角形内角和为180°得证.

生2：如图2-1-4，我们可以过BC的中点D作$DF \parallel AC$，$DE \parallel AB$，根据平行线的性质可以得到$\angle A = \angle 4$，又$\angle 4 = \angle 2$，即$\angle A = \angle 2$，由$\angle C = \angle 3$，$\angle B = \angle 1$知，我们最后将$\angle A$、$\angle B$、$\angle C$都转移到了$\angle BDC$上，根据平角的定义，可以证出三角形的内角和180°.

生3：如图2-1-5，我们还是过点C作$CE \parallel AB$，再将BC延长，设$\angle ECD$为$\angle 2$，根据$CE \parallel AB$，有$\angle 1 = \angle A$，$\angle 2 = \angle B$，这时我们将三个凑成了一个平角，再根据平角的定义，即可得证.

生4：我们也是凑成一个平角.如图2-1-6，过点A作$EF \parallel BC$，由EF

// BC,可以得到 $\angle 1 = \angle B$,$\angle 2 = \angle C$.那么,我们就可以将$\angle B$、$\angle C$、$\angle A$拼在一起,形成一个平角,从而证得结论.

【设计意图】 数学课堂教学尤其是几何教学一定要有数学味,本质上就是指学生对数学知识的理解.这种数学知识的理解并不是肤浅的,肉眼看见而已的,而是更加深入、本质的.从学生小学已有的实验方法出发,在实验中发生"冲突",继而给出证明.尽管大部分老师为了提高升学率采用讲授式的课堂为主,仍试图尝试对学生进行探究合作式的教学,根据学生已有的学习经验,通过生生交流,师生交流,可大大提高学生的参与程度,减少过多的课内练习,在简单几个问题中有所体会,有所成长.通过教师引导,学生讨论,一步一步推理,并添加需要的辅助线,使证明之路顺畅,这些经验的积累,显然能扩展到任何命题的证明过程中,为后续其他几何图形的研究打下了基础.

问题4: 非常好,同学们的证明真是太精彩了! 华罗庚说过,习惯于思考、联想的人一定会走得深些、远些.希望同学们能将这种善于联想、思考的习惯保持下去,你们会越来越棒的! 现在,你们能不能总结归纳一下这些证明方法有什么相同点呢?

生:它们都需要添加平行线这样的辅助线来证明;都利用了平行线的性质,将三个分散的角聚集到了同一个顶点上,进而形成了一个平角,也可以构成同旁内角的关系,进而得到180°的结论.

【设计意图】 高阶思维体现了时代对人才素质提出的新要求,也是适应时代发展的关键能力.因此,在数学教学中应注重渗透数学思想和方法,培养学生的思维,尤其是分析、评价和创造层次的高阶思维.学生高阶思维培养的主要场所是数学课堂,因此,教师在设计引入、概念形成、例题处理以及小结的各个环节上如何设计思维任务,启发学生的高阶思维显得尤为重要.本节课课堂小结的设计从数学知识、方法和思想方面概括三角形内角和性质定理的探究内容,引导学生在知识和方法方面从模糊走向清晰,注重数学思想方法的渗透,提高学生分析评价的能力.反思的过程是对自身研究问题的思维过程,是对结果和思维方法等进行再认识、再评价的过程,教师培养学生的批判性思维,使思维变得越来越成熟.

三、研究两个三角形的全等

全等三角形是初中几何的重点内容,是两个三角形之间最简单、常见的关系.它不仅是学习特殊三角形、相似三角形、平行四边形、圆等平面图形知识的基础,也是证明线段相等、角相等常用的方法,是证明两条线互相垂直、平行的重要依据,在整个初中几何学习过程中具有承上启下的重要作用,所以必须熟练掌握全等三角形的判定方法和性质定理,并且能够灵活地进行运用.对比分析了新旧版本的课程标准,关于三角形的全等,两版课标的教学要求未变,主要是①掌握两边及其夹角分别相等的两个三角形全等;②掌握两角及其夹边分别相等的两个三角形全等;③掌握三边分别相等的两个三角形全等;④证明两角分别相等且其中一组等角的对边相等的两个三角形全等;⑤探索并掌握判定直角三角形全等的"斜边、直角边"定理.从中我们也可以看出,对三角形全等的相关要求更加突出强调了"掌握".课标中有关行为动词的分类解释道,"掌握"是指多角度理解和表征数学对象的本质,把对象用于新的情境,因此应该是理解之上的认知层次.

结合附录中的课程内容中的实例对比,关于两个三角形全等的实例也发生了重要变化.

2011版课程标准实例:例60直观阐述基本事实:两边及其夹角分别相等的两个三角形全等.

【说明】虽然基本事实是不需要证明的,但是可以启发学生进行直观分析,探索结论的合理性.

2022版新课程标准实例:例79感悟反例的作用,利用举反例的方法反驳下面的结论.

两条边与一个角分别对应相等的两个三角形全等;三个角分别对应相等的两个三角形全等.

【说明】在说明的过程中让学生感悟,如果要反驳一个命题的结论,只需要举出一个反例.

如图2-1-7,设$AC=AC'$,在$\triangle ABC$和$\triangle ABC'$中,$AC=AC'$,$AB=AB$,$\angle B=\angle B$,即两条边和一个非这两边夹的角对应相等,但这两个三角形不全等.因此,命题的结论不成立.

如图2-1-8,在$\triangle ABC$和$\triangle ABC'$中,$BC//B'C'$,$\angle B=\angle B'$和$\angle C=\angle C'$,即$\triangle ABC$和$\triangle AB'C'$的三个角对应相等,但这两个三角形不全等.因

此，命题的结论不成立.

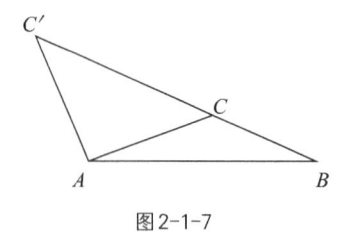

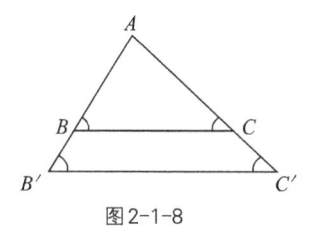

图 2-1-7

图 2-1-8

可见，在三角形全等的性质和判定定理的学习中，除了能够灵活运用性质和判定解决数学问题和生活实际问题外，更重要的是对三角形全等的本质的深度理解.

对于全等三角形的性质定理，是以"两个三角形全等"为条件，推出两个三角形对应元素之间的关系.由定义我们可以知道，全等三角形对应边相等、对应角相等.其实，只要是"对应的元素"，如两个三角形对应边上的高、对应边上的中线、对应角的角平分线等等，它们的大小相等、位置关系相同；全等三角形经过平移、旋转、翻折等变换，可使对应顶点重合（从而可以推出任意对应点都重合）.

而全等三角形的判定定理，则是研究两个三角形全等的充分条件.同样也要先从三角形要素之间的相互关系入手去探究.在课堂教学过程中，教师要引导学生去寻找能够判定两个三角形全等的最少的条件，也就是在三角形的 6 个要素（三条边、三个内角）中至少需要几个要素对应相等才能够保证两个三角形全等.同时，还要归纳出这些"最少条件"的共性部分，进而可以发现，判定方法 SAS、ASA、SSS 的共性是需要有三个要素，其中至少有一条对应边.当然，还可以结合其他三角形性质给出判定，如 AAS.另外，无论是全等三角形的性质定理还是判定定理，除了能够由三角形要素之间的相互关系得出以外，我们还可以由要素和相关要素的关系推出，这样的话就可以得到更多的命题.这些命题都可以作为训练学生创新思维、逻辑推理能力的练习题，这是培养学养"四能"，使学生学会数学地思考问题的契机.

下面我们仍以案例的方式来阐述三角形全等教学的相关问题.

【案例2-1-5】

三角形全等的判定

环节一：情境导入

问题1：大家请看大屏幕，图中的工具有同学认识吗？你知道它有什么作用吗？

师生活动：认识工具"角尺"，并简单了解它的用途及使用方法．

问题情境：工人师傅常用角尺平分一个任意角．作法如下：如图2-1-9所示，∠AOB是一个任意角，在边OA、OB上分别取OM=ON，移动角尺，使角尺两边相同的刻度分别与M、N重合，过角尺顶点C的射线OC就是∠AOB的平分线．

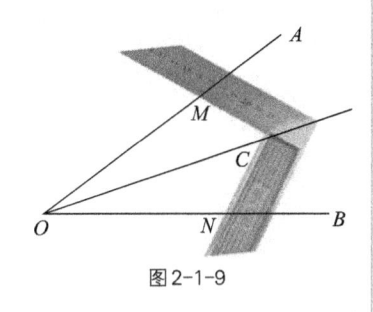

图2-1-9

追问：我们以前平分一个角都是借助量角器的，原来仅仅利用刻度尺也能作角平分线．你知道其中的道理吗？

学生陷入疑惑．

师：带着这个问题，我们一起来学习今天的内容：1.5 三角形全等的判定(1)．

【设计意图】 通过贴近学生生活的实例引出课题，并引发学生的认知冲突，提高学生学习的积极性和兴趣，为后续的探究打好基础．让学生体验自己身边隐藏着的数学知识，感受数学的魅力，通过创设实际情境，留下疑问，为本堂课的判定学习做好铺垫，同时提升学生的数学思维，能更好地锻炼学生能力．

环节二：温故知新

回顾1：什么是全等三角形？

回顾2：全等三角形有哪些性质？

回顾3：如图2-1-10，已知△ABC≌△DEF，请你说出它们的对应边和对应角．

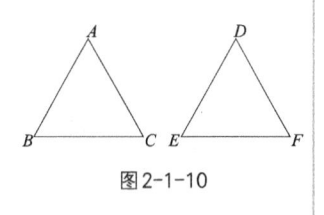

图2-1-10

【设计意图】 通过学生的齐答，可以让教师简单了解学生的学习情况，而且充分考虑学生的最近发展区，使学生形成逻辑连贯的整体性学习．

环节三:合作探究

1.探究一:小组合作探究并展示

师:全等三角形的对应边、角都相等.如果在两个三角形中,三组边、角都对应相等,那么这两个三角形是否全等?

生(齐答):必然全等.

师:但是判定全等每次都要找到六个条件对应相等的话,那你会有什么感受?

生1:会很繁,不方便.

师:老师非常认同你的观点,那我们应该怎么办呢?

生2:减少条件的数量,试试能不能判定两个三角形全等.

师:很好,既然要简化条件来获得更简洁的判定方法,那不妨从几个条件开始研究?

生(齐答):从最简单的一个条件开始研究,一组边对应相等或一组角对应相等.

教师活动:黑板列举所有可能(如图2-1-11).

图2-1-11

马上有学生回答:只满足一个条件是不够的,而且反例也很好找.

师:那能不能利用我们手头的三角形纸片(如图2-1-12)来举反例说明呢?

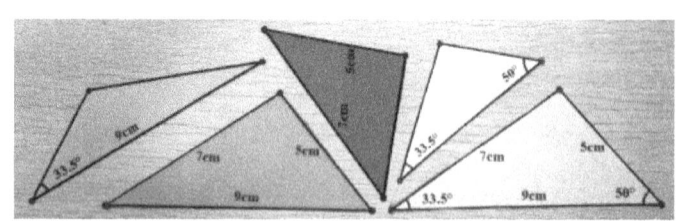

图2-1-12

学生活动:列举反例(一组边对应相等反例图2-1-13,一组角对应相等反例2-1-14).

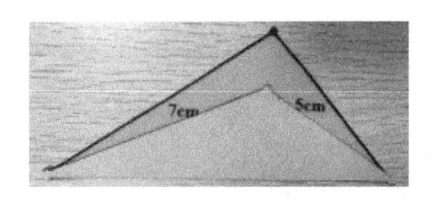

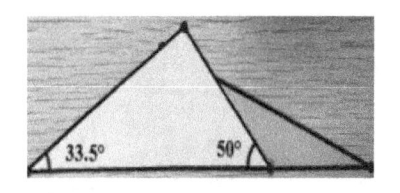

图 2-1-13　　　　　　　　　图 2-1-14

师：非常好，接下来，请小组讨论两个条件的所有可能，合作完成．

学生活动：小组合作探究，两个条件能否判定全等成果展示（图 2-2-15）：

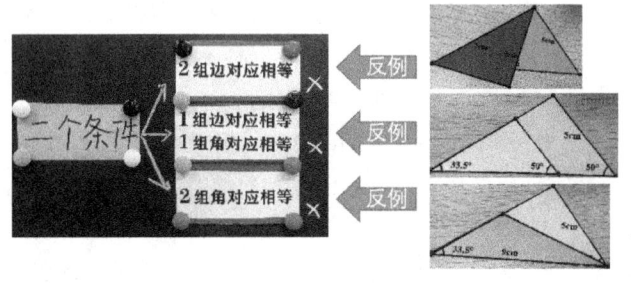

图 2-1-15

师生活动：通过前面的研究经验，学生比较容易发现三个条件的四种可能，此时教师和学生共同分析3组角对应相等是不行的（反例通过学生口头回答）．学生通过手头的三角形纸片摆一摆得到推论：满足三组边对应相等的两个三角形全等，成果展示如下（图2-1-16）：

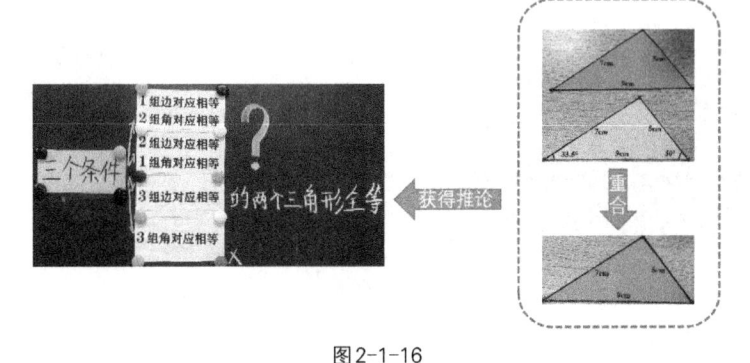

图 2-1-16

【设计意图】 分别从"一、二、三个条件"依次通过摆一摆、比一比三角形纸片或通过举反例等方式验证对应可能来启发，归纳三角形全等的判定条件．"明线""暗线""辅线"三线并轨

- 59 -

贯穿本环节,帮助学生树立有逻辑地思考问题的习惯,培养学生学会用数学来解决问题的关键能力.

2.探究二:师生合作探究并展示

师:同学们,经过分析与讨论,我们得到了推论:满足三组边对应相等的两个三角形全等,那么接下来我们还需要怎么做才能把这个推论作为全等判定的方法呢?

生(摇头):仅凭几张纸片摆摆,这个推论很难有说服力.

师:是的,前面的研究过程中我们借助"特殊"的三角形纸片来得到推论,接下来我们就需要讨论"一般"的情况是否也成立,从"特殊"到"一般"也是我们研究几何知识的常用路径和方法.

师:接下来,让我们一起在透明纸上,用直尺和圆规来画一个三边长分别为5cm、6cm、7cm的三角形,画完后再和同桌摆摆看,看看你们的三角形,能不能重合.

师生活动:通过尺规作图如下(图2-1-17),得到基本事实:三边对应相等的两个三角形全等.(简写成"边边边"或"SSS")

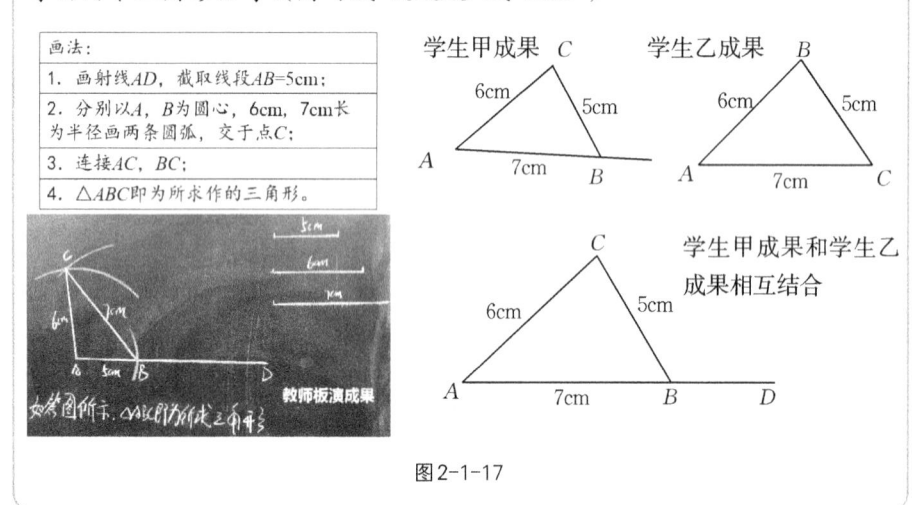

图2-1-17

【设计意图】本环节解决了上述推论仅凭三角形摆一摆是有局限性的,从数学角度来说也是不够严谨,从而肯定了爱思考的部分同学的经验意识,课堂上让学生经历已知三边如何画出三角形,体会"尺规作图"的优越性,也让学生经历从"特殊"到"一般"的完整研究路径,培养学生深度思维.

四、三角形的特例研究

在几何图形的研究过程中,"特例"的地位往往也是特殊的、至关重要的.探究发现有价值的特例是学生能够更加深刻理解研究对象的一个重要环节.一般来说,一种几何对象的"特例"要从"要素的特殊化或者要素和相关要素关系的特殊化"去入手进行抽象.具体的研究内容,可以去研究几何对象的"特例"有哪些不同于"一般"的特殊性质,以及"特例"的判定方法等.相较于一般几何图形的研究,特例研究的路径也同样可以遵循"定义—性质—判定—应用"的一般套路.

将三角形特殊化,所谓特殊三角形即边、角要素存在特殊关系的三角形,在初中阶段的特殊三角形主要包含两条边(两个角)相等的等腰三角形,三条边(三个角)相等的等边三角形,以及有一个角为90°的直角三角形.在等腰三角形中,又可以根据顶角的角度不同,分类得到等腰锐角三角形、等腰直角三角形和等腰钝角三角形,而其中的"特例"等腰直角三角形又构建等腰三角形和直角三角形之间的特殊关系.

等腰三角形是最基本的三角形,原因是它的对称性具体而入微地反映了平面的反射对称性,成为讨论平面几何中对称性的种种表现及推论的基本工具.所以,定性平面几何的首要任务是推导等腰三角形的特征性质.而特征性质的推导中,指导思想仍然是"要素的相互关系""要素、相关要素的相互作用与联系",关键是搞清楚对称轴的特性.等腰三角形的特例——等边三角形.仍然按"要素、相关要素的相互关系就是性质",在等腰三角形性质的基础上,考查等边三角形特有的性质:①等边三角形的各角都等于60°;②各边上的高、中线、垂直平分线以及相对顶点的角平分线重合;③重心、垂心、内心、外心重合——等边三角形的中心;④等边三角形内任意一点到三边距离之和为定值等等.上述性质定理的逆命题成立,再联系相关知识作出简洁表达,即可得等边三角形的判定定理,例如三个角都相等的三角形(或有一个角是60°的等腰三角形)是等边三角形.等腰三角形的特征性质是明显的,学生通过观察测量、翻折操作就容易得出猜想.性质的证明也不难,只要利用顶角平分线(对称轴),用 SAS、ASA 就可以了.关键是如何通过教材和教学的设计,让学生体会到等腰三角形在定性平面几何研究中的基本工具地位,这就是在"应用"中要考虑的主题.有两条思路,一是像目前许多老师做的那样,让学生做大量复杂的题目,因为这样的题目很多,所以学生的负担很重;二是让学生回过头来,用等腰三角形的性质去证明 SSS、角平分线定理、线段垂直平分线定理、大边(角)对大角(边)、三角形的外角大于不相邻内角、三角形两边之和大于第三边等平面几何的基本定理.这样可以让学生切实体验到数学的整体性、联系性,体会像等腰三角形这样的核心知识的力量,体会由数学知识的层次性所决定的系统性,对学生的智力也有足够的挑战性,而且可以切实减轻学生的负担.研究直角三角形,仍然沿用"要素、相关要素之间确定的关系就是性质"的思想,可以发现直角三角形的定性性质比较"平凡":直角三角形的两个锐角互余.而"直角三角形斜边上的中线等于斜边的一半",这个性质放到矩形中更容易发现.直角三角形的判定也同样"平凡":有两个角互余的三角形是直角三角形.两条直角边对应相等的两个直角三角形全等(除用 SAS 证明外)、斜边和一条直角边对应相等的两个直角三角形全等,这两条放在勾股定理中看,就是 $a^2+b^2=c^2$ 这个等式中任给两个字母的值就可以唯一确定第三个字母值的几何解释.

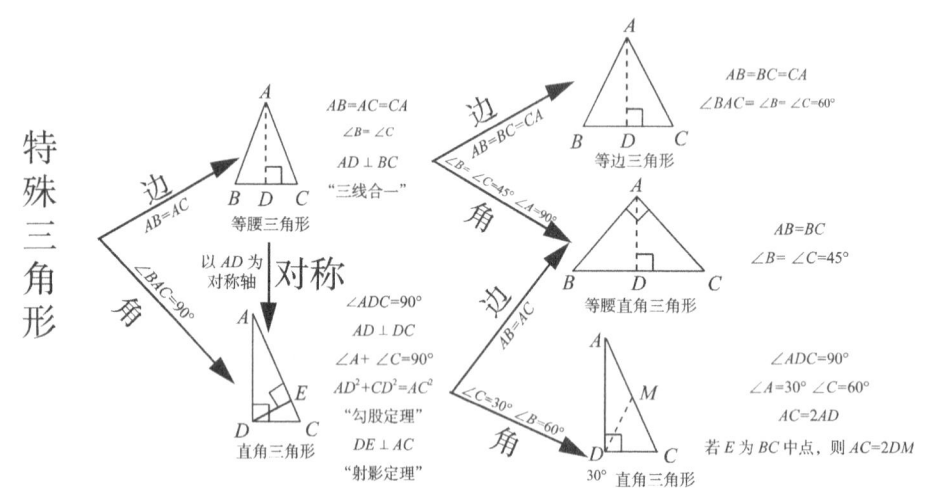

显然,直角三角形的不平凡在于勾股定理,而勾股定理的重要性则在于它在定量几何中所扮演的奠基性角色."直"是直线的根本特性,"平"是平面的根本特性,欧氏几何的根基就在这"直"和"平"里,数学家们用"公理"(平行公理、平面三公理等)给出了"平""直"的基本特征(用直线上点之间的相互关系刻画直线的"直",用平面上的点、直线之间的相互关系刻画平面的"平").

在新旧两个版本的课程标准教学要求中,关于特殊三角形的论述基本保持不变.包括了:①理解等腰三角形的概念,探索并证明等腰三角形的性质定理——等腰三角形的两个底角相等;底边上的高线、中线及顶角平分线重合;②探索并掌握等腰三角形的判定定理——有两个角相等的三角形是等腰三角形;③探索等边三角形的性质定理——等边三角形的各角都等于60°;④探索等边三角形的判定定理——三个角都相等的三角形(或有一个角是60°的等腰三角形)是等边三角形;⑤探索并掌握直角三角形的性质定理——直角三角形的两个锐角互余,直角三角形斜边上的中线等于斜边的一半;⑥掌握有两个角互余的三角形是直角三角形;⑦探索勾股定理及其逆定理,并能运用它们解决一些简单的实际问题;⑧探索并掌握判定直角三角形全等的"斜边、直角边"定理;⑨了解三角形重心的概念.

三角形的"特例"研究也要紧紧地围绕"要素"去展开,从"要素或要素之间关系的特殊化"入手进行抽象,深入地研究和挖掘特殊三角形有哪些不同于一般三角形的特殊性质,而特殊的特征性质的推导中,指导思想仍然是"要素的相互关系""要素、相关要素的相互作用与联系".在探索三角形的性质定理的过程中,教师要善于引导学生对三角形中的元素及其相互之间的关系进行有序、深入的探究,这对于发现和提出性质的猜想是十分重要的.并且,在探寻猜想的证明方法过程中,同样也能够通过这种知识间的内在联系为证明方法提供思路.

笔者分别以直角三角形的性质定理、判定定理教学为例,紧抓"要素"主线,展开性质、判定的研究,为读者提供一些参考.

【案例2-1-6】
直角三角形的性质定理

问题1:同学们,通过前面的学习,我们已经知道了直角三角形的定义以及它的表示方法,那接下来我们该研究直角三角形的什么呢?

生:研究直角三角形的性质.

问题2:从它的组成要素去观察,你觉得直角三角形会具有怎样的性质呢?

生:老师,我猜想直角三角形的两个锐角是互余的.

师:你能给大家证明一下你刚才的猜想吗?

生:因为三角形的三个内角和为180°,其中有一个直角是90°,另外两个锐角的和就是90°了,也就是说直角三角形的两个锐角互余.

师:很好,通过猜想和验证,我们得到了直角三角形有关角的性质定理,那就是直角三角形的两个锐角互余.这是它的图形表示和文字描述,那它的符号语言又该如何表示呢?

> 生：因为在 Rt△ABC 中，∠B=90°
> 所以∠A+∠C=90°

【设计意图】三角形特例研究的路径同样也可以遵循"定义—性质—判定—应用"的一般套路. 在回顾了直角三角形的定义后，从要素出发，观察并思考直角三角形可能存在的要素与要素之间的特殊关系，进而发现猜想，以及证明直角三角形的性质定理，提高学生发现问题、提出问题和解决问题的能力.

> **问题3：**有了这条性质，我们可以用它来解决什么样的问题呢？借助这里的△ABC，你能自己出题考考大家吗？
>
> 生1：老师，我们可以添加一个内角的度数，比如令这里的∠A 的度数为 28°，可以去求∠C 的度数.
>
> 生：∠C 的度数为 62°.
>
> 师：很好，其他同学还有不同的想法吗？
>
> 生2：老师，我们只要知道两个锐角之间的倍数关系，就可以求出它们的角度了，比如这里告诉你∠C=2∠A，我们分别可以求出∠A 和∠C 的度数.
>
> 生：可以设∠A 为 $x°$，则∠C 等于 $2x°$，根据直角三角形的两个锐角互余的性质，可以得到 $2x+x=90$，进而求出∠A 和∠C 的度数.
>
> 生3：老师，其实我们只要知道∠A 与∠C 的比值，就可以算出这两个锐角的度数了，比如∠A 与∠C 度数的比值为 2:3.
>
> 生：可以令∠A 为 $2x$，∠B 为 $3x$，由两锐角互余可以列出方程 $2x+3x=90°$，求得∠A 是 30°.

【设计意图】在直角三角形性质定理的初步运用环节中，着重培养学生分析、创造的思维能力. 通过自主编题的环节设计，发挥出学生更大的主动性和积极性，进一步加深对直角三角形性质的理解，这一环节是学生对问题分析再创造的过程. 学生需要思考实际问题，运用已学数学知识分析数学问题，并创造性地解决实际问题. 这一过程也能培养学生分析和创造的高阶能力.

【教学片段1】

师：其实啊，我们还可以借助这个性质来解决一些实际生活中的问题.

图2-1-18中的这名滑雪运动员，沿着斜坡从A滑到B滑行了200m，这个斜坡的倾斜角为30°，你能想办法求出运动员下降的高度吗？请同学们小组合作，一起想办法解决这个问题.

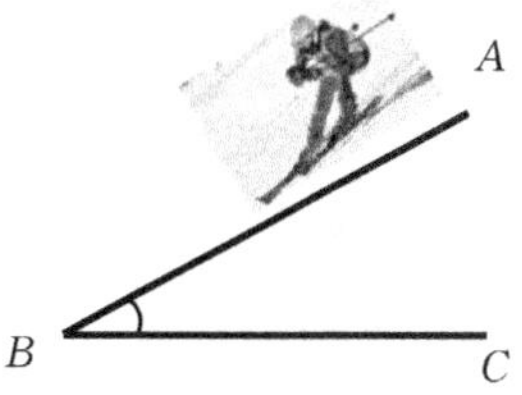

教学活动：学生先独立思考，思考过后进行小组讨论，教师进行巡视指导.

生：过点A作BC的垂线段.

师：你是如何想到的呢？

图2-1-18

生：题目问的是求出运动员下降的高度，由此可以想到，过点A作垂线段表示下降的高.这样就构成了一个直角三角形.

生：在$Rt\triangle ABC$中，由30°角不难想到，另一个角为60°.

师：60°很特殊啊，它让你联想到了什么呢？

生：想到了等边三角形.

师：你能画出这个60°角所在的等边三角形吗？

生1：在AB边上取一点D，使$AD=AC$，又因为$\angle A=60°$，就可以判定$\triangle ADC$是等边三角形了.

师：他的做法很好，还有没有其他的画法呢？

生2：将AC边进行延长，使得$AC=CD$，连结BD，根据条件容易证得$\triangle ABC\cong\triangle BCD$，所以对应角$\angle D=\angle A=60°$，进而求得$\angle ABD=60°$，三个角相等，所得的$\triangle ABD$就是等边三角形了.

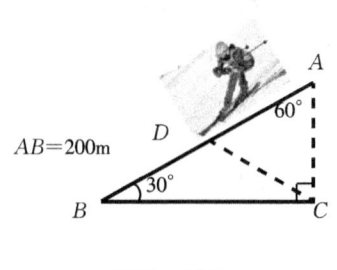

画法一展示 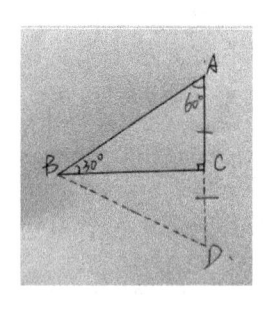   画法二展示

问题：请同学们再仔细观察画法这幅图，想一想，图中的这几条线段有什么关系呢？

学生开始仔细观察,陷入了思考.

师:你们有什么有趣的发现吗?

生:老师,我发现这里的线段$CD=AD=BD=AC$,它们都等于AB的一半.

师:你们发现了么?

生:嗯,是的.

师:那你说说,你能证明你发现的这个结论吗?

生:这里的线段$CD=AD=BD=AC$,前面已经证明了△ADC是等边三角形,所以∠$ADC=∠ACD$等于$60°$,$AD=CD=AC$.

【设计意图】由自主编题应用所学的性质环节到教师出题考考大家,将教材中的例题与应用所学的新知解决实际生活问题进行衔接,自然地引出了直角三角形斜中线定理的探究.提高学生发现问题、分析问题的能力.

【教学片段2】

师:非常好,刚才由$30°$的特殊角我们推出了这个结论,那同学们再想一想,一般的直角三角形是否还满足这个结论呢?

学生陷入思考.

生:$CD=AD=BD$还等于$\frac{1}{2}AB$.但是AC不满足了.

师:是的,正如同学们所说的,$CD=AD=BD$还等于$\frac{1}{2}AB$,具体的证明过程,同学们课后可以进行探讨.到时候可以给大家分享一下你的证明办法.

师:现在你能用一句话来概括这里的重要结论吗?

生:直角三角形斜边上的中线等于斜边的一半.(板书直角三角形的性质定理2)

它的几何语言应该如何表示呢?

几何语言:因为∠$ACB=90°$,CD是斜边AB的中线

$$所以CD=\frac{1}{2}AB$$

【设计意图】从特殊到一般的认识规律反映了事物相互联系、发展、运动的观点.对于一般的图形问题,如果一时难以理解或无法证明,此时通过观察特殊的例子可以加深对一般的理解.当前的学习基础下,学生对于直观证明直角三角形斜边上的中线等于斜边的一半的性质定理证明是十分抽象的,如果直接对性质进行证明学生难以理解,此时从特殊角度举例就能够快速集中学生的注意力,通过对特殊例子的分析增强学生对该性质的理解.在数学教学中学生能够掌握从特殊到一般的数学思维,就可以为数学学科核心素养的培养奠定基础,有助于学生思维能力及思维品质的提升.

【教学片段3】

师:非常好,那么我们就趁热打铁,来解决这样一个图形问题.

问题呈现:如图2-1-19,已知 $AD \perp BD$, $AC \perp BC$,E 为 AB 的中点.你能判断 DE 与 CE 的数量关系吗? 请说明你的理由.

解:因为 $AD \perp BD$,$AC \perp BC$

所以 $\angle ACB = \angle ADB = 90°$,

又因为 E 是 AB 的中点

所以 DE、CE 是斜边 AB 的中线

所以 $DE = \dfrac{1}{2} AB = CE$

图2-1-19

师:证明过程非常清楚.你会了么?

师:同学们再仔细观察,在这幅图中,你看到了怎样的特殊结构呢?

生:两个直角三角形共用一条斜边.

师:那么这两个直角三角形的中线相等,这就是直角三角形中常见的基本图形,以后看到这样的构造,你要很快能够认出它哦.

【设计意图】在我们平时的教学中经常会碰到基本图形,许多复杂的综合问题是由若干个基本问题串联在一起的,其中的某个或某几个基本问题通常又是围绕某个基本图形.教师要善于引导学生在解题后归纳基本图形及其性质.当学生知识储备中有了一定量的基本图形后,他们的数学思维就会变得更加活跃,综合素养也会得到更大提升.这里借助教材中的练习题,将直角三角形斜中线的性质加以利用,加深学生对性质的理解,并且强化了对直角三角形基本图形的认识.

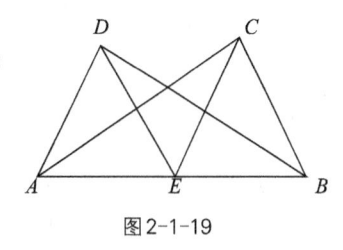

【教学片段4】

小结梳理,归纳总结

师:时间过得很快.最后,我们一起对本节课做一个小结.今天这节课,你们都学到了哪些知识和方法呢?请你跟大家分享一下.

生1:这节课我们学习了直角三角形的定义,有一个角是直角的三角形叫做直角三角形,还学习了它的表示方法,可以记作$Rt\triangle ABC$.

生2:我们还研究了直角三角形角的性质和边的性质.

生3:用性质解决了角度计算与边长计算和证明的问题,还认识了一个重要的基本图形.

师:是的,就像前面几位同学所说的,对于直角三角形,我们研究了它的定义及其表示,探究了它的两条重要性质和性质的几何语言,并将性质进行了应用解决了一些相关问题.

最后,同学们想一想,关于直角三角形,我们还可以研究它的什么呢?

生:研究它的判定方法.

师:那么这就留给我们下节课继续探讨.这也是研究几何图形的一般套路,有了这些宝贵经验,相信同学们能够更好地研究其他几何图形.

【设计意图】 通过生生交流、师生交流,共同回顾梳理本节课所学的直角三角形的定义、表示以及性质定理,形成知识框架.在此基础上,学生归纳出"定义—性质—应用—判定"的几何图形研究基本套路,为后续研究其他几何图形积累宝贵的学习经验.

在数学课堂教学中应用先行组织者策略效果显著.在数学学习的过程中,即将要学习的数学知识并不是孤立存在的,与以前所学的一些数学知识之间是有联系的,教师可以呈现先行组织者,使得所学的数学知识和已知知识之间产生密切联系,学生主动地将所学的知识建立在已有的知识之上,促进学生的学习更加有意义.以直角三角形的判定定理学习为例,在数学教学中实践先行组织者策略,运用先行组织者策略进行教学,可以促进学生有意义学习,在新旧知识之间搭建桥梁,完善和建构学生的知识体系.

【案例2-1-7】

直角三角形的判定定理

师:同学们好,在这一章,我们分别研究了两个特殊的三角形:等腰三角形和直角三角形.我们不仅学习了它们的定义、表示和性质定理,还学习了等腰三角形的判定方法.

问题1:请同学们想一想,等腰三角形的判定方法和它的定义以及性质之间有什么样的关系呢?

学生回忆、思考.

生:等腰三角形的判定定理可以从定义中得到.

生:也可以由等腰三角形的性质的逆命题进行推导.

师:两位同学说得很好,那么类比这样的学习方式,今天我们就一起来研究直角三角形的判定方法.

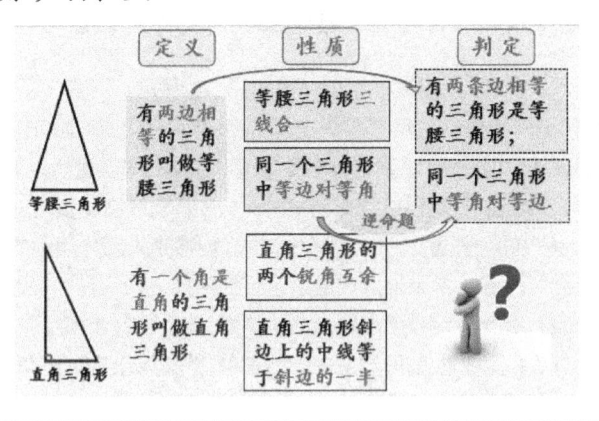

	定义	性质	判定
等腰三角形	有两边相等的三角形叫做等腰三角形	等腰三角形三线合一	有两条边相等的三角形是等腰三角形;
		同一个三角形中等边对等角	同一个三角形中等角对等边
直角三角形	有一个角是直角的三角形叫做直角三角形	直角三角形的两个锐角互余	?
		直角三角形斜边上的中线等于斜边的一半	

（逆命题）

【设计意图】 利用先行组织者策略,引导学生回顾梳理等腰三角形学习过程,回忆等腰三角形的定义、性质以及判定定理,以及归纳等腰三角形判定的研究方法,为直角三角形判定方法的学习做好铺垫.总结数学学习的一般规律,再引入直角三角形的学习,通过单元整体视角设计教学,让学生知其然,知其所以然.

【教学片段1】

问题2:你们能说出直角三角形这两个性质定理的逆命题吗?

生1:先分析这个命题的条件和结论,命题的条件是直角三角形,结论是两个锐角互余.我们可以将条件和结论进行互换,就可以得到它的逆命题是——有两个角互余的三角形是直角三角形.

师:好,那么第二个性质的逆命题呢?谁来试着说说看.

生2:这里的条件是直角三角形,结论是斜边上的中线.所以互换条件和结论后得到的逆命题就是斜边上的中线等于斜边的一半的三角形是直角三角形.

生3:老师,我有不同的意见.我认为斜边应该是直角三角形特有的边,互换条件和结论后,我们并不知道它是一个直角三角形,所以在逆命题中还不能说是斜边.

师:这位同学提的意见很好,那么我们应该如何修改呢?

生:可以将它改成"一条边上的中线等于这条边的一半",这样的话就可以了.

师:非常好,我们给这几位同学鼓鼓掌,考虑得很周到啊.那么,刚才我们得到的这两个逆命题是否正确呢?接下来我们就一起来证明.

【设计意图】 对几何图形特殊的位置关系、一类几何对象中的特例,都可以从"命题—逆命题"的关系入手展开探索与发现,这是培养学生"四能"使学生学会数学地思考问题的契机.逆向思维作为具有创造性、发散性的思维方式,与学生顺应事物发展角度分析问题、探索问题和解决问题的思路相反.通过逆向的思维方式,能够简化部分问题的解决过程,降低问题解决难度,甚至可达到正向思维方式难以达到的效果.因此,在初中数学教学中,为帮助学生掌握相应知识,提升其对数学问题的解决能力,应重视对初中生逆向思维能力的培养.以问题串的形式设问、追问,引导学生主动地思考,分析得出直角三角形性质定理的逆命题,为判定方法的推理证明打下基础.

【教学片段2】

问题:结合图形,你能写出图中所示的已知和证明吗?

生:已知$\angle A+\angle C=90°$,求证$\triangle ABC$是直角三角形.

师:这个问题该如何去解决呢?

学生开始停顿思考.

生:因为$\angle A+\angle B+\angle C=180°$,$\angle A+\angle C=90°$,可以求得$\angle B$为$90°$.根据定义,有一个角是直角的三角形是直角三角形,所以$\triangle ABC$就是直角三角形了.

师:很好,通过证明我们不难发现,有两个角互余的三角形是直角三角形这个逆命题是正确的.因此,可以用它来判断一个三角形是不是直角三角形了,这就是直角三角形的判定定理.

结合定理的文字描述,你觉得它的几何语言该怎么书写呢?

生:因为∠A+∠C=90°

所以△ABC是直角三角形

(板书)　直角三角形的判定定理:

有两个角互余的三角形是直角三角形

因为在Rt△ABC中,∠B=90°

所以∠A+∠C=90°

师:好的,从刚才的研究过程中,实际上我们已经得到直角三角形的哪几个判定方法啦?

生:可以根据定义有一个角是直角的三角形是直角三角形来判定.

生:我们还可以根据直角三角形的判定定理进行判定,证明两个锐角是互余的关系即可.

师:那么,这两个判定的方法都是从直角三角形的什么要素去考虑的?

生:由三角形的角去证明的.

师:学习了新的知识,我们来进行应用.请你添加条件,出题考考大家,让其他同学由你给出的条件判断△ABC是不是直角三角形.

学生给出条件:(1)∠A=36°,∠B=54°.

(2)∠A+∠B=∠C.

(3)∠A、∠B、∠C的度数比为5:3:2.

通过学生自主添加条件,完成以上练习并讲解分析.

师:研究完直角三角形的角的要素,我们该研究它的边了.

证明逆命题:一边上的中线等于这条边的一半的三角形是直角三角形.

师:请画出对应的图形并写出已知、求证.

已知2-1-20,CD是△ABC的AB边上的中线,$CD=\dfrac{1}{2}AB$.

求证:△ABC是直角三角形.

师:要证明直角三角形,我们只需要证出什么呢?

生:∠A+∠B根据已知条件,CD是AB边上的中线,$CD=\dfrac{1}{2}AB$,得到CD=AD=BD,由线段相等,得到∠A=∠ACD,∠B=∠BCD.

图2-1-20

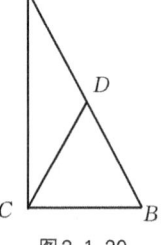

又因为∠A+∠ACD+∠B+∠BCD=180°，

所以∠A+∠B=90°，所以△ABC是直角三角形.

跟踪训练：如图2-1-21，A、B、D 同在一条直线上，∠A=∠D=Rt∠，AC=BD，∠1=∠2.

求证：△BEC是等腰直角三角形.

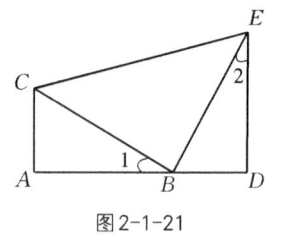

图2-1-21

【设计意图】紧紧抓住"要素"关联，对直角三角形的角、边基本要素进行深入的研究和思考，借助要素之间的相互关系，探究直角三角形的判定方法．无论是性质还是判定，除了由三角形要素间的相互关系给出外，还可以由要素和相关要素的关系给出，这样就可以得到大量命题．这些命题可以作为训练学生创新思维、逻辑推理能力的练习题．

【教学片段3】

小结梳理，归纳总结

问题：时间过得很快，最后，我们一起对本节课做一个小结．今天这节课，你们都学到了哪些知识和方法？请你跟大家分享一下．

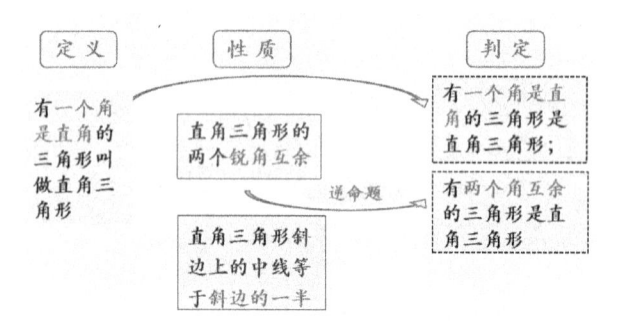

定义	性质	判定
有一个角是直角的三角形叫做直角三角形	直角三角形的两个锐角互余	有一个角是直角的三角形是直角三角形；
	直角三角形斜边上的中线等于斜边的一半	有两个角互余的三角形是直角三角形

（性质与判定之间为逆命题关系）

【设计意图】回顾和梳理完整的"定义—性质—判定"的几何研究过程，归纳数学学习的一般规律，形成完善的知识体系和数学学习基本套路，为后续其他几何图形的研究奠定牢固的知识和方法基础．

五、研究三角形的相似

研究图形的相似,尤其是三角形的相似,是课标中"图形的变化"中的重要内容.相似三角形是学生从恒等变换图形到相似变换图形的一个重要转折点,也是初中数学教学的热点和难点.在新旧两个版本的课程标准中,关于相似三角形的教学要求未发生改变,主要是:①了解相似三角形的判定定理:两角分别相等的两个三角形相似;两边成比例且夹角相等的两个三角形相似;三边成比例的两个三角形相似.了解相似三角形判定定理的证明.②了解相似三角形的性质定理,相似三角形对应线段的比等于相似比;面积比等于相似比的平方.③会利用图形的相似解决一些简单的实际问题.④利用相似的直角三角形,探索并认识锐角三角函数($sinA$,$cosA$,$tanA$),知道$30°$,$45°$,$60°$角的三角函数值.⑤能用锐角三角函数解直角三角形,能用相关知识解决一些简单的实际问题.可以看出,对三角形的相似的学习要求重在突出了"利用",此外,在附录中的课程内容中也特别增加了相似三角形与测量的应用案例.

例81 利用图形的相似解决问题

在现实生活中,对于较高的建筑物,人们通常用图形相似的原理测量建筑物的高度.

【说明】如图2-1-22,右边是一个高楼的示意图.可以组织一个教学活动,启发学生利用相似三角形测量高楼的高度.

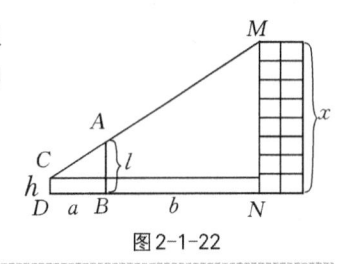

图2-1-22

在距高楼MN为b米的点B处竖立一个长度为l米的直杆AB,让学生调整自己的位置,使得他直立时眼睛C、直杆顶点A和高楼顶点M三点共线.测量人与直杆的距离DB,记为a米;测量学生眼睛高度CD,记为h米.设高楼的高度MN为x米,由相似三角形可以得到$\dfrac{x-h}{l-h}=\dfrac{a+b}{a}$因此,高楼的高度为$x=h+\dfrac{(a+b)(l-h)}{a}$.

相似三角形在实际生活、生产实践以及科学研究中十分常见,它不仅是研究其他多边形的基础,在解决实际问题中也有着广泛的应用.高度的测量是日常生活学习中经常会遇到的一类问题.在学习了相似三角形的相关知识以后,就可以利用相似三角形的对应边成比例的性质来测量物体的高度了.这种高度测量方式的核心在于三角函数的基本知识,通过相似三角形进行高度的测量.课标给出的案例,为项目化学习提供了很好的范式,通过设计和实施项目化学习,可以更好地帮助学生深刻理解和掌握相似三角形的相关知识和方法,增强学生的模型观念和应用意识,能够借助数学的知识和方法解决现实世界中的问题,养成理论联系实际的习惯.

第二节　三角形单元的教学设计

一、基于学生起点的设计

(一)现代认知学习观

美国认知心理学家布鲁纳曾提出"认知—发现说",该理论指出,任何一门学科知识都有一定的知识结构,学习就是在掌握学科知识结构的基础上,在头脑中建立相应的编码系统的过程.因此学习是一个认知的过程,是以已有的知识经验为基础,根据材料的内在逻辑,将学生原有的认知结构和学习材料产生一定的关联,从而使得新的学习材料在知识结构中获得新的意义.

美国心理学家奥苏伯尔也曾提出"有意义学习",他认为有意义学习的本质是以符号代表的新观念与学习者认知结构中原有的适当观念建立实质性联系的过程.有意义学习的条件包括学习者应具备有意义学习的心向以及学习材料应对学习者具有潜在的意义.学习者应具备有意义学习的心向即学习者应具有积极主动地将新知与认知结构中原有的适当结构联系起来的倾向性.学习材料应对学习者具有潜在的意义即学习材料要和学生原有认知结构中的适当观念产生一定的联系.此外,奥苏伯尔还提出"先行组织者"教学策略,指的是先于学习任务本身呈现出来的一种引导性材料.

建构主义学习理论认为,学生在平时生活和以往学习的过程中,必定积累了一定的知识经验,并不是空着脑袋进教室的,因此对于数学知识的学习,其发生的起点就是原有的知识基础.因而在学习新知识时,创设必要的情境是至关重要的,这可以唤起学生与新知有关联的旧知识,从而顺理成章地引出新知识的发生过程.综上,在教学设计时,教师应对学生已有的生活经验和认知经验给予充分的尊重,着眼于新旧知识之间的联系,积极引导学生从已有的知识经验出发,产生对新知的主动建构,从而促进其知识、能力和思维水平的稳步提升.

(二)知识逻辑结构分析

1.三角形知识课标分析

《数学课程标准(2022年版)》(下面简称《新课标》)将义务教育阶段的数学课程分成数与代数、图形与几何、统计与概率、综合与实践四个学习领域.其中"图形与几何"是学生学习数学的重要领域,其内容在小学阶段主要包括"图形的认识与测量"以及"图形的位置与运动"这两个主题,并且在不同的学段之间,该内容的设置具有相互关联、螺旋上升、逐段递进等特点.

在小学阶段,图形的认识主要是对图形进行抽象,比如在三角形的学习中,学生经历从实际物体抽象出三角形的过程,认识三角形的特征,逐步积累观察和思考的经验,从而形成一定的空间观念.图形的测量与图形的认识则有着密切联系,测量的重点是确定图形的大小,学生在推导一些常见的计算方法的过程中慢慢感受数学度量的方法,逐渐形成推理意识和量感."图形的位置与运动"则要求学生经历现实生活里图形运动的抽象过程,从而认识平移、旋转和轴对称的特征,感受数学美,进一步形成空间观念和几何直观.

《新课标》中对于三角形内容及学业的要求在各个学段中有不同程度的体现,比如在第一学段(1~2年级)中,要求学生能辨认三角形这一平面图形,能直观描述三角形的特征,并且能根据描述的特征对图形进行简单的分类.在第二学段(3~4年级)中,有关三角形的学业要求包括:能根据角的特征对三角形进行分类,认识锐角三角形、直角三角形以及钝角三角形;能根据边的关系,认识等腰三角形和等边三角形,形成一定的空间观念和初步的几何直观;经历利用直尺和圆规将三角形三边画到同一直线的过程,直观感受三角形的周长并且会测量三角形的周长,逐步积累操作经验,形成一定的量感和几何直观.在第三学段(5~6年级)中,要求学生知道三角形任意两边之和大于第三边;知道三角形的内角和为180°;探索并掌握三角形的面积计算公式,在三角形的认识与测量中,进一步形成量感、空间观念以及几何直观.

而在初中阶段中,图形与几何的领域主要包括图形的性质、图形的变化以及图形与坐标三个主题,对于三角形知识的学习也有了程度更深、内容更具体的要求.比如在"图形的性质"这一模块中,《新课标》对于三角形相关内容的学业要求主要包括：掌握三角形的概念；知道图形的特征、共性与区别；在掌握图形与几何基本事实和直观理解的基础上，经历得到和验证数学结论的过程，感受数学逻辑的传递性，进一步形成几何直观和推理能力；经历尺规作图的过程，理解其基本原理与方法，发展空间想象力和空间观念．在"图形的变化"这一模块中，要求理解几何图形的对称性，并会用数学语言表达对称；知道直角三角形的边角关系；了解图形相似的意义并会判断简单的相似三角形．在这样的过程中发展空间观念和几何直观．在"图形与坐标"这一模块中，感悟平面直角坐标系是沟通几何和代数的桥梁，以及数形结合的思想，并且会用数形结合的方法分析和解决三角形相关问题．学生在具体情境中，经历用几何直观和逻辑推理来分析并解决三角形相关问题的过程，提升抽象能力、几何直观、空间观念以及推理能力等．

2.三角形上下位知识

三角形知识的学习贯穿小学和初中阶段，因此探究三角形内容在不同学段的相关性与联系性是必不可少的过程，从而基于学生的知识起点进行情境引入的设计．首先对人教版小学数学教材中三角形知识的分布情况进行梳理，如表2-2-1所示．

表2-2-1 小学数学（人教版）三角形知识分布

学段	年级	章节	基本内容
第一学段	二年级（上）	第三单元"角的初步认识"	认识三角形的顶点和边 认识直角、锐角、钝角
第二学段	四年级（上）	第三单元"角的度量"	线段、直线、射线 角 角的度量 角的分类 画角
	四年级（下）	第五单元"三角形"	三角形的特性 三角形的分类 三角形的内角和
第三学段	五年级（上）	第六单元"多边形的面积"	平行四边形的面积 三角形的面积 梯形的面积 组合图形的面积

通过表2-2-1我们可以发现，在人教版小学数学教材中，三角形的知识首次出现二年级上册第三单元中，其内容为"角的初步认识"，其中包括了对直

角、锐角和钝角的认识,以及对顶点和边的认识.然而在此之前学生对图形也已经有了初步的认识,比如在二年级上册第一单元"长度单位"中,学生已经能够测量线段的长度,这为角的认识以及后续三角形的学习奠定了一定的知识基础,体现新旧知识间的关联与递进.

纵观人教版小学数学的教材,学生对三角形相关内容如定义、分类、稳定性、三边关系、内角和、周长、底、高、面积等已经有了初步了解,但小学对于三角形的学习依旧停留在碎片化、浅层次的状态,其学习方式也主要通过观察、测量、操作等来探索其几何性质.

接下来,对浙教版初中数学教材中三角形知识的分布情况进行梳理,如表2-2-2所示.

表2-2-2 初中数学(浙教版)三角形知识分布

学段	年级	章节	基本内容
第四学段	七年级(上)	第六章"图形的初步认识"	几何图形 线段、射线和直线 线段的长短比较 线段的和差 角与角的度量 角的大小比较 角的和差 余角和补角 直线的相交
	七年级(下)	第一章"平行线"	平行线 同位角、内错角、同旁内角 平行线的判定 平行线的性质 图形的平移
	八年级(上)	第一章"三角形的初步认识"	认识三角形 全等三角形 三角形全等的判定 尺规作图
		第二章"特殊三角形"	图形的轴对称 等腰三角形 等腰三角形的性质定理 等腰三角形的判定定理 直角三角形 探索勾股定理 直角三角形全等的判断

— 77 —

续表

学段	年级	章节	基本内容
第四学段	八年级(下)	第四章"平行四边形"	三角形的中位线
	九年级(上)	第四章"相似三角形"	比例线段 由平行线截得的比例线段 相似三角形 两个相似三角形的判定 相似三角形的性质及应用
	九年级(下)	第一章"解直角三角形"	锐角三角函数 锐角三角函数的计算 解直角三角形

学生在初中学习《三角形》一章前,具备线段、角以及相交线(对顶角、邻补角)、平行线(性质、判定)等几何知识的储备,能够进行简单的推理和证明,并且初步认识到它们的研究思路,不过还不能很好地做到"顺利地提取知识"和"有条理地梳理知识".因此,数学教学需要借助学生已有的知识和经验,帮助学生在新知识和原有认知结构中的相应知识建立起联系,同时也为后续四边形的学习做好统领、打好桩基.

故而,用联系的眼光来观察、学习,学会用已有知识和经验来解释发现的结论,既是学生深刻掌握知识和学会学习的需要,又是开展深度学习、发展学生核心素养的必要途径.

(三)基于知识逻辑的设计

引入新知是课堂教学的起始环节,目的是通过教学组织把学生的注意力及时引导进入课堂中.通过教师创设情境或设计问题,引发学生对于旧知识的回顾以及新知识的探究欲,帮助其找到知识的立足点、生长点,并且搭建新旧知识间的桥梁,激发其学习热情,对其学习方法进行渗透和指导,从而能顺利进行新知的学习.数学是逻辑性极强的一门学科,初中生的思维还处于由形象思维向逻辑思维转变的过程,因而基于学生的知识起点来设计引入显得尤为重要.

【案例2-2-1】

以2013浙教版八年级上册第二章《特殊三角形》中的《2.3等腰三角形的性质定理》为例,进行引入设计,思路如下:

等腰三角形作为三角形中的一种特殊表现形式,有着一般三角形的性质同时也有其特殊的性质,它具有三角形的边角特征,还有特殊的轴对称性.因此在探究等腰三角形时,我们可以选择其轴对称性作为切入点进行探究,因此需要对教材知识点进行适当的整合,充分挖掘其对称性,从中分析等腰三角形的本质特征.

活动准备:小组合作、长方形纸片、直尺、剪刀.

活动过程:学生将长方形纸片先对折,再利用准备的剪刀在对折处剪下一个三角并展开得到一个三角形,如图2-2-1所示.

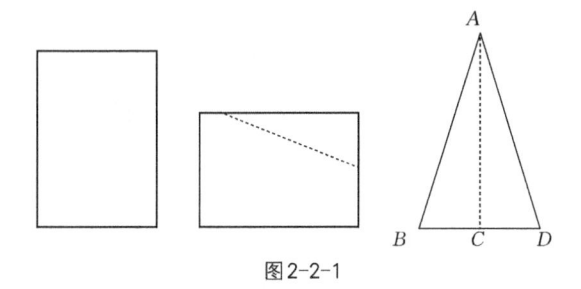

图2-2-1

问题1:你裁剪得到的是一个怎样的三角形?

师生活动:学生动手实践,通过对折长方形的方式进行裁剪,得到了一个等腰三角形.

问题2:如果再将该等腰三角形对折,你能发现什么?

师生活动 通过对折,同学们发现等腰三角形不仅轴对称,而且两条腰、两个底角均完全重合,从而通过实验推理得到"等腰三角形的两个底角相等".

问题3:我们将折痕记为AD,你还能得到哪些相等的边和角呢?

师生活动:学生发现∠BAD=∠CAD,BC=CD,并且有同学发现,BD不仅是对称轴,还是三角形的高.

【设计意图】通过学生动手实验,以轴对称这一性质作为切入点来探究等腰三角形的性质,通过折叠、作辅助线等形式,进一步探究等腰三角形"三线合一"的性质.这样的教学过程与教师直接讲授相比更为直观,培养其几何直观和推理能力,学生不仅锻炼了动手实践的能力,还能在观察中提升思维,初步掌握三角形的学习方法.在这一引入环节中,教师着眼于新旧知识之间的联系,学生从已有的知识经验出发,产生对新知的主动建构,从而促进其知识、能力和思维水平的稳步提升.

【案例2-2-2】

以浙教版八年级上册第二章《特殊三角形》中的《2.7探索勾股定理》为例,进行引入设计,思路如下:

问题1 如果一个三角形的两边长为6和8,第三边的长度为x,则x的取值范围是?

师生活动:学生回答x的范围是$2<x<14$.

问题2 在上述条件下,当两边的夹角为$90°$时,第三边x(斜边)的长度是否被唯一确定了呢?为什么?

师生活动 学生认为此时第三边被唯一确定,利用三角形"边角边"全等的判定可以得到该直角三角形形状被固定.

追问:那么第三边x(斜边)与两条直角边有怎样的数量关系?

【设计意图】 学生之前已经学习了任意三角形的三边关系,因此通过问题1进行回顾.问题2则将三角形特殊化,有一个角为$90°$时,根据全等三角形"边角边"的判定可以得到第三边即斜边被确定,利用原有知识基础作为新知发生的起点,创设必要的问题情境,建立新旧知识间的关联性,过渡自然,从而顺理成章地引入新知识的发生过程.这样的设计渗透了特殊与一般的数学思想,三角形的三边关系在任意三角形中都是成立的,将其特殊化(两边夹角为$90°$)之后,引发学生思考直角三角形三边关系是否有新增的性质.问题情境的选择承前启后,从数学知识本身的内在结构出发,自然引出本节课所要学习的新知,合理而又自然,以学生原有知识经验为基础,利于学生快速掌握新知,从而实现知识的主动建构.

二、基于学生学情的设计

(一)现代教学观

随着新一轮课程改革的持续推进,"减负提质"成了教学的关键词,深度学习的理论也逐渐走进了人们的视野.因此,作为教师,必须要走在课改前沿,贯彻深度学习理念,基于学生学情,借助情境教学理论,在课堂中创设有趣且有效的教学情境,优化课堂的教学模式和学生的学习方式,进一步提升其创新意识,培养其核心素养.为此,教师越来越倾向于在教学中实施"活动—体验"的教学模式,在这个教学模式下,课堂主要围绕"教学情境""学习活动""合作交往"以及"成功体验"这几个要素来建构.

当代美国杰出的教学设计理论家加涅指出:教学是由一组学习的外部事

件所组成的,根据学习的内部事件(过程)提出了与各内部过程相匹配并对内部过程起促进作用的外部条件——九大教学事件,其中第一个事件就是"引起注意",他认为"引起注意"是有效教学的首要事件,它是学习主动性与积极性的重要标志.除了使用刺激变化、引起兴趣等方式外,还要利用新旧知识之间的同化和顺应机制,激发学生思维.第三个事件是"刺激回忆先前习得性能",很多新的学习归根结底就是观念间的联合,如果习得的性能成为学习事件的一部分,那么新知的学习必定会有高度的可进入性.因此,在原有知识结构的基础上进行新知的螺旋式构建则显得尤为重要.第四个事件是"呈现刺激材料",当学生做好准备时,教师可向学生呈现教材,其中最有效的便是最具有突出特征的刺激.

因此,设置有效的教学情境不仅是导入新课的必经之路,更是在符合学生学情的基础上创设学生学习所需要的必要环境,增强了学生的学习兴趣与学习体验,是课堂教学中不可或缺的重要环节.

(二)学生学情分析

根据皮亚杰的认知发展理论可知,初中生的思维正处于具体运算阶段到形式运算阶段的过渡阶段,该时期的主要特征为抽象思维受限、抽象能力不足等,然而三角形知识的学习需要严密的逻辑支持,对学生的抽象能力和推理能力有一定的要求,因此该阶段的学生对几何知识的学习存在一定的难度.

初中生在几何学习上感到困难的原因主要包括以下几个方面:(1)无法从复杂图形中抽象出基本模型;(2)无法明白几何语言所表达的逻辑含义;(3)不能充分理解几何证明的含义.学生在提取基本图形时常遇到困难,原因在于缺乏对基本图形的深刻认识以及联想能力,不仅如此,学生作图、用图的能力也相对比较欠缺.此外,八年级学生在文字语言、图形语言及几何语言的转化上困难也较大,因此在学习三角形的过程中会出现许多学习障碍,如:无法厘清已知与求证之间的内在联系,无法建立未知与已知间的逻辑关系,无法进行清晰且严谨的几何论证,缺乏数形结合意识和空间想象能力.

因此教师在教学设计时应在引入阶段注重结合生活实际情境,采用情景引入的方式加强平面几何与生活情境的联系,逐渐渗透模型思想.同时,教师需精心设问,使学生建立严密的知识体系,问题设计需要有适切性、导向性和系列性.其中适切性指提出的问题要与学情相适应;导向性指问题的提出必须引发学生注意力的聚焦并且明确学习任务,起到指引思考方向的作用;系列性指需要设计系列的问题以及与之相对应的师生活动,可以采用在问题后设计师生活动预估、追问等方式来进行.

(三)基于学生学情的教学设计

数学教学应该从学生的生活经验和已有的知识背景出发,向学生提供充分的数学活动以及数学交流的机会,帮助他们在自主探索的过程中获得广泛的数学活动体验,从而会用数学的眼光观察现实世界、会用数学的思维思考现实世界、会用数学的语言表达现实世界.现在的学生生活在信息化的生活中,获取知识的途径相当多,无处不在的生活现象时刻进入着他们的认知领域,成为其生活经验,构成进一步学习新知的"现实".

【案例2-2-3】

以2013浙教版九年级下册第一章《解直角三角形》第一课时《锐角三角函数》为例,进行情境引入设计,思路如下:

问题1:观察图2-2-2商场中电梯的运行,你能指出其中不变的量和变化的量吗?

图2-2-2

师生活动 教师引导学生通过观察发现,电梯与地面的夹角$\angle A$不变,电梯上移动的点B离地高度BC和斜面距离AB发生变化.

问题2:你能从变化的量BC和AB中发现不变的量吗?让我们从特殊大小的$\angle A$开始研究.

师生活动:教师引导学生观察$\angle A$分别为30°和45°时,直角三角形中$\angle A$的对边BC与斜边AB之间的关系,结合相似三角形的知识,初步发现其对边与斜边的比值不变性.当$\angle A$为30°时,无论直角三角形大小如何变化,对边与斜边的比值为 $\frac{1}{2}$,同理,当∠A 为 45°时,对边与斜边的比值始终为 $\frac{\sqrt{3}}{2}$.

追问:能否把你的发现推广至一般情形?即当∠A 为任意锐角时,无论直角三角形大小如何变化,对边与斜边的比值始终为一个定值吗?

师生活动 学生发现对边与斜边比值的不变性,并且利用相似三角形的知识来证明这一结论.从而得到一般结论为:当直角三角形的一个锐角确定时,它的对边与斜边的比值为定值,引导学生将得到的结论汇总如下:

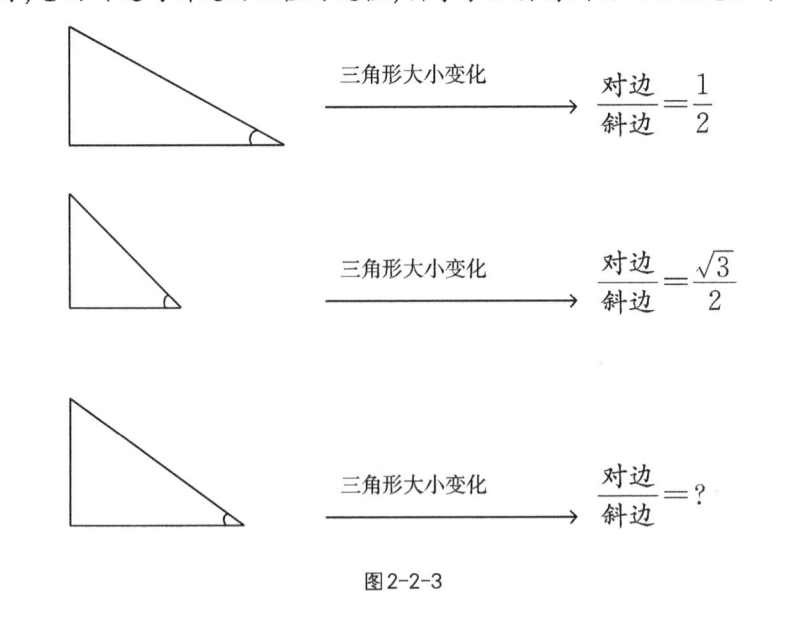

三角形大小变化 → $\frac{对边}{斜边}=\frac{1}{2}$

三角形大小变化 → $\frac{对边}{斜边}=\frac{\sqrt{3}}{2}$

三角形大小变化 → $\frac{对边}{斜边}=?$

图 2-2-3

【设计意图】在引入阶段,采用情景引入的方式,注重结合生活实际情境,加强了三角形与生活情境的联系,逐渐渗透模型思想.同时,教师的精心设问使学生建立严密的知识体系,立足于学生学情,创设学生学习新知所需要的实际情境,增强其学习兴趣,渗透其几何直观与推理能力.

【案例2-2-3】

以2013浙教版八年级上册第二章《特殊三角形》中的《2.8直角三角形全等的判定》为例,进行情境引入设计,思路如下:

问题1:我们已经学习了哪些方法来判定两个一般三角形全等?

师生活动:回忆学过的四种判定三角形全等的方法,分别是边角边、角边角、角角边和边边边.并且发现,要判定两个三角形全等,至少需要三个条件,且其中一个条件必定是边相等.

问题2:如图2-2-4所示,本校的附属幼儿园刚进了一个滑滑梯,其中左右两个滑梯的滑道长度相等,且左边滑梯的竖直高度与右边滑梯的水平长度相等,那么请问△ABC与△DEF全等吗?

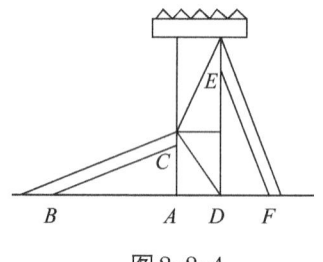

图2-2-4

师生活动:学生发现,在已知条件中,∠BAC与∠EDF均为直角,且BC=EF,AC=DF,但这样构成的全等条件是"边边角",初步判定这两个三角形无法全等.

追问:但是通过幼儿园的工作人员得知,这两个三角形滑梯是一模一样的,你认可他们吗?

师生活动:学生对于原有三角形全等的认知产生了冲突,对于这两个三角形滑梯是否全等也产生了一定的困惑.

【设计意图】引入生活模型,创设问题情境,对实际模型进行抽象与提炼,发展学生抽象能力,利用认知冲突"引起学生注意".该引入利用新旧知识之间的同化和顺应机制激发学生思维,借助认知冲突让学生通过学习实现认知重构,实现深度学习.

三、关注学生学习过程的设计

(一) 理论依据:范希尔理论水平特征

范希尔理论涉及两方面:一是五个几何思维水平,既可以用来诊断学生的几何思维水平,也可以用来评估教材内容的几何水平,以便更有针对性地编制测试题和调查问卷;二是与之对应的五个几何教学阶段,可用于设计几何教学活动,为几何教学提供了一种新模式.

范希尔夫妇是在皮亚杰的认知四阶段理论和格式塔心理学的基础上,经过长期的探索、研究,建立、提出了几何思维的5个水平,如表2-2-3,它首先在苏联教育界被采用,并用于设计几何教学,学生的几何思维水平有显著提高.

表2-2-3 范希尔几何思维水平及其内涵

几何思维水平维度	几何思维水平内涵
水平一: 视觉	在此阶段,学生只能够根据几何图形的轮廓来进行辨认,并且通过仿照或者绘制图画的方式对几何图形进行表述,但是却不能够对几何图形的特征点和组成它们的元素名称进行分析,他们对图形的区分往往依赖于具体实物,对于图形的性质存在一定的认知困难,无法利用图形的性质特征,也无法利用概括性言语来描述图形.
水平二: 分析	在此阶段,学生对图形的几何要素与性质能够进行简单的归类,构造其图形的特征,进而解决几何问题,但不能说明其几何图形的本身属性,同时也无法理解图形的概念,只有通过组成要素,才能将两个图形进行比较分析.
水平三: 非形式化的演绎	在此阶段,学生对于图形的性质有进一步的理解,能够关联图形间的性质,建立简单的知识网络结构,但是推理能力薄弱,只能进行简单的演绎推论,不能了解证明与定理的重要性.但是对于学生来说,他们并不理解定理和证明的含义,因为他们既不用利用未知的条件来证明结论的成立,也无法创建起定理互相存在的内在关系.例如:当学生学会等腰三角形的性质后,发现等边三角形也是一种特殊的三角形,学生能对等边三角形的性质作非正式的说明,但无法作系统的证明.
水平四: 形式演绎	在此阶段,学生有较强的逻辑推理能力,对于"公理""定理"可以自主进行证明,能够分清不同图形之间的区别与联系,建立比较完整的知识网络,能够采用不同的方式证明一个定理,还能给出定理的逆定理.例如,三角形中位线平行且等于底边的一半,其逆定理是平行且等于三角形底边一半的线段是三角形的中位线.
水平五: 严密性	在此阶段,学生不仅可以自主推导定理公理,还能在不同的公理体系中建立严格的数学模型,以便于对各种几何体系进行分析和比较,逻辑思维能力强,但达到这一水平的学生极少.

范希尔几何思维水平特性中指出,学生的几何思维水平不存在跳跃的可能,因此教师在进行教学时,必然要遵循由易到难、由简到繁的原则,强行提

高只会事倍功半.范希尔夫妇通过不断地实践和研究,提出了5个几何教学阶段来对应5个几何思维水平.范希尔夫妇认为各水平之间的学习成长历程,主要来自教学的组织与方法以及教材的选择与使用.学生的几何思维从一个层次过渡到下一个层次,教学活动扮演着极其重要的角色.针对5个水平的几何思维,范希尔夫妇提出了5个教学步骤来指导老师教学.内容如表2-2-4所示。

表2-2-4 范希尔几何教学阶段及其内容

几何教学阶段	教学阶段内容
阶段一：学前咨询阶段	在课程开始前,教师与学生进行面谈,学生提出与学习内容相关的问题后,教师能够初步了解学生的基础,为学生提供学习上的有效帮助,来规划下一步的学习计划.
阶段二：引导定向阶段	教师为学生安排活动的次序,让学生明确学习进行的方向与特点.在此阶段,活动是引起学生产生特定反应的关键,如剪纸等,学生经历主动探索的过程,逐渐熟悉几何图形的特性.
阶段三：阐明阶段	基于活动经历和教师建议,学生理解了术语的含义,表达了他们对新知识的看法,并建立了一个知识关系系统.教师需注意学生表达时的语言措辞是否正确规范,养成准确、严谨表达的习惯,帮助学生形成知识关系系统.
阶段四：自由定向阶段	在此阶段,教师鼓励学生用多种方法解决几何问题,体验寻找方法和解决问题并积累经验.学生在解决问题的过程中,习得经验,对学习的几何图形之间的关系愈发明晰,学生在自由探索中快速找到适合自己的方向.
阶段五：整合阶段	在教师的帮助和引导下,学生通过回想自己所用的方法,形成一种新的知识网络体系,几何图形和关系被统一并内化进一个新的思维领域.教师要对学生的理解作出全面的点评,同时也要让学生反思,这样不仅可以加深学生的印象,还可以让学生对知识有更深入的理解.

在第五阶段形成后,学生几何思维也就进阶到较高水平.

(二)三角形中思维层次划分及策略

教材既是学生学习的载体,亦是教师教学的重要参考.基于范希尔理论对教材中的三角形知识进行分析,有助于教师在教学前明确教材知识结构、知识难度水平,进而选择合适的教学方法及策略以达到促进学生高效学习的目的.

我们依托《课标》将小学阶段关于三角形的内容与知识点进行整理,内容要求如下：

第二学段(3~4年级):学生认识三角形,会根据图形特征对三角形进行分类,认识直角三角形、锐角三角形和钝角三角形;能根据边的相等关系认识等腰三角形和等边三角形;经历用直尺和圆规将三角形的三条边画到一条直线上的过程,直观感受三角形的周长,并学会测量三角形的周长.(属于水平一)

第三学段(5~6年级):探索并说明三角形任意两边之和大于第三边的道理;通过对图形操作,感知三角形内角和是180°,能根据已知两个角的度数求出第三个角的度数.(属于水平二)

不难发现其中所涉及的三角形的知识水平是基本符合范希尔几何思维水平理论的.并给出相应的教学策略,以促进几何思维水平的提升.

在第二学段的教学过程中,要注重将图形的认识与图形的测量有机融合,引导学生从图形的直观感知到探索特征.启发学生根据角的特征将三角形分为锐角三角形、直角三角形和钝角三角形;通过边的特征了解等腰三角形和等边三角形.

在第三学段的教学过程中,要引导学生经历基于给定线段用直尺和圆规画三角形的过程,探索三角形任意两边之和大于第三边,并说出其中的道理,经历根据"两点间线段最短"的基本事实说明三角形三边关系的过程,形成推理能力.可以从特殊三角形入手,通过直观操作,引导学生归纳出三角形的内角和,增强几何直观.

我们将初中教材中关于三角形的内容与知识点进行整理,不难发现教材中三角形的知识水平也是基本符合范希尔几何思维水平理论的,相应地可做如表2-2-5所示划分.并且给出相应的教学策略,以促进几何思维水平的提升.

表2-2-5　三角形知识几何思维水平分析

几何思维水平层次	知识内容	水平提升教学策略
水平2 (基础认识水平)	三角形的概念与分类 三角形的基本要素与相关要素 全等三角形的定义	在这一水平阶段,应该让学生建立三角形的基本概念和分类.在教学中应结合实际生活中的例子进行引入,并注重讲解三角形的概念和分类.通过具体的例题,巩固学生认识.
水平3 (初级应用水平)	全等三角形的性质与判定 等腰三角形的性质与判定 直角三角形的性质与判定 相似三角形的性质	在这一水平阶段,学生能够利用三角形的性质和定理,解决一些简单的问题.在教学中注重引导学生分析问题,找到解题的关键点,并结合具体例子进行讲解.例如,让学生通过画图、判断形状等方式,判断三角形是否相似或全等,并能利用相似或全等的性质解决问题.

续表

几何思维水平层次	知识内容	水平提升教学策略
水平4 (高级应用水平)	角平分线的作法及性质 勾股定理及其逆定理 三角形中位线定理 相似三角形的判定	在这一水平阶段,学生应该能够运用三角形的推理方法,解决一些较为复杂的问题.在教学中应注重训练学生的推理能力,例如利用角平分线、中线、高线等推理方法,引导学生分析问题,解决复杂问题.

(三)基于范希尔理论进行等腰三角形性质的教学设计

下面将通过一个等腰三角形性质的教学设计,来阐明如何基于范希尔理论,进行等腰三角形性质的教学.

【教学片段1】

环节1　回顾旧知,引入新知

问题1:针对等腰三角形,我们已经研究了什么?

问题2:同学们不妨大胆思考,今天我们将进一步研究什么?

师生活动:学生思考并回答问题,教师板书:等腰三角形定义及其符号表示.

【设计意图】学生能通过图形直观感受、理解等腰三角形的含义,并且通过提问引导学生回忆所学知识,用符号语言表达,进一步引出本节课内容,并为后续等腰三角形性质证明打下坚实基础.

【教学片段2】

教学说明　通过一个问题情境将等腰三角形的定义及相关要素引出,在传授新知之前引导学生基于原有的知识架构进行思考,方便教师更有针对性地实施后续教学活动.

环节2　动手操作,大胆猜想

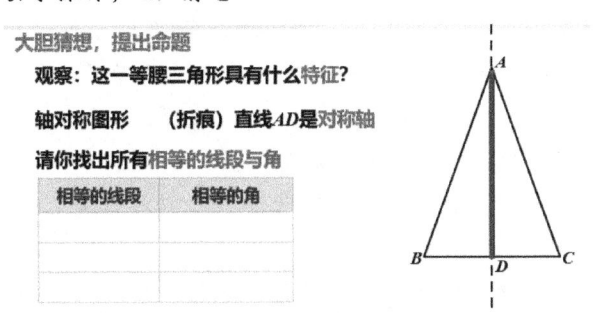

大胆猜想,提出命题

观察:这一等腰三角形具有什么特征?

轴对称图形　(折痕)直线AD是对称轴

请你找出所有相等的线段与角

相等的线段	相等的角

猜想:等腰三角形的顶角平分线、底边上的中线和高线互相重合。

问题1:等腰三角形是轴对称图形吗?

问题2:请你利用所学知识,尝试利用一张白纸和剪刀剪出一个等腰三角形,边做边思考,如何确保所得到的是等腰三角形呢?

问题3:请仔细观察剪得的等腰三角形,你能发现它具有什么特征吗?

问题4:通过观察,我们不难发现,AD既是BC边上的中线,也是BC边上的高线,还是∠BAC的角平分线.那么对于你们剪出的等腰三角形大小各不相同、形状各异,是否都具备上述特征?

师生活动:学生动手操作剪出等腰三角形,找出等腰三角形中的边和角可能存在的关系,可归纳得出等腰三角形性质定理1:等腰三角形两底角相等(简写"等边对等角").并对折痕做进一步研究.

【设计意图】设置动手操作环节,激起学生的好奇心和求知欲,着力于培养学生的观察和思考能力.教师通过引导学生回忆等腰三角形的轴对称性,学生可由此推理得知操作要点.通过学生剪出的形状大小各异的等腰三角形验证了这一点,可进一步引导学生用数学推理的方式来论证这一命题是否成立.

【教学片段3】

教学说明　在知识讲解时更贴近学生思维,设置层层递进的教学活动使环节与环节之间过渡不生硬,在介绍等腰三角形的相关性质之前,先让学生经历剪纸、折纸的操作活动,从而自然过渡到说理验证更便于学生理解辅助线的做法及依据,大胆提出猜想再操作验证也更符合学生的认知规律和数学的"再发现"历程.

环节3　逻辑推理，证明命题

问题1：根据"如果有一个三角形是等腰三角形，那么它的顶角平分线、底边上的高线与中线是重合的."这一猜想，可分解为几个子命题进行证明？

问题2：联系我们学过的知识，同学们有什么思路吗？

问题3：在折叠和剪纸的过程中你受到了什么启发？

问题4：证明命题后我们如何用符号语言和图形语言来描述呢？试着写一写．

问题5：等边三角形作为特殊的等腰三角形，是否具备"三线合一"这一性质？

师生活动：教师引导学生将上述猜想分解为3个子命题进行证明，并会用符号语言与图形语言来表示．

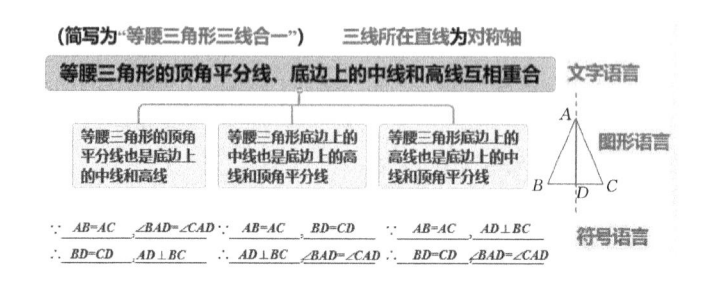

思考：等边三角形是否具备"三线合一"性质？为什么？

【设计意图】学生通过观察，可得出边与角的对应关系，顺其自然就需要证明猜想．他们在剪纸活动中积累了一定思考经验，可在证明性质的过程中将此经验迁移到如何作辅助线上．教师在教学过程中，要注意学生的语言表达与符号表示，并且要格外注意学生的逻辑推理过程是否严谨．

【教学片段4】

教学说明　在三角形教学中，学生对于文字语言、符号语言、图形语言的掌握至关重要．在阐明理论定理时不仅要注重文字语言表示，也要特别注意符号语言的表示．在学习等腰三角形的两个性质时，不仅解析定理的每个关键字词，而且还带领学生经历定理探究的全过程，并用符号语言表示出来，渗透证明格式和演绎推理的方法．

环节4　应用定理，解决问题

如图2-2-5，△ABC中，AB=AC.

(1)若∠1=∠2，BD=3，则CD=___.
(2)若AD⊥BC于点D，BD=3，则BC=___.
(3)若BD=CD，∠BAC=50°，则∠BAD=___.

问题1：解决上述问题后，你认为等腰三角形的性质可以用于解决什么类型的问题？

问题2：解决上述问题后，你认为等腰三角形的性质还有哪些作用呢？

问题3：同学们归纳得非常好！除了这些，等腰三角形的性质还可以用于作图，请同学们独立思考后，小组讨论，绘制等腰三角形的步骤应当如何描述？每一步的依据是什么呢？

师生活动　学生理解等腰三角形的性质，并尝试利用性质有逻辑地进行演绎推理，来解决简单问题.

图2-2-5

图2-2-6

图2-2-7

练习1：如图2-2-6，△ABC中，AB=AC，AD⊥BC于点D，E为AD上的一点，EF⊥AB，EG⊥AC，F、G分别为垂足. 求证：EF=EG.

练习2：如图2-2-7，已知线段a，h，用直尺和圆规作等腰△ABC，使底边BC=a，底边BC上的高线长为h.

练习3：如图2-2-8，△ABC中，AB=AC，DB=DC.

(1)求证：∠BAD=∠CAD.
(2)求证：AD⊥BC.

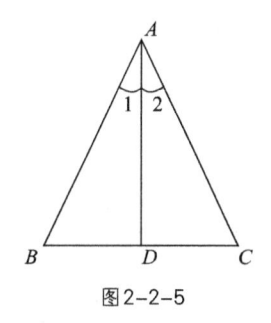

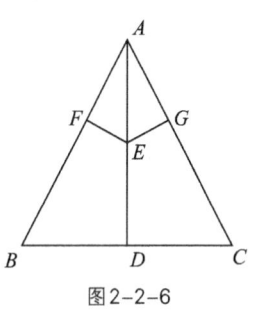

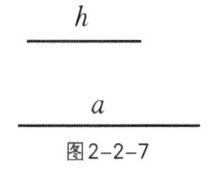

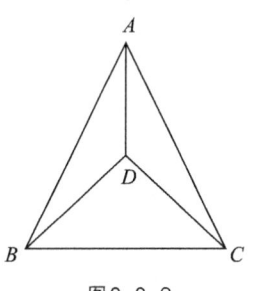

图2-2-8

【设计意图】通过习题组的形式，让学生充分感受、归纳推理得出：等腰三角形性质可用于计算长度、角度等，可用于证明数量关系与位置关系，亦可用于作图(如何绘制等腰三角形).通过运用所学知识解决相关问题，并自主总结解题思路，学生经历了从发现到证明定理的全过程后，进一步应用新知，可充分提高学生的思维水平.

【教学片段5】

教学说明 选题更加注重分层分组,不仅从难易程度上区分,而且也从知识点的综合程度以及开放性上进行区分.教师引导但不替代学生思考,尊重学生的解题多样性,一题多解,重视引导学生进行题后小结.学习完等腰三角形的性质后,选择了角度的简单计算,也安排了角度证明,并进行题后总结,以题代讲,使学生对两个定理的应用范围进一步明晰.

环节5 归纳新知,总结提升

问题1 同学们试着回忆一下,我们今天探究并应用等腰三角形性质的全过程,你会如何描述今天的课堂?

师生活动 学生自主总结:①等腰三角形的两条性质;②学会了通过观察、实验等方式,先建立猜想,再用数学逻辑证明的方法去验证;③发现通过添加辅助线,从不同的角度看待折痕,发掘不一样的解题思路.教师可进行补充,从等腰三角形的轴对称性出发,在实验操作和逻辑推理过程中认识到等腰三角形的本质特性.

【设计意图】 引导学生总结归纳探究等腰三角形性质的整个过程,积累从发现到证明命题的经验,有助于学生将所学内容内化为一种新的思维结构,与之前所学习内容进行联系,归纳到学生已有的几何知识体系中,加深学生的认识.

【教学片段6】

教学说明 与传统课堂小结的不同在于鼓励学生总结,教师补充,且尽可能跳出知识本身,而是上升到可迁移的思想方法上,为学生积累探究经验和解决问题的方法.

◎ 参考文献

[1] 章建跃.研究三角形的数学思维方式[J].数学通报,2019,58(4):1-10.

[2] 中华人民共和国教育部.义务教育数学课程标准(2011年版)[M].北京:北京师范大学出版社,2011.

[3] 章建跃.数学概念教学中培养创造能力[J].中小学数学(高中版),2009,359(11):50.

[4] 张峰梅.初中生几何探索能力教学初探[J].数学学习与研究,2012(10):97-99.

[5] 王祎,綦春霞.八年级学生几何探索水平的区域质量监测[J].教育测量与评价(理论版),2015,166(07):35-39.

[6] 钟珍玖,王俊蓉.初中数学课堂问题情境引入策略漫谈——以"勾股定理(第1课时)"教学为例[J].中学教研(数学),2021,479(1):6-8.

[7] 王影影.尺规作图助力数学探索[J].数学之友,2022,36(12):59-61.

[8] 金雷杰,周蕾.借关联知整体　因说理而深刻——《三角形》单元教学中的深度学习策略[J].小学教学设计,2022,722(14):17-20.

[9] 宋晓慧.基于范希尔理论的八年级学生三角形几何思维水平研究[D].青岛:青岛大学,2021.

[10] 陈晓莉.基于范希尔理论的初二学生几何思维水平的调查研究[D].漳州:闽南师范大学,2022.

[11] 顾英杰,朱红伟.借助尺规作图培养推理意识——"三角形三边的关系"教学实录与评析[J].小学数学教育,2023(Z2):57-60.

第三章

发展数学思维的三角形单元教学实施

我们知道,数学教学的主要任务就是培养学生的思维.当代数学教育应当注重解决问题的能力、批判性思考的能力和创造力的培养,旨在数学课堂教学过程中培养学生的高阶思维能力.进入初中阶段以后,数学教师要重点关注学生数学思维能力的发展,将学生数学思维能力的培育作为培养学生数学能力的核心,进而循序渐进地提升初中生的数学思维能力.基于此,初中教师在实际教学的过程中,应当摒弃过往阶段的"灌输式"教学模式,尊重和充分发挥学生在课堂上的主体地位,采取有效的教学举措,循循善诱,引导学生主动地进行思考和探究.本章主要以三角形单元的课堂实施研究为载体,分析发展学生高阶思维能力的课堂实施路径.

第一节 学——主题知识的课堂教学实施途径

一、任务驱动促进高阶思维发展

几何是世界上最早的教育科目之一,课程改革对平面几何的内容和要求也在不断改革,这也引起了广大数学教育者的关注和研究.但是学生对于几何内容的学习仍然存在不少问题.通过对初中生几何学习的困难调查,总结出学生在几何学习过程中所遇到的困难主要有以下几个方面:几何内容本身对数学思维要求较高,导致学生对几何学习的兴趣不高、自信心不足甚至畏难;学生对几何语言掌握不足;对概念、性质和定理理解不够深刻,难以灵活应用,频频碰壁;证明题无从下手,推理能力弱等.以上种种原因,导致许多学生在几何学习过程中受到很大阻力,这给学生的核心素养培养和高阶思维能力的发展带来了负面影响.因此,我们教师要清楚地认识到,在保证基础知识、基本技能学习的前提下,数学教学要引导学生经历"克服困难——尝试各种方式——最终用自己的方式解决问题"的过程.老师要改变传统的课堂教学的模式,创造任务情境让学生积极地投入到分析、比较、概括、猜想、实验和创造等问题解决的活动中去,通过任务驱动的方式促进学生自主开展数学探究和建模活动,通过小组合作讨论、角色扮演、项目研究、模拟科学探究决策等活动探究解决问题,促进学生的高阶思维能力发展.

古语说:"学起于思,思源于疑".一切数学思维过程均是从问题开始的,我们要善于引导学生要像数学家们一样去面临疑惑、解决问题.但是从另一方面来看,数学家的思考都是自发产生的,而我们学生的数学思考则需要教师人为地去设置一些启发性的问题,教师通过设计思考任务、创设需要学生去面临的任务情境和平台,以此来激发学生经历与数学家同样的思考过程.而问题任务的思维层次不同,对学生思维有不同的影响.按布鲁姆的认知目标分类(看作思维目标),将教学目标依据认知复杂程度由低到高分成:识记、理解、应用、分析、评价、创造这六个层次.前三层,记忆、理解和应用,通常称为"低阶思维能力";后三层,分析、评价和创造,被称为"高阶思维能力".

传统的教学与考试,着重体现在掌握与运用数学知识,主要锻炼第一至第三层的思维,所培养的思考层次并不高.当代教育注重解决问题的能力、批判性思考、创造力,迫切需要培养学生高阶思维能力.《中国学生发展核心素养》强调:科学精神,理性思维——具备较强的抽象思维与逻辑推理能力;能运用理性思维方法来解决各种问题;勇于探究——能够基于问题提出设想,收集证据,合理分析论证并得出结论、做出解释和结果交流;初步形成设计、执行实验、进行定性和定量分析;学会学习——能明确信息需求,有效获取、处理、判断、分析、评价和应用信息;实践创新——批判质疑,有强烈问题意识,善于发现与提出问题;能综合运用各种知识合理地解决问题;能通过发散思维和丰富的想象力创新性地组合知识解决问题.所有这些都指向培养学生更高层次(第四、第五、第六层)的思维.所以教师要设置让学生面临解决问题的高阶思维任务.

学生学习和思考真正发生的条件是有需要完成的任务(需要解决的问题),面对一个新的任务,学生会自觉搜索、联想自身的默会知识和经验,比较任务的条件和结论信息,寻找可以匹配的"算子".当发现新的任务,没法引用已有默会知识和经验解决时,就会产生冲突,他需要尝试突破解决方案或者需要吸收新的知识来完成任务,从而产生个人内部的需要和动机,动机支配行为指向目标.在任务驱动下,学生通过自身的"再创造"活动,在已有知识的基础上进行积极的建构,将新的知识纳入其认知结构中,从而成为下一个有效的知识,经过自己探索而得到的概念、规律,他会对它有一种亲切感;自己探究、研究得到成果,这会有一种成就感,是对他探究的奖励,他会更爱探究.学生自己经历独立面对问题,独立审题、寻找策略、问题解决中遇到障碍以及采用策略克服障碍的挣扎过程,学生在这个过程中所积淀的思维经历和经验,可以引领他尝试解决所有新问题.数学教学的主要任务就是培养学生思维.当代数学教育注重解决问题的能力、批判性思考、创造力,旨在于教学过程中培养学生高阶思维的能力.促进高阶思维的学习活动主要包含主动、意图、建构和合作几个特性:

①主动是指学生自身有学习的需要,在学习过程中表现积极,并对自身的学习过程和结果负责.表现为集中精力,在活动中积极操作,与老师创设的学习情境产生互动;学习遇到困难时,会主动提问,利用各种交流方式,积极主动发表相关见解.

②意图特性是指一切努力都是围绕某一目标而进行,表现为对活动过程进行计划和监察,对学习结果进行评价;不时地检查实现目标的情况,一旦发现与目标不一致,就会对学习策略等进行检讨、反省和调整.

③互动合作是指围绕一个共同任务,能建立学习共同体开展合作学习,合作过程中能及时、积极地表达观点,并有独到见解;能对他人的观点进行积极反思,愿意提供反馈信息;比较组内产生的各种思路、方法、策略,选择最佳方法或结论.

④建构是指围绕一个问题提取有关素材,根据实验观察、类比联想、交流和讨论等方式进行研究和对比,最后归纳、综合和创造,实现数学意义建构.表现为自如从正向思维转为反向思维,认识概念的正反关系,正反运用公式,使用定理与逆定理;根据生活实际提炼数学问题,并抽象为数学模型,进而找到创造性的解决方法.

根据高阶思维的特征,培养高阶思维需要有对应的活动组织形式和评价方式.通过创设需要学生去面临的任务情境,使学生经历数学思维过程.而所设计任务的思维层次不同可以促进学生不同层次的思维水平发展,促进学生高阶思维并非要设计难题,任何学习内容都可以设计成不同思维层次的任务要求,激发学生进行分析、评价、创造等高层次思维.高阶思维能力发展基于学生主体参与,设计探究性的任务,驱动学生自主探究.

默会知识"强调情景性和实践参与、凸显认知主体性"的特点,与高阶思维发展高度相关.所以,设置复杂情景的探究任务有利于启动学生默会知识,激发学生进入积极思维状态.教师设计探究性任务活动,模拟科学探究问题的方式,激发学生探究热情和行为,让学生去经历"观察实验、猜想证明、评价创造"等一系列曲折的高阶层次思维的过程.在整个过程,学生经历有三个阶段:在问题解决之前,独立探索任务主题,先认真观察、分析特例中蕴含的特点,启动默会知识,形成自己的感受,从中发现规律,对问题的结论作出合理猜想假设,形成设计行动方案;在问题解决过程中,实施方案,对自己思维的合理性进行主动、自觉的判断;通过比较、分析和评价,对自己的思维过程进行自觉状态的调控;学生应用知识解决问题后,跟进结论合理性、方法科学性的探讨,经过评估、归纳得到一般结论.

经过思维的挣扎或挫折,学生形成自己对问题解决及其方法、历程的感受.同时,在思考过程中碰到困惑、疑难或者新鲜的想法,他需要找到共鸣和回应——同伴互助,这个时候引入"小组合作"环节.

培养高阶层次思维能力的任务驱动自主探究六个步骤:"明确任务—讨论计划—方案实施—分析论证—检查评估—结论决策."

①明确任务.学生根据任务目标,收集、整理相关信息,从数学角度对信息进行筛选、分析、判断、综合,从而发现、概括、翻译成数学问题,并正确描述问题成分.

②讨论、计划.在资料整理分析的基础上,对可能出现的结果进行猜想、推测与假设,提出假设方案.猜测是整个问题解决的题眼,如果猜测假设方向不对的话,对后面的推进直接造成障碍,将猜想和假设具体化,制定计划,同时对研究过程进行全面评估,确定实施环节和任务分配.个体的方案经过比较、评价,选择最优计划.在这个过程中,个体涉及以下任务,组内可以进行合作分工.小组成员的思维必然发生激烈碰撞,促进学生建设和重构认知体系和思维方式.

③方案实施.这是落实计划、小组合作操作和分工配合解决问题的过程.通过对猜想与假设的验证,学生要对资料和数据进行价值判断,使理论和实际结合,形成解决真实、复杂的实际问题意识.

④分析与论证.采用头脑风暴形式,实现思维碰撞、修正和完善.其中有如下三个环节:

共享解释:向他人描述和解释自己的观点,阐述原因,并根据自己对主题的理解作出价值判断.

加工陈述:对问题或主题细节进行精细加工,举例子等方法验证陈述的合理性.

辩论:向他人证明自己观点正确,促使学生比较及评估多种甚至是相对立的结论和思维角度.

⑤检查评估.评估探究过程和结果,并比较结果和假设存在什么差异,差异产生的原因是什么,从而反思过程是否存在着不当的环节,确定计划实施是否改进."反思"是指对自身研究问题的思维过程、思维结果和思维方法等进行再认识再评价以及再检验的过程.学生反思探究活动中思维习惯、方式、效果,反思和评价自己或他人的成功、失误之处,反思出错过程,分析找到错误的根源,从而调整思维方向寻找解决的方案,进一步修正和完善了思维.另外,提炼出探究过程中未解决的矛盾或发现新的问题.

⑥结论决策.小组尝试对探究结果进行描述和解释:用简练的语言综合组内人员意见,对问题、方案、实施结论进行客观的描述,并解释假设结果,阐述改进建议,形成探究报告.小组形成报告后,组间开展交流展示,实现大范围的思维和成果共享.

理论上讲,初中数学学习内容都可以创设成高阶层次思维要求的任务.但评估高阶思维能力的重要指标是"过程性".在《新课标》中,对目标的描述出现了刻画数学活动水平的过程性目标动词,如"经历""体验"和"探索"等,并且明确了"过程"的定位:"经历""体验"对应的活动水平低,学生只需通过识别、解释、总结等行为,即可达到教学目标."探索"所描述数学内容的学习具有以下几个特点:①"主动参与特定的数学活动"强调这部分知识内容的学习需要经历主动探究的过程.②"观察、实验、推理等活动",意味着学生在这个过程中应该具备并且在活动的过程中能够培养问题探究的基本能力.③"发现对象的某些特征或与其他对象的区别和联系",要求学生对问题比较、归纳、总结、创新等."探索"这个过程性目标动词所描述的数学活动的过程,比较容易设置为培养学生高阶思维能力的任务要求.

在有关"探索"要求的三角形单元的教学内容中,以"探索勾股定理"为例进行任务驱动策略应用.通过明确任务、讨论计划、方案实施、分析论证、检查评估、结论决策的六个步骤开展数学课堂教学,来驱动学生以"观察、实验、猜想、论证、回顾、迁移"等高阶层次思维参与的探究过程,进而提升推理能力.

【案例3-1-1】

勾股定理的发现与证明教学实施

1.明确任务

问题:为了测量水池两岸的两点A,B之间的距离,构造了直角三角形$Rt\triangle ABC$,使$\angle CBA=90°$,$CB=6m$,$CA=10m$,你能算出AB的长度吗?AB的长度确定吗?并且说明理由.

生:已知斜边CA、直角边CB的长,$\angle CBA=90°$,根据全等三角形判定定理HL,可以说明AB的长度是唯一确定的.

追问:由此可见,在直角三角形中,如果直角三角形的两条边确定了,那么它的第三条边也就确定.这说明了什么问题?

生:说明直角三角形的三条边之间有一种密切的数量关系.

师:很好,今天这节课老师就和大家一起来探究直角三角形三条边之间的关系.

【设计意图】从实际问题背景中转化出数学问题,让学生感受到数学源于生活又能够应用于生活,培养和提高学生的数学应用意识和能力.通过教师的设问和追问,引导学生发现和提出"直角三角形的三条边之间存在着某种密切的数量关系"这样的数学问题,明确本节课探究的任务,引发学生自主学习的需要,激发出学生探究的热情,主动参与到本节课的探索过程中去.

2.讨论计划

问题:请同学们思考一下,你们觉得要用什么方法来研究呢?

教学活动:学生独立思考后进行小组讨论,由小组代表阐述观点计划.

代表1:我们小组讨论后认为,因为特殊的情形和图形中最容易发现特殊的关系,再由特殊到一般去研究.所以我们可以先从最特殊的等腰直角三角形开始入手去研究直角三角形的三条边之间的关系.

代表2:从以往研究三角形的经验来看,我们组觉得可以先画出一些直角三角形,对直角三角形的边进行测量,再来观察这些数据是否能够找到它们之间的关系,再进行验证.

【设计意图】通过教师创设的思维情境,引导学生先进行独立思考、发言交流.从直觉感知到理性思考,从自身已有的几何学习经验出发,自主地提出由特殊到一般的研究思路以及测量、观察、猜想、验证的研究方法.这样学生自发的研究,更加能够激起学生的研究动力,也为后续学习研究其他几何图形的相关知识积累宝贵的经验.

3.方案实施

教学活动:考虑用等腰直角三角形进行入手研究的小组,综合运用了等腰直角三角形的相关知识进行尝试研究,碰到了一定的困难.但也有学生提出了有趣的想法.

生:老师,我们组构造了一个正方形,把等腰直角三角形转化成了更特殊的正方形来研究了.假如正方形的边长为1,用等积法可以算出对角线长度为$\sqrt{2}$.由此我们发现

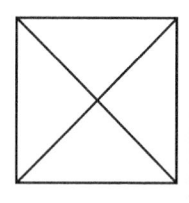

图3-1-1

直角三角形ABC的三条边满足$1^2+1^2=(\sqrt{2})^2$的三边数量关系.但是对于其他一般的直角三角形难以证明.

另外,考虑用画直角三角形测量边长的小组发现,画图、测量虽然比较容易进行,但是因为测量本身有误差,另外画出的直角三角形边长很多是小数,从测量的三边数据中很难发现其中的数量关系!

师:第一小组借助图形的面积关系,有了不错的突破和发现,但是单从等腰直角三角形入手看来也难以发现直角三角形三边满足的一般关系了.那我们再来看看第二小组,他们遇到的测量本身有误差,另外画出的直角三角形边长很多是小数的困难,同学们想一想,有什么更好的办法能帮助他们解决么?

学生讨论和提出解决办法:①针对测量有误差的问题,学生提出可以借助几何画板工具;②针对测量出来的边是小数的问题,在几何画板上构图时,可以先尝试将两条直角边不断设定为整数值,再看其直角边的数值,以此来找到其中可能存在的规律.

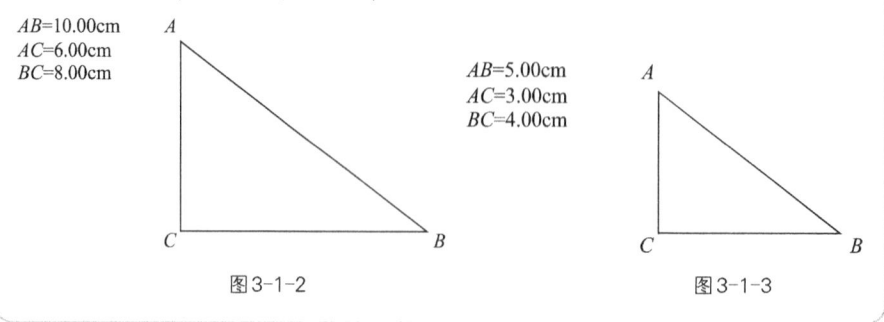

AB=10.00cm
AC=6.00cm
BC=8.00cm

图3-1-2

AB=5.00cm
AC=3.00cm
BC=4.00cm

图3-1-3

> 借助几何画板工具,学生得到以下一些数据:
> $AC=1, BC=1, AB=1.41$　　$AC=2, BC=1, AB=2.23$
> $AC=3, BC=4, AB=5$　　　$AC=1, BC=4, AB=4.12$
> $AC=6, BC=8, AB=10$　　$AC=3, BC=1, AB=3.60$……
> 通过观察以上数据,进一步猜想直角三角形的三边满足 $a^2+b^2=c^2$ 的数量关系.

【设计意图】 学生思维的发展,需要在学生主体的思维活动当中培养.这个环节是学生落实研究计划、小组合作尝试解决问题的过程.在教师的巧妙引导下,学生通过自己的努力和合作交流,自主地发现了勾股定理的猜想.这样的学习过程设计,让学生能够有机会像数学家一样自发地思考、遇到疑惑并能够尝试解决问题.通过对已学知识和测量数据进行价值判断,使理论和实际结合,形成解决真实、复杂的实际问题意识.学习遇到困难时,会主动提问,利用各种交流方式,积极主动发表相关见解.

4.分析论证

问题: 非常好,通过测量、观察,同学们得到了一个重要的猜想:直角三角形的三边满足 $a^2+b^2=c^2$,那么,这个数量关系是否对所有的直角三角形都成立呢?你们有什么办法进一步证明吗?

生: 我们可以借鉴以前学习多项式的乘法法则、乘法公式的推导经验,借助图形的面积关系来证明这个等式.

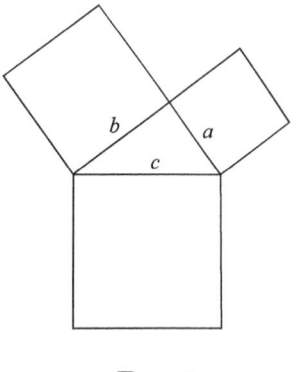

图 3-1-4

师: 很好,接下来,请同学们以小组为单位,尝试着画出几何图形,能够以此来证明 $a^2+b^2=c^2$ 这个等式成立.

教学活动: 以小组为单位先进行合作交流,组员们分别向他人描述和解释自己的观点,用头脑风暴的形式,实现思维碰撞、修正和完善,并将自己小组的构图及思路想法分享展示给其他同学.

生1: 这个等式的特点是三边都有平方,我们知道线段的平方可以表示正方形的面积.那么我们可以分别以直角三角形的三边 a,b,c 为边长的正方形(如图3-1-4).

师: 这个小组的想法非常好,构造图形的思路非常清晰啊.但是借助这幅图来证明等式$a^2+b^2=c^2$好像有点困难啊.其他组还有不同的想法吗?

生2:我们小组由等式一边的a^2+b^2联想到了完全平方公式$(a+b)^2=a^2+2ab+b^2$.完全平方公式我们已经学过了,再将它与$a^2+b^2=c^2$联系在一起,就得到了一个新的等式$(a+b)^2=c^2+2ab$,也就是说我们只要证明出$(a+b)^2=c^2+2ab$,就可以进一步推得$a^2+b^2=c^2$了.

图3-1-5

师:这个小组的思路也很棒啊!那你们画出能够证明这个等式成立的图形了吗?

生:$(a+b)^2$表示一个边长为$a+b$的正方形面积,c^2表示边长为c的正方形面积,另外$2ab$则表示2个边长为a和b的长方形面积.但是我们画图时候发现要画两个边长为a和b的长方形的话,图形不太好画.所以,我们又将$2ab$分成了4个直角边分别为a和b的小直角三角形,最后画出了这样的图形(如图3-1-5).根据图形的面积关系:大正方形的面积可以表示为$(a+b)^2$,也可以用c^2+2ab来表示,首先得到$(a+b)^2=c^2+2ab$,又根据已学的完全平方公式$(a+b)^2=a^2+2ab+b^2$,进一步推出了$a^2+b^2=c^2$等式成立.

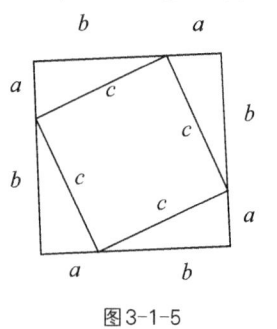

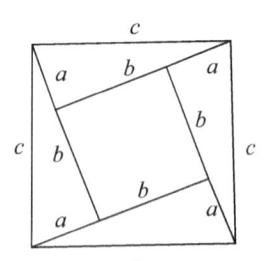

图3-1-6

生3:在刚才这个小组的基础上,我们组还想到了将$(a-b)^2=a^2-2ab+b^2$和$a^2+b^2=c^2$联立的话,只要证明$(a-b)^2=c^2-2ab$也可以.因此我们构造了下面这样的图形加以证明(如图3-1-6).

【设计意图】通过头脑风暴的形式,实现了学生数学思维的碰撞、修正和完善.在这个环节中,学生向他人描述和解释自己的观点,并且阐述原因,促使学生比较及评估多种甚至是相对立的结论和思维角度.学生经历了完整的观察、猜想、构造、证明的过程,找到了多种证明思路,真正地体验到数学真理的发现和证明过程,让学生获得数学学习的成就感和幸福感.

4.检查评估

师：你们能用文字描述自己的发现吗？

生：直角三角形两条直角边的平方和等于斜边的平方．

师：我们把这一结论就叫做勾股定理，在国外也被称为百牛定理、毕达哥拉斯定理等，它是人类最伟大的数学发现之一．下面我们一起总结交流一下今天的研究思路、方法和感想．

教学活动：生生交流、师生交流，总结研究经验和思想方法．

生1：借助几何画板工具，更好地开展几何图形的研究，在今后的数学研究中，我们可以利用现代信息技术与数学学习融合．

生2：我们从特殊入手，进行了测量、观察、猜想、验证和归纳，经历了勾股定理的发现和证明过程．好像是数学家一样，这样的几何学习很有趣！

生3：通过构造图形，借助图形的面积关系可以帮助我们推导证明等式和公式．不仅仅是这两幅图，应该还有更多的几何图形可以探索证明勾股定理，我们课后可以继续开展研究．

【设计意图】共同回顾梳理本节课探究的过程和结果，并反思探究过程中遇到的困难和疑惑、反思错误产生的原因，总结进一步改进修正的方法．对自身研究问题的思维过程、思维结果和思维方法等进行再认识、再评价以及再检验，使学生在探究中不断获得成功的喜悦和失败的经验，建立起稳定持久的自信心．

二、螺旋式教学促进高阶思维发展

初中数学作为我国基础教育学科，随着素质教育的要求，数学正在由偏分数向重素养方向发展，教育教学理念的转变也对教学形式、教学方法的提质标明了新要求，课堂重心由教师的教逐步转向学生的学，学生学习数学的目的应是解决实际生活中的问题．特别是在数学教学中，"数学即生活"强调教学与生活实际的结合，体现了数学的情境来源于生活且高于生活，实际应用的知识来源于课本而内容所折射出的思维却远超于课本，因此学生在解决较为复杂的数学几何问题时往往无从下手，导致数学课堂出现以下现象：学生能听得懂问题，但解题困难．尤其是在三角形高阶思维的提升过程中，让学生在数学课堂上达到更深层次的思考尤为关键．

为发展三角形中学生的高阶思维能力，教师们经常采用任务驱动、问题引导、操作实践等方法帮助学生,但是这却容易忽略学生无法解决问题的根本原因,没有从学生的易错点、模糊点出发进行教学过程的设计,学生的高阶思维水平无法得到提高.数学问题尤其是概念性的几何问题,应在培养学生逻辑推理素养的基础上,稳步于学生高阶思维能力的发展现状,教学实际以及教学内容的跨度应使得学生缓慢上升、逐渐达成学习目标.

有效提升学生的高阶思维能力的教学方式尤为重要,由此,可以通过设计不同的阶层,让学生在不同的阶层中逐步提高.

1.基于螺旋式教学的高阶思维延展分析

(1)螺旋式的定义

螺旋式教学的界定为:以学生经验为基础,按照学生身心发展的顺序和层次,学生学习内容深度不断增加的教学样态.螺旋式更加注重学生逻辑能力的发展,更侧重学生思维的层层递进,在数学知识的逐渐递进中培养学生的逻辑推理能力,协助学生在数学学习的道路上进行"爬坡式"的知识递进,进而使得教与学在整个教学过程中呈现螺旋式上升.

(2)螺旋式教学的优势

教材螺旋式编写在对数学知识点进行螺旋组合时要考虑知识和学生认知发展的适应性、知识间的逻辑联系与数学思想的渗透;不同学段的学生对于螺旋式层级递进的感受也有很大的不同,其中明确螺旋的转弯点、学生"爬坡"的速度与效率、各个层级的梯度值至关重要,结合螺旋式层级变化以及在课堂的实际使用效果,螺旋式具备以下优点:

①根据螺旋式更好地思维进阶

②螺旋式的教学方式更多体现的是思维的层层递进

教师的课堂教学设计环节以及学生在完成教师布置的任务的同时,进一步提高自己的高阶思维能力,达到对知识点的延展目的,知识难度螺旋式上升、思维方式层层进阶,最终形成自身的框架体系.

③根据螺旋式更好地掌握学情

学情分析有利于课堂的稳步进行,在达成教学目标的过程中教师应该对学生的认知水平有所了解,清楚学生在螺旋阶段的哪个阶层.这一过程有助于教师了解学生已经获取的旧知识,进而分析找出这一层级学生存在的根本问题.

④根据螺旋式更好地制定方法

由于学生的个体差异,对具体问题前概念掌握情况不同,所以关于同一问题,资优生与后进生在思考时也存在较大的差异,通过分析学生在螺旋式中的层级差异可灵活地制定教学方法,通过不同的策略进一步提高学生的数学思维水平,使数学思维能够借助课堂而得到发展.

⑤根据螺旋式更好地设计教学

教师通过前期分析可以掌握学生的个体差异以及不同学生的思维层级,在教学过程的设计中可以针对于此增加适当的教学活动帮助学生突破难点、掌握重点.可以借助课前小组活动、课中活动、课后活动等合作实施,通过汇报等方式促进学生的课堂表现欲,让学生真正成为课堂的主人.

⑥根据螺旋式更好地实施评价

测试获取分数往往作为教师评价学生知识掌握程度的常用方式,而借助螺旋式的层级对学生的评价就避免了分数论,通过螺旋式的思维展演就能对学生所处的层级进行归纳梳理,进而利用不同学生所处的思维层级对学生做出有层次的评价,这样的评价方式更加突出教育的育人功能和科学性.

2.基于初中生高阶思维现状的教学设计与实践

螺旋式在学生学习的过程中能够引导学生构建数学桥梁,有利于学生数学思维的发展,为学生数学高阶思维能力的提升提供方法和支撑,特别是在三角形等几何问题的解决过程中,螺旋式层级为学生提供了各个节点,让学生通过数学学习形成数学思维,并逐步螺旋上升,并最终解决几何问题.

在浙教版九上《数学》教材第四章《相似三角形》中,其中三角形相似的判定部分的合作学习提出以下问题:回顾两个三角形全等的条件,猜想相应的有哪些判定两个三角形相似的条件.要解决这一问题需要多方面知识的积累,比如相似三角形的概念、平行线段的关系等,因此这是对几何中逻辑推理能力考察的常见问题串形式.我们对教学内容螺旋式上升流程描述如图3-1-7:

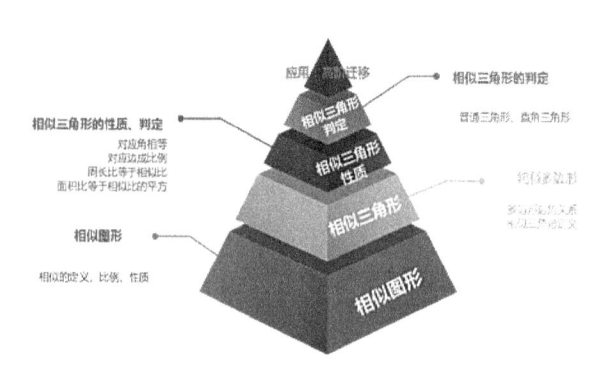

图3-1-7

【案例3-1-2】

"相似三角形"单元教学内容螺旋式上升流程

对学生几何题解题的结果进行划分,具体分为以下五个螺旋层级,描述如表3-1-1所示:

表3-1-1

层级水平	学习表现描述
0	了解相似三角形的概念并用符号表示,但无法解题
1	学生能够理解"相似三角形对应角相等""相似三角形对应边成比例"的性质,但无法给予证明和应用
2	学生掌握相似三角形的性质并能够解题,并能够准确地使用几何语言来表述
3	能够借助熟悉的例子理解逻辑推理的基本形式,了解熟悉的数学几何命题的条件与结论之间的逻辑关系,掌握基本几何命题与定理的证明,能表述论证过程,达到中阶思维能力
4	能够将学过的全等三角形知识应用于相似三角形解题过程,通过对几何题目的条件与结论分析,探索论证的思路,并选择合适的论证方法予以证明.
5	能够掌握常用逻辑推理方法的规则,理解其中所蕴含的思想.对于较复杂的相似三角形的问题,能用严谨的几何语言表述论证过程.能够解决相似三角形知识的实际问题,达到高阶思维水平.

螺旋式层级并不是要求所有学生在同一时间段内都能达到统一的数学思维水平,学生群体本身由于学习能力和学习方法的不同存在较大的个体性差异,因此在教学过程中设计螺旋式层级教学设计模型图,使得不同水平的学生能够在逻辑推理素养形成过程中具备不同的进阶方式.

【案例3-1-3】
螺旋式层级理论下的《相似三角形》教学设计与实践

(1) 教学设计全景图

为更好地展现螺旋式层级理论教学设计模型图在教学中的实践效果，以下将以浙教版《数学》九年级上册第四章第二节《平行四边形及其性质》为例，设计了基于螺旋式层级理论，体现学生几何学习路径、高阶思维水平发展过程的教学设计全景图如图3-1-8所示.关于"相似三角形的性质"的教学设计，应遵循性质定理的探究思路，从知识、技能、过程、方法等方面来提升学生的学习能力.故对于相似三角形的两大性质定理的教学，建议采用过程引导、知识探究的方式，即围绕核心知识，设计探究活动，让学生自主探究，在实践操作、猜想思考、验证归纳中掌握新知.

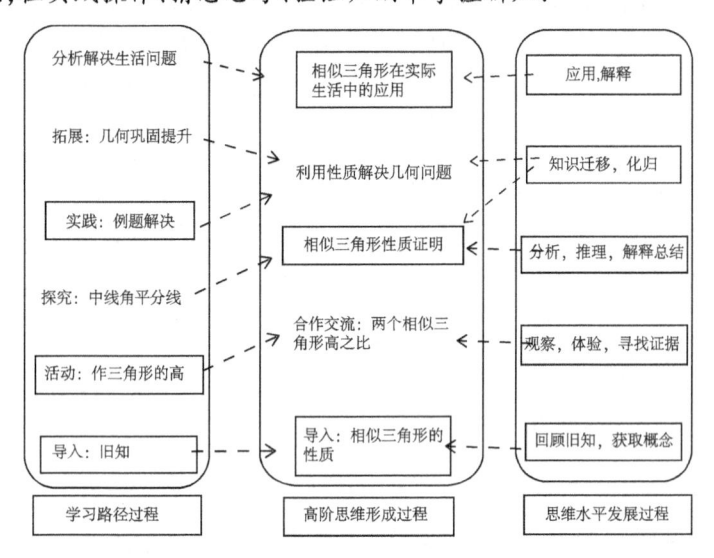

图3-1-8

(2) 教学实践

层级水平1：回顾相似三角形性质，了解相似三角形性质的应用方法，并用几何语言表示与描述.

环节1：在10倍的放大镜下看到的三角形与原三角形相似，三角形的边长、周长、角、面积，哪些被放大了

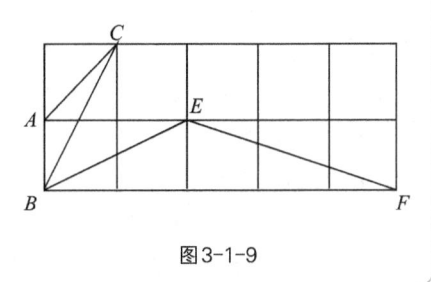

图3-1-9

— 107 —

10倍？其余的量放大的倍数如何？

师：△ABC与△EBF相似吗？为什么？

生：相似，根据对应边成比例的关系可以判断．

师：△ABC与△EBF相似比为多少？你能算出来吗？

生：$AB:BE=BC:BF=1:\sqrt{5}$．

师：像这位同学说的AB和BE以及BC和BF这样相对应的边叫做对应边，图3-1-9中两个三角形有三组对应边．因此能够通过计算对应边之间比例关系相等，进而判定两个三角形的相似关系．

【设计意图】教师在PPT中展示以格点为单位的三角形图片，作为旧知回顾导入，引起学生的学习兴趣．在上述对话中教师所提出的问题适合后进生回答，低层级的提问较容易激起学生的表现欲．接着教师引导学生的回答表述出相似三角形的性质．这样的环节设计既能引起学生对相似三角形性质的应用方法，又能够增加学生对新知识学习的自信心．

环节2：如图3-1-10与图3-1-11所示，已知△ABC∽△A'B'C'，且相似比为k，分别作出两三角形底边BC和B'C'上对应的高，设为AD和A'D'，试分析高AD和A'D'的比．

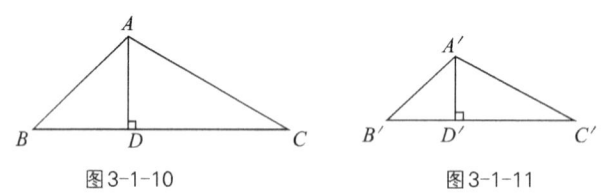

图3-1-10

图3-1-11

学生首先通过自主思考，分析三角形的高与三角形边之比的关系，然后再以小组形式进行讨论与猜想．教师引导学生猜想两个相似三角形的高之比，请学生判断是否等于相似比k，并提问学生通过证明表述如何确定AD与A'D'的比值也等于k，引导学生思考问题从猜想到验证，最后得出相似三角形的高之比等于三角形的相似比．

教师继续追问：除此之外，请你继续思考两个三角形的中线、角平分线之间的比例关系．

层级水平2：学生能够通过猜想、探究实践发现相似三角形的高之比、对角线之比、角平分线的比都等于三角形的相似比．

环节1：设问①：请用边长表述相似比k，可以表示为什么形式？

设问②:请采用测量的方式求k的值,再量取AD和$A'D'$的长度,计算其比值,可以得出什么猜想?

设问③:若采用几何证明的方式,如何来证明猜想?

师:请同学们根据两个相似三角形相似比为k,判断高的关系,我们可以用什么方法?

生1:可以通过测量的方法进行验证.

师:很好,通过具体的对应边的比值,确定高之间的比值,但是测量会产生误差,因此测量的结论,我们可以定为猜想的结果.请这样做的同学说出你的猜想?

生2:$AD = A'D'$

师:测量的结果只能作为一种猜想,那我们应如何验证这样的猜想呢?

引导学生能使用尽可能多的方法进行猜想的验证.首先部分学生对对边进行探究,由于是数量关系,少数学生选择利用尺子进行直观测量验证.

教师追问:通过实践验证测量能否得出准确的结果呢?

学生从三角形相似的证明思路出发构造新的相似三角形,再通过两组对应角相等进行边比例关系的证明阐述,进一步找到相似三角形对应边成比例,因此得出$AD = A'D'$.教学中采用测量猜想与几何证明相结合的方式,多层次引导学生探究性质,将直观感知、测量猜想、几何推理相融合,充分调动学生的思维.

环节2:完成相似三角形对应边的高之比的探究论证后,可以采用知识衍生、类比分析的方式来探究对应边的中线、对应角的角平分线的比.衍生过程构建动点,引导学生从动态角度进行分析,若拖点D和D'分别在线段BC和$B'C'$上运动,设定其运动位置.

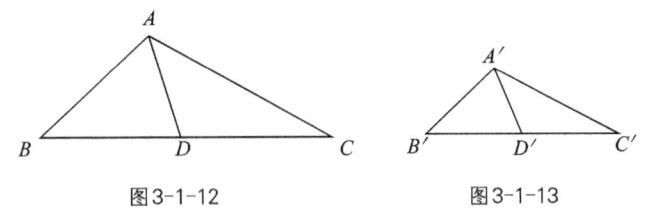

图3-1-12

图3-1-13

设问①:如图3-1-12与图3-1-13:当点D和D'分别运动到线段BC和$B'C'$的中点时,试分析AD、AD'的比值,是否等于k? 设问②:当点D和D'分别运动到使得AD和AD'为两个三角形的角平分线时,AD、AD'的比值是否等于k?

【设计意图】教学中引导学生类比探究高的比值方法,把握线段 AD 和 AD' 的特性,构建相似三角形,利用相似关系来推导线段比值.虽然线段属性不同,但说理证明的思路是一致的,教学中要启发学生思考,开展定理延伸.

层级水平3:学生能够了解相似三角形命题的条件和结论之间的联系,掌握基本的相似三角形试题结论的证明.

环节1:教师出示例题,学生对例题进行表述与分析.

如图3-1-14,以 AB 为直径的半圆 O,弦 AC,BD 相交于点 E,连接 CD,若 $\angle AED=60°$,求 $\triangle DEC$ 与 $\triangle AEB$ 的面积比.

师:此题的突破口是什么?

生:同弧所对的圆周角相等,则可以知道 $\angle C=\angle B$,又因为 $\angle D=\angle A$,则在 $\triangle DEC$ 和 $\triangle AEB$ 中两组对应角相等,能够证明两个三角形相似.

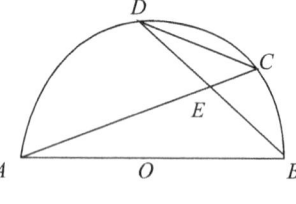

图3-1-14

学生能够借助之前的圆周角知识进行本题的解答,这有利于教师了解学生所处的螺旋式层级,从而达成知识的迁移.

教师引导学生根据相似三角形的知识,回顾分析几何知识的连续性和递进性,从而让学生对新知识的掌握充满信心.

环节2:学生独立完成例题的跟踪练习.

【跟踪练习1】如图3-1-15,D 是 $Rt\triangle ABC$ 斜边 AB 上一点,E 是直线 AC 左侧一点,且 $EC \perp CD$,$\angle EAC=\angle B$.

(1)求证:$\triangle CDE \backsim \triangle CBA$.

(2)如果 D 是斜边 AB 的中点,且 $\dfrac{AC}{BC}=\dfrac{2}{3}$,试求 $\dfrac{S_{\triangle CDE}}{S_{\triangle CBA}}$ 的值.

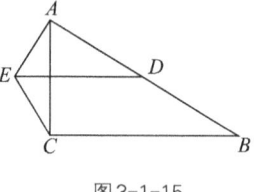

图3-1-15

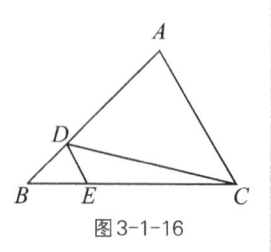

【跟踪练习2】如图3-1-16,在 $\triangle ABC$ 中,D,E 分别是 AB,BC 上的点,$DE//AC$,$S_{\triangle BDE}:S_{\triangle CDE}=1:4$. $S_{\triangle BDE}:S_{\triangle ACD}=$ _____.

跟踪练习更能够让学生感受到思维逐步上升,逻辑推理能力的培养和发展与学生数学思维的训练密不可分,学生只有具备"以不变应万变"的解题能力,才能达到数学高阶思维的生成.

图3-1-16

层级水平4:学生能够将探究相似三角形高、角平分线、中线性质的知识应用于相似三角形周长和面积关系解题过程,通过对几何题目的条件与结论分析,达到思维的拓展提升.

思维进阶:"相似三角形的周长比和面积比"同样是相似三角形性质的核心内容,与线段比通过提取相似三角形论证的方法不同的是,周长比和面积比的探究论证需要注重其中的代数推导,将对应的比值转化为线段的和或乘积,可分别设计如下的探究活动.

活动设计1:周长比的探究.问题:如图3-1-17与图3-1-18所示,两三角形为相似关系,相似比为k,探究两三角形周长的相似比.

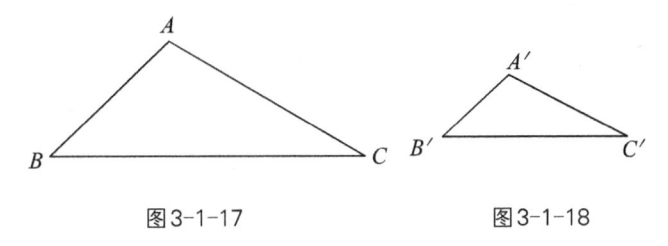

图3-1-17　　　图3-1-18

设问①:如何表示两三角形的周长?

设问②:可以得出怎样的结论?

教学中引导学生分三步进行探究:

第一步,用线段表示三角形的周长,即 $C_{\triangle ABC}=AB+BC+AC$,$C_{\triangle A'B'C'}=A'B'+B'C'+A'C'$,则研究的是 $AB+BC+AC$ 与 $A'B'+B'C'+A'C'$ 的比值;

第二步,根据相似三角形对应边之比构建线段关系,即 $AB=k\times A'B'$,$BC=k\times B'C'$,$AC=k\times A'C'$;

第三步,利用线段关系转化为周长比.

活动设计2:面积比的探究.对于面积比的探究,需要引导学生分成作图和计算两步进行,必要时可以将其拓展到四边形中,具体如下:

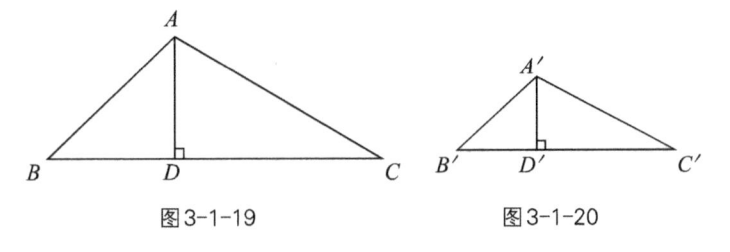

图3-1-19　　　图3-1-20

问题:如图3-1-19与图3-1-20所示,已知△ABC∽△A'B'C',且相似比为k,探究两三角形的面积比.

设问①:分别作BC和B'C'边上的高,设垂足为D和D',则两个三角形对应的高AD,A'D'的比为多少?

设问②:参考探究周长比的方式,分析两个三角形的面积比.

【设计意图】利用学生已有的知识和经验,在教师的启发引导下,学生动手实践探索规律,并能进行几何验证,在变化中探索不变的性质,激活学生的思维.依托实践操作的活动,学生多次验证猜想的正确性,积累了丰富的活动经验,为后续严格推理论证打下基础.在整个"做活动"的过程中经历了数学知识发生、发展的过程,感受到新内容学习的自然性和合理性,感悟特殊到一般的思维方法,培养学生的合情推理能力和几何直观素养,以期能在活动中提高学生的高阶思维能力.

层级水平5:能够利用相似三角形的性质解决实际问题.

如图3-1-21所示,一条河的两岸是平行的,站在距离南岸15 m的点P处看北岸,看到两电线杆A和B刚好被南岸的两棵树C和D遮挡.已知A和B相距50 m,C和D相距20 m,请同学们想办法测算河的宽度.

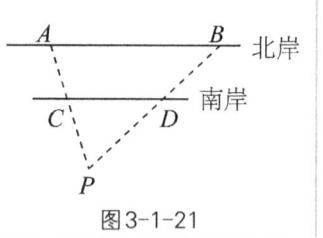

图3-1-21

【设计意图】教学中需要引导学生抽象问题模型,构建相似三角形,利用相似三角形的性质定理求线段的长.故思维引导为:构建模型——提取相似图形——由性质定理构建线段比——求河的宽度.教师引导学生观察上述生活中存在的实际问题,学生会发现相似三角形的奥秘,将数学问题生活化,作为课堂的末尾与之前学习的知识链接,让学生能够感悟数学来源于生活并应用于生活.对于思维拓展提升题,考查学生解决问题的能力,学生通过进一步讨论,解决这种类型的生活化问题.

第二节 用——主题知识的习题教学实施途径

习题教学是必不可少的一种课堂教学形式,教师只有掌握了解题研究的一般方法,才能在课堂中引导学生抓住问题的本质,从而优化解法,并进一步带领学生发现问题、提出问题、解决问题,最终提高学生的解题能力、培养学生的数学学科核心素养.波利亚说过:"掌握数学就意味着善于解题."数学的学习当然离不开解题,通过解题可以促进学生加深对数学知识的理解,深化知识之间的联系,优化数学知识的结构,几何学习更是如此.通过对图形的处理和探究,解决丰富、复杂的几何图形问题,能够不断提高学生的思维水平和几何学习能力.在中学数学教学过程中,我们广大教师应该追求减负增效、提高质量的教学效果,而提高解题教学的有效性正是其中非常重要的一个环节.这需要我们老师具备整体观,体现数学的整体性,真正做到解一题、通一类.

一、聚焦问题本质的变式教学

教学经验表明,如果习题课只是把学到的知识点简单地罗列出来刷题,忽视知识之间的联系、忽视对研究几何对象一般思路的深度理解,那么这样的习题课无异于炒冷饭.三角形习题课的主要目标应该是引导学生回顾三角形的相关知识并理清它们之间的关联,以形成结构化的认识,提炼数学思想方法,提升对知识的整体理解.

《2022年版义务教育数学课程标准》明确指出,在教学中要整体分析数学内容的本质和学生认知发展规律,合理整合教学内容,整体设计,分步实施,促进学生对数学教学内容的整体理解和把握,帮助学生建立能体现数学学科本质、对未来学习有支撑意义的结构化的数学知识体系,培养学生的核心素养.

教师对学科的教学内容和课标要求进行完全的解读剖析后,应在整体地把握好教材的基础上,通过全局的视角和系统的方法,将课本中具有内在联系的知识进行分化、重组和整合,形成较为完整、系统的单元整体教学设计.初中数学单元教学设计主要有三个类型,分别是以重要数学概念或核心知识为主线的主题类教学设计、以数学思想方法为主线的方法类单元教学设计、以数学核心素养或关键能力为主线的单元教学设计.初中数学单元教学设计强调知识的整体性、逻辑的严密性、过程的建构性、思维的进阶性,将具体、微观、零星的知识置于大体系、大格局中加以理解,从而突破教科书中一个个章节或一节节新课的框架约束,转变为围绕数学核心素养的大教学单元,这对于改变以知识点、习题项、活动为标志的课堂教学,及其带来的"老师学生忙得要死,却收获甚微"的部分教学现状,具有重要的理论价值和现实指导意义.在进行单元整体教学设计时,教师要根据章节或单元中不同知识点的教学需要和学生的特点,综合利用各种教学形式和策略,让学生完成对一个相对完整的知识单元的学习.教材解读、整体规划,以及基于学生学习的教学设计是单元教学设计的关键所在.

【案例3-2-1】

以图形的变化为主线整体设计的特殊三角形习题课教学设计

设计流程(如图3-2-1):

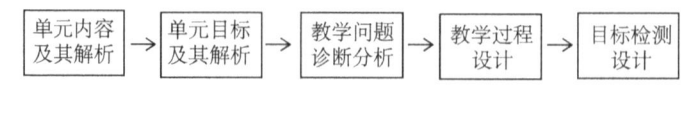

单元内容及其解析 → 单元目标及其解析 → 教学问题诊断分析 → 教学过程设计 → 目标检测设计

图3-2-1

(一)单元视角下的教材整体解读

单元教学设计是整个单元教学中至关重要的环节,教学设计的成功与否直接关系到单元教学的成效.而要想有好的单元教学设计,首先需要教师站在高位,整体地把握教材,深入挖掘单元教学内容的本质及其中蕴含的数学思想方法和育人价值等,并将其加以渗透在整个教学环节中.这里以"图形的变化"单元教学设计为例,对该单元内容、内容的本质及蕴含的思想方法和育人价值进行解读:

1.单元内容

参照《新课标》,将初中阶段"图形的变化"中涉及的知识内容进行分析、重组、整合,最终将本单元确定为5个课时,第1课时:画图识图感受图形的变化;第2课时:图形的平移专题复习;第3课时:折叠中感悟轴对称变化;第4课时:图形的旋转问题;第5课时:图形的相似变换.

2.内容的本质

初中阶段,图形的轴对称、旋转、平移和相似是深入理解图形性质的有力工具,是进一步认识图形内部联系的重要视角.从变化的图形中去探索发现不变的性质或者有规律的结论,更加能够揭示出几何学习的本质,有利于培养学生的思维能力和数学素养.

3.内容蕴含的思想方法

①轴对称、平移、旋转和相似主要是研究图形在运动变化的情况下不变的量和不变的关系,有利于培养学生"变中抓不变"的几何研究基本思想;

②在图形的变化过程中,将图形位置关系和数量关系的转化与重组,把一般情形转化为特殊情形,体现了数学的转化与化归思想;

③借助方程思想分析和解决图形变化过程中常见的边、角计算等问题;

④将函数问题与图形的变化相关联,培养并提高学生数形结合的数学思想.

4.内容的育人价值

《新课标》中明确指出,要让学生"认识并欣赏自然界和现实生活中的轴对称图形、中心对称图形","认识并欣赏平移在自然界和现实生活中的应用","通过实例,了解视图与展开图在现实生活中的应用".可见,图形的变化这块内容的学习,对学生感受现实生活中的数学美、提升数学审美能力,并且运用数学知识解决生活实际问题有重要的作用.

纵观各地历年中考卷,对称图形和视图是各地中考常考的基础题,具有基础性、普及性和发展性.此类试题的考查有的充满艺术特色、有的具有浓厚的民族、地域文化特色,都很好地渗透了德育、美育和家国情怀教育等多元的育人价值,贯彻落实了义务教育阶段"立德树人"的培养目标.

(二)单元视角下的教学目标及评价

依据《新课标》的要求,基于单元整体的教学设计,确定"图形的变化"中考复习的整体教学目标及其评价依据如下(见表3-2-1):

表3-2-1

学习目标	评价依据
1.经历画图、识图的过程,感受图形的运动变化,发展几何直观的核心素养.	能利用尺规工具完成五种基本作图、作三角形及三角形的外接圆;会画三视图、能判断简单物体的视图,并会根据视图、侧面展开图描述简单的几何体.
2.理解图形的运动变化,以新的视角串联平面几何相关知识,进一步体会几何图形的本质联系.	理解作图的原理,能够用平移作图形变化、借助轴对称构造全等、用旋转看图形结构.

续表

学习目标	评价依据
3.运用图形的变化解决问题,从变化的视角探究边与角的关系,提高分析问题、解决问题的能力.	会利用图形的平移、轴对称以及旋转变化的基本性质对具体问题进行分析与解决.
4.经历以图形的变化视角研究几何问题的过程,寻求该视角下的研究思路、研究内容和方法.	利用图形的运动变化将代数和几何进行关联,熟练解决函数问题中的图形变化问题.

（三）单元视角下的专题复习模式和实施

在几何图形的新课教学中,图形的研究思路基本已经形成:概念—性质—判定—特例—应用.教师在教学过程中注重引导学生掌握系统的研究方式和方法,有利于促进学生从新的视角向新的方向继续进行研究,培养了学生的关键能力和核心素养.同样地,在几何复习课中,抛开传统"测试—统计分析—发现问题—针对性训练"单一复习模式的影响,在反复实践与研讨的基础上寻求高效高质的几何图形复习模式,对初三的教师和学生来说都具有重要意义.下面以"图形的变化"单元教学中的第3课时"折叠中感悟轴对称变化"一课为例,阐述笔者对几何复习模式的新认识:

几何复习模式框架（见图3-2-2）：

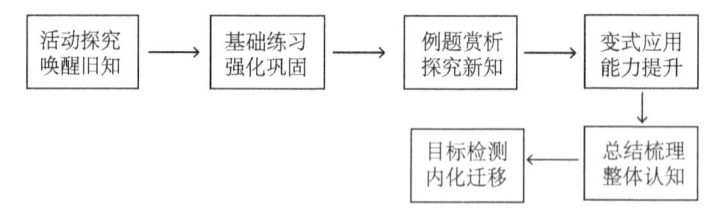

活动探究唤醒旧知 → 基础练习强化巩固 → 例题赏析探究新知 → 变式应用能力提升 → 总结梳理整体认知 → 目标检测内化迁移

图3-2-2

具体的实施过程如下：

【环节一：活动探究】

师：请将手中的矩形纸片进行以下几种方式的折叠,并仔细观察,想一想,你能从中得到哪些重要的结论？

折法一（以矩形的对角线为折痕）：如图3-2-3,将矩形$ABCD$沿对角线AC折叠,点B的对称点为点B',$B'C$交AD于点E,观察图形,你能发现哪些结论？

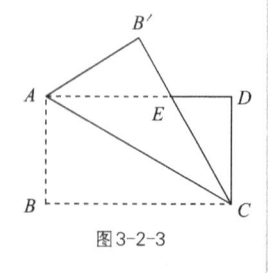

图3-2-3

生1：$\triangle B'AE \cong \triangle DCE$

生2：$AB=AB'=CD, BC=B'C=AD, AE=CE, B'E=DE$

生3：$\angle BCA=\angle B'CA, \angle BAC=\angle B'AC, \angle EAC=\angle ECA$

师：很好，我们的同学找到了这么多组相等的边和相等的角，这些等量关系的发现和利用是解决折叠问题的关键.我们再进一步思考，那么折叠问题的本质到底是什么呢？

生：轴对称变化，折叠前后的图形是全等图形.

师：除了我们常见的折叠前后产生的等角和等边，你们还能找到图中的特殊三角形和基本图形吗？

生：$Rt\triangle B'AE, Rt\triangle CDE, Rt\triangle ABC、\triangle ACE$是等腰三角形，"双平等腰"基本图形（图3-2-4）.

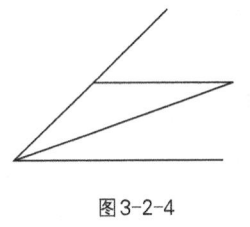

师：矩形的折叠中包含了许多直角三角形，通过勾股定理建立方程是解决折叠类问题的常用手段.另外我们还发现，原来在矩形对边互相平行的前提下，折痕可以看作角平分线，这就构成了我们所熟悉的双平等腰基本图形了，在解决折叠类问题时找到图中的等腰三角形，能够帮助我们更好更快地解决问题.

图3-2-4

折法二（折痕过矩形的顶点）：如图3-2-5，点P在AB边上，现在将$\triangle BPC$沿着CP折叠，点B的对应点B'落在AD边上.如图3-2-6，点B对应点B'落在对角线AC上.观察图形，你又发现了什么重要结论？

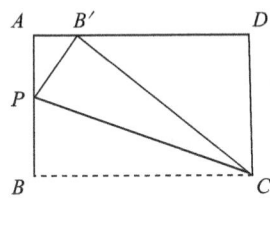

图3-2-5 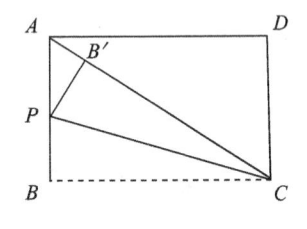   图3-2-6

【设计意图】 以折纸游戏为载体，通过活动探究的方式，充分调动学生的积极性.在识图看图的过程中，唤醒学生已有的知识经验，深入挖掘图形折叠的本质，辨别折叠过程中图形包含的等边、等角以及相似关系，为后续利用这些潜在关系解决问题做好铺垫.基本图形的发现和强调，更是这个环节的重要部分，强化了学生对基本图形的认识，为进一步借助基本图形解决问题打下较好的基础.

【环节二：基础练习】

1. 如图3-2-7，在矩形$ABCD$中，$AB=4$，$BC=8$，把$\triangle ABC$沿着对角线AC折叠，得到$\triangle AB'C$，$B'C$与AD相交于点E，则$\triangle AEC$的面积为____.

2. 如图3-2-8，在矩形$ABCD$中，点E在DC上，将矩形沿AE折叠，使点D落在BC边上的点F处，若$AD=3$，$BC=5$，则$\tan\angle DAE$的值为（　　）

   A. $\dfrac{1}{2}$　　B. $\dfrac{9}{20}$　　C. $\dfrac{2}{5}$　　D. $\dfrac{1}{3}$

3. 如图3-2-9，在矩形$ABCD$中，$AD=8$，折叠纸片，使AB边与对角线AC重合，点B落在点F处，折痕为AE，若$EF=3$，则AB的长为____.

4. 如图3-2-10，折叠矩形纸片$ABCD$，使B点落在AD上的一点E处，折痕的两端点分别在AB、BC上（含端点），且$AB=6$，$BC=10$. 设$AE=x$，则x的取值范围是____.

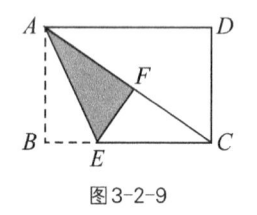

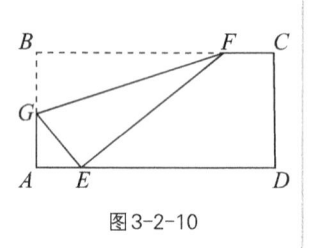

【设计意图】 基础练习环节的设计，在选题上最终解决的虽然是不同类型的问题，但是"万变不离其宗"，本质上都是借助矩形折叠类问题的基本思路来解决问题，引导学生更好地领会折叠的本质和归纳总结解决思路（见图3-2-11）：

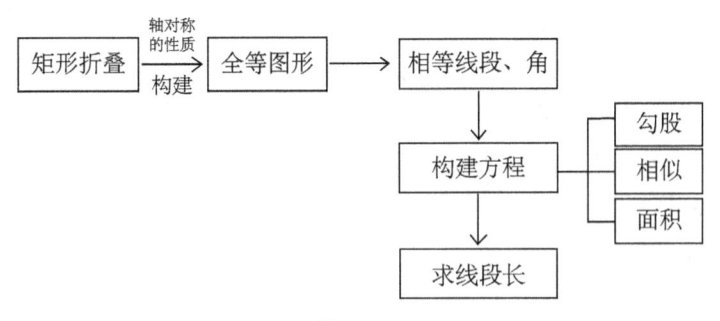

矩形折叠 —轴对称的性质/构建→ 全等图形 → 相等线段、角 → 构建方程 → 勾股/相似/面积

构建方程 → 求线段长

图 3-2-11

【环节三:例题赏析】

例1 如图 3-2-12 是一张矩形纸片,点 E 在 AB 边上,把 $\triangle BCE$ 沿直线 CE 对折,使点 B 落在对角线 AC 上的点 F 处,连接 DF. 若点 E、F、D 在同一条直线上,$AE=2$,则 $DF=$ ___,$BE=$ ___.

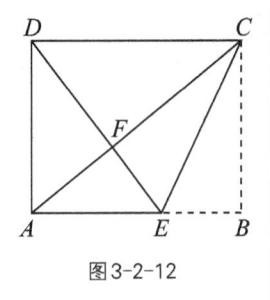

例2 如图 3-2-13,把某矩形纸片 $ABCD$ 沿 EF,GH 折叠(点 E,H 在 AD 边上,点 F,G 在 BC 边上),使点 B 和点 C 落在 AD 边上同一点 P 处,A 点的对称点 A' 点,D 点的对称点 D' 点,若 $\angle FPG=90°$,$\triangle A'EP$ 的面积为 4,$\triangle D'PH$ 的面积为 1,则矩形 $ABCD$ 的面积等于 ___.

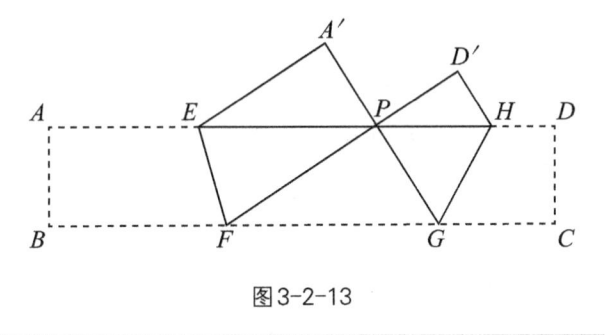

图 3-2-12

图 3-2-13

【设计意图】基于以上活动探究、基础训练,学生对折叠变换的本质和折叠问题的基本解决思路有了较深刻的理解. 例题的选取从杭州中考真题中选题,让学生切身感受中考试题并不神秘、是有法可循的,进而减轻学生的压力和负担,从课堂教学中落实"双减"政策.

【环节四:变式应用】

变式:如图3-2-14,已知矩形纸片$ABCD$, $AB=4$, $BC=3$,点P在BC边上,将$\triangle CDP$沿DP折叠,点C落在点E处,PE,DE分别交AB于点O,F,且$OP=OF$,则DF的长为( )

A. $\dfrac{39}{11}$ B. $\dfrac{45}{13}$ C. $\dfrac{17}{5}$ D. $\dfrac{57}{17}$

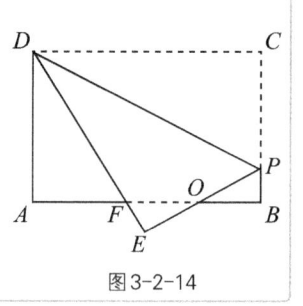

图3-2-14

【设计意图】 本题涉及了翻折变换、矩形的性质、全等三角形的判定与性质以及勾股定理的应用,解题时常常设要求的线段长为x,然后根据折叠和轴对称的性质用含x的代数式表示其他线段的长度,选择适当的直角三角形,运用勾股定理列出方程求出答案.综合提高了学生对核心知识的掌握的同时,培养了学生逻辑推理、数学运算、数学建模、直观想象的数学核心素养.

【环节五:总结梳理】

问题1:今天我们主要学习了哪些内容?

问题2:我们是如何进行研究的?

问题3:对于这一类问题你获得了哪些经验和方法?你会怎样进行其他类型图形变化的复习?

【设计意图】 在问题驱动下,学生回顾反思和教师提炼补充,理清本课时乃至图形的变化整个单元的知识脉络,总结提升几何图形复习的一般路径,同时也从单元整体的视角下构建了逻辑连贯的知识框架,加强知识的深度理解.

【环节六:目标检测】

1.如图3-2-15,折叠矩形纸片$ABCD$时,可以进行如下操作:①把$\triangle ADE$翻折,点A落在DC边上的点F处,折痕为DE,点E在AB边上;②把纸片展开并铺平;③把$\triangle CDG$翻折,点C落在线段AE上的点H处,折痕为DG,点G在BC边上,若$AB=AD+2$,$EH=1$,则$AD=$_____.

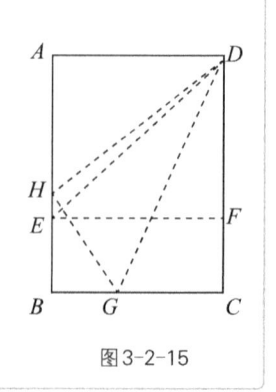

图3-2-15

2.如图3-2-16,在矩形$ABCD$中,$CD=6$,E为

BC 边上一点,$EC=2$,连接 AE,DE,将 $\triangle DEC$ 沿 DE 折叠得到 $\triangle DEC'$,使点 C' 落在 AE 上,延长 DC' 交 BE 于点 F,则 $AD=$_____,$EF=$_____.

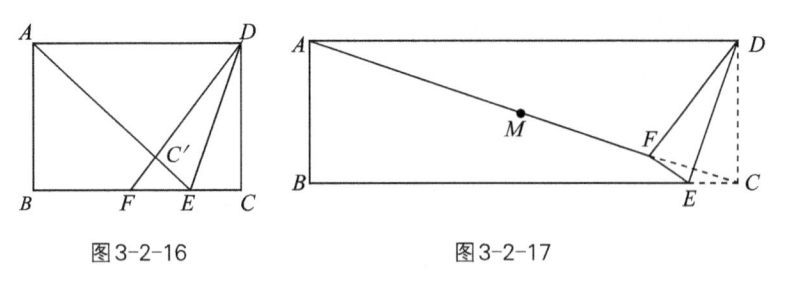

图 3-2-16

图 3-2-17

3.如图 3-2-17,是一张矩形纸片 $ABCD$,点 M 是对角线 AC 的中点,点 E 在 BC 边上,把 $\triangle DCE$ 沿直线 DE 折叠,使点 C 落在对角线 AC 上的点 F 处,连接 DF,EF.若 $MF=AB$,则 $\angle DAF=$_____.

4.如图 3-2-18,在平行四边形纸片 $ABCD$ 中,$AB=AD=4$,$\angle A=60°$,将该纸片翻折使点 A 落在 CD 的中点 E 处,折痕为 FG,点 F,G 分别在边 AB,AD 上,则 GE 的长为(   )

A.$2\sqrt{3}$ B.$2\sqrt{3}-1$ C.2.8   D.2.2

图 3-2-18

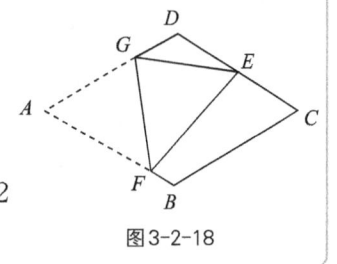

【设计意图】"双减"背景下,作业必须要聚焦教学目标有针对性地进行设计,通过作业的完成质量可以有效地反馈本节课教学目标的达成度.中考复习阶段,在时间紧任务重的情况下,尤其不能"拿来主义",教师需要以课程标准规定的阶段内容和目标为基准,精心选取有利于发展学生创新思维、问题解决能力的习题,优化作业设计,实现"教作评"的一致性.

通过实践表明,单元教学为学生构建了具有整体性、系统性的学习过程,使得零碎、分散的数学学习内容变成了一个相互关联、相互促进的有机整体,不仅能加深学生对知识的整体认知、对学习内容的本质的理解,而且在数学核心素养以及关键能力的培育过程中发挥一定的作用,对中考复习和平时教学具有重要的推广意义.

在实践过程中,笔者也发现单元教学的推进还存在一些问题:

1.教师层面:教师要站在高位系统地去分析整个单元的规划及单元中各个课时的设计,这些都必须建立在对数学课程标准、学生学情以及单元核心内容的深度理解基础上,对教师本身的专业知识和教学能力提出了更高的要求.

2.学生层面:单元教学推进,需要教师帮助学生转变固有的课时化、碎片化的学习方式,整体建构知识体系.整体实现数学知识的融会贯通,这对学生核心知识的掌握和综合能力提出了一定的要求,尤其是后进生学习困难的问题需要更加关注.

综上所述,如何激发数学教师对初中数学单元教学的实践兴趣、对教材和课标深入研究的热情,促进以年级组、教研组为单位的团队合作共同设计有质量的单元教学设计,探索并解决单元教学下后进生跟进的问题,将是我们下一步努力的方向.

二、着眼思维方法的迁移教学

学习是可以迁移的,"类比迁移"是现代教学的热点,因为"类比迁移"可以缩短学生对新知识的学习时间,特别是方法上的"类比迁移"可以使学生快速掌握新的学习内容.现在社会上有个别所谓的"神童"能比他人在较短的时间内快速掌握一个学段的所学内容,其实就是他们具有比较好的"类比迁移"能力,比如初中的分式的内容的教学,教师完全可以从小学的分数的学习过程"类比迁移"过来,分数的产生就是因为整数的除法,分式的由来也是整式的除法而来;同分母分数的相加法则与同分母分式的加法法则一致;异分母分数相加要通分,异分母分式相加也要通分,分数的通分是利用分数性质化分母相同,分式的通分也是利用分式的性质化分母相同;分数的乘法运算是把分子分母分解因数,然后把分子和分母中的公因数约去,分式的乘法运算也是先把分子分母分解因式,再把公因式约去.这也就说明在分数和分式的学习上教师完全可以把分数的学习过程和方法迁移过来,这种迁移可以让学生对新的学习对象分式不再陌生和畏难,而且可以让学生对分式学习过程比较快且高质量地完成.

其实在初中阶段里的平面几何教学中教师完全可以引导学生类比三角形的学习过程,迁移到四边形的学习中来,三角形的研究对象是三角形的组成要素和相关要素之间的关系,那么四边形也是研究组成要素(边、角)和相关要素(对角线)之间的关系,三角形的要素(边、角)特殊化有了等腰三角形和直角三角形,平行四边形中的要素(边、角)特殊化得到了矩形(有一个角是直角的平行四边形)和菱形(邻边相等的平行四边形),等腰三角形是因为有两边相等决定了两底角相等和顶角平分线、底边上的高线、底边上的中线互相重合,以及轴对称性.矩形是因为角特殊化决定了对角线的相等和矩形的轴对称性,菱形是因为边特殊化有了对角线的互相垂直和轴对称性,这就是方法的一致性和普适性.

但是"迁移类比"也会产生负面效应,教师会因学生的一些错误而恼火,比如学生在进行分式的化简运算中常常会去分母,比如:化简 $\frac{x}{x-1}-\frac{x}{x^2-1}$,部分学生会做出这样的结果: $\frac{x}{x-1}-\frac{x}{x^2-1}=x(x+1)-x=x^2$,其实学生这里是把解一元一次方程中利用等式的性质去分母这一步骤迁移到分式运算中来了,再比如个别学生对三角形中的高线画成如图3-2-19形状的,这是因为教师在一开始教学生画三角形的高线时给出的三角形是锐角三角形,学生默认为以条边上的高线是一定与这条边(线段)相交的.因此教师在引导学生在学习途径和方法上"类比迁移"时,一定要清楚学生的心理认知方式和已有的经验,防止这种负迁移,一旦学生有了这种负迁移,那么要让学生再更改过来就难了.

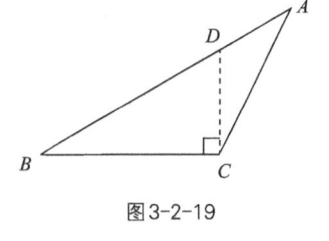

图3-2-19

教材在编排每一个学习主题时,把所学内容先给出一个整体性的概括性的介绍,比如教材在安排一次函数的学习内容时,已先行学习了平面直角坐标系,掌握了点与有序数对的一一对应关系.先给出函数的定义,再给出函数的两个变量之间对应关系的三种表示方式:解析式法、表格法、图像法,再来学习一次函数,意味着对所有函数的研究是围绕着这三个方面进行的,要把解析式转化成图像,表格是解析式和图像的联系纽带,图像是由点组成的,点在平面直角坐标系中是靠有序数对(坐标)确定的,表格中每一对对应值,就是一个点在坐标系的确定位置,也就是说把一对对应值转化了点,最后转化成一次函数的图像.其实在后续的反比例函数、二次函数也是按照这种方式展开的,只不过是每种不同类型的函数具体到性质上不同是因形确定的,随着类型的细化,知识也随之不断的丰富,对学生的辨别和考也就随之提高.平面几何中的三角形、四边形、五边形……,随着边数的增加,研究的相关要素也发生变化,要素与要素之间、要素与相关要素之间联系和关联随之变化丰富起来.比如多边形的内角和随着每增加一条边就增加180°,对四边形的相关要素重点转向对角线的研究.这是一个在整体上感悟的基础上,学习局部知识(分化和细化知识),最后形成内容更丰富,结构更完备且有个体特征新的结构.因此在起始课的教学设计中要注重统领性的知识形成过程,就如三角形的组成要素是三个内角和三条边,对全等三角形、相似三角形的研究也是围绕着三个内角和三条边展开,三角形的确定也是从角和边来研究的.从三边确定三角形,也就是说,在三角形中三边长固定,三角形的三个内角的大小也是确定的,三角形的边与角存在一种特定的关系,而这种关系就是所谓的三角函数(三角比).三角形的知识学习也就进入一个新的领域,但还是研究三角形的组成要素之间的关系,只不过是更加细化而已.

本节内容主要从初中数学课堂习题教学中存在的问题出发,以2022年杭州中考三角形内容的试题研究为例,依托ACT-R理论,从学生数学学习认知心理角度对学生的数学解题过程进行细致分析,从知识辨析、样例选择、迁移类比和目标层级四个方面进行教学范式讨论,以促进学生逆向思维能力的发展.章末提出了初中数学教师解题教学的5条解题教学策略,期望该策略的实施可以为一线教师提供借鉴意义,逐步提高学生的数学解题能力.

在《课程标准》中关于初中生问题解决部分,要求学生经历从不同角度寻求分析问题和解决问题的方法的过程,体验解决问题方法的多样性,掌握分析问题和解决问题的一些基本方法.

但在实际教学中,发现数学课堂讲解具体解题思路的方法较少.在以往的数学解题教学研究中,有学者认为,只要教给学生具体的做题方法就可以让学生学会知识,例如反证法、转换法、分类讨论法、特殊代值法和图像法、构造辅助函数的方法等.但这显然只是从具体的数学解题方法的角度进行考虑,但学生作为一个学习的个体,在做题过程中也会存在自己的认知与思考.因此,老师只能通过反复操练的方法去提高学生的解题能力,但数学中的操练并不能以记忆为主,最终学生依然看到"难题"就不知该如何下手,解题能力无法得到提升.

现在我们一线教师面临的困惑主要有:

(1)用怎样的教学方式帮助学生提高解题能力?怎样的教学形式既符合中学生的认知规律,又能提升和拓展学生的思维深度?在初中数学课堂上,学生在掌握基础知识后,更关注知识的迁移能力,从一个题拓宽到一类题的解题策略显得尤为重要.

(2)如何在课堂上使学生达到深度思维?深度思维即深度学习的数学思维能力,即在自主层面的学习后达到的较高认知水平的思维能力,因此在实际课堂的教学中,教学的内容的设计与编排应更多关注学生的深度思维,引导学生进行"挑战式"的学习与探究.

1. 教中有"法"——ACT-R理论及教学范式实践与研究

ACT-R(Adaptive Character of Thought-Rational)是一种关于教与学的认知理论,揭示学习的过程,该理论认为认知过程分为三部分:陈述性知识和程序性知识(知识本身),学习与解决问题(知识的获得与迁移),问题解决效率(解题能力).因此,ACT-R理论也被称为"学习与认知的简单理论".在实际教学过程中,学生解题能力的培养可依据ACT-R理论分为以下模式(见图3-2-20):

图3-2-20

ACTR理论中的目标层级

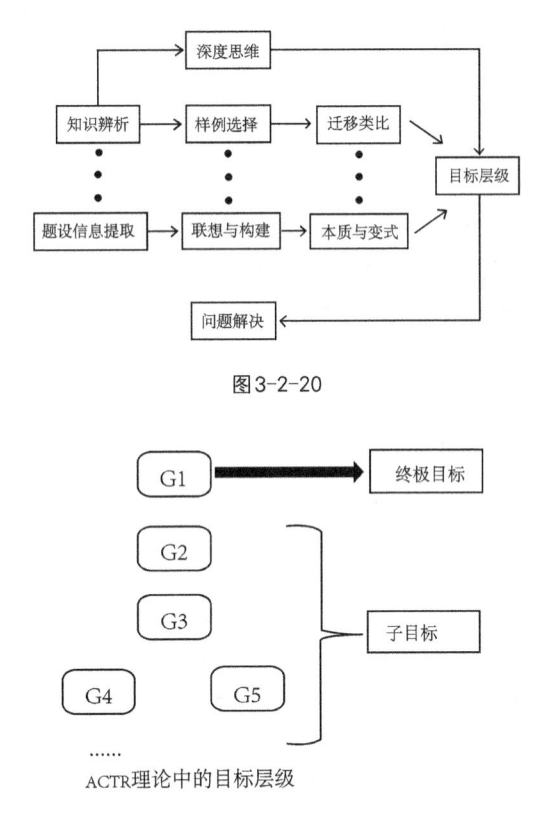

图3-2-21

模式解读:本模式主要从知识辨析、样例选择、迁移类比和目标层级四个主要解决问题的步骤出发,从学习者的角度详细阐述解题的过程与技巧(见图3-2-21).明晰问题的基础上按程序解决问题,从认知方面构建解题的步骤框图,进而在教学中促进学生解题能力的提高,学生数学核心素养的形成.

【案例3-2-2】
ACT-R理论在教学实践中的应用

(2022杭州中考21题)如图,在Rt△ACB中,∠ACB=90°,点M为边AB的中点,点E在线段AM上,EF⊥AC于点F,连接CM、CE.已知∠A=50°,∠ACE=30°.

(1)求证:CE=CM.

(2)若AB=4,求线段FC的长.

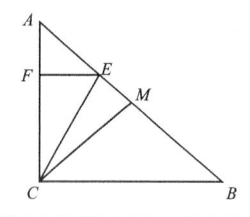

图3-2-22

本文以"2022年杭州中考三角形问题"为例(见图3-2-22),阐述ACT-R理论在教学实践中的应用,具体流程如下:

1.知识辨析——题设信息提取

(1)分析法判断知识的类型

根据ACT-R理论观点,初中数学解题应该从学生的认知结构出发,在判断分析知识类型的基础上,将知识和记忆串联起来,以便我们可以获得两种不同的知识,陈述性知识和程序性知识.这样的动态分类,可以使两类知识之间可以互化,这样的互化与学生的知识水平和知识结构有着密切的联系.

这一步骤可定义为使用分析法审题.从这道题目来看,本题是考查勾股定理,考查等腰三角形的证明方法,考查直角三角形、斜中线定理等基础知识.考查学生的几何直观能力、推理能力、运算求解能力,考查数形结合思想、化归与转化思想,在中考试题当中属于一道中等难度的题目.

(2)陈述性知识的提取

提取题设信息.根据题设的信息去寻找问题与题设之间的关联,学生在审题后,应从问题出发,寻找问题与题设之间的突破口,整个题目需要我们去解决的问题、回答的问题是什么,所以,在数学课堂解题教学的第一步就是要教会学生审题.在整个提取题设信息的过程涉及的知识也就是ACT-R理论中所提到的陈述性知识.陈述性知识是指人们知道和可以表达的真实信息,也可以理解为信息块.

> 教师讲授解题思路1:
> 师:本题考查哪些知识点?
> 生:第(1)题考查等腰三角形的判定;还考查三角形内角和定理、外角、互余.
> 师:看到问题你想到了什么?
> 生:等腰三角形的判定方法.
> 师:你想用哪种方法呢?
> 生:有两个角相等的三角形是等腰三角形.
> 思考:学生为什么立马能想到通过证明角相等进而证明边相等?

【设计意图】学生在审题后,联想到的就是关于直角三角形、等腰三角形的相关知识.即两个角相等的三角形为等腰三角形.这样的知识迁移过程就是信息块的提取,知识迁移的速度取决于学生日常的练习,即审题过程中需要的知识与学生的解题经验有关.那在这里学生是如何由边的问题联想到角的问题呢?

> ACT-R理论观点认为,陈述性知识的获得主要取决于以下两种模式,一是被动的、接受式的;一种是主动的、建构式的.也就是说,有的学生在审题过程中,是通过对等腰三角形的判定定理的背诵得到的,另一种就是学生通过对三角形题型的练习获得的知识,在练习过程中,也顺带存储了相关的解决函数关系的解题策略,便于回忆时运用.那么在解答本题时,学生是通过哪一种模式提取信息块的呢?ACT-R理论认为,准确提取解题策略就需要一个产生式(回忆例题),也就是当学生看到题目时就能够根据题设做出相应的解答策略.通过以往知识的回忆将占据大多数.
>
> **2.样例选择——联想与构建**
>
> 在问题"(2)若$AB=4$,求线段FC的长"中,在学生想到勾股定理后,如何将解直角三角形方法与本题相结合,就需要准确的解题策略,在这里就是指产生式的激发过程.学生对一个问题的解决,并且写出解题的过程与步骤,根据ACT-R理论,学生解题的达成一方面需要参考类似的样例,即解题的程序性规则,另一方面根据样例的解题程序结合题意制定适合本题的目标层级,进而解出题目.
>
> ACT-R理论认为,类比是获得产生式规则的主要途径.在数学解题教学中体现的主要是样例的选择,根据ACT-R理论,这里利用特殊的30°角

的直角三角形就是我们解决这道题目的最终目标,我们在证明过程中的每一步又可以作为最终目标的子目标,所有的子目标放在一起就构成了目标层级.这样的目标层级的构造就需要我们通过对以往类似题目的构造,即一个解决类似目标的样例.这就需要教师在教学过程中选择一个这种题型的样例,这就说明了样例教学的重要性,这样学生可以参照老问题去解决新问题.

教师讲授解题思路2:

师:这个问题在考查什么知识点?

生:关于直角三角形的边角关系.

师:具体来看实际是考查勾股定理、直角三角形中线定理.给出特殊角度、边长,我们遇到过类似的题目吗?

生:在八年级上册第二章的课本例题中遇到过此类型的题目.

师:同学们我们打开八年级上册64页,看这道几何问题.如图3-2-23所示,回忆一下,当时我们是如何解决这个实际应用题.

4. 如图,BD是等腰三角形ABC的底边AC上的高线,DE∥BC,交AB于点E.判断△BDE是不是等腰三角形,并证明你的判断.

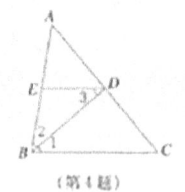

(第4题)　　(第5题)

图3-2-23

生:我记得这个题首先利用等腰三角形的性质找到相等的角,再利用平行线的性质找到相等的角.

师:那我们最终要的是哪些条件用来证明△BDE是等腰三角形?

生:根据等腰三角形的判定得出∠2=∠3或者ED=EB.

师:很好!判定等腰就是证明底角相等或者腰长相等.我们借助课本例题的解题思路,来看看这道题具体如何去思考.

【设计意图】通过列举课本中的相关题目,让学生回忆解题思路,然后再将题目引入到本题中来.事实上,它是教学中常用的范式教学方法,即教师选择真实基础的本质作为教学中的教学内容,通过"示例"内容的教学.学生可以掌握同样的解决问题的方式方法,这种方式方法可以迁移至数与代数、图形与几何、统计与概率等多个数学领域中,以期学生能够进行独立学习,以改变学生的数学解题的思维方法和行动能力.因此,样例的选择在教学中是很重要的.要让学生在样例学习中,学会理解样例,掌握样例中的解题策略.

3.迁移类比——本质与变式

类比课本例题的解题过程,确定本题考查知识点的本质:勾股定理的应用、直角三角形中线.掌握基础知识后,迁移知识的过程就是借助熟悉的例题类比推理的过程.数学知识的测试万变不离其宗,都是对知识的深入挖掘与变式,进而使学生达到真正的学习,即问题生成—推理思辨—思维转化—深度学习—问题解决.

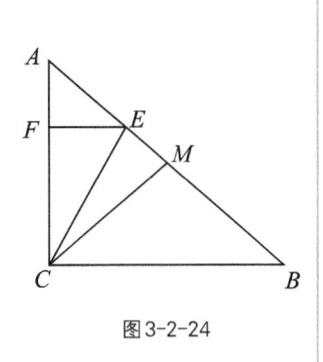

图3-2-24

教师讲授解题思路3:

师:面对这个问题,我们具体该如何解决?

生:如图3-2-24,由(1)已证$CE=CM$,又因为$Rt\triangle ACB$中,$\angle ACB=90°$,点M为边AB的中点,可以借助直角三角形斜中线定理解题.

师:根据斜中线定理能够发现另一个等腰三角形$\triangle BCM$,此时有哪些相等的线段长呢?

生:$CM=BM=CE=2$,又因为$EF\perp CF$,$\angle EFC=90°$,$\angle ECF=30°$,可以借助特殊直角三角形的性质,$30°$的角所对的直角边是斜边的一半.

师:除了用$30°$的特殊直角三角形之外,还可以借助三角函数来解题,需要注意什么呢?

生:注意找对应边的比.

【设计意图】 从问题的本质出发,通过样例的解题过程,对该问题进行求解,解题过程中应考虑到知识点的对应关系、勾股定理的使用技巧,将题目看做变式问题,进而达到知识迁移、解决问题的目的.

4.目标层级——问题解决

在解(2)题过程中,目标层级的构造也就是解题的思路,应该十分清晰.在本题中,我们最终的目标层级是求CF的值.根据教学中的样例解题策略,需要构造新的函数关系.

若想求出 CF，必须知道 CE 或 EF 的值，但题目中并未直接给出 CE、EF. 为此，需要借助边的关系解决此题.

教师讲授解题思路4：

师：解决这个问题，我们需要求什么？

生：求出 CF 具体的值.

师：题目并未给出求具体数值的条件，怎么办？

生：借助勾股定理、直角三角形边关系.

师：可以通过 M 点作为斜中线定理突破口.

师：根据我们的分析可以构造如图3-2-25的目标层级.

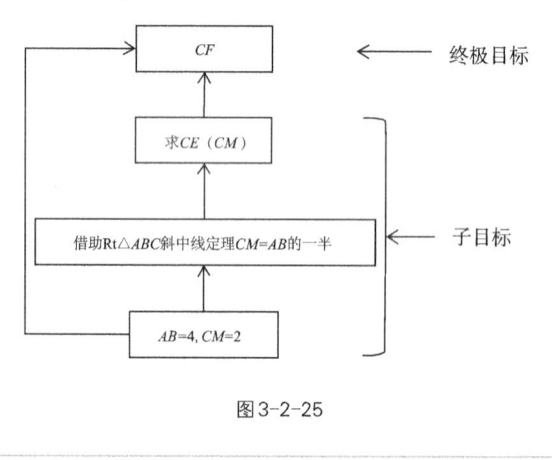

图3-2-25

【设计意图】 把需要解决的问题定为终极目标，再将最终目标分解为若干个子目标，让学生具备层级解题的技巧. 分块解题更能锻炼学生的深度思维. 学生能够将问题进行分解，更利于学生问题解决能力的提高.

2. 教中有"悟"——基于ACT-R理论的解题教学策略

基于ACT-R理论的数学解题教学中，首先，教师在进行教学设计时应该将本节课想要讲授的内容做好细致的规划，尤其是注重理论与实践的无缝衔接，能够将理论中的观点应用于实践，并且在解题教学完成后能够得到学生的实际操作流程，即教学效果的反馈. 教学生高效解题需要做到以下几点：

(1) 培养学生审题的能力

审题就是明确题目中的条件与问题. 教师在进行解题教学时，首先应该教学生学会审题，明确题型，并根据题目中给出的条件进行筛选，教学生确定出题目中的条件与问题,即培养学生提取陈述性知识的能力,题目的整体性分析可以使学生准确判断出考查的知识点内容.

(2)培养学生提取题设信息的能力

题目中的关键知识点就是指题干中条件与条件之间、条件与问题之间的联系.学生只有在明确了问题之后,才能根据题干给出的信息,激发出对以往知识点的回顾.即加强学生对产生式条件的认知,促进问题解决技能的发展.例如:当学生在某题目中看到"平行四边形"时,就可想到平行四边形的所有性质等,提取题目中的关键知识点是学生解题的基础.

(3)培养学生分析问题的能力

在解题教学中,初中数学的解题教学与小学阶段的解题教学具有很大的不同之处,数学的解题效率受学生认知量的影响.因此学生的认知结构的提高,有利于解题过程的完善.教师在培养学生解题能力时,应该从学生认知的角度出发,从而发现学生在解题过程中的问题,并帮助其及时改正.

(4)培养学生构造样例的能力

学生的解题步骤具有程序性的特征,学生在解题时,一定会对以往所遇相似问题进行回忆与思考,由此样例中的解题思路与步骤也会被带到遇到的待解决的问题中来,这就达到了学生知识迁移的目的,这样学生按照程序化的解题步骤,就可以达到理想的解题效果.在《义务教育数学课程标准(实验版)》中关于问题解决部分规定,学生应经历从不同角度寻求分析问题和解决问题的方法,掌握多样化的分析问题和解决问题的方法,能够运用几何直观、逻辑推理等方法解决问题,具备模型观念和探究能力.因此,教师在一堂课的教学设计中,应该充分考虑到样例的合理性,并及时向学生说明样例的适用性与回顾性.可以安排一系列精心设计的有解答的例题和组成一组的问题,使学生通过示例演练学习特定领域的知识和技能.

(5)培养学生构造目标层级的能力

ACT-R理论认为关于目标层级的构造在解题教学中是十分有效的,通过对问题的分析,将最终的问题拆分为几个子问题(子目标)的形式,只要所有的子问题(子目标)解决也就意味着最终的问题得到了解决.当然这些子问题(子目标)还可以进一步地细分为更小的子问题(子目标),通过对最基础的子问题(子目标)的解决逐步扩散到对最终目标解决的层面,这样就能够完成本问题的最终解决.培养学生逐步逐层分析解决问题的能力,是培养学生高效解决问题的关键.

第三节　融通——主题知识结构化的教学实施途径

　　初中阶段有关平面三角形的知识教学按内容分散在不同的阶段,比如2013年的浙教版是把全等三角形、等腰三角形、直角三角形安排在八年级上册,分两个教学单元编排的,把相似三角形、解直角三角形分别安排在九年级上册和下册中.这样一来,一线教师在课堂教学中往往容易只考虑教材教学单元编排的教学重难点和教学目标,会忽视整个初中阶段三角形的教学目标和内在的逻辑性、连贯性.在课堂教学中,只注重课时教学目标,不会去关注单元教学目标,更不会关注整个学段的教学目标和课程目标,这样会导致学生对三角形的知识以块状的方式储存在大脑中,相互之间缺乏横向联系或纵向联系,对知识没有一个结构化和整体化的认识,知识之间没有一个逻辑化的递进关联.

　　教材是根据学生的心理认知水平发展过程和学生大脑发育水平,以螺旋式的方式编排教学内容的,这就需要教师对整个教学阶段的相关教学内容有一个新的认识,需要站在一个最高点来看待全部.只有站在最高处才能看到全部,才能看清各部分之间的联系,全局与部分之间的关系,部分与个体之间的关系,也就是所谓的"先见森林,后见树木",而"森林"又是由无数根"树木"组成的.这就是现在所推行的在单元整体教学目标之下来设计课堂教学目标,用整体来统领个体.

　　《课程标准》在"课程实施·(一)教学建议"中明确指出:"要依据核心素养的内涵和不同学段的表现,结合具体教学内容,全面分析主题、单元和课时的特征,基于主题、单元整体设计教学目标,围绕单元目标细化具体课时的教学目标."因此,教师在设计有关三角形的课时教学目标时,应先清楚整个初中阶段有关三角形的课程标准的目标,在这个目标统领之下再去设计全等三角形、相似三角形、等腰三角形、直角三角形等教学单元的目标,在教学单元的目标之下再细化课时教学目标.

　　教学内容是落实教学目标,发展学生核心素养的载体."数学知识的教学,要注重知识的"生长点"与"延伸点",将课堂教学的知识置于整体知识体系中,注重知识的结构体系,处理好局部知识和整体知识的关系,引导学生感受数学的整体性."因此,教师在教学中要帮助学生在数学概念、性质、法则等之间建立起结构联系,感悟数学问题研究方法的可迁移化和一致性.

《义务教育数学课程标准(2022年版)》在"课程实施·(一)教学建议"中明确指出:"改变过于注重以课时为单位的教学设计,推进单元整体教学设计,体现数学知识内在逻辑关系,以及学习内容与核心素养表现的关联。"数学学科区别于其他学科最大的特点是逻辑性,有着严密的结构体系,因此在教学中不能把知识分解成一个个独立的知识来教学,要把每节课堂教学知识置于整个知识结构体系中去,要帮学生理解单个知识点在整个知识框架中的地位和作用,同时也要让学生感受到数学作为基础性学科在现实生活中的作用。

系统论是由贝塔朗菲在20世纪初提出的,系统论把认识对象作为系统,从系统和要素、要素和要素、系统和环境的相互联系、相互作用中综合地考察认识对象,强调事物的因果关系,站在事物全局的高度,用整体的视野去思考问题,优化问题解决策略。系统论不是一种创新思维,也不是一种抽象思维,是一种由因到果的逻辑性思维,作为平面几何最大的特点是具有公理化体系的逻辑推理,对平面几何图形需要从组成要素和相关要素上去思考要素与要素、要素与相关要素之间的关联。三角形的组成要素就是边和角,三角形形状和大小的确定就是由边和角这两个要素来确定的,要素之间却又相互影响和决定,例如要素——边特殊化有两条相等,决定了三角形中有另一个要素——角的特殊"两底角相等",相关要素中顶角平分线、底边上的高线、底边上中线互相重合(一线三功能),三角形要素中的角特殊化——有一个角是直角,决定了另一个要素边之间的特殊的数量关系——勾股定理和相关要素中的斜边上的中线等于斜边的一半。正是基于要素与要素之间、要素与相关要素之间的相互作用,教材的编排在给出了三角形定义以后,就给出了三角形的要素角和边的有关性质学习,接着安排了三角形中有关高线、角平分线、中线的内容,这是从三角形的组成要素到相关要素的一个认识过程。这也就是暗示着接下去对三角形的研究也是按照这个逻辑思维展开的。对平面图形的研究通常按照:基本图形的定义、表示、分类,到图形的性质(要素与要素、要素与相关要素之间的关系),再到图形的判定(成立的条件:要素和相关要素所具体的要求),再到图形的特例(要素、相关要素的特殊化),最后到应用,从定性和定量两个角度展开,这种思维是具有结构性、普适性和一致性的。我们教师在教学中要把握住这种结构,通过横向和纵向类比联系,让学生去认识我们所研究的对象的要素和相关要素关系,并建立所学习知识内容的结构,最终形成一个完整的知识框架和思维框架。

一、横向策略 知识并列架构

在教学实践中,普遍存在一线教师对于教学设计更注重课时目标的现象,对于单元目标很少去关注、思考.这种只关注一节课的教学目标的教学是零散、点状的教学.《课程标准》针对这一现象提出:"要依据核心素养的内涵和不同学段的主要表现,结合具体的教学内容,全面分析主题、单元和课时的特征,基于主题、单元整体设计教学目标,然后在单元目标引领下,再细化为具体的、可操作的课时目标."所以,教师在设计教学目标之前,应先思考如何设计单元目标,然后在单元目标引领下,再细化为具体的、可操作的课时目标.

这就要求教师要从课时教学中跳出来,进行单元教学的设计与实施.单元教学并非对课时教学的否定,而是对课时教学提出了更高的要求,它要求教师在课时教学的过程中要从单元教学的高度以及整体性把握知识的前后联系.在日常课时的教学过程中,帮助学生用全局的、联系的眼光观察生活问题,从现实问题中抽象出数学模型,再通过类似生活问题的比较研究完善数学模型,找到数学知识的依附点,使它们不再零散、孤立.

横向结构关联是指单元内知识呈现或局部呈现并列关系或结构类同的单元之间呈现并列结合关系.具体分为两种:一是单元内的专题知识之间呈现并列结合关系,这种横向的结构关联一般都有一个上位概念,知识关系呈现"总-分"结构,或者是某一个知识作为总结性的活动,知识关系呈现"分-总"结构.二是单元知识呈纵向结构关联,但某一知识出现并列关系.以横向结构设计教学重在从不同的方向、不同的层次切入问题,培养学生思维的广度和创造性.

【案例3-3-1】
利用构造相似三角形求旗杆的高度

一、课前准备

1.活动概述:通过卷尺、标杆、测角仪等工具构造相似三角形、全等三角形、直角三角形等,利用三角形的相关性质来测量、计算旗杆的高度.

2.活动材料:卷尺、标杆、测角仪、平面镜等.

3.活动目标:培养学生合理构建三角形以及利用三角形性质进行解答实际生活问题的能力.培养学生思维发展、一题多解的能力,让学生在活动的过程中独立思考,亲身实践,学会合作、交流,提升自身能力.

4.活动形式:以小组合作思考、小组间讨论交流的形式进行探究.要求每组想出至少三种方法,尽量构造相似三角形、全等三角形、直角三角形都有涉及.

二、教学过程

《课程标准》强调学生在实践活动中学习和掌握数学知识,其更重视数学的应用意识:认识到现实生活中蕴含着大量的数学信息,数学在现实世界中有着广泛的应用;面对实际问题时,能主动尝试着从数学的角度运用所学知识和方法寻求解决问题的策略;面对新的数学知识时,能主动地寻找其实际背景,并探索其应用价值.基于实践活动的重要性,设计此环节.

本环节设计背景为复习阶段,学生在先前已经通过《相似三角形应用——为学校旗杆量身高》教学活动对不易测物体的高度测量有了一定的基础,故无需太多情境创设导入.让学生在先前构造相似三角形解决高度测量问题的基础上于本环节畅所欲言,思考自己的方法——如何构造三角形进行测量?在交流中,让每位学生在别人的分享中思考运用了哪些数学知识来解决问题.在此过程中,教师主要起引导作用,最后的归纳环节应由学生自己进行梳理测量的方法并从各方案中抽象出相应的示意图,锻炼了学生的数学建模能力,让学生了解并体验了在实际情境中从数学的视角发现问题、提出问题、分析问题、构建模型、求解结论,验证结果并改进模型,最终解决实际问题的过程,培养了他们的动手能力与创新能力,让学生真正成为课堂学习的主体.以下展示一些构造的方法:

(1)在太阳光线照射下,于同一时刻、同一地点物体的实际高度和影长成比例,据此有关系式 $\dfrac{物高_A}{影长_A}=\dfrac{物高_B}{影长_B}$ 来解决问题.

方案1:将1米长的旗杆 DF 竖直立于水平地面(如图3-3-1),分别测量出阳光底下旗杆 AC 的影子长度 AB 与标杆 DF 的影子长度 DE,连接 BC, EF,得到 $Rt\triangle ABC$ 与 $Rt\triangle DEF$.根据相似三角形的判定相关知识,可得 $\triangle ABC \backsim \triangle DEF$,原本求旗杆的高度问题转变为求 $Rt\triangle ABC$ 直角边 AC 的长度.根据相似三角形对应边成比例的性质可得: $AC = \dfrac{DF \times AB}{DE}$.

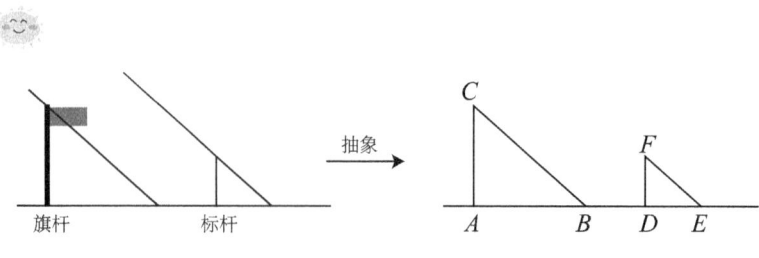

图 3-3-1

类似的,当标杆的底部 D 点与旗杆影子的一端 B 点重合时(如图 3-3-2),同理可得 $\triangle ABC \backsim \triangle BEF$,根据相似三角形对应边成比例的性质可得:$AC = \dfrac{BF \times AB}{BE}$.

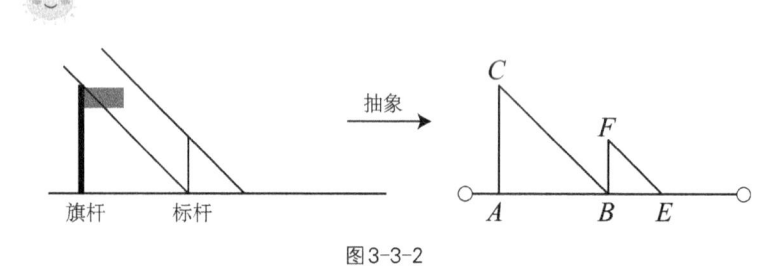

图 3-3-2

问题 1:如果旗杆的影子无法全部撒向地面,落在了教学楼上,我们又该如何去构造相似三角形呢?

若影子没有全部落在地面上,可把地平面抬高,使地平面与影子的高度齐平.

变式 1:如果旗杆的影子无法全部撒向地面,落在了教学楼上,如图 3-3-3 所示,我们又该如何去构造相似三角形呢?

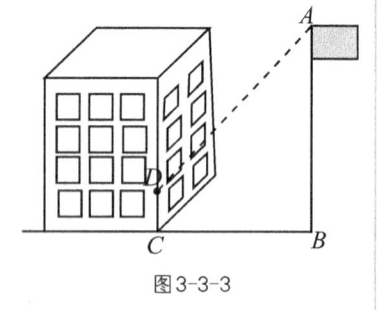

方案 2:如图 3-3-4,先测量墙面上的影长 CD 与旗杆 AB 在地面上的影长 BC,再测此时竖立于地面长 1 米的标杆 FH 的影长 GH,由于同一时刻物高与影长的比一定,成功构造相似三角形,得到 $\triangle AED \backsim \triangle FHG$,其中

图 3-3-3

$$AB = AE + BE = \dfrac{FH \times DE}{GH} + BE = \dfrac{DE}{GH} + CD$$

图 3-3-4

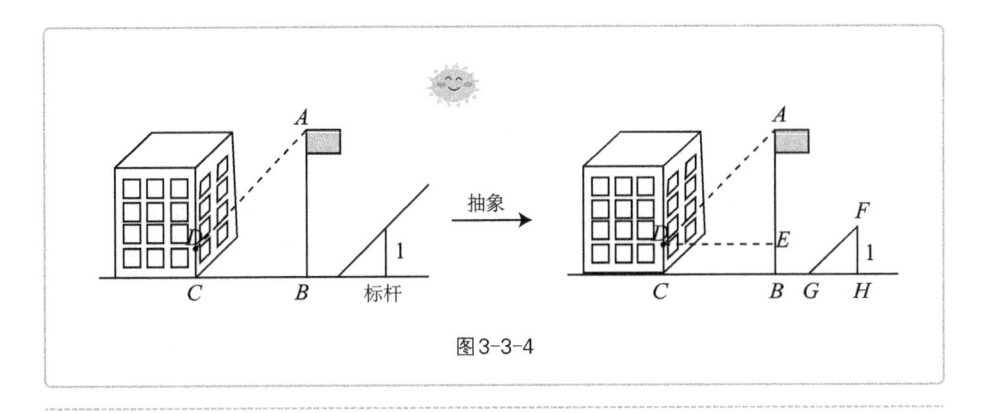

【设计意图】本问题环节主要想锻炼学生的数学建模能力,从实际生活背景中抽象出数学模型.而这点对于初中生而言是困难的,因为他们缺乏实际操作并且尚未能用数学的语言准确表达生活中的问题.基于2022年版数学义务教育阶段新课标的要求与教育理念,在测量旗杆高度活动中融入其他学科,如以物理学的光学知识为背景,通过实际操作去测量各影子长度得到标杆与影子长度成正比例关系,引导学生类比发现测量旗杆高度的方法——构造相似三角形模型.同时本环节主要针对在太阳光线照射下,于同一时刻、同一地点物体的实际高度和影长成比例进行相似三角形的构造,并设计变式影子不能全落在地面的情况,发散学生的思维.从而将测量不易度量的高度转化为测量易测量的长度、距离,让学生体会到各学科的融合性,实现跨学科教学,体现了化归的数学思想方法.

(2)利用物理学中的"光的反射原理",即光线的入射角等于反射角,为推理论证两个三角形相似提供条件.

方案3:如图3-3-5,在旗杆与人之间的水平地面上摆上一面平面镜,合理调整平面镜的摆放位置以及人的站位并保持竖直站立,使得人眼恰好可以看见旗杆的顶部,根据平面镜反射原理,可得$\angle CBA=\angle EBD$,由相似三角形的判定相关知识,可得$\triangle ABC\backsim\triangle DBE$.此时只需测量出平面镜与旗杆的距离、平面镜与人的距离以及人眼距离地面的高度即可求出旗杆AC的高度.根据相似三角形对应边成比例的性质可得:$AC=\dfrac{DE\times AB}{DB}$.

图 3-3-5

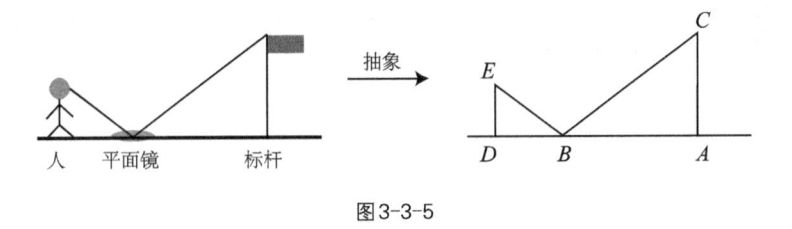

(3)利用人眼与标杆也可构造相似三角形.

问题2:如果是阴雨天没有影子也不用平面镜,只有卷尺跟2米的标杆,你还能想到什么方法去构造相似三角形?

方案4:将2米的标杆立于旗杆与人之间,保证标杆垂直并接触于地面,如图3-3-6所示.人抬头望见旗杆顶部与标杆顶部恰好重合,测量得到旗杆与标杆的距离AC,标杆与人的距离CE,EF为人眼距离地面的高度,由此成功构建三角形的相似,即$\triangle BCF \backsim \triangle DHF$.根据相似三角形对应边成比例的性质可得:

$$AB = BG + AG = \frac{DH \times GF}{HF} + AG = \frac{(2-EF) \times (AC+CE)}{CE} + EF$$

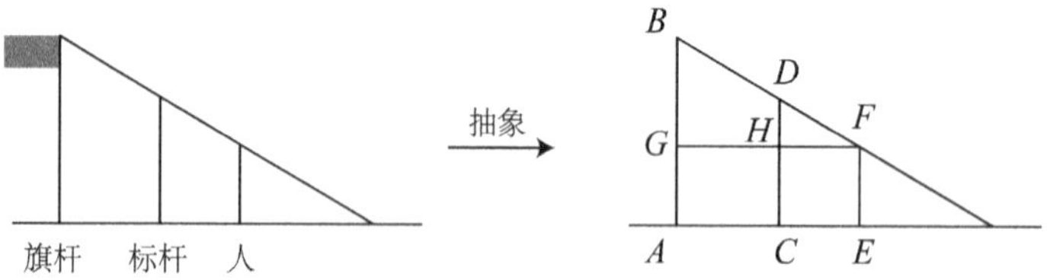

图3-3-6

【设计意图】让学生思考在没有阳光、不利用平面镜的时候如何构造相似三角形,继续发散学生的思维,让学生体验到在面对不同要求下的数学问题时,要抓住问题的本质,将所学的知识与方法应用于解决现实生活的问题中.

方案4是用人眼将旗杆的顶部B以及标杆的顶部D对齐并且底部齐平进行相似三角形的构造,同时我们也可以尝试在方案4的基础上,将旗杆的底部A与标杆的底部C也对齐,即有方案5.

方案5:如图3-3-7,测量时观测者手臂平行于地面的姿态手持已知长度的标杆CD,保证标杆与地面垂直(无需接触地面),使得人看到标杆CD恰好遮挡住旗杆AB,此时构建$\triangle ABF \backsim \triangle CDF$,只需要测量出观测者的手臂长度$FH$以及观测者到旗杆的距离$FG$,利用相似三角形对应线段成比例即可算出旗杆$AB$的长度.

$$AB = \frac{FG \times CD}{FH}$$

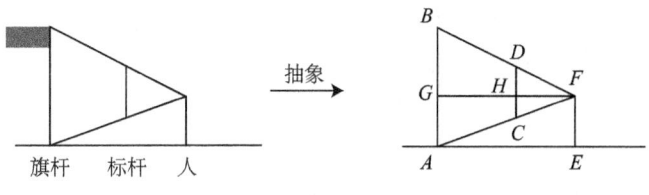

图3-3-7

方案6：如图3-3-8，方案5中的标杆CD也可以用透明的刻度尺CK代替，观测者手臂平行于地面的姿态站于EF处，手举刻度尺CK，让"0"刻度处与视线FA对齐，再记下视线FB所对刻度尺上D的刻度. 其余与方案5中一致，测量出观测者的手臂长度FH以及观测者到旗杆的距离FG，成功构建相似三角形并利用相似三角形对应线段成比例即可算出旗杆AB的长度.

$$AB = \frac{FG \times CD}{FH}$$

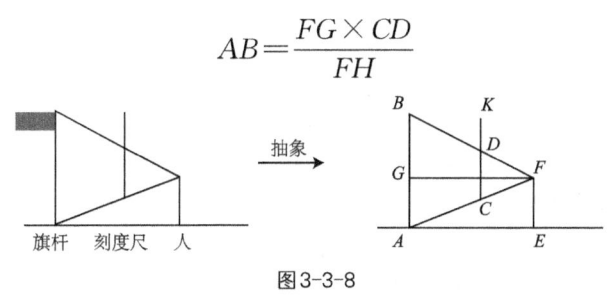

图3-3-8

方案7：如图3-3-9，方案6中的"0"刻度处与视线FA对齐，当然也可以尝试将"0"刻度处与水平线FG对齐，再记下视线FB所对刻度尺位置D所示的读数. 再量出EF，FG，FC的长，同样可用相似三角形知识求出旗杆高度AB.

$$AB = AG + GB = EF + \frac{FG \times CD}{FC}$$

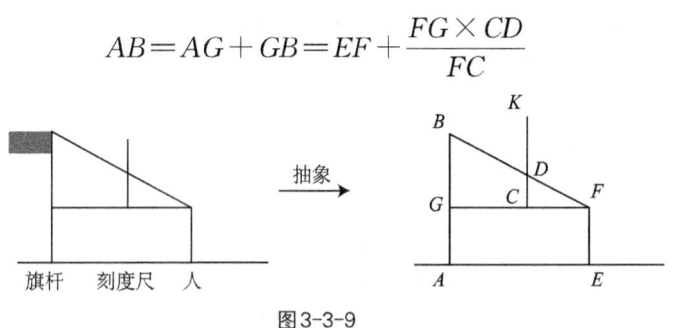

图3-3-9

(4) 利用小孔成像构造相似三角形.

光在同一均匀介质中，在不受引力作用干扰的情况下是沿直线传播的.

当太阳光通过小孔时,光线还是沿直线传播,并且在通过小孔后,在小孔后面形成一个实像,故可以利用小孔成像构造相似三角形解决测量旗杆高度问题.

方案8:如图3-3-10,在 O 处装一个小孔,让树的影子成像于屏幕 CD 上,只要量出 O 点到 AB, CD 的距离 OE, OF 以及 CD 的长度,利用相似三角形的对应高之比等于相似比的知识,就可以求得树高 AB.

$$AB = \frac{OE \times DC}{OF}$$

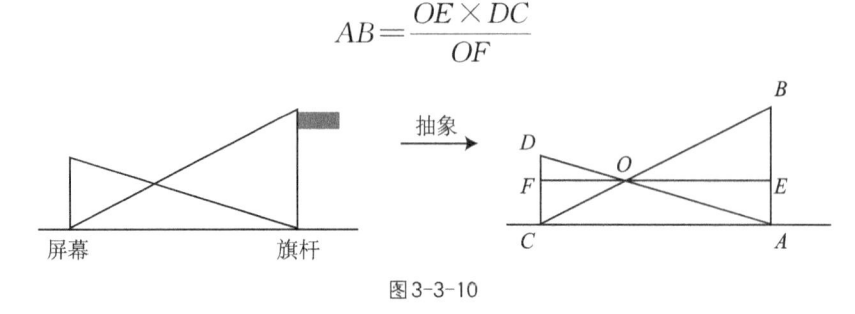

图3-3-10

(5)利用构造全等三角形求旗杆的高度.

在太阳光线照射下,于同一时刻、同一地点,不仅物体的实际高度和影长成比例,光线与地面的夹角也相同,故可利用这一特征来构造全等三角形求旗杆的高度.

方案9:在太阳光的照射下,取一根1米的标杆垂直立于地面,如图3-3-11,用测角仪测出此刻光线与地面的夹角 α,即此刻 $\angle ACB = \alpha$.再过旗杆底部 A 点处,在地面上作旗杆影子 AC 的垂线 AD,过点 C 取 $\angle ACE = \alpha$,交 AD 于点 E.由此构造两个三角形 $\triangle ABC$ 与 $\triangle AEC$,由于 $\angle ACB = \angle ACE$, $CA = CA$, $\angle CAB = \angle CAE$,所以 $\triangle ABC \cong \triangle AEC$, $AB = AE$.原本求旗杆 AB 的长度被我们转化为求地面上的线段 AE 的长度.

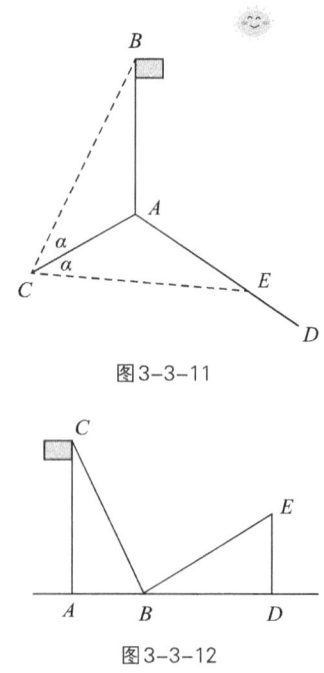

图3-3-11

方案10:取一根1米长的标杆 AB,将它平放在旗杆底端,使它的一端与旗杆底部重合,如图3-3-12,用测角仪测量出此时 BC 与地面的夹角 $\angle ABC$.再在 A 点用测角仪测出 $\angle EBD$,使得 $\angle EBD$ 与 $\angle ABC$ 互余.接着移动标杆 AB,使

图3-3-12

标杆垂于地面并且标杆顶部与∠EBD的边线BE重合,此时因为∠CAB=∠BDE,AB=DE,∠ABC=∠DEB,所以△ABC≌△DEB,所以AC=BD,此时只需要用卷尺测量出BD的距离即可求出旗杆的高度.

(6)利用解直角三角形求旗杆的高度.

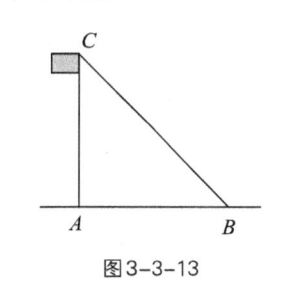

方案11:如图3-3-13,直接在地面上任意找一点B,用卷尺测量出B点到旗杆底端A点的距离AB,用测角仪测量出斜边BC与地面AB的夹角∠ABC.因为$\tan\angle ABC=\dfrac{AC}{AB}$,所以可直接利用解直角三角形计算得出$AC=AB\times\tan\angle ABC$.

图3-3-13

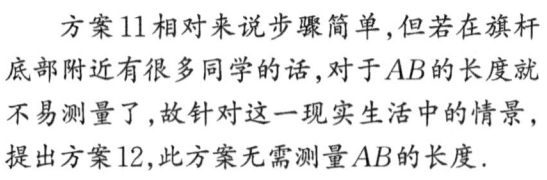

方案11相对来说步骤简单,但若在旗杆底部附近有很多同学的话,对于AB的长度就不易测量了,故针对这一现实生活中的情景,提出方案12,此方案无需测量AB的长度.

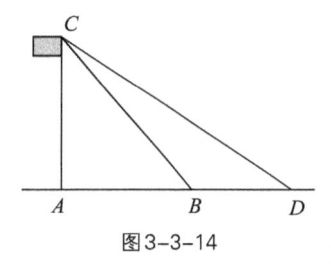

方案12:如图3-3-14,在地面上找两点B与D,使得A,B,D三点共线.用卷尺测量出B,D两点之间的距离BD,再用测角仪测量出∠ABC与∠ADC.由于$AB=\dfrac{AC}{\tan\angle ABC}$,所以$\dfrac{AC}{\dfrac{AC}{\tan\angle ABC}+BD}=\tan\angle ADC$.

图3-3-14

此数学教学活动采取在先前教学实践的基础上拓展解决方法的教学方式,逐层地、分层次地提出问题,让学生自己去思考探讨各种角度的解决问题的方法,拓宽了学生的思维与视野,不仅巩固了新知识,还复习了旧知识,在活动中复习深化先前所学习的知识.除此之外还能激发学生的学习兴趣,提高学生学习的主动性,让他们真正地参与进数学课堂.同时引导他们学会独立思考与合作交流,以亲身体验课本上提到的实际应用场景为契机,一定程度上锻炼了他们的社交能力,培养了他们的动手能力与创新能力.这样的课堂教学是具有高效性的,学生的能力与素质都能在活动中提升.

二、纵向策略　知识深度延伸

教学内容是落实教学目标,发展学生数学核心素养的载体.数学知识的教学要注重知识的生长点与延伸点,把每堂课的教学知识置于整体知识的体系中,注重知识的结构和体系,处理好局部知识与整体知识的关系,引导学生感受数学的整体性.

纵向结构关联是指在单元内知识的发展关系或结构类同的单元间知识之间的关系,呈纵向关联和纵深发展.具体分为两种,一是单元内的专题知识之间存在明显的知识上下位关系,逻辑关系不断递进,因此,知识学习必须有先后顺序依次展开,例如"锐角三角函数——正弦定理、余弦定理".二是单元与单元之间具有同构特征,在研究的内容、逻辑、过程、方法上都具有一致性,从特殊到一般、从具体到抽象,例如"整数—有理数—实数—代数式",学习的方式为垂直迁移.以纵向结构设计单元整体重在梳理知识在系统中的逻辑关系,是知识不断深化和发展的过程,注重培养学生思维的深度.

单元主题的思路有三种:自然单元、对教科书章节或专题内的教学内容进行整合和重组单元.数学单元教学中的"单元",是对自然单元进行分析、整合和优化,形成的一种具有一定主题和目标的教学单元,其关键是以发展学生的数学核心素养为目标,从知识的整体和结构入手,以教学单元为单位进行系统规划和整体设计.分析教材中解直角三角形内容,其可以作为独立章节或专题存在,也可以联系高中的解三角形内容,知识产生纵向联系,不断深化,因此本节内容将以解三角形为例,通过对"解三角形"教学知识内容的整合,展开三角形单元课堂实施.

解三角形的重点研究问题是对于任意一个三角形,其边与角有怎么样的定量关系.该问题产生于现实生活中与三角形有关的测量问题,需要引导学生用数学的眼光观察现实世界,用数学的思维思考现实世界,用数学的语言表达数学世界.探究从直角三角形出发,由直角三角形中边与角之间的定量关系推广至任意一个三角形中,需要通过构建草图、边角互化、建立方程等步骤,建立三角形边与角的关系式,把几何问题转化成代数问题,进而解决现实生活中与三角形有关的测量问题.

【案例3-3-2】
真实情境测量河道间点的距离

1.引入

数学单元教学强调真实情境与任务的介入,引导学生在真实的情境下迁移应用所学的知识与经验解决现实问题,实现从"做题"到"做事"、从"解题"到"解决问题"的转变.因此在知识引入部分学生需要经历将现实问题抽象成数学问题的过程,用数学的眼光观察现实世界.

小明和小慧要测量河的宽度,小明在A点测得对岸河边的树G正好在他的正北方向,小慧站在小明正东方向的B点,测得$\angle ABG=50°$,A,B两点之间的距离是50m.根据上述测量数据,你能求出河的宽度吗?

问题1:根据文字描述,你能抽象出怎样的数学模型?

【学生活动】构建草图如图3-3-15,形成数学模型,即在直角三角形内,已知一边长为50m和一角为50°,求另一边的长度.

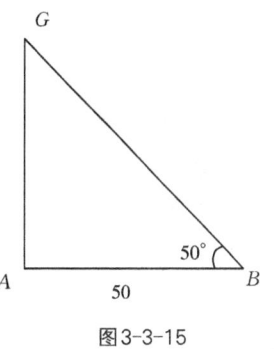

图3-3-15

【设计意图】 由真实情境导入,经历将现实问题抽象成数学问题的过程,培养学生用数学的眼光观察世界的能力,导入新课,产生探究问题直角三角形的边与角之间存在怎样的定量关系.

2.探究

数学单元教学强调学生自主经历寻求解决问题策略的过程,强调学生的自主性和能动性,突出教学的启发性和探究性,发展学生的创造性思维、批判性思维和实践性反思,学生是课堂的主体,教师是教学的组织者和引导者,因此,要通过有效的提问和适时的追问,启发学生思考,达成学生思维的发展.

问题2:如果$\angle ABG=45°$,你能求出AG的长吗?$\angle ABG=30°$呢?从中你能得到什么启发?

问题3:你能设计一个方案,求出直角三角形50°角的对边与邻边的比值吗?

问题4:如果直角三角形的一个锐角确定了,那么,这个锐角的对边与斜边、邻边与斜边、对边与邻边的比值确定吗？

问题5：通过以上的探究，你对直角三角形有了怎样的认识？

【设计意图】 学生会想到通过构造相似三角形解决测量河道宽度，新旧知识产生联系，学生经历从特殊到一般的探究过程，感受到在直角三角形内一个锐角确定了，那么这个锐角的对边与斜边、邻边与斜边、对边与邻边的比值确定.在此基础上引出正弦、余弦、正切的定义，建立直角三角形边角之间的定量关系，与直角三角形三边关系、两锐角关系一起构建起新的知识结构.

变式1：如图3-2-16，小明和小慧现要测量A点与河对岸点M之间的距离，测得A,B两点之间的距离是50m，已知$\angle MAB=70°$，$\angle MBA=50°$，根据上述测量数据，你能求出M、A两点之间的距离吗？

图3-3-16

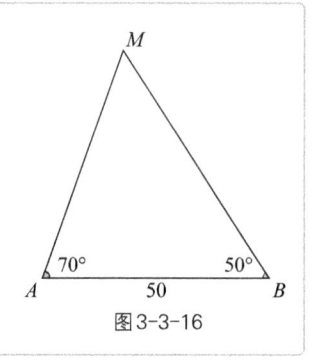

【设计意图】 在原有的真实情境上进行变式，探究问题贴近现实生活，凸显数学源于生活又应用于生活，引导学生针对已知三角形的一边两角求另一边的问题建立模型，探究发现正弦定理.

【学生活动】 构建草图（如图3-3-16），形成数学模型，即在△ABM内，已知一边长为50，一角为70°，另一角为50°，求另一边的长度.

问题6：在Rt△ABC中，三边长为a,b,c，三个角为$\angle A,\angle B,\angle C$，其中$\angle C=90°$，能不能建立边$a,b,c$与$\sin A,\sin B,\sin C$之间的某种关系？

【学生活动】 探究发现：根据锐角三角函数，易得$\sin A=\dfrac{a}{c}$，$\sin B=\dfrac{b}{c}$

所以$c=\dfrac{a}{\sin A}=\dfrac{b}{\sin B}$

因为$\sin C=1$

所以$\dfrac{a}{\sin A}=\dfrac{b}{\sin B}=\dfrac{c}{\sin C}$

问题7：设 $\triangle ABC$ 的三边长为 a,b,c，三个角为 $\angle A,\angle B,\angle C$，我们能不能建立边 a,b,c 与角 $\angle A,\angle B,\angle C$ 之间的某种关系，此时 $\dfrac{a}{\sin A}=\dfrac{b}{\sin B}=\dfrac{c}{\sin C}$ 还成立吗？

【学生活动】在直角三角形 $\dfrac{a}{\sin A}=\dfrac{b}{\sin B}=\dfrac{c}{\sin C}$ 的基础上，对一般三角形边 a,b,c 与角 $\angle A,\angle B,\angle C$ 之间的关系进行探究．

【预设证明】

方法一：

过 A 作 $AD\perp BC$

① $\triangle ABC$ 为锐角三角形时，如图 3-3-17，

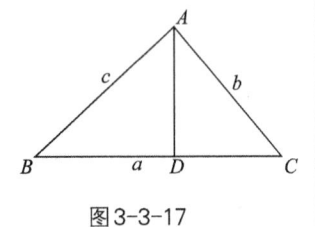

$$AD=c\sin B=b\sin C$$

即 $\dfrac{b}{\sin B}=\dfrac{c}{\sin C}$

同理可得 $\dfrac{a}{\sin A}=\dfrac{b}{\sin B}=\dfrac{c}{\sin C}$

图 3-3-17

② $\triangle ABC$ 为钝角三角形时，如图 3-3-18，

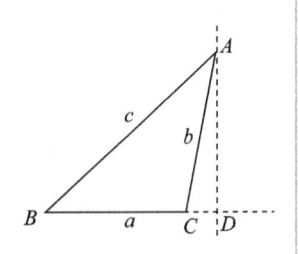

$$AD=c\sin B=b\sin(180-\angle ACB)=b\sin\angle ACB$$

即 $\dfrac{b}{\sin\angle ACB}=\dfrac{c}{\sin C}$

图 3-3-18

同理可得 $\dfrac{a}{\sin\angle BAC}=\dfrac{b}{\sin B}=\dfrac{c}{\sin\angle ACB}$

方法二：

① $\triangle ABC$ 为锐角三角形时，如图 3-3-19，

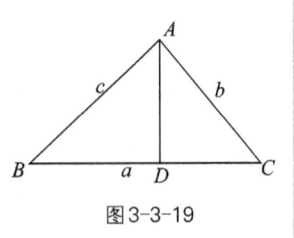

$$S_{\triangle ABC}=\dfrac{1}{2}AD\times BC=\dfrac{1}{2}AC\times BC\times \sin C=\dfrac{1}{2}ab\sin C$$

图 3-3-19

同理可得 $S_{\triangle ABC}=\dfrac{1}{2}ac\sin B=\dfrac{1}{2}bc\sin A$

即 $\dfrac{a}{\sin A}=\dfrac{b}{\sin B}=\dfrac{c}{\sin C}$

②△ABC 为钝角三角形时，如图 3-3-20

$$S_{\triangle ABC} = \frac{1}{2}AD \times BC$$
$$= \frac{1}{2}AC \times BC \times \sin(180° - \angle ACB)$$
$$= \frac{1}{2}AC \times BC \times \sin\angle ACB$$
$$= \frac{1}{2}ab\sin\angle ACB$$

同理可得 $S_{\triangle ABC} = \frac{1}{2}ac\sin B = \frac{1}{2}bc\sin\angle ACB$

即 $\dfrac{a}{\sin\angle BAC} = \dfrac{b}{\sin B} = \dfrac{c}{\sin\angle ACB}$

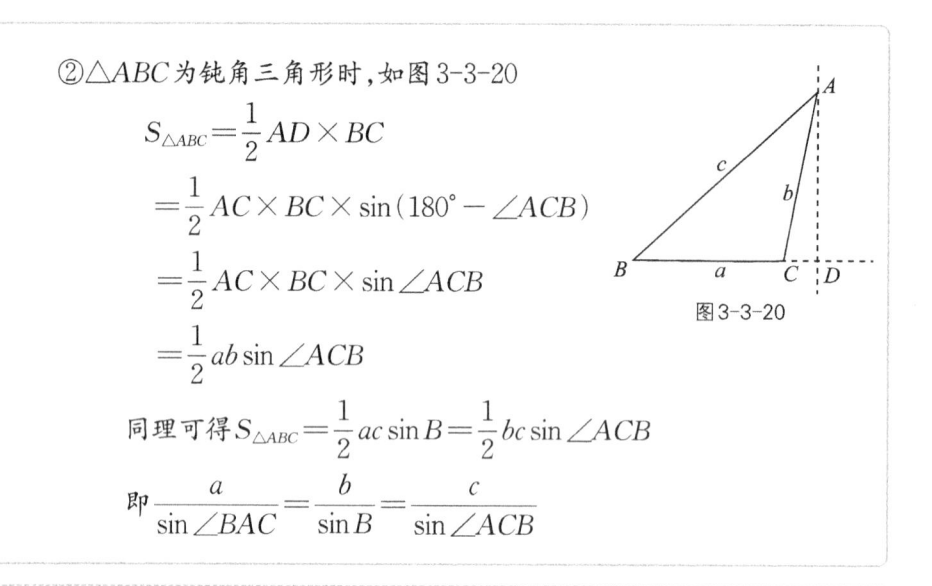

图 3-3-20

【设计意图】 在解直角三角形知识的基础上，学生易得到 $\dfrac{a}{\sin A} = \dfrac{b}{\sin B} = \dfrac{c}{\sin C}$，接着由从特殊的直角三角形到一般的三角形，在前面研究的铺垫下，学生易想到通过作垂直构造直角三角形，进而得到边 a,b,c 与角 $\angle A,\angle B,\angle C$ 之间的关系．另外，通过作垂直可以求出三角形的面积，根据面积的不变性，同样可以得到边 a,b,c 与角 $\angle A,\angle B,\angle C$ 之间的关系．但是，多数学生的研究思路会固化在锐角三角形中，即高线在三角形内部的情况，分类讨论钝角三角形需要通过教师引导．

问题 8： 在 △ABC 中，AB 边及其对角 ∠C 确定时，这个三角形是唯一确定的吗？若不是，三角形的形状会发生怎样的变化？点 C 运动轨迹又是怎样的呢？

问题 9： 根据上述研究，我们知道，在 △ABC 中，$\dfrac{a}{\sin A}, \dfrac{b}{\sin B}, \dfrac{c}{\sin C}$ 是一个确定的比值，那么它有什么样的几何意义呢？

【师生活动】 辅以几何画板，发现 △ABC 的 AB 边及其对角 ∠C 确定时，根据圆周角定理，点 C 在 △ABC 的外接圆上运动．在直角三角形中，$\dfrac{a}{\sin A} = \dfrac{b}{\sin B} = c$，因为 $\angle C = 90°$，所以 $c = 2R$，即 $\dfrac{a}{\sin A} = \dfrac{b}{\sin B} = 2R$．又因为同弧所对的圆周角相等，因此，在任意三角形中，$\dfrac{a}{\sin A} = \dfrac{b}{\sin B} = \dfrac{c}{\sin C} = 2R$．

【设计意图】帮助学生进一步理解正弦定理的几何意义及其本质,明确边与其对角的正弦值之比为三角形外接圆的直径之长.

变式2:如图3-3-21,小明和小慧现要测量A点与河对岸点M之间的距离,测得A,B两点之间的距离是50m,已知$\angle MBA=50°,MB=70$m,根据上述测量数据,你能求出M、A之间的距离吗?

【学生活动】构建草图,形成数学模型,即在$\triangle ABM$内,已知一边长为50,另一边长为70,一角为$50°$,求另一边的长度.

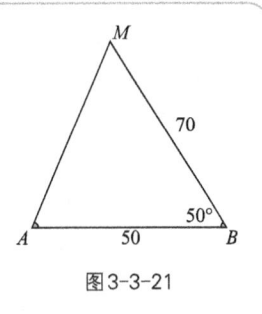

图3-3-21

问题10:在$\triangle ABC$中,已知边长b,c和$\angle A$,可以利用正弦定理求出边长a吗?

【学生活动】学生根据探究发现运用正弦定理求出a的长度较为困难,为进一步学习余弦定理创设必要性,进而类比正弦定理的证明方法,解决上述问题,发现余弦定理.

【预设证明】

①$\triangle ABC$为锐角三角形时(如图3-3-22),
$c^2=BD^2+AD^2=(a-b\cos C)^2+b^2\sin^2 C$
$\quad=a^2-2ab\cos C+b^2\cos^2 C+b^2\sin^2 C$
$\quad=a^2-2ab\cos C+b^2$
即$c^2=a^2+b^2-2ab\cos C$
同理$a^2=b^2+c^2-2bc\cos A$
$b^2=a^2+c^2-2ac\cos B$

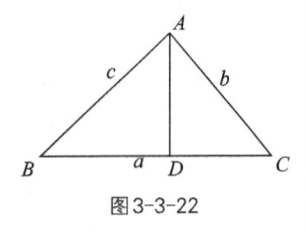

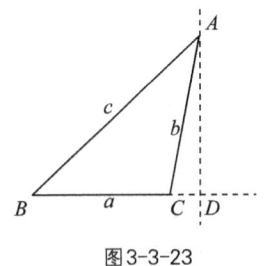

图3-3-22

②$\triangle ABC$为钝角三角形时(如图3-3-23),
$c^2=BD^2+AD^2$
$\quad=[a+b\cos(180°-\angle ACB)]^2+b^2\sin^2(180°-\angle ACB)$
$\quad=(a-b\cos\angle ACB)^2+b^2\sin^2\angle ACB$
$\quad=a^2-2ab\cos\angle ACB+b^2\cos^2\angle ACB+$
$\quad\quad b^2\sin^2\angle ACB$
$\quad=a^2-2ab\cos\angle ACB+b^2$
即$c^2=a^2-2ab\cos\angle ACB+b^2$
同理$a^2=b^2+c^2-2bc\cos\angle BAC$
$b^2=a^2+c^2-2ac\cos B$

图3-3-23

3.应用

数学单元教学不应该囿于常规化、程序化的数学问题,要强调高质量的思考,促进学生高阶思维的发展,核心素养的生成是在运用知识解决问题的过程中实现的,因此在学习完单元整体知识后,应设置应用性、开放性、拓展性的数学活动,引导学生结合本单元的基本知识和基本思想方法,积极思考,全面、客观、辩证地分析问题、解决问题,在做数学、用数学的过程中真实地体验,感悟数学的价值,发展学生的创造性思维.

如图 3-3-24,A、B 两点都在河的对岸(不可到达),请你设计一种测量 A、B 两点间距离的方法,并求出 A、B 间的距离.

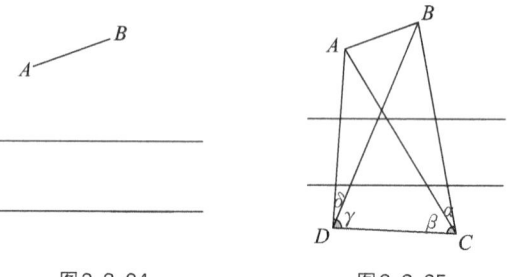

图 3-3-24　　　　图 3-3-25

【学生活动】学生自主探究、小组讨论,发现若测量者在 A、B 两点的对岸取定一点 C,则在 C 处只能测出 $\angle ACB$ 的大小,在三角形中只知一个角的度数,无法解决求对边长度的问题.因此,可以再取一点 D,由于 C、D 两点均在河的同侧,可以测出线段 CD 的长,以及 $\angle ACD$,$\angle CDB$,$\angle BDA$ 的度数,如图 3-3-25,根据正弦定理和余弦定理,可以求出距离.

【预设作法】在 A、B 两点的对岸选定两点 C、D,测得 $CD=a$,并在 C、D 两点分别测得 $\angle BCA=\alpha$,$\angle ACD=\beta$,$\angle CDB=\gamma$,$\angle BDA=\delta$.

在 $\triangle ADC$ 和 $\triangle BDC$ 中,由正弦定理得

$$AC = \frac{a\sin(\gamma+\delta)}{\sin[180°-(\beta+\gamma+\delta)]} = \frac{a\sin(\gamma+\delta)}{\sin(\beta+\gamma+\delta)}$$

$$BC = \frac{a\sin\gamma}{\sin[180°-(\alpha+\beta+\gamma)]} = \frac{a\sin\gamma}{\sin(\alpha+\beta+\gamma)}$$

于是,在 $\triangle ABC$ 中,由余弦定理可得 A、B 两点间的距离

$$AB = \sqrt{AC^2 + BC^2 - 2AC \times BC \cos\alpha}$$

$$= \sqrt{\frac{a^2\sin^2(\gamma+\delta)}{\sin^2(\beta+\gamma+\delta)} + \frac{a^2\sin^2\gamma}{\sin^2(\alpha+\beta+\gamma)} - \frac{2a^2\sin(\gamma+\delta)\sin\gamma\cos\alpha}{\sin(\beta+\gamma+\delta)\sin(\alpha+\beta+\gamma)}}$$

【设计意图】本单元教学均围绕真实情境测量河道间点的距离展开,探究了锐角三角函数、正弦定理和余弦定理,最后的应用又回到河道间点的距离,形成知识的完整闭环,结构完整,实现了用数学的眼光观察现实世界,用数学的思维思考现实世界,用数学的语言表达现实世界.

第四节　拓展——主题知识的实践教学实施途径

一、作图问题的教学实践

古希腊人对于几何的痴迷,让他们无法容忍存在误差的几何图形,但无论多么精确的测量工具都存在误差,于是,尺规作图应运而生.历史上最先明确提出限制作图工具的是古希腊的伊诺皮迪斯,古希腊人认为,最基本、最可靠、最不会背叛真理的几何图形,就是直线和圆,这就是他们选取直尺与圆规这两种工具帮助作图的原因.之后,限用尺规作图逐渐成为一种公约.多年来,很多数学家都致力于研究尺规作图三大问题,即倍立方积、三等分任意角和化圆为方,但都以失败告终.《几何原本》是公理化结构最早的数学书,其中的几何命题主要包括:以作图为目的的问题和以证明为目的的定理,《原本》的第一个命题为"在一个已知线段上可以作一个等边三角形",足以体现尺规作图在几何学中的重要地位,也说明尺规作图是理解几何对象、启发几何证明的重要工具.本节内容将围绕三角形的尺规作图展开.

1.三角形作图教学重构

尺规作图是建立在几何推理基础上的一种作图方法,指用无刻度直尺和圆规进行作图,它是欧氏几何的基础,其操作过程有助于学生认识图形的组成元素和位置关系,发挥空间观念和空间想象能力.尺规作图作为研究几何的一种重要的方法,在初中数学阶段起着重要作用.本节内容主要从三角形尺规作图的角度"图说"三角形,基于课标与教材,重构三角形作图教学.

(1)课标中的三角形尺规作图

第三学段,即七至九年级的数学"图形与几何"学习中,要通过尺规作图等直观操作方法,理解平面图形的性质与关系,经历尺规作图的过程,增强动手能力,能想象出通过尺规作图的操作所形成的图形,理解尺规作图的基本原理与方法,发展空间观念和空间想象力.在核心素养的要求下,初中阶段对于尺规作图学习的具体要求为:(1)能用尺规作图——作一个角等于已知角;作一个角的平分线.(2)①能用尺规作图——作一条线段的垂直平分线;过一点作已知直线的垂线.②能用尺规作图——过直线外一点作这条直线的平行线.(3)能用尺规作图——已知三边、两边及其夹角、两角及其夹边作三角形;已知底边及底边上的高线作等腰三角形;已知一直角边和斜边作直角三角形.(4)能用尺规作图——过不在同一直线上的三点作圆;作三角形的外接圆、内切圆;作圆的内接正方形和正六边形.(5)能用尺规作图——过圆外一点作圆的切线.其中,在尺规作图中,学生应了解作图的原理,保留作图痕迹,不要求写出作法.

在核心素养的要求下,近年来针对尺规作图的要求有所提高,这彰显了尺规作图作为一种探究方法与认知策略的学习价值,以及对发展学生数学核心素养的重要性.其中针对三角形的作图要求由"会利用基本作图作三角形"明确至"能用尺规作图",具体内容为"已知三边、已知两边及其夹角、已知两角及其夹边作三角形;已知底边及底边上的高线作等腰三角形;已知一直角边和斜边作直角三角形".即在几何任务的层面上对三角形的尺规作图作出了更为明确的要求.另外,在核心素养的要求下,小学阶段首次新增了三个尺规作图内容,即作一条线段等于已知线段、将三角形的三边画到一条直线上以及画三角形,这样重大的变化值得我们教师去深究思考.

我们知道,尺规作图的定义是指用没有刻度的直尺和圆规作图,其中最基本最常用的尺规作图通常称为"基本作图".初中阶段的五种基本作图主要是指:作一条线段等于已知线段、作一个角等于已知角、作一个角的角平分线、过定点作已知直线的垂线、作线段的垂直平分线,其他复杂的作图都是以这些基本作图为基础的,基本作图其实是尺规作图十分重要的一部分.

在如尺规作图这样的基本技能教学中,不仅要使学生掌握技能操作的程序和步骤,培养学生具体操作的能力,还要使学生理解程序和步骤的道理,让学生学会分析,学会联想,真正发展学生的数学素养,培养学生灵活的思维和迁移知识的能力.因此,在核心素养要求下,尺规作图的重大变化进一步强调了尺规作图的研究意义和教学价值.从欧几里得的《原本》开始,尺规作图就是构建几何演绎体系的基础,也是学习与理解几何概念及其关系的基本工具.尺规作图不只是一种几何任务,更重要的是将它作为一种感知几何图形、理解图形性质、探究几何规律的认知工具.尺规作图的操作过程是一种手脑并用的活动方式,是创造性思维最好的载体,有助于增强大脑中不同功能区域的联系,有助于学生认识图形的组成元素及其位置关系,对图形的结构特征形成直观感知,进而为逻辑推理奠定基础,发展学生的几何直观,在理解作图程序和步骤的原理这一层面上,尺规作图着重培养了学生逻辑推理的能力,提升了学生对几何性质、定理的理解与运用能力,可以说尺规作图为理解几何证明的过程服务,因此,尺规作图在初中几何教学中十分重要.初中阶段更应该将尺规作图视为促进学生思维发展的重要载体,让学生在分析基本图形与解决作图问题的过程中,逐步体会数学学习的本质、形成学科的基本观念.

(2)教材中的三角形尺规作图

尺规作图贯穿初中数学几何教学的始终,内容零散分布于三个年级的不同章节,其中,三角形的尺规作图多分布于八年级,三角形的尺规作图在教材编写中有以下特点:

在内容上,教材基本包含:能用尺规作图作一个角等于已知角;作一个角的平分线;作一条线段的垂直平分线;已知三边、两边及其夹角、两角及其夹边作三角形;已知底边及底边上的高线作等腰三角形;已知一直角边和斜边作直角三角形;作三角形的外接圆、内切圆等.其中,作一条线段等于已知线段、作一个角等于已知角、作一个角的平分线、过一点作已知直线的垂线以及作一条线段的垂直平分线被视为尺规作图的五个基本作图.在各个版本的教材中,相同内容的尺规作图方法基本一致,但在教材中的顺序和分布有明显的差异,下文整理了教材中涉及到的与三角形相关的尺规作图方法.

1.作一个角等于已知角.如图3-4-1所示.

①点O为圆心,任意长为半径画弧,分别交OA,OB于点C,D.

②画一条射线$O'A'$,以点O'为圆心,OC长为半径画弧,交$O'A'$于点C'.

③以点C'为圆心,CD长为半径画弧,与第2步所画的弧相交于点D'.

④过点D'画射线$O'B'$.

则$\angle A'O'B'$即为所求作的角.

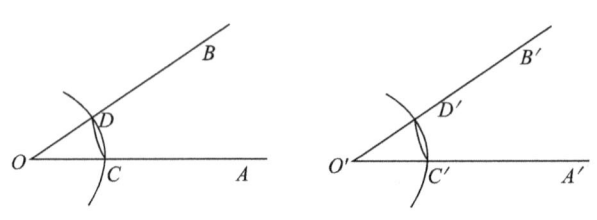

图3-4-1

2.作一个角的平分线.如图3-4-2所示.

①以点O为圆心,适当长为半径画弧,交OA于点M,交OB于点N.

②分别以M,N为圆心,大于$\frac{1}{2}MN$的长为半径画弧,两弧在$\angle AOB$内部相交于点C.

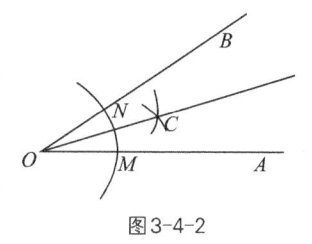

③画射线OC.

则射线OC即为所求的角平分线.

3.作一条线段的垂直平分线.如图3-4-3所示.

①分别以点A,B为圆心,大于线段$\frac{1}{2}AB$的长为半径作弧,两弧相交于C,D两点.

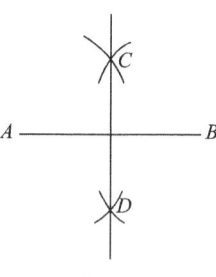

②作直线CD.

则直线CD就是所求作的直线.

4.已知三边作三角形.如图3-4-4所示.

①画$B'C'=BC$.

②分别以点B',C'为圆心,线段AB,AC的长为半径画弧,两弧相交于点A'.

③连接线段$A'B',A'C'$.

则$\triangle A'B'C'$即为所求作的三角形.

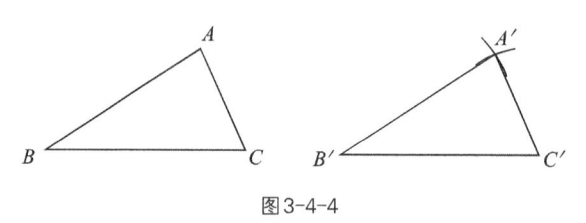

图3-4-4

5.已知两边及其夹角作三角形.如图3-4-5所示.

①画$\angle DA'E=\angle A$.

②在射线$A'D$上截取$A'B'=AB$.在射线$A'E$上截取$A'C'=AC$.

③连接$B'C'$.

则$\triangle A'B'C'$即为所求作的三角形.

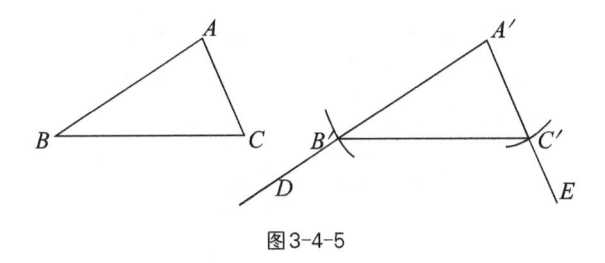

图 3-4-5

6.已知两角及其夹边作三角形.如图 3-4-6 所示.

①画线段 $A'B'=AB$.

②在 $A'B'$ 的同旁画 $\angle DA'B'=\angle A$, $\angle EB'A'=\angle B$, AD', $B'E$ 相交于点 C'.

则 $\triangle A'B'C'$ 即为所求作的三角形.

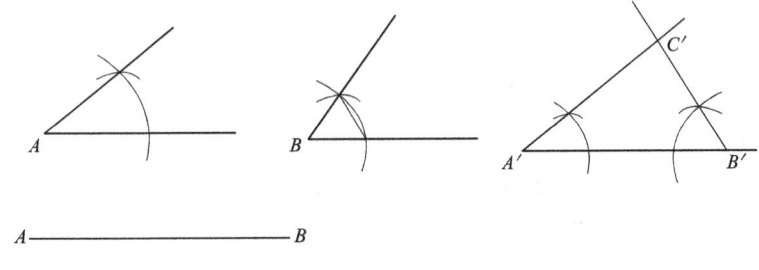

图 3-4-6

7.已知底边及底边上的高线作等腰三角形.如图 3-4-7 所示.

①作线段 $AB=a$.

②作线段 AB 的垂直平分线 MN,与 AB 相交于点 D.

③在 MN 上取一点 C,使 $DC=h$.

④连结 AC,BC.

则 $\triangle ABC$ 就是所求作的等腰三角形.

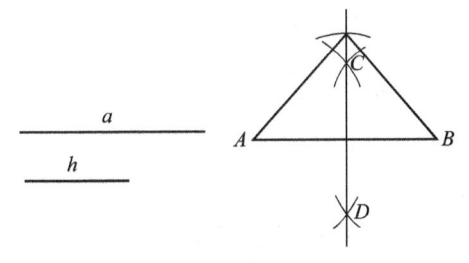

图 3-4-7

8.已知一直角边和斜边作直角三角形.如图3-4-8所示.

①画∠MC'N＝90°.

②在射线C'M上截取B'C'＝CD.

③以点B'为圆心,AB为半径画弧,交射线C'N于点A'.

④连接A'B'.

则△A'B'C'即为所求作的三角形.

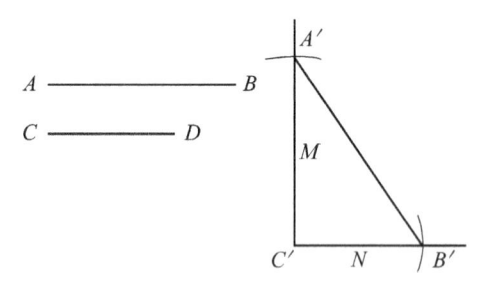

图3-4-8

9.作三角形的外接圆.如图3-4-9所示.

三角形的外接圆,即圆心到该三角形各顶点的距离相等,根据垂直平分线的性质可得,外接圆圆心为两边垂直平分线的交点.

①分别作出线段AB的垂直平分线l_1和线段BC的垂直平分线l_2,设它们的交点为O.

②以点O为圆心,OA为半径作⊙O.

则⊙O就是所求作的圆.

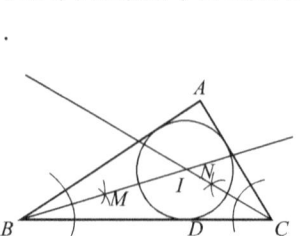

图3-4-9

10.作三角形内切圆.如图3-4-10所示.

三角形的内切圆,即圆心到三角形三边的距离相等,根据角平分线的性质可得,内切圆圆心为三角形三条角平分线的交点.

①分别作∠B,∠C的平分线BM和CN,设它们相交于交点I.

②以点I到BC的距离ID为半径作圆.

则⊙I就是所求作的圆.

比较各个版本的教材,分析三角形尺规作图

图3-4-10

的内容编排,发现三角形尺规作图的特点如下:

①三角形的尺规作图与三角形全等的判定紧密联系,穿插于三角形全等的判定之中.

以人教版为例,教材将已知三边利用尺规作三角形作为一个探究活动,探究发现三边分别相等的两个三角形全等,引出三角形全等的第一个判定,依据该判定定理,直接引出了用直尺和圆规作一个角等于已知角的方法,并将该尺规作图的方法原理作为思考留给学生,一定程度上起到了对 SSS 判定定理的理解和巩固作用.在人教版教材中,全等三角形的判定定理学习中,教材将已知两边及其夹角利用尺规作三角形、已知两角及其夹边利用尺规作图作三角形、已知一直角边和斜边利用尺规作图作直角三角形设计为课时探究活动,通过尺规作图的探究,发现 SAS、ASA、HL 判定定理,探究思路一脉相承,形成体系,充分体现了尺规作图是一种探究几何规律的认知工具.

浙教版教材由已知三边利用尺规作三角形的探究活动导入,从尺规作图说起,先通过作图验证两个三角形重合的关键,给出"三边对应相等的两个三角形全等",为全等三角形的判定建立直观的经验基础.又由三边对应相等得到两个三角形全等,得到对应角相等,进而得到作一个角等于已知角的方法,是由尺规到全等,又由全等到尺规的过程,由此可见,尺规作图可以帮助感知几何图形、理解图形性质.

②注重学生主体,重视学生的自主探索与自主学习.

以浙教版为例,教材的编排并未将尺规作图面面俱到,详细编写作图步骤,一些尺规作图的内容是作为作业题、思考题由学生自主探究的.

八年级上册1.6《尺规作图》一课的"作业题",已知一角与两边,要求学生利用尺规作三角形.学生通过探究会发现,给定两条线段和一个角可能作出两个不同的三角形,由此可得 SSA 不能作为两个三角形全等的判定条件.体现了尺规作图是数学中反例说明的有效手段,直观且简洁,并为理解三角形全等的判定打下坚实基础.

八年级上册2.8《直角三角形》一课的"做一做",已知一直角边和斜边作直角三角形,依据对直角三角形全等判定的学习,已知斜边和一条直角边对应相等地两个直角三角形全等,学生能较快地理清尺规作图思路,作出图形.反过来,尺规作图也能为直角三角形全等判定建立更为直观的经验基础.

九年级下册2.3《三角形的内切圆》,三角形的内切圆圆心即该点到三角形三边的距离相等,根据角平分线的性质可得,内切圆圆心为三角形三条角平分线的交点,依据作一个角的平分线的经验,可快速得到三角形内切圆作法.

除一些尺规作图方法,教材留给学生自主探究和思考之外,教材在用尺规作一个角等于已知角、作一条线段的垂直平分线、作适合某种条件的三角形中,对于作法的正确性证明没有特别指出,而是也将其作为思考题留给学生探究.

湘教版教材中,教材对三角形尺规作图的内容进行了较为全面的整合,在八年级上册的2.6《用尺规作三角形》一课中包含了初中阶段关于三角形尺规作图的大部分方法,作为三角形章节的最后一课,教材设置了较多思考题,如"为什么OC是$\angle AOB$的平分线""为什么$\angle A'O'B'$就是所求作的角"等,需要学生自主思考、求证说明尺规作图步骤的合理性,起到了复习和巩固三角形全等判定定理的作用.

③与生活实际紧密相连.

人教版教材中,关于"作一个角的平分线",人教版教材由平分角的仪器导入,由SSS全等判定定理来证明其合理性,进而得出由尺规作一个角的平分线的方法,体现了数学从生活中来,到生活中去.

④新旧知识紧密衔接,呈螺旋式上升.

由轴对称引出垂直平分线概念及其性质,根据性质得到尺规作图方法,又为后续已知底边及底边上的高线作等腰三角形奠定了坚实的基础.

在圆的学习中,各版本教材几乎都以点和圆的位置关系、直线和圆的位置关系为主线,引出三角形外接圆与内切圆概念,并联系前置知识组织知识脉络,得到尺规作图的方法步骤.这都说明了知识的学习是螺旋式上升的过程,新旧知识之间存在着密切的联系,学习的旧知识为新知识的建构打下坚实基础,学习的新知识又能对旧知识进行巩固深化和解释说明.

分析比较人教版、浙教版、北师大版、湘教版四个版本的教材,发现北师大版教材在利用尺规作一个角等于已知角这一内容的编排上,与人教版、浙教版以及湘教版差异极大,其内容设置在学习全等三角形之前,即该尺规作图的方法在学习之时没有理论支撑,学生只知作法,不知缘由,需要后续学习全等三角形的判定后才能对该作法的合理性进行论证与说明.

在内容的呈现上,人教版、湘教版对于尺规作图的作法有较为完整的说明和体现,尺规作图均作为教材正文出现,严谨规范.而北师大版和浙教版的教材中,尺规作图的作法详略结合,一些仅作为课后习题或思考题,由学生举一反三,自主探究而得,充分发挥了学生在教学中的主体作用.

在内容编排的逻辑上,人教版多以尺规作图作为新知探究导入部分,将尺规作图作为探究几何规律的重要认知工具,探究思路一脉相承,形成体系,学生在系统地学习后能自主地对全等三角形判定定理进行探究和学习.浙教版、北师大版中尺规作图设计较为灵活,尺规作图内容起到了穿针引线的作用,既能帮助感知几何图形、理解图形性质,又能为旧知识复习巩固和提升.北师大版在设置"作一个角等于已知角"部分存在思维短板,需要后续知识的补充说明.湘教版将大部分的三角形尺规作图归为一课,作为三角形章节的最后一课,起到了较好的复习巩固作用.关于三角形的外接圆和内切圆,四个版本的教材在逻辑上基本一致,均以点和圆的位置关系、直线和圆的位置关系为主线,引出三角形外接圆与内切圆概念,并联系前置知识组织知识脉络,得到尺规作图的方法步骤.

教材中关于三角形的尺规作图在作图的本质、内容的联系性上体现了数学的整体性,深刻展示了尺规作图在数学教学中的意义与价值:

尺规作图是实现图形变化的科学手段,直观且准确.尺规作图在图形变化中起到了十分重要的作用,如利用尺规作一个角等于已知角、利用尺规作三角形等,都相当于将图形进行了平移.相比于利用量角器、刻度尺的测量作图,运用尺规作图,误差较小,更加精准,体现了数学的严谨性、科学性,正是如此的数学美,能很大程度地培养学生对于数学学科的兴趣与崇拜,激发学生对于数学学习的热情.

尺规作图是数学中说明反例的有效手段,直观且简洁.如浙教版中的课后习题,已知一角与两边求作三角形,学生利用尺规作三角形容易发现,给定两条线段和一个角可能作出两个不同的三角形,通过很直观的反例可得 SSA 不能作为两个三角形全等的判定条件,尺规作图的过程加深了学生对于三角形全等判定的理解,是对知识的巩固和提升.又比如"直角三角形斜边上的中线等于斜边的一半",其逆命题是否成立,可以通过尺规作图进行验证.即 Rt$\triangle ABC$中,$\angle BAC = 90°$,E是BC上一点,且$AE = \dfrac{BC}{2}$,那么AE是否为BC边上的中线? 利用尺规作图,以A为圆心,$\dfrac{BC}{2}$长为半径画弧,交BC于两点,即可得到"直角三角形斜边上的中线等于斜边的一半"其逆命题是伪命题.

尺规作图是学生实际执行的操作,直观且深刻.尺规作图是手脑并用的活动方式,其本身蕴含着一定的趣味性,有利于激发学生对于数学学习的热情与兴趣,学生在动手操作的过程中,直观地感受、直观地体验、真实地思考,不仅能掌握技能操作的程序和步骤,还能帮助感知几何图形、理解图形性质,有利于培养学生的数学思维,发展核心素养.

(3)三角形尺规作图的教学重构

由于尺规作图不只是一种几何作图任务,更重要的是将它作为一种感知几何图形、理解图形性质、探究几何规律的认知工具,因此,在尺规作图的教学中,应采取化整为零的方法,将尺规作图植入几何学习的全过程,目的是帮助学生通过具体的操作活动,经历几何对象的图形构造过程,理解图形的组成元素、关系与结构,培养几何直观.

但是,在现有的实际的数学尺规作图教学中,存在一些问题.尺规作图的学习以"阅读作法、根据作法中的步骤操作"为主,基本的尺规作图更多时候被当做是一种工具,很多教师在尺规作图教学过程中将重点集中在了具体的作法上,过多地注重作图的步骤和技巧,而忽视了整个作图步骤是如何自然产生的,教师很少引导学生思考如何利用尺规进行作图,而是直接地叙述作法并进行示范,忽视了学生对作法原理的探究,对作图前的分析锻炼不够,教师作图、学生模仿,在这种讲授—记忆的教学过程中,学生"依葫芦画瓢",缺少对作图步骤生成性的体验,导致学生对于尺规作图的掌握停留在机械操作的层面,知其然但不知其所以然,这样的教学使得学生容易将三角形的作图与其相关的知识和性质相割裂,对尺规作图步骤的理解不够清晰,常常会出现上课时记住了作图的画法步骤,但是短时间后又记忆模糊甚至不知所以的现象.另外学生利用基本作图进行复杂作图的综合能力也较差,作图时一知半解,无法将复杂图形的作图与相关的几何知识联系起来,进而完成作图任务,这就导致了学生的思维很难得到提升和锻炼,也体会不到数学学习过程中的趣味性和思维碰撞的魅力,这种失去思考、只有模仿和记忆的教学不利于学生知识的建构.

因此,针对尺规作图的教学,提出以下建议:

1.基于基本作图的作法进行深入的思考,重在"怎样得到作法",积极引导学生自主思考和探究,挖掘尺规作图背后的教学思考,培养学生有效作图、用图思考、依图想象的习惯.在教学过程中,可以利用"问题串"的形式,启发学生持续思考,促进学生思维的持续深入,建立几何直观.

如利用圆规和无刻度尺子作垂直平分线的教学,在学生知道作相等长度的线段及相等大小的角的基础上,尝试引导学生基于图形的性质或关系,作一条线段的垂直平分线,建立几何直观.

下文以"作一个角等于已知角"为例,展示尺规作图的教学中应该如何用"问题串"的形式,启发学生持续思考.

【案例3-4-1】
作一个角等于已知角

问题1:在以前的学习中,我们是怎样用量角器作一个角等于已知角的?量角器在作图的过程中它的功能是什么?

生:先利用量角器量出已知角的度数,接着画一条射线作为角的始边,将量角器放在射线上,其中量角器的中心点与射线的端点重合,0刻度线与射线重合,在量角器上找到所要画的角度的刻度线,在该刻度线所对应的纸上画一个点,用尺子把射线的端点与纸上画的点连成线.量角器的功能是确定角的度数.

问题2:如果此时量角器上没有刻度了,那你还能用这个量角器作一个角等于已知角吗?

生:利用量角器量出已知角的度数,这一步无法完成,所以可以在与终边对应的地方作一个标记点,接着画一条射线作为角的始边,将量角器放在射线上,其中量角器的中心点与射线的端点重合,0刻度线与射线重合,在量角器上找到标记点,在该标记点所对应的纸上画一个点,连结用尺子把射线的端点与纸上画的点连成线.

【设计意图】调用小学时的知识经验,回顾用量角器作一个角等于已知角的方法,分析作图过程,使得学生在问题2的思考中能较快地找到作"标记点"的方法,进而发现量角器的功能由数转变为形,为进一步探究"用尺规作一个角等于已知角"作好铺垫.

问题3:如果没有量角器,你能借助圆规和直尺画一个角等于已知角吗?

生:利用圆规创造出量角器的弧,"化曲为直",即将度量弧线的长度转化为度量弧线两端点连结所成的线段的长短,而我们熟悉的圆规可以帮助截取线段的长短,那么确定"标注点"也可以由圆规实现.

师生活动：回忆活动的全过程，量角器——没有刻度的量角器——圆弧，整理利用尺子和圆规作一个角等于已知角的方法(如图3-4-11)：

①点 O 为圆心，任意长为半径画弧，分别交 OA，OB 于点 C，D；

②画一条射线 $O'A'$，以点 O' 为圆心，OC 长为半径画弧，交 $O'A'$ 于点 C'；

③以点 C' 为圆心，CD 长为半径画弧，与第2步所画的弧相交于点 D'；

④过点 D' 画射线 $O'B'$．则 $\angle A'O'B'$ 即为所求作的角．

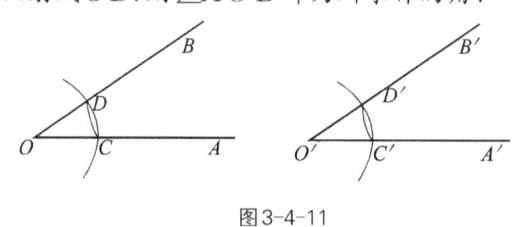

图3-4-11

【设计意图】 基于前面的探究和发现，根据量角器画角的基本方法和经验，类比利用直尺和圆规画角的方法，完成知识的迁移．学生从简单、熟悉的问题开始思考，教学过程由问题串联，在新旧知识之间建构桥梁，一步一步深入，引导学生体验和探究的过程符合其本身的认知水平，最后进行总结和归纳，明确作图的步骤．

2.以尺规作图为载体，进行新知的探索，让尺规作图教学贯穿学生整个学习过程，帮助学生通过具体的操作活动，经历几何对象的图形构造过程．理解图形的组成要素、关系与结构、培养几何直观，促进知识的建构．学生在学习的过程中，能利用尺规作图探讨几何图形的存在性与结构特征．例如，通过尺规作图发现：怎样的三条线段才可以作出一个锐角三角形、直角三角形、钝角三角形；给定两条线段和一个角可能作出两个不同的三角形；作一个平行四边形需要三个条件，作一个矩形和菱形需要两个条件，而作一个正方形只需要一个条件，由此确定一个或一类几何图形的基本元素，理解其结构特征，为研究其性质打下坚实基础．

如用直尺和圆规作三角形，通过作图直观感受为什么三角形中任意两条边的长度之和大于第三条边的长度，即通常所说的"任意两边之和大于第三边"．在教学中可以引导学生在具体的操作过程中发现一般规律，例如，给出几组线段(每组三条)，有的能构成三角形，有的不能构成三角形．首先，启发学生在操作过程中思考三角形三条边的边长之间的关系，感悟命题"任意两边之和大于第三边"的意义,然后,引导学生用"两点之间线段最短"这个基本事实说明数学命题的正确性,形成推理意识.

下文以《认识三角形》一课为例,展示如何在新知教学中以尺规作图为载体,串联课堂知识主线,引导学生通过具体的操作活动,展开新知的学习与探究,体现尺规作图在几何图形新知讲授课中的作用与价值,实现尺规作图作为一种感知几何图形、理解图形性质、探究几何规律的认知工具意义.

【案例3-4-2】
《认识三角形》

(一)新知导入

让学生找出教室里存在的三角形,列举生活中常见的三角形图案.

【设计意图】引导学生直观感受三角形,发现三角形在生活中的广泛性.

【教学片段1】

问题1:对于三角形,你有哪些认识?

【设计意图】三角形作为基础图形在生活中广泛存在,学生在小学的时候已经学习过三角形的相关内容,对三角形具备一定的知识储备,引导学生回顾三角形的相关知识,为展开三角形的学习做好铺垫.

(二)三角形的概念

让学生根据对三角形的理解,自己画一个三角形,同时,教师在黑板上画一些图形,由学生判断哪些图形是三角形(如图3-4-12).

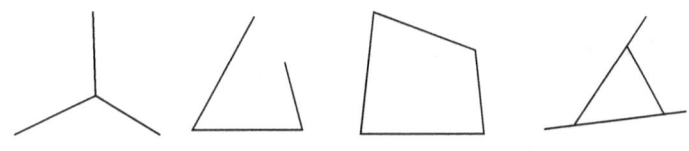

图3-4-12

【设计意图】学生在探究的过程中,逐渐明确三角形图形区别于其他图形的本质特征,为探究发现三角形的概念打好基础.

【教学片段2】

问题2:你能给三角形下一个定义吗?

师生活动:由学生独立思考,再进行小组交流,相互补充完善,师生、生生合作,总结三角形的定义.

【设计意图】以学生为主体,注重学生的主体地位,给学生自主探究的过程,提高学生的课堂参与度,加深学生对于知识的理解.

> (三)三角形的表示
>
> 给出三角形的图形语言、文字语言与几何语言表述,根据三角形的组成要素展开,对点、边、内角的表示进行讲解.

【设计意图】强调几何图形的表示方法,引导学生注重几何图形的图形语言、文字语言和几何语言表达,加深学生对于三角形的认识和理解.

> (四)三角形的三边关系和分类
>
> 问题3:如图3-4-13,现有三条线段,$a=3\text{cm}, b=8\text{cm}, c=10\text{cm}$,尝试用尺子和圆规画以这三条线段为边的三角形.
>
> 学生活动:将自己与同学作的三角形进行比较,如三角形的大小、形状、角度等,易发现大家所作三角形都完全一样,即能完全重合,说明三角形由三边唯一确定.
>
> a _____
>
> b _____
>
> c _____
>
> 图3-4-13

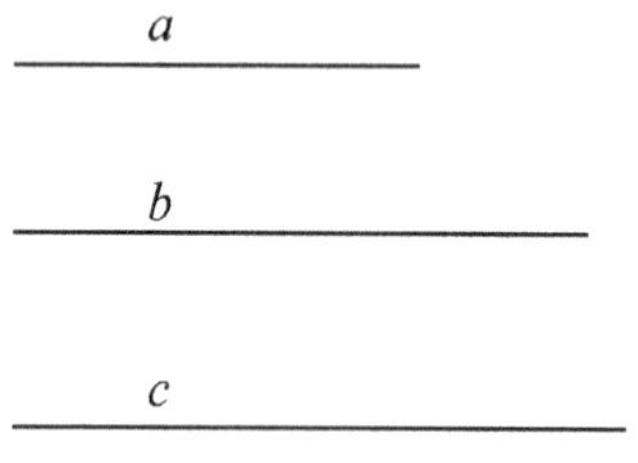

【设计意图】学生在七年级已经接触过尺规作图,并会用尺规作一条线段等于已知线段,基于已有知识,学生能较快得到已知三边利用尺规作三角形的方法.因此,本节课在设计上打破教材顺序,将已知三边利用尺规作三角形内容前置,以尺规作图驱动教学进程,学生根据作图探究能发现三角形由三边唯一确定,为后续学习全等三角形边边边的判定定理

建立较为直观的经验基础,又为后续知识作铺垫,充分体现了尺规作图是感知几何图形、理解图形性质、探究几何规律的认知工具.

【教学片段3】

变式1:此时,$a=6\text{cm}$,$b=8\text{cm}$,$c=10\text{cm}$,尝试用尺子和圆规画以这三条线段为边的三角形.

变式2:此时,$a=7\text{cm}$,$b=8\text{cm}$,$c=10\text{cm}$,尝试用尺子和圆规画以这三条线段为边的三角形.

问题4:观察你画的三个三角形,有什么发现?

师生活动:引导学生利用量角器等工具测量三角形,发现:

1.三角形中大边对大角、小边对小角.

2.三角形的边长关系会影响到内角大小,三角形最长边与最短边相差较大时,得到的是钝角三角形,最长边与最短边比较接近时,得到的是锐角三角形,而这两种情况的分界点就是直角三角形.

3.可以依据三角形内角的大小对三角形进行分类:锐角三角形、直角三角形、钝角三角形.

【设计意图】基于尺规作图与三角形的关系,打破教材顺序,选定尺规作图驱动教学进程,将本节课的内容与后续的知识进行串联,将章节起始课真正做到铺垫、启下的作用.一方面加深学生对于已知三边利用尺规作三角形步骤的理解和认识,另一方面,学生实际执行、手脑并用的课堂活动,富有趣味性,能激发学生对于课堂的兴趣,提高学生的课堂参与度,学生在动手操作的过程中,直观地感受体验,对于三角形的边边关系、边角关系有了初步的理解和认识,为后续学习直角三角形的勾股定理也做好了铺垫,充分发挥了尺规作图帮助感知几何图形、理解图形性质的作用.

尝试课堂新模式,以问题驱动,设置开放式学习任务,教师不做约束,由学生自主探究、讨论交流,最终得到结论.在该环节预留较多时间,引导学生经历自主探究、讨论交流、形成结论的过程,教师不做过多约束,充分发挥学生的主体作用.学生不再囿于课堂的陈规模式中,而是从已有的经验出发,自主地进行思考和探究,充分发挥了学生在课堂中的主体地位,有利于学生思维的提升与数学思想的培养.

【教学片段4】

问题5： 此时，$a=1$cm，$b=8$cm，$c=10$cm，这三条线段是否可以组成三角形？

师生活动： 根据尺规作图，发现并不是任意长度的三条线段均可组成三角形，进而由两点之间线段最短得到三角形的三边关系，即三角形任意两边的和大于第三边．

学生活动： 任意设定三条线段的长度，同桌交换，判断其设定的三条线段是否能够组成三角形．

【设计意图】 学生基于已知三边利用尺规作三角形的方法，结合已有的学习经验，自主地探究得到三角形任意两边的和大于第三边．再由学生自主设置线段长度，设计练习题，发挥学生主体作用，对三角形三边关系起到巩固作用．

3.以尺规作图为媒介，促进思维的深入发展．在五种基本作图，即作一条线段等于已知线段、作一个角等于已知角、作一个角的平分线、过一点作已知直线的垂线以及作一条线段的垂直平分线基础上，对内容和难点进行适当提升，达到对知识深化和再认识的目的．在迁移运用中感悟尺规作图通法，让学生学会"执果索因"，不仅熟知作图步骤，还应了解作图的原理，知其然且知其所以然，提升探究问题、解决问题的能力，能综合运用尺规作图解决较为复杂的问题，理解其中的策略和方法．但是由于尺规作图在教材中的分布较为零散，知识的碎片化学习不利于知识体系的完整建构，专题复习课程中对知识进行整合和深化是有必要的．

下文以《尺规作图的再认识专题复习课》一课为例，展示尺规作图蕴含的思维碰撞，促进思维的深入发展．

【案例3-4-3】
《尺规作图的再认识专题复习课》

1.课程导入

历史上最先明确提出限制作图工具的是古希腊的伊诺皮迪斯，之后，限用尺规作图逐渐成为一种公约，多年来，很多数学家都致力于研究尺规作图三大问题，即倍立方积、三等分任意角和化圆为方，但都以失败告终．直至1882年，才证实了这都是尺规作图的不可能问题．

【设计意图】以数学史导入,富有趣味性,激发学生学习兴趣,说明尺规作图历史悠久,且在漫长的数学发展史中意义非凡,又以数学家追求真理、不断探索的故事激发学生的求知欲望,有利于课堂氛围的营造和建设.

2.复习回顾

问题1:在初中阶段,我们学习了哪些尺规作图方法?

师生活动:学生以小组为单位,讨论交流,动手操作,回顾尺规作图的5个基本作图的方法,并在组内交流证明每个作图方法的合理性.

【设计意图】引导学生复习和回顾尺规作图的五个基本作图,即作一条线段等于已知线段、作一个角等于已知角、作一个角的平分线、过一点作已知直线的垂线以及作一条线段的垂直平分线,包括作图的方法和缘由,为后续课堂的展开作铺垫.

3.活动探究

活动1:如图3-4-14,利用尺子和圆规,用尽可能多的方法,过直线外一点P作已知直线的平行线.

图3-4-14

【预设作法】

1.如图3-4-15,根据"两条直线被第三条直线所截,如果同位角相等,那么这两条直线平行",利用作一个角等于已知角的尺规作图方法,作$\angle DPE = \angle BAC$,则PE所在直线即为所求作直线.类似的,根据"两条直线被第三条直线所截,如果内错角相等,那么这两条直线平行"同样可以得到所求直线.

图3-4-15

2.如图3-4-16,根据"同一平面内,垂直于同一条直线的两条直线互相平行",利用过一点作已知直线的垂线的尺规作图方法,过点P作AB的垂线PO,再过点P作PO的垂线PC,则PC即为所求作直线.

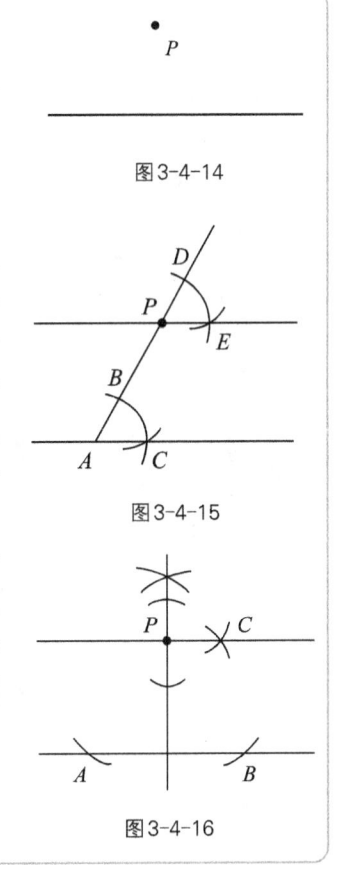

图3-4-16

3.如图3-4-17,根据"两组对边分别相等的四边形是平行四边形","平行四边形两组对边分别平行",利用作一条线段等于已知线段的方法,分别截取AB、AP的长度画弧,两弧交于点C,连接PC,则PC所在直线即为所求作直线.

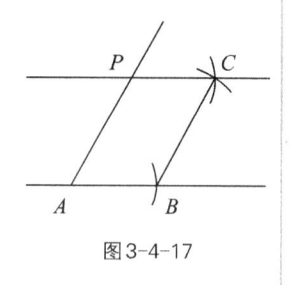

图3-4-17

【设计意图】开放探究题,作法不唯一,引导学生积极思考,在复习和回顾尺规基本作图的同时,提供尽可能多的作图方式,利用旧知识解决新问题,对基础内容和方法进行复习回顾,将新旧内容建立联系.在思维的提升与发散的过程中,引导学生化难为易、化繁为简,将复杂的作图问题拆解成几个基础的尺规作图,利用基本作图逐一解决.同时,调动学生结合已学习过的几何知识如平行线的性质、平行四边形的定义和性质等进行画图,起到复习和巩固的作用.

活动2: 利用尺子和圆规,作$Rt\triangle DEF$,使直角边EF落在BC上,且$\triangle DEF$的周长等于边BC的长.

【作法】在BC上任取一点E,过E作BC的垂线,构造直角.以BE为半径画弧,交BC的垂线于点D,使得$BE=DE$.连结DC,作DC的垂直平分线,交BC于点F,根据"垂直平分线上的点到线段两端点的距离相等",得$DF=FC$,则$\triangle DEF$即为所求作三角形.

【设计意图】引导学生将复杂问题拆分成一个一个小问题,将复杂作图转化成基本作图,对问题进行转化,如构造直角需要作垂线,构造线段相等可以通过简单画弧,也可以通过垂直平分线的性质得到.作图过程中复习和回顾了利用尺规作一条线段的垂直平分线、过一点作已知直线的垂线的方法步骤,体会了尺规作图的思想方法.

【教学片段1】

活动3：利用尺子和圆规，用尽可能多的方法，作一个角的角平分线．
【预设作法】

1. 教材中提到的一般方法．

(1)如图 3-4-18，在 OA, OB 上分别截取线段 OD, OE，使 $OD=OE$；

(2)分别以 D, E 为圆心，大于 $\frac{1}{2}DE$ 的长为半径画弧，在 $\angle AOB$ 内两弧交于点 C；

(3)作射线 OC，则 OC 为所求作的 $\angle AOB$ 的平分线．

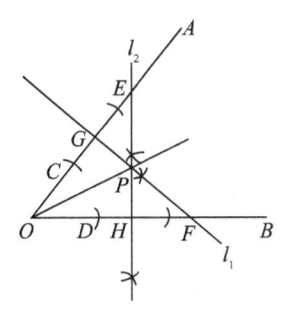

图 3-4-18

2. 通过构造全等三角形，进而构造角平分线．

如图 3-4-18，在射线 OA、OB 上截取 $OC=OD$, $OE=OF$；分别作线段 CE、DF 的垂直平分线，交点为点 P，垂足分别为点 G、H，连结 OP，即 OP 为所求作的角平分线．

证明：因为在 $Rt\triangle OPG$ 和 $Rt\triangle OPH$ 中，$\begin{cases} OP=OP \\ OG=OH \end{cases}$

所以 $\triangle OPG \cong \triangle OPH$（HL）

所以 $\angle POG = \angle POH$

则 OP 为所求作的角平分线．

3. 通过构造全等三角形，进而构造角平分线．

如图 3-4-19，在射线 OA、OB 上截取 $OC=OD$, $OE=OF$；连结 DE, CF，交点为 P，连结 OP，即 OP 为所求作的角平分线．

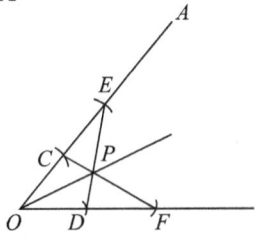

图 3-4-19

证明：因为在 $\triangle OED$ 和 $\triangle OFC$ 中，$\begin{cases} OE=OF \\ \angle EOD=\angle FOC \\ OD=OC \end{cases}$

所以 $\triangle OED \cong \triangle OFC$（SAS）

所以 $\angle OED = \angle OFC$

因为在 $\triangle CPE$ 和 $\triangle DPF$ 中，$\begin{cases} \angle CPE=\angle DPF \\ \angle CEP=\angle DFP \\ CE=DF \end{cases}$

所以 $\triangle CPE \cong \triangle DPF$（AAS）

所以 $PE=PF$

因为在 $\triangle OPE$ 和 $\triangle OPF$ 中，$\begin{cases} OE=OF \\ PE=PF \\ OP=OP \end{cases}$

所以 $\triangle OPE \cong \triangle OPF (SSS)$

所以 $\angle EOP = \angle FOP$

4.利用全等三角形性质和平行线性质构造角平分线.

如图 3-4-20，以点 A 为圆心，任意长为半径作弧，分别交射线 AM、AN 于 B、C 两点；以点 C 为圆心，AC 为半径作弧，分别交射线 AM、AN 于 D、E 两点；以点 E 为圆心，BC 为半径作弧，交弧 DE 于点 F，连接 AF，则 AF 为所求作的角平分线.

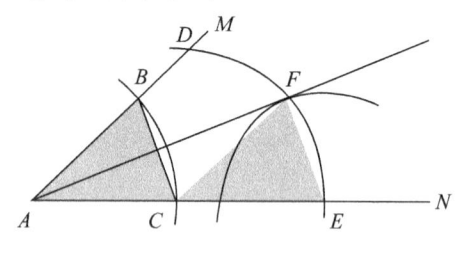

图 3-4-20

证明：因为在 $\triangle ACB$ 和 $\triangle CEF$ 中，$\begin{cases} AB=CF \\ BC=FE \\ AC=CE \end{cases}$

所以 $\triangle ACB \cong \triangle CEF (SSS)$

所以 $\angle BAC = \angle FCE$

所以 $AB // CF$

所以 $\angle BAF = \angle CFA$

又因为 $AC = CF$

所以 $\angle CAF = \angle CFA$

所以 $\angle BAF = \angle CAF$

则 AF 为所求作的角平分线.

【设计意图】 由作一个角的平分线作为活动3的切入，启发学生尺规作图的方法不唯一，以结果为导向，构建桥梁，可以发散多种方法.该环节设置留出大量时间由学生自主画图、自主探究、自主思考，鼓励学生一题多解，发展多元思维，引导学生用数学语言流畅表达，充分发挥学生在课堂中的主体地位，提高学生对数学问题分析和解决的能力，在未来的解题过程中能更为丰富的思路，进而能提高学生对于数学学科的学习自信，大大提升数学学习的热情与兴趣.该活动充分调动学生的参与度，提高学生的逻辑思维和创造性思维，培养学生思维活动的活跃性和敏捷性.不仅如此，还复习回顾了全等三角形的判定定理，符合中考复习阶段对于课程的要求.

教师应根据学生的认知水平和已有知识储备,为学生学习尺规作图搭建脚手架,积极引导学生构建知识体系,了解掌握尺规作图的作法和缘由,发展数学思维和核心素养,发挥尺规作图在初中教学中的意义和价值.

2.尺规作图的基本应用

尺规作图的应用较为广泛,利用尺规作图可以帮助解决一些复杂的问题,如等积变形、隐形圆等,在新课标的指引下,教师可以对教材资源进行加工整合,不断挖掘新的课堂教学资源,提取有价值的应用与结论,拓宽学生的知识面,发散学生的思维,真正实现学生核心素养的培养.

(1)等积变形

如图3-4-21,由平行线性质得,夹在两条平行线间的垂线段相等,又因为同底等高的两个三角形面积相等,所以可以得到 $\triangle ABC$ 和 $\triangle DBC$ 面积相等, $\triangle ABD$ 和 $\triangle ADC$ 面积相等,进而得到 $\triangle ABO$ 和 $\triangle DCO$ 面积相等.利用尺规作图构造平行

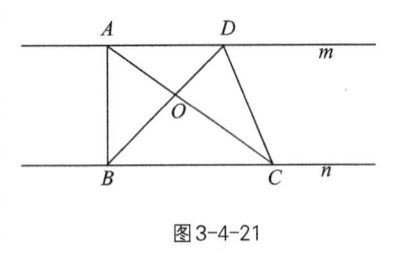

图3-4-21

线,建立平行线间的等积变换模型,可以帮助我们解决很多面积求解和曲改直问题,但是在教学过程中明确模型需要强化、深化,但不能僵化、固化,要给学生更多的创新机会和想象空间.

【案例3-4-4】
等积变形

1.情境导入

城中街改造过程中,工程队的王刚遇到了麻烦.如图3-4-22,一块草地的中间有一条弯路,$AC//BD$,$CE//DF$.现政府要求将道路改直,且草地的种植面积保持不变.

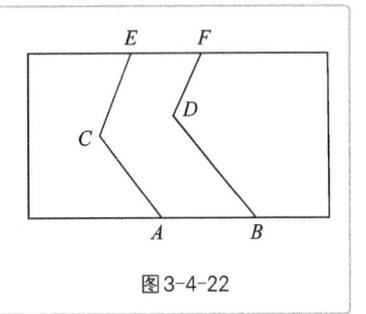

图3-4-22

【设计意图】从生活中的实际问题出发,生活中处处有数学,数学可以帮助解决生活中的实际问题,培养学生会用数学的眼光观察现实世界,会用数学的思维思考现实世界,会用数学的语言表达现实世界.

2.新知学习

问题1：如图3-4-23，已知直线 $m//n$，你能找出几对面积相等的三角形？请说明你的理由.

生：三对.如图3-4-24，因为夹在两条平行线间的垂线段相等，同底等高的两个三角形面积相等，所以可以得到 $\triangle ABC$ 和 $\triangle DBC$ 面积相等，$\triangle ABD$ 和 $\triangle ADC$ 面积相等，进而得到 $\triangle ABO$ 和 $\triangle DCO$ 面积相等.

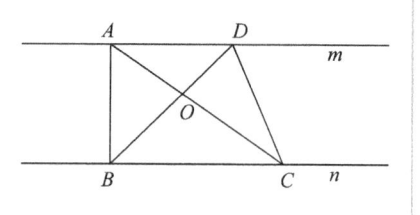

图3-4-23

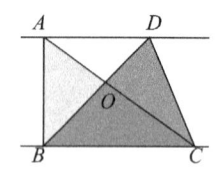

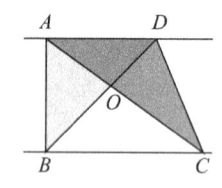

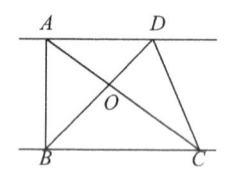

图3-4-24

【设计意图】 由平行线性质建立模型，明确平行线间如 $\triangle ABO$ 和 $\triangle DCO$ 的面积是相等的，为后面的深入学习应用做好铺垫.

3.学以致用

如图3-4-25，已知 E,F 分别为 □$ABCD$ 边 AD,BC 上的两点，则图形中与 $\triangle BEC$ 的面积相等的三角形有 ____ 个.

如图3-4-26，$\triangle ABC$ 和 $\triangle DEC$ 是面积分别为 a,b 的等边三角形，点 A,C,E 在同一直线上，则 $\triangle BDE$ 的面积是 ____.

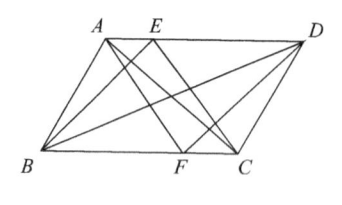

图3-4-25

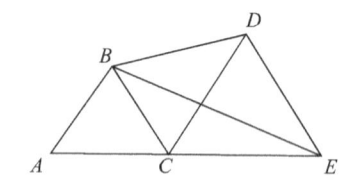

图3-4-26

【设计意图】趁热打铁,这两题可以直接通过模型得到答案,主要考查学生对于模型的理解和应用,巩固对于知识的理解.

如图 3-4-27,正方形 $ABCD$ 和正方形 $BEFG$ 的边长分别为 a,b,其中点 A,B,E 在同一直线上,则 $\triangle ACF$ 的面积是_____.

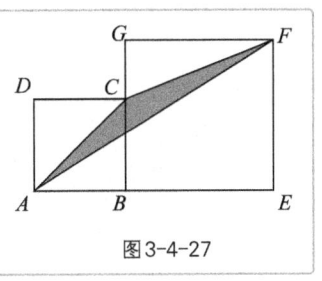

图3-4-27

【设计意图】本题图中并没有直接的模型图,因此需要学生利用尺规作图,构造平行线,如图3-2-28,形成模型,是对思维的进一步提升.

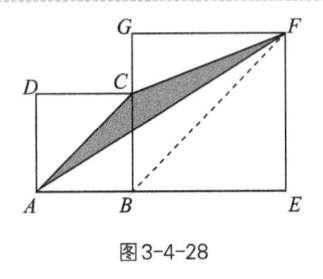

图3-4-28

如图 3-4-29,在 $\square ABCD$ 中,E,F 分别是 AB、DC 边上的点,AF 与 DE 相交于点 P,BF 与 CE 相交于点 Q,若 $S_{\triangle APD}=16\text{cm}^2$,$S_{\triangle BQC}=25\text{cm}^2$,则图中阴影部分的面积为_____ cm^2.

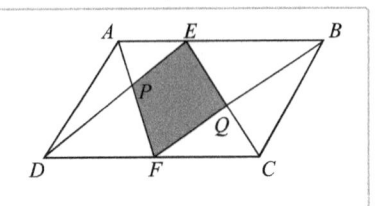

图3-4-29

【设计意图】连结 EF,根据模型可得 $S_{\triangle APD}=S_{\triangle EFP}$,$S_{\triangle BQC}=S_{\triangle EFQ}$,将四边形问题转化成三角形问题即可得到答案.

【教学片段1】

问题2:若保持面积不变,你能将图中的四边形 $ABCD$ 改成一个三角形吗?你有多少种改法?

【预设作法】

如图3-4-30,连结BD,过点A作BD的平行线,延长CB,与BD的平行线交于点E,连结ED,交AB于点O,由模型得$S_{\triangle AOD}=S_{\triangle EOB}$,因此,$\triangle ECD$即为所求作的三角形.

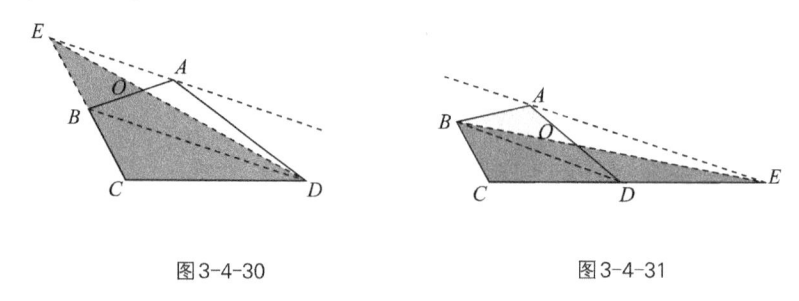

图3-4-30　　　　　　图3-4-31

如图3-4-31,连结BD,过点A作BD的平行线,延长CD,与BD的平行线交于点E,连结BE,交AD于点O,由模型得$S_{\triangle ABO}=S_{\triangle EOD}$,因此,$\triangle BEC$即为所求作的三角形.

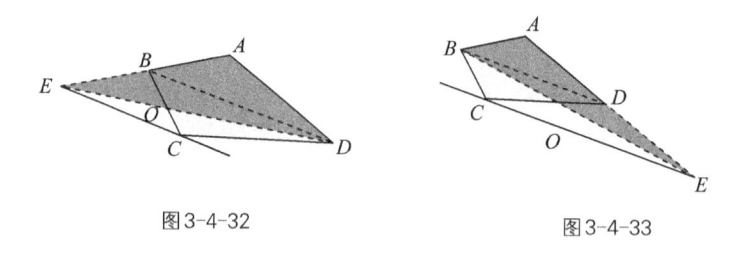

图3-4-32　　　　　　图3-4-33

如图3-4-32,连结BD,过点C作BD的平行线,延长AB,与BD的平行线交于点E,连结DE,交CB于点O,由模型得$S_{\triangle BOE}=S_{\triangle COD}$,因此,$\triangle ADE$即为所求作的三角形.

如图3-4-33,连结BD,过点C作BD的平行线,延长AD,与BD的平行线交于点E,连结BE,交CD于点O,由模型得$S_{\triangle BOC}=S_{\triangle EOD}$,因此,$\triangle ABE$即为所求作的三角形.

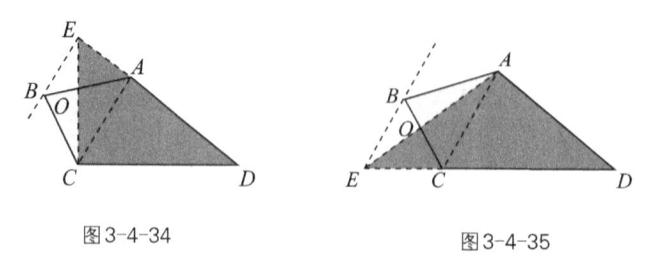

图3-4-34　　　　　　图3-4-35

— 172 —

如图3-4-34,连结AC,过点B作AC的平行线,延长DA,与AC的平行线交于点E,连结CE,交AB于点O,由模型得$S_{\triangle BOC}=S_{\triangle AOE}$,因此,$\triangle ECD$即为所求作的三角形.

如图3-4-35,连结AC,过点B作AC的平行线,延长DC,与AC的平行线交于点E,连结AE,交BC于点O,由模型得$S_{\triangle ABO}=S_{\triangle ECO}$,因此,$\triangle AED$即为所求作的三角形.

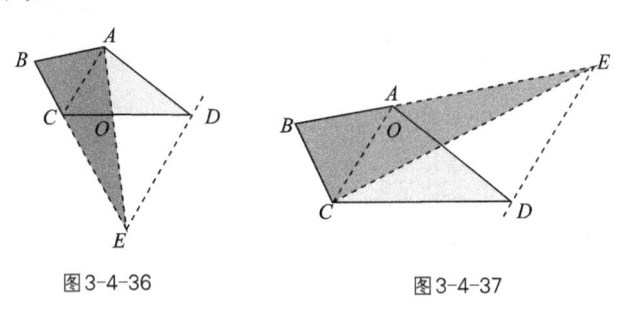

图3-4-36

图3-4-37

如图3-4-36,连结AC,过点D作AC的平行线,延长BC,与AC的平行线交于点E,连结AE,交CD于点O,由模型得$S_{\triangle AOD}=S_{\triangle ECO}$,因此,$\triangle ABE$即为所求作的三角形.

如图3-4-37,连结AC,过点D作AC的平行线,延长BA,与AC的平行线交于点E,连结CE,交AD于点O,由模型得$S_{\triangle AOE}=S_{\triangle COD}$,因此,$\triangle BCE$即为所求作的三角形.

变式1:若把图中的四边形$ABCD$改成一个以CD为一条底边的梯形或平行四边形,并保持面积不变,可以怎样改?请画图说明.

如图3-4-38,连结BD,过点A作BD的平行线,过点B作CD的平行线,交AD于点O,两条平行线交于点E,连结ED,由模型得$S_{\triangle ABO}=S_{\triangle EOD}$,因此,四边形$BECD$即为所求作的四边形.

如图3-4-39,连结AC,过点B作AC的平行线,过点A作CD的平行线,两条平行线交于点E,连结EC,交AB于点O,由模型得$S_{\triangle AOE}=S_{\triangle BOC}$,因此,四边形$AECD$即为所

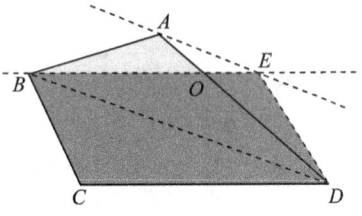

图3-4-38

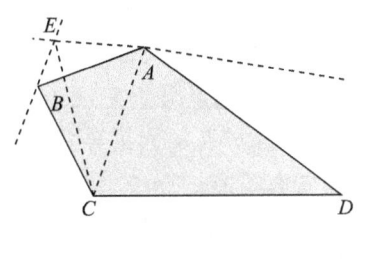

图3-4-39

求作的四边形.

若$BC//DE$,则四边形$BCDE$即为平行四边形;若BC与DE不平行,则四边形$BCDE$为梯形.

【设计意图】问题2与变式1考察的就是利用平行线实现图形的等积变换,引导学生自主画图、自主探究、自主思考,应用模型,鼓励学生一题多解,发展多元思维,引导学生用数学语言流畅表达,提高学生对数学问题分析和解决的能力,进一步巩固和提升对于模型的理解和认识.

【教学片段2】

问题3:城中街改造过程中,工程队的王刚遇到了麻烦.如图3-4-40,一块草地的中间有一条弯路,$AC//BD$,$CE//DF$.现政府要求将道路改直,且草地的种植面积保持不变.

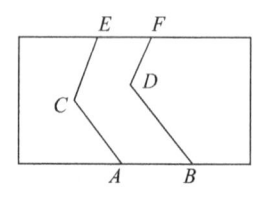

图3-4-40

【设计意图】课堂的最后又回到课前导入的问题,体现数学来源于生活又应用于生活,鼓励学生运用数学模型解决生活中的实际问题.

---

(2)交轨法与隐形圆

尺规作图是由用无刻度直尺与圆规作图,也就是说尺规作图的基本图形就是直线与圆,其本质是轨迹作图,轨迹的交点即直线与直线的交点、圆与圆的交点、直线与圆的交点,掌握尺规作图的本质,可以帮助解决很多问题.下文以例题的形式展开,说明尺规作图交轨法与隐形圆之间的关系.

例1 如图3-4-41,在平面直角坐标系的第一象限内有一点$B(2,m)$,过点B作$AB \perp y$轴,$BC \perp x$轴,垂足分别为A、C,若点P在线段AB上滑动(可以与点A、B重合),发现使得$\angle OPC=45°$的位置有两个,则m的取值范围为_____.

根据题意,需要明确点P的运动轨迹,因为$\angle OPC=45°$,$OC=2$,即$\triangle OPC$为一个定边定对

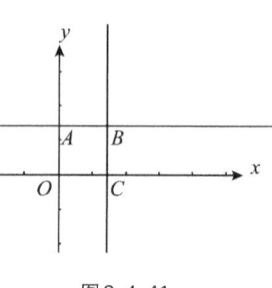

图3-4-41

角的三角形,而定边定对角的三角形本质上蕴含着隐形圆问题,也就是说点 O、P、C 三点共圆,且圆心坐标为 $(1,1)$,半径为 $\sqrt{2}$,根据使得 $\angle OPC=45°$ 的位置有两个可得 $2 \leqslant m < 1+\sqrt{2}$.

例 2 在平面直角坐标系中,点 A 的坐标是 $(0,6)$,点 M 的坐标是 $(8,0)$,点 P 是射线 AM 上一点,$PB \perp x$ 轴,垂足为点 B,设 $AP=a$,点 D 是 x 轴上一点,连结 AD、DP,若 $\triangle OAD \sim \triangle BDP$,试探究满足条件的点 D 的个数.

根据题意,在 $\mathrm{Rt}\triangle OAD$ 中,$\angle OAD+\angle ODA=90°$,从而 $\angle BDP+\angle ODA=90°$,构造点 A 关于 x 轴的对称点 A',则 $\angle A'DP=\angle A'DO+\angle BOP=90°$.当点 P 任意确定时,动点 D 与两个定点 A'、P 的连线构成的夹角是直角,根据直角三角形斜边的中线等于斜边的一半可知,动点 D 在以线段 $A'P$ 为直径的圆上,又因为点 D 在 x 轴上,即点 D 为两轨迹的交点.一道关于相似三角形的存在性问题就转化成为隐形圆问题,需要考虑轨迹的交点.

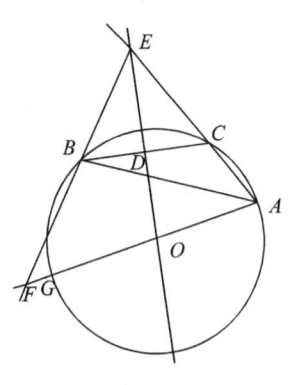

图 3-4-42

例 3 如图 3-4-42,已知 $\triangle ABC$ 内接于 $\odot O$,点 C 在劣弧 AB 上(不与点 A、B 重合),点 D 为弦 BC 的中点,$DE \perp BC$,DE 与 AC 的延长线交于点 E,射线 AO 与射线 EB 交于点 F,与 $\odot O$ 交于点 G,设 $\angle GAB=\alpha$,$\angle ACB=\beta$,$\angle EAG+\angle EBA=\gamma$.

(1)点点同学通过画图和测量得到以下近似数据:

α	30°	40°	50°	60°
β	120°	130°	140°	150°
γ	150°	140°	130°	120°

猜想:β 关于 α 的函数表达式,γ 关于 α 的函数表达式,并给出证明;

(2)若 $\gamma=135°$,$CD=3$,$\triangle ABE$ 的面积为 $\triangle ABC$ 的面积的 4 倍,求 $\odot O$ 半径的长.

分析:根据题意,$\beta=180°-\dfrac{1}{2}\angle AOB$,$\alpha=90°-\dfrac{1}{2}\angle AOB$,因此 $\beta=\alpha+90°$.DE 是 BC 的垂直平分线,易得 $\angle BEO=\angle CED$,$\beta=90°+\angle CED$,因此 $\angle BEO=\angle CED=\alpha$,那么点 A、B、O、E 四点共圆,$\angle EBC+\angle CBA+$

$\angle EAB=180°$，即 $\alpha+\gamma=180°$．如上，本题中蕴含着隐形圆问题，发现隐形圆后就能快速地得到问题求解的方向．

3. 尺规作图的创新实践

在教材要求的五种基本尺规作图基础之上，尺规作图能朝着更广阔、更深刻的方向拓展，本节内容将围绕尺规作图的拓展创新实践展开．尺规作图是数形结合的载体之一，在代数的层面介绍尺规作图在运算方面的应用及黄金三角形，将尺规作图由几何层面推向代数层面．除此之外，本节还介绍了关于尺规的一些复杂作图，如三等分角、三角形费马点、拿破仑定理等，说明了尺规作图三大问题中的两个——倍立方积、三等分任意角的不成立性．

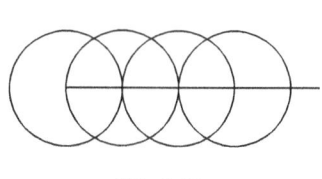

图3-4-43

(1) 尺规作图的运算

① 已知线段 a，作线段 a 的任意整数倍．

② 已知线段 a，作线段 a 的 $\dfrac{1}{n}$ 倍．

以 $n=3$ 为例，作射线 AB、AC，在射线 AC 上截取 $AC_1=C_1C_2=C_2C_3=C_3C_4$，在射线 AB 上截取线段 $AD=a$，连结 C_4D，分别过点 C_1、C_2、C_3 作 C_4D 的平行线，交射线 AB 于点 B_1、B_2、B_3，此时 $AB_1=B_1B_2=B_2B_3=B_3D=\dfrac{1}{3}a$，如图3-4-44．

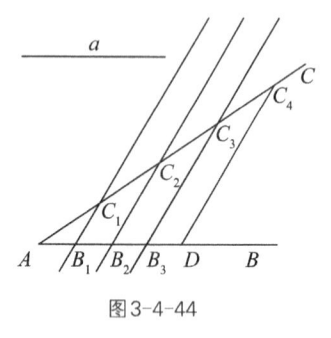

③ 已知线段 a，b，作线段长为 ab．

作两边边长分别为 1 和 b 的 $\triangle OCD$，利用位似将这个三角形放大 $(1+a)$ 倍，即可得长为 ab 的线段．如图，任作 $\angle AOB$，在射线 OA 上截取线段 $OC=b$，在射线 OB 上截取线段 $OD=1$，连接 CD；在射线 OB 上截取线段 $DE=a$；过点 E，作 CD 的平行线，交射线 BC 于点 F．此时，$CF=ab$，如图3-4-45．

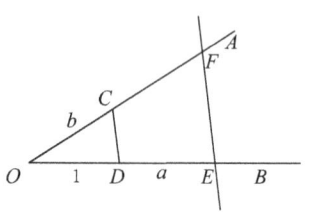

图3-4-45

④ 已知线段 a，b，作线段长为 $\dfrac{a}{b}$．

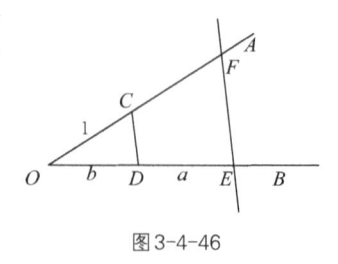

图3-4-46

— 176 —

作两边边长分别为1和b的△OCD,利用位似将这个三角形放大$\frac{a+b}{b}$倍,即可得长为ab的线段.如图3-4-46,任作∠AOB,在射线OA上截取线段OC=1,在射线OB上截取线段OD=b,连接CD;在射线OB上截取线段DE=a;过点E,作CD的平行线,交射线BC于点F.此时,$CF=\frac{a}{b}$.

综上,结合五种基本作图,尺规作图可以完成加、减、乘、除四则运算,根据勾股定理可得,尺规作图也能完成开平方运算.但尺规作图的运算仅限于此,无法再拓展到三次根式.我们可以将尺规作图的基本图形直线与圆放到坐标系中,直线的解析式为$y=kx+b$,圆的方程式为$(x-a)^2+(y-b)^2=r^2$,尺规作图的本质是双轨迹模型,轨迹的交点即直线与直线的交点、圆与圆的交点、直线与圆的交点,交点坐标即联立方程得到的解,方程都可以通过转化变为一元一次方程或者一元二次方程,因此不可能出现三次根式,也就是尺规作图三大问题之一——倍立方积是无法实现的.

(2)黄金三角形

黄金分割是由公元前6世纪古希腊的数学家、哲学家毕达哥拉斯及其学派在研究正五边形和正十边形的作图过程中,从五角星中发现了黄金分割的数学原理.公元前4世纪,古希腊数学家欧多克索斯系统地研究了该问题,并建立了比例理论.公元前300年左右,欧几里得撰写的《几何原本》在欧多克索斯的基础上,进一步论述了黄金分割.

黄金三角形是一个等腰三角形,分为两种,一种是底角为72°、顶角为36°的等腰三角形,底与一腰之长之比为黄金比$\frac{\sqrt{5}-1}{2}$;一种是底角为36°,顶角为108°的等腰三角形,一腰与底之长之比为黄金比$\frac{\sqrt{5}-1}{2}$.

通过圆规和无刻度的直尺,可以作出黄金三角形.

方法一:如图3-4-47,作线段AB的中点C,作AD垂直AB,且AD=AC,连结BD,以点D为圆心,DA长为半径作圆,交BD于点E,以点B为圆心,BE长为半径作圆,交AB于点F,以点F为圆心,AB的长为半径作圆,交⊙B于点G,连结FG、BG,此时△BFG为黄金三角形.

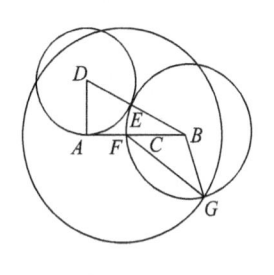

图3-4-47

设线段 AB 的长为 $2a$，那么 $FG=2a$，$AD=DE=a$，根据勾股定理得 $BD=\sqrt{5}a$，因此 $BE=BF=BG=(\sqrt{5}-1)a$。因为 $\dfrac{BF}{FG}=\dfrac{\sqrt{5}-1}{2}$，所以 △BFG 为黄金三角形。

方法二：如图3-4-48，作正方形 $ABCD$，作边 AB 的中点 E，连结 EC，以点 E 为中点，EC 的长为半径画圆，交 AB 的延长线于点 F。以点 B 为圆心，BF 的长为半径画圆，以点 A 为圆心，AB 的长为半径画圆，⊙A 和 ⊙B 交于点 G。连结 AG，此时 △ABG 为黄金三角形。

设正方形 $ABCD$ 的边长为 $2a$，那么 $AB=AG=2a$。因为点 E 为 AB 的中点，所以 $BE=a$，根据勾股定理得 $EC=\sqrt{5}a$，因此，$EF=\sqrt{5}a$，$BF=(\sqrt{5}-1)a$。因为 $\dfrac{BF}{AB}=\dfrac{\sqrt{5}-1}{2}$，所以 △ABG 为黄金三角形。

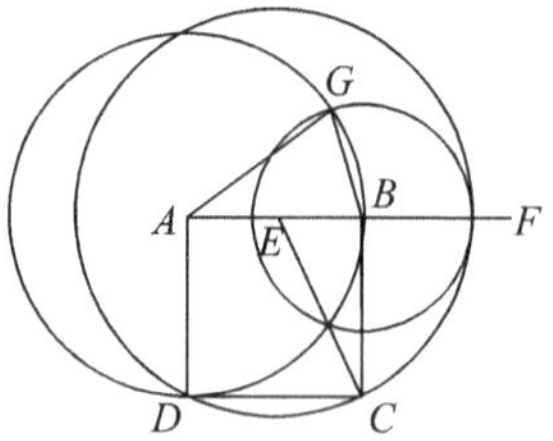

图3-4-48

根据黄金三角形的作图可以发现，尺规作图并不是单一的几何层面的作图技法操作，而是将作图与计算、分析、推理、证明等数学思维活动相结合，体现了数学思维中"数"与"形"的完美融合。

【案例3-4-5】

1. 课堂导入

问题1：我们的校园内有一个三角形小花坛，现在想把它分割成两个三角形，使之可以种上不同的花。你会怎么分？

生：从顶点引一条线段。

问题2：如果要分割成两个等腰三角形呢？

生：由于原三角形的角度不知道，无法分。

【设计意图】从生活中的实际问题出发，引出课堂的探究问题，如何将一个三角形分割成两个等腰三角形，一个三角形能分割成两个等腰三角形的条件。

2. 新知探索

问题3：如果花坛的三个角分别为 36°、72°、72°，你可以帮忙办到吗？如果可以请尝试用尺规进行分割.

生:作∠ABC的角平分线,交AC于点D,此时△ABD是底角为36°的等腰三角形,△BDC是底角为72°的等腰三角形.

【设计意图】以黄金三角形为例,发现黄金三角形分割后得到的还是两个黄金三角形,引导学生发现一个三角形能分割成两个等腰三角形一定具有某些条件,如:原三角形是一个等腰三角形、原三角形一个角是另一个角的2倍等.同时进行适当的拓展,介绍黄金三角形的神奇,体现数学的结构美.

问题4:如果把三角形的三个内角改成以下的大小,你还能分吗?
(1)60°、80°、40°
(2)30°、110°、40°

问题5:任何三角形都能被分割成两个等腰三角形吗?

如图3-4-49,在△ABC中,设∠BAC=x,∠B=y,∠C=z.请探究△ABC中各内角度数有怎样的关系时才能被分割成两个等腰三角形.

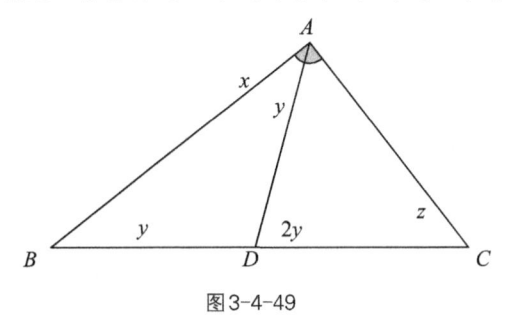

图3-4-49

学生活动:绘制草图,根据图中信息分类讨论:

① $x-y=z$,又因为 $x+y+z=180°$,通过消元可得 $x+y+x-y=180°$,化简得到 $x=90°$,即一个角为直角.

② $2y=x-y$,变形得到 $3y=x$,即一个角是另一个角的3倍.

③ $2y=z$,即一个角是另一个角的2倍.

探究归纳:一个三角形能分割成两个等腰三角形的条件:

原三角形是一个直角三角形,分割直角;

原三角形有一个角是另一个角的三倍,分割三倍的那个角;

原三角形有一个角是另一个角的2倍,分割第三个角.

【设计意图】 由学生自主探究一般三角形,通过分类讨论得到一般三角形分割成两个等腰三角形的条件.

> **3. 学以致用**
>
> △ABC 中,设 ∠A＝20°,∠B＝60°,∠C＝100°,怎样分割?
>
> 生:将 60°的角分成 20°与 40°两部分.
>
> △ABC 中,设 ∠A＝120°,∠B＝20°,∠C＝40°,怎样分割?
>
> 生:将 120°的角分成 20°与 100°两部分,或是 80°与 40°两部分.
>
> △ABC 中,设 ∠A＝36°,∠B＝96°,∠C＝48°,怎样分割?
>
> 生:无法分割.

【设计意图】 对一个三角形分割成两个等腰三角形的条件进行巩固运用,通过第三个问题发现条件三存在局限,即第三个角不能为最小角,完善归纳的结论.

(3)三等分特殊角

三等分角是古希腊三大尺规作图的难题之一,具体表述为只用圆规和一把没有刻度的直尺,将任意给定角三等分.现已证实,仅仅使用圆规和无刻度直尺无法三等分任意的给定角,但一些特殊角是可以被三等分的.

三等分直角的方法:

如图 3-4-50,在 BC 上取一点 D,分别以点 B、点 D 为圆心,BD 长为半径画弧,两弧交于点 E.以点 E 为圆心,BE 长为半径画弧,与弧 BC 交于点 F.连结 BE、BF,BE、BF 将∠ABC 分成了三等分.

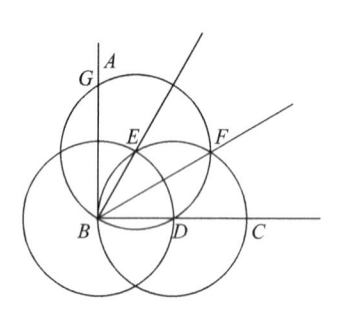

图 3-4-50

根据作图方法易得 △BEF≌△BDF,△BEG≌△BEF,因此 ∠GBE＝∠EBF＝∠DBF.

若将条件放宽,允许使用有刻度的直尺,或者搭配其他辅助工具使用,则可以找到三等分任

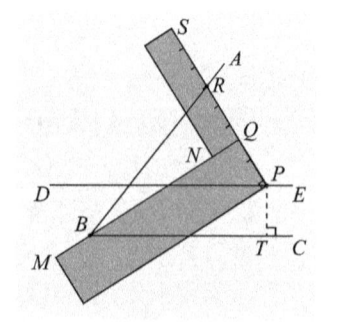

图 3-4-51

意角的方法.

如图3-4-51,勾尺的直角顶点为P,"宽臂"的宽度$PQ=QR=RS$,勾尺的一边为MN,且满足M、N、Q三点共线.对于任意锐角$\angle ABC$,作BC的平行线DE,使得BC和DE之间的距离等于PQ,移动勾尺,使其顶点P落在DE上,MN经过点B,且点R落在BA上.标记此时点Q和点P所在的位置,作射线BQ和射线BP,射线BQ和射线BP将$\angle ABC$三等分.

根据勾尺的构造易得$\triangle BPQ\cong\triangle BRQ$,因此$\angle RBQ=\angle PBQ$,由$PQ\perp MN$,$PT\perp PQ$,$PQ\perp PT=PQ$,可得$\angle PBQ=\angle PBT$,因此$\angle RBQ=\angle PBQ=\angle PBT$,即射线$BQ$和射线$BP$将$\angle ABC$三等分.

(4)三角形费马点

费马点是指给定三角形,求到这个三角形三个顶点的距离之和最小的点的位置.考虑三角形的费马点,需要对三角形内角度数分类讨论.

①三角形的三个内角均小于$120°$.

如图3-4-52,设P为$\triangle ABC$内一点,以CP为边,作等边三角形CPP',以点C为旋转中心,将$\triangle CPA$旋转至$\triangle CP'A'$处,因为$\triangle CPP'$是由$\triangle CPA$旋转所得,所以$\triangle CPP'$和$\triangle CPA$全等,易得$CA'=CA$.又因为$\triangle CPP'$为等边三角形,所以$CP=PP'$.综上,点P到三角形三顶点的距离之和$PA+PB+PC$可以转换为$P'A'+PB+PP'$,根据两点之间线段最短,即可得到当B、P、P'、A'共线时,点P为$\triangle ABC$的费马点.此时$\angle BPC=\angle BPA=\angle APC=120°$.这也解释了为什么在确定三角形的费马点时需要对三角形的内角大小进行分类讨论.

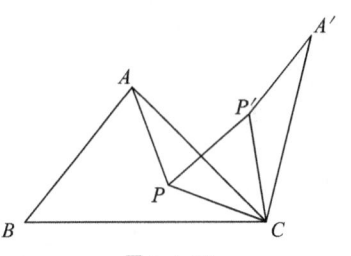

图3-4-52

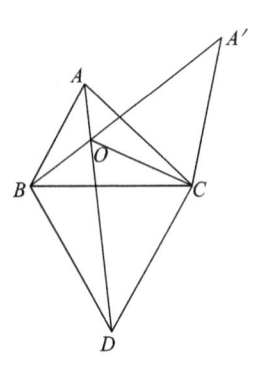

图3-4-53

根据以上的分析,问题就由找$\triangle ABC$的费马点,转化为需要在$\triangle ABC$内找一点,使得该点与三角形顶点的连线所成夹角互为$120°$.

如图3-4-53,以BC为边,作等边三角形BCD,连结AD,交BA'于点O,易得$\triangle ACD$和$\triangle A'CB$全等,因此$\angle OBC=\angle ADC$,即O、B、D、C四点共圆,所以$\angle BOD=\angle BCD=60°$,$\angle COD=\angle CBD=60°$,于是,$\angle BOC=$

$\angle AOB=\angle AOC=120°$，因此 AD 与 BA' 的交点 O，即为 $\triangle ABC$ 的费马点.

②三角形内有一个角等于 $120°$.

如图 3-4-54，不妨设 $\angle BAC=120°$，P 为平面内任一点，连结 PB、PC、PA，以 BA 为边，作 $\angle BAP=120°$，因此，点 A 为 $\triangle BCD$ 的费马点，根据费马点的定义可得 $AD+AB+AC\leqslant PD+PB+PC$，对不等式进行变形，可得 $AB+AC\leqslant PD-AD+PB+PC$，根据三角形两边之差小于第三边，得到 $PA-AD\leqslant PA$，因此，$AB+AC\leqslant PA+PB+PC$，点 A 即为 $\triangle ABC$ 的费马点.

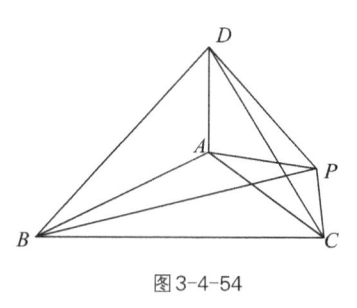

图 3-4-54

③三角形内有一个角大于 $120°$.

如图 3-4-55，不妨设 $\angle BAC>120°$，P 为平面内任一点，连结 PB、PC、PA，以 BA 为边，作 $120°$ 的角，交 PC 于点 D，连结 BD. 因为 $\angle BAD=120°$，因此，点 A 为 $\triangle ABD$ 的费马点，$AB+AD\leqslant PA+PB+PD$，又因为三角形两边之和大于第三边，所以 $AC\leqslant AD+CD$，因此 $AB+AC\leqslant AB+AD+CD\leqslant PA+PB+PD+CD=PA+PB+PC$，点 A 即为 $\triangle ABC$ 的费马点.

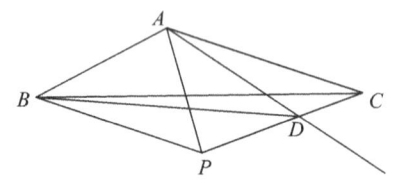

图 3-4-55

综上，当 $\triangle ABC$ 内角均小于 $120°$ 时，费马点 O 在三角形内部，且满足 $\angle BOC=\angle AOB=\angle AOC=120°$，当 $\triangle ABC$ 的一个内角大于或等于 $120°$ 时，费马点为最大角的顶点.

(5) 拿破仑定理

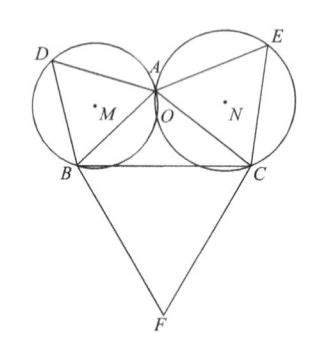

图 3-4-56

拿破仑定理是由拿破仑·巴拿巴最早提出的几何定理：以任意三角形的三条边为边，向外构造三个等边三角形，则这三个等边三角形的外接圆中心恰为另一个等边三角形的顶点. 若向内作三角形，结论同样成立. 以下给出拿破仑定理的证明思路.

方法一:如图3-4-57,已知△ABC,在△ABC的各边上向外作等边三角形ABD,等边三角形ACE,等边三角形BCF.分别作△ABD和△ACE的外接圆⊙M和⊙N,两外接圆相交于点O,连结OA、OB、OC.因为△ABD为等边三角形,所以∠ADB=60°,又因为A、O、B、D四点共圆,所以∠AOB=120°,同理,∠AOC=120°,那么∠BOC=120°.又因为△BCF为等边三角形,所以∠BFC=60°,根据四点共圆的判定定理,得到B、O、C、F四点共圆,所以这三个等边三角形的外接圆交于一点.

接着需要证明顺次连结三个外接圆的圆心,所成的三角形为等边三角形.作△BCF的外接圆⊙P,连结MN、MP、NP,分别交OA、OB、OC于点X、Y、Z.因为MN、MP、NP是连心线,OA、OB、OC是公共弦,因此$MN \perp AO$,$MP \perp BO$,$NP \perp CO$,所以,Y、P、Z、O四点共圆,所以∠YPZ=60°,同理,∠XMY=∠XNZ=60°,即证△MNP为等边三角形.

方法二:如图3-4-58,已知△ABC,在△ABC的各边上向外作等边三角形ABD,等边三角形ACE,等边三角形BCF.分别作△ABD、△ACE、△BCF的中心M、N、P,连结AM、BM、BP、PC、AN、CN,易得,△AMB、△ANC、△BPC都是底角为30°的等腰三角形,因此,△AMB∽△ANC∽△CPB,所以$\frac{AM}{AB}=\frac{AN}{AC}=\frac{CP}{CB}$.以点A为圆心,AM长为半径作弧,以点N为圆心,PC长为半径作弧,两弧交于点G,因为AG=AM,NG=CP,所以$\frac{AG}{AB}=\frac{AN}{AC}=\frac{NG}{CB}$,可得△AGN∽△ABC,那么∠GAN=∠BAC.又因为 ∠MAG=∠MAN−∠GAN=∠MAN−∠BAC=∠MAB+∠NAC=60°,且AG=AM,所以△AMG为等边三角形,那么∠AGM=60°,GM=AM.因为△AGN∽△ABC,故∠AGN=∠ABC. ∠MBP=∠ABC+∠ABM+∠CBP=∠ABC+60°,

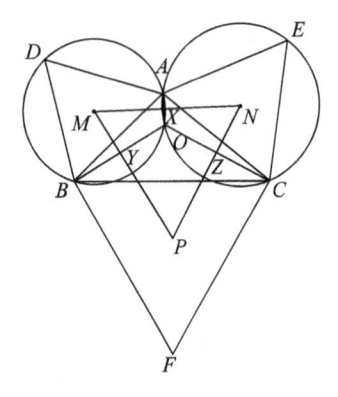

图3-4-57

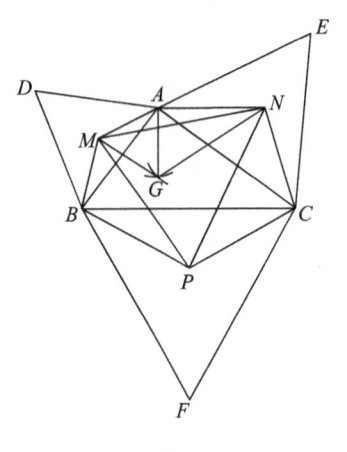

图3-4-58

$\angle MGN = \angle AGN + \angle MGA = \angle AGN + 60°$,因此$\angle MBP = \angle MGN$,根据SAS,可得$\triangle MBP \cong \triangle MGN$,即$MN = MP$.同理得$MP = NP$.即证$\triangle MNP$为等边三角形.

二、折纸问题的教学实践

1.数学与折纸

我们小时候都已经或多或少接触过折纸,比方说折"纸船""千纸鹤""纸青蛙"等等,折纸对于我们每一个人而言都很熟悉,而教学中的折纸活动,也逐渐从原先的手工美术课内容拓展向数学知识的项目化教学要素.对于初中学生而言,几何图形性质的理解与应用较为抽象,并且身边可被直接利用的工具与资源较少,而折纸活动操作简单,更能提起学习兴趣,且符合初中学生的认知规律.故如何将折纸活动与数学教学进行联系,为项目化学习提供一种新的思路,也引起了教育界的关注.黄燕苹、李秉彝在《折纸与数学》一书中,通过文字语言、符号语言和图形语言相结合的方式介绍了折纸几何学的7个基本公理,并通过举例说明了折纸基本公理的操作过程,给出了折纸操作的基本性质.该书还从数学课堂教学原理和数学课堂教学艺术的角度出发,结合初中数学课程对"数学活动"的基本要求,以初中数学教材为范本,遵循"折一折、想一想、做一做"的教学模式给出了"平行线的教学设计""等腰三角形性质的教学设计""三角形中位线定理的教学设计""发现勾股定理的教学设计"等7个具体的数学教学设计案例,践行了从数学教学的角度来开发折纸活动的理念.

《新课标》指出:好的数学教育应该从学习者的生活经验和已有的知识背景出发,提供给学生充分进行数学实践活动和交流的机会.而折纸活动恰好为学生提供了这样的机会,寓数学教学于数学活动,让数学教学真正成为数学活动的教学.

随着折纸活动的开发,它在数学课堂上也越来越受重视.首先,数学教学中的折纸活动能够提高学生学习兴趣.初中几何作为中考的重难点之一,在中考分值中占较大比例,但在新知学习的过程中,由于几何概念本身具有一定的抽象性,导致对于性质的探究受阻,学生的积极性下降,难以调动,课堂氛围不够浓厚,不能够高效地进行几何知识学习,故若将折纸活动运用到初中几何教学,以他们早已接触的折纸为抓手设计教学过程,可以提高学生的几何学习兴趣,消除学生对相对未知的几何的恐惧,营造浓厚的课堂教学氛围.让学生在自己动手操作的进程中学习并领悟几何新知,培养他们的逻辑思维能力,帮助他们抽象概括出数学概念,达到更好的教学效果,使得学生会用数学的眼光观察现实世界,用数学的眼光看待问题.

其次,数学折纸活动与数学教学的融合能够培养学生的数学思维,积累数学基本活动经验.折纸活动将二维平面上的纸张变成三维立体的形象,通过此过程,一方面锻炼了学生的动手能力,另一方面培养了学生的空间知觉能力、独立思考、观察和发现问题的能力、逻辑推理的能力以及创造性思维.同时,学生在折纸的过程中思考探究不同的折法,通过与伙伴的交流和对自己进行的总结反思,积累数学基本活动经验,从中加强应用意识.

传统的教学以教师为主导,教师向学生灌输知识,学生往往只是机械地记忆,而没有真正地参与到课堂的学习过程中,这样的教学忽视了学生的想法,不能够使生生、师生之间的思维发生碰撞,将折纸活动应用到数学教学中,能够让上述情况得到改善,让学生真正融入课堂,成为教学的主体,从而达到更好的教学效果,让学生更容易理解抽象的几何知识概念与变换.折纸活动不仅需要丰富的想象力,在手脑并用的过程还需要相当的创造力.寓数学知识于折纸活动之中,从折痕中体现并向学生揭示出大量几何元素以及性质,其中就包括全等、对称、比例等.

近几年各地中考中有关折纸活动的问题也频频出现,多以折叠问题为主.解决折叠类问题,最关键的是要研究翻折前后的变化,尤其是要抓住翻折过程中不变的量——图形全等,从而得到线段的相等、角的相等等几何元素的关系.我们从以下几个常见的折纸活动中体会折叠的特殊运用:

【教学片段1】

【折纸活动1】折矩形纸片剪裁正方形

师:请同学们拿出课前准备好的矩形纸片,尝试折一个正方形,并将其剪下,我们要求用虚线描出折痕,用实线描出你所折的正方形,并且说一说你为什么这样折.

生1:如图3-4-59,由于四边形$ABCD$为矩形,故可以折叠矩形使得点C落在边AB上,线段CF落在EF上,由折叠可知$CF=EF$、$\angle C=\angle BEF=\angle EBC=$

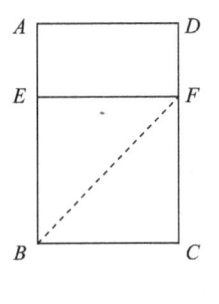

图3-4-59

∠EFC＝90°，进而得到四边形BCFE为正方形．

生2：如图3-4-60，折叠矩形使得点C落在边AB上，再折叠矩形使得点B落在边CD上，令BF与CE的交点为O点，由第一次折叠可得OC＝OE，由第二次折叠可得OB＝OF，即四边形BCFE为对角线互相平分的四边形，由平行四边形的判定定理可得四边形BCFE为平行四边形，再由∠EBC＝90°可得四边形BCFE为矩形，最后由折叠可得四边形BCFE邻边相等，进而说明四边形BCFE为正方形．（生2的证明思路是平行四边形→矩形→正方形）

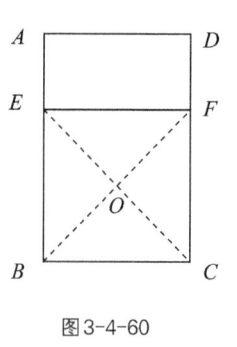

图3-4-60

【活动分析】用矩形纸片折正方形活动是在学生已学习一定知识的基础上开展的，通过此活动可以帮助学生复习以及融会贯通近阶段所学习的中心对称知识，对称点关于折痕对称，对称轴垂直平分对应点的连线段，也为之后用矩形纸片折叠正方形、菱形打下基础．在折纸活动的操作中，学生自己去检索、思考、感受折纸所需的数学知识，体验了利用数学知识解决生活中问题的过程，促使学生逐渐会用数学的眼光观察现实世界．

【教学片段2】

【折纸活动2】折矩形纸片剪裁菱形

师：在折菱形之前，我们得先对折叠对象有个清晰的认识，不能盲目操作，那么菱形的性质有哪些呢？

生：菱形的性质有：四条边相等；对角线互相垂直平分，并且每一条对角线平分一组对角．

师：既然同学们对菱形已经有了足够的认识，那请大家开始动手折菱形，先自己观察、折，再进行小组合作，一起探讨方法．

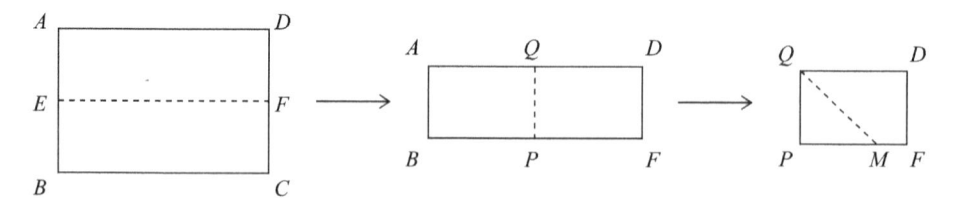

图3-4-61

生1：如图3-4-61，将矩形纸片先沿EF对折得到矩形AEFD，再沿QP对折得到矩形QPFD，最后沿着图中的虚线QM剪下，就可裁出菱形纸片．(利用菱形的四条边相等证明)

生2：如图3-4-62，通过如同生1的两次对折矩形纸片可得四个相同的小矩形，由四个小矩形全等可得它们的边长相等，进而通过勾股定理得到它们的对角线也相等，即$EG=GF=FH=HE$，至此就可裁出菱形纸片$EGFH$．(利用菱形的四条边相等证明)

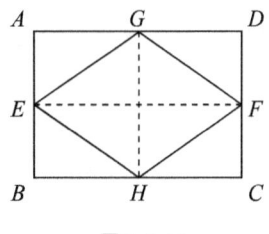

图3-4-62

生3：如图3-4-63，先将矩形纸片沿着对角线AC对折，再使A,C两点重合，折出AC的垂线与两边交于B,D两点，连结AB,CD，其中$AB=CB$，$AD=CD$，$BD=BD$，则可利用SSS证明$\triangle ABD \cong \triangle CBD$，进而得到四边形$ABCD$为平行四边形，又因为邻边相等，所以四边形$ABCD$为菱形．(利用三角形的全等先证明平行四边形，再通过邻边相等证明．本质上还是通过菱形的四条边相等证明)

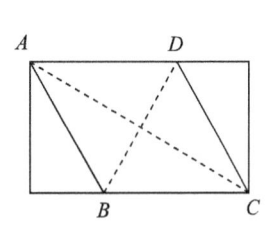

图3-4-63

生4：通过两次对折可得折痕EF与GH互相垂直平分，由菱形的判定定理可得四边形$GEHF$为菱形．(利用菱形的对角线互相垂直平分证明)

【活动分析】在本活动中，学生通过多次折叠以及多种方法进行菱形的裁剪(如图3-4-64)，学生能够体验到探究问题的方法应该是由目的产生的：想到四边相等，只需要四个全等的直角三角形，或两个全等的等腰三角形；想得到对角线互相垂直平分，只要两点重合再重合．此外，折纸活动方法的多样化不仅可以锻炼学生思维的创造性，还能让学生从中感受到数学美，其中不乏简洁之美、创造之美、对称之美等．

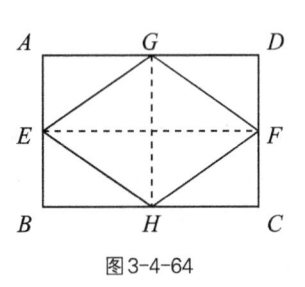

图3-4-64

【教学片段3】

【折纸活动3】折矩形纸片剪裁等边三角形

师：我们已经探讨了如何用矩形纸片折叠、裁剪出正方形和菱形，那对于等边三角形我们又该如何入手呢？

- 187 -

生：如图3-4-65，对折矩形纸片$ABCD$，使得AD与BC重合，得到折痕EF，将纸片展开，再次折叠纸片，使A点落在折痕EF上的N点处，并使折痕经过点B得到折痕BM，设折痕BM与折痕EF交于H点，再将纸片沿MN所在直线折叠，设折痕MN与边BC交于G点，所得$\triangle BMG$为等边三角形．

证明如下：由第一次对折所得的折痕EF可得HN为$\triangle BMG$的中位线，进而得到$MN=GN$．接着由第二次折叠可得$\triangle AMB \cong \triangle NMB$，所以$\angle ABM=\angle NBM$，$\angle MNB=\angle A=90°$，进而得到$\angle MNB=\angle GNB=90°$．整理得，在$\triangle MNB$与$\triangle GNB$中，$MN=GN$，$\angle MNB=\angle GNB$，$BN=BN$，进而得到$\triangle MNB \cong \triangle GNB$，所以$BM=BG$，$\angle NBM=\angle NBG$，即$\triangle BMG$为等腰三角形．又$\angle ABM=\angle NBM$，所以$\angle NBM=\angle NBG=\angle ABM=30°$，得到$\triangle BMG$为等边三角形．

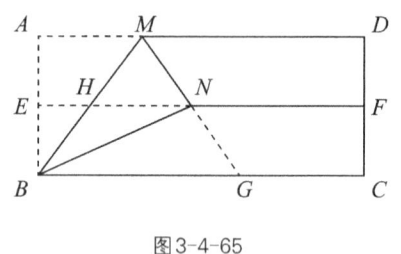

图3-4-65

【活动分析】用矩形纸片折等边三角形是难度稍大的折纸探究活动，仅凭直观想象与操作不容易实现目的，这就需要学生在理性分析的基础上进行实践探究，进而动手操作，其中最为重要的是学生在思考、讨论时进行思维的提升与碰撞．因为在数学的实验教学中，操作只作为载体，是外表的东西，思维才是关键，是内在的核心．

2. 三个版本的"等腰三角形的性质"折纸活动素材分析

（1）人教版中的"等腰三角形的性质"折纸活动素材

人教版教材将"等腰三角形的性质"放在第十三章轴对称中，利用轴对称来研究等腰三角形．在探究等腰三角形的性质时，人教版教材给出了长方形的纸．要探究等腰三角形的性质，学生拿到的却是长方形纸片，学生需要先考虑怎样才能由长方形纸片得到等腰三角形纸片，这就体现了人教版的编排用意——使用先前学习的轴对称知识．由于长方形是轴对称图形，所以可以把长方形先沿着它的一条对称轴对折，将折痕作为三角形的一条边，剪下一个三角形，将其展开就可以得到一个等腰三角形．

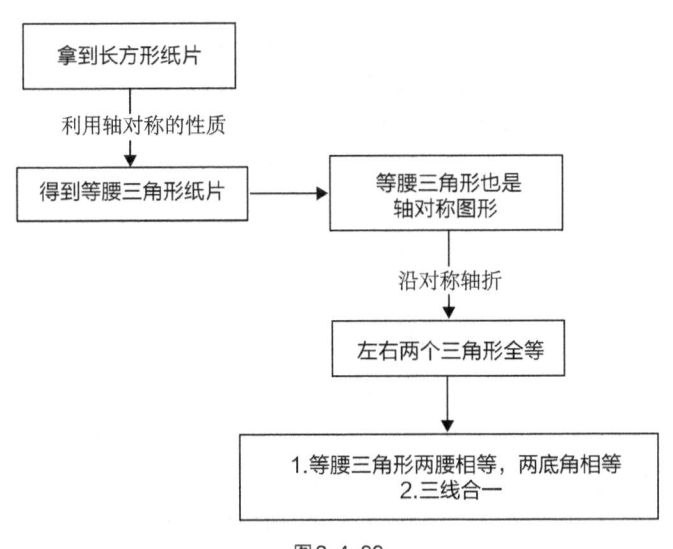

```
┌─────────────────┐
│  拿到长方形纸片  │
└────────┬────────┘
      利用轴对称的性质
         ↓
┌─────────────────┐      ┌──────────────────┐
│ 得到等腰三角形纸片 │────→│  等腰三角形也是   │
└─────────────────┘      │   轴对称图形     │
                         └────────┬─────────┘
                              沿对称轴折
                                  ↓
                         ┌──────────────────┐
                         │  左右两个三角形全等 │
                         └────────┬─────────┘
                                  ↓
                    ┌──────────────────────────────┐
                    │ 1.等腰三角形两腰相等，两底角相等 │
                    │ 2.三线合一                    │
                    └──────────────────────────────┘
```

图 3-4-66

在得到一个等腰三角形纸片后,学生需要继续探究等腰三角形的性质.在之前13.1.1轴对称的学习中,学生已经知道等腰三角形是轴对称图形,故学生可以想到沿对称轴对折来探究等腰三角形的性质,通过此步骤可以发现左右两个三角形完全重合,即两个三角形全等.由探究几何图形的边、角两个角度可以得到,这两个全等三角形的对应边相等,对应角也相等,进而学生可以得出等腰三角形的两腰相等、等腰三角形的两个底角相等(简写成"等边对等角"),即发现等腰三角形"边与角的关系".通过教师的进一步引导,学生可以继续探究等腰三角形的顶角平分线、底边上的中线、底边上的高三者的关系,即等腰三角形的顶角平分线、底边上的中线、底边上的高三者相互重合(简写成"三线合一").当然,不同的学生所剪所折的等腰三角形大小、形状各不相同,但都满足这些特征.

在人教版所设计的折纸活动中,学生需在折纸的过程中不断地思考,思考怎样才能由长方形纸片折为等腰三角形纸片,得到等腰三角形纸片之后需要思考怎样才能通过折等腰三角形纸片来探究其性质.这样的思考需要活跃地调动甚至变换使用先前的知识,锻炼学生的逻辑思维,能够高效地帮助学生积累数学基本活动经验.

由上面的折纸活动的操作过程获得启发,学生可以利用三角形的全等证明这些性质的猜想.

(2)浙教版中的"等腰三角形的性质"折纸活动素材

浙教版教材将"等腰三角形的性质"安排在八年级上册第二章特殊三角形中,在前一章中,学生对三角形的知识进行了初步的了解,其中包括三角形的定义、组成要素以及全等三角形等内容.在探究等腰三角形的性质时,浙教版教材先让学生任意画一个等腰三角形,此时学生需思考等腰三角形的定义即两边相等的三角形,在得到等腰三角形之后,再通过折叠以及测量两种不同的方法,分别去探索等腰三角形的内角之间的关系.通过测量的方法,学生可以利用量角器分别测量出等腰三角形的三个内角的大小,进而得出等腰三角形的两个底角相等;通过折叠的方法,学生可以将所画的等腰三角形剪下,由于在此前已经学习了图形的轴对称,学生会想到等腰三角形是轴对称图形进而沿着等腰三角形的对称轴折叠,得到等腰三角形的两个底角相等的结论.浙教版在通过这两种方法得到猜想后,利用全等三角形的判定证明猜想成立,与此同时也提出"想一想":如何根据等腰三角形的轴对称性证明猜想.通过这个折纸活动,学生由之前轴对称的相关经验,能够自主发现等腰三角形是轴对称图形,并且能够发现它的性质,有助于培养学生的发散性思维.学生折纸过程中经历了"思考—实践—再思考—再实践"的过程,有助于学生后续开展自主探究性学习.

(3)北师大版中的"等腰三角形的性质"折纸活动素材

北师大版教材将"等腰三角形的性质"分为两个部分进行探究,第一个部分出现在七年级下册第五章第三节简单的轴对称图形中,将等腰三角形作为轴对称图形教学的案例进行说明,等腰三角形为轴对称图形,那它的对称轴如何确定呢?沿着对称轴将等腰三角形进行对折,学生通过教师的引导可以发现等腰三角形的性质,如等腰三角形的两个底角相等,等腰三角形顶角的角平分线、底边上的中线、底边上的高重合(也称"三线合一"),它们所在的直线都是等腰三角形的对称轴.但北师大版教材并未在本节给出相关的证明.

等腰三角形的性质证明为探究的第二部分,在八年级下册第一章第一节等腰三角形中,教材先说明之前对于等腰三角形两底角相等是通过折叠的方法得到的,这也提示学生折痕将等腰三角形分成了两个全等三角形,所以提供了一种证明思路——利用全等三角形的对应边与对应角相等的相关知识,可以证明等腰三角形的两底角相等.与此同时,根据图3-4-67,在证明等腰三角形的两底角相等之后,可以继续利用△ABD≌△ACD,得到$BD=CD$、$AD \perp BC$、$\angle BAD = \angle CAD$,即得到推论:等腰三角形顶角平分线、底边上的中线及底边上的高线相互重合.

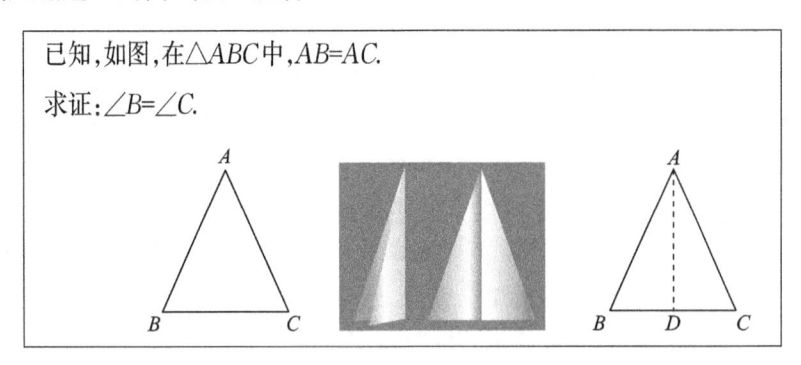

已知,如图,在△ABC中,AB=AC.
求证:∠B=∠C.

图3-4-67

在此折纸活动的操作与证明过程中,教师引导学生运用之前所学习的轴对称与全等三角形的相关知识来进行等腰三角形性质的证明,让学生体验几何证明的严谨性,积累数学的基本活动经验.

3.三个版本的"等腰三角形的性质"编写比较

(1)共同点

三个版本的教材都设计了利用折纸活动探究等腰三角形的性质,让学生在活动中感受知识的生成,边动手操作边思考,每一个剪切、折叠的步骤都有相应的数学知识支撑,学生通过对相应数学知识的思考方能完善自己操作的规范性,如因为等腰三角形为轴对称图形,可以尝试沿着对称轴进行对折探索等腰三角形的边、角、线等方面的关系,不仅锻炼了学生的动手操作能力,更促进了学生数学思维的发展,积累数学基本活动经验,感受到不同于灌输式的数学教学方式.

(2)不同点

①三个版本的教材所提供的初始纸片不同.人教版的教材提供的是长方形的纸片,利用长方形纸片探究等腰三角形的性质,学生就需要先考虑怎样才能由长方形纸片得到等腰三角形纸片,这里就运用到了等腰三角形的对称性,需把长方形先沿着它的对称轴对折,将折痕作为三角形的一条边,剪下一个三角形.相比较而言,人教版教材所设计的折纸活动对学生的思维要求更高.

浙教版的教材先让学生任意画一个等腰三角形,再通过折叠、测量等方式探索等腰三角形的性质,相较而言对于如何折叠并未对学生提出过多的引导,需要学生在不同的折叠方式中探索发现等腰三角形的底角相等.

北师大版的教材直接给出等腰三角形纸片开展折纸活动,将等腰三角形的性质探索学习分成两部分,第一部分是在七年级下册第五章第三节简单的轴对称图形中,将等腰三角形作为轴对称图形教学的案例进行说明,使学生对等腰三角形的对称性有了较为深刻的认识.第二部分是在八年级下册第一章第一节等腰三角形中,此时学生已经掌握了全等三角形的相关知识,再结合七年级所学习的轴对称图形相关知识与活动经验,通过折纸活动引导学生证明等腰三角形的性质.这样的分步学习,从整体角度来看,可以让学生学习得更透彻,有充分的时间来消化和理解知识.

②三个版本的教材对等腰三角形性质的证明处理不同.人教版的教材先利用等腰三角形的轴对称性得到对其性质的猜想,再由上述操作过程获得启发,利用三角形的全等证明这些性质.

浙教版的教材在利用全等三角形的知识证明等腰三角形的底角相等之后,设计"想一想"环节,让学生根据等腰三角形的对称性再次证明上述定理.

北师大版的教材将等腰三角形的性质提出与证明分成两部分,在证明部分提示了折痕将等腰三角形分成了两个全等三角形,即折痕所在的直线为等腰三角形的对称轴,这启发学生可以作一条辅助线,将原等腰三角形分为两个全等的三角形,从而证明等腰三角形的性质.学生分步学习,整体角度上有足够的消化时间,能达到更好的教学效果.

【案例3-4-6】
折纸问题课例展示及分析

(一)复习引入,明确课题

师:在之前我们已经学习了等腰三角形,什么是等腰三角形呢?

生:有两条边相等的三角形叫作等腰三角形.

师:通过之前的学习我们可以知道等腰三角形是一个轴对称图形,那么等腰三角形除此之外还会有哪些性质呢?今天我们就一起来探究等腰三角形的性质,先从构成等腰三角形的边、角要素来探讨研究.

【设计意图】复习等腰三角形定义以及轴对称性,引导学生从构成等腰三角形的边、角元素来探究等腰三角形的性质,为学生后续几何学习的"定义—性质—判定—应用模式"研究思路基础.

(二)开展活动,探究性质

师:请同学们拿出课前下发的长方形纸片,我们要探究等腰三角形的性质,但现在只有长方形纸片,大家先思考我们该如何才能得到想要的等腰三角形纸片呢?有想法的同学可以跟同桌讨论并动手尝试你们的思路.

学生活动:学生通过观察手中的长方形纸片以及对于等腰三角形定义和轴对称性的思考来解决遇到的第一个问题,即如何折叠长方形纸片得到想要的等腰三角形纸片.在教师的引导下,学生把长方形纸片对折,将折痕作为三角形的一条边,剪下一个三角形即剪下对折后的长方形的一个角,将其展开就可以得到一个等腰三角形纸片.

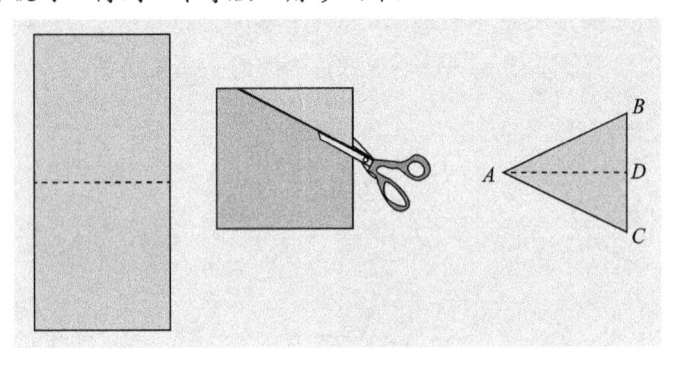

图 3-4-68

【设计意图】通过此折纸活动,学生能理解得到等腰三角形纸片的方法,即长方形和等腰三角形都是轴对称图形的特点,并且学生在动手之前需运用课前复习的等腰三角形的定义——有两条边相等的三角形叫作等腰三角形,同时这也帮助学生了解等腰三角形的判定方法之一.

【教学片段1】

师:请同学们拿出刚才剪好的等腰三角形纸片,观察并指出等腰三角形的顶角、底角、腰和底边.

学生活动:同桌一起观察等腰三角形纸片,并指出等腰三角形的顶角 $\angle BAC$、底角 $\angle B$ 和 $\angle C$、腰 AB 和 AC、底边 BC.

【设计意图】复习等腰三角形的构成要素,为之后的性质探索奠定基础.

【教学片段2】

师:如图3-4-69,请同学们将手中的等腰三角形纸片ABC沿着折痕对折,观察它的两条腰AB和AC以及两个底角$\angle B$和$\angle C$的位置关系,你发现了什么?你能得到怎样的等腰三角形的性质猜想?

学生活动:学生动手操作,将等腰三角形纸片沿着折痕对折,并分别观察其腰与底角的位置关系.通过此步骤,不仅可以得到等腰三角形的两条腰重合,还能得到其两底角也是重合的,验证了等腰三角形的定义——有两条边相等,进而得到了性质猜想——等腰三角形的两个底角相等.

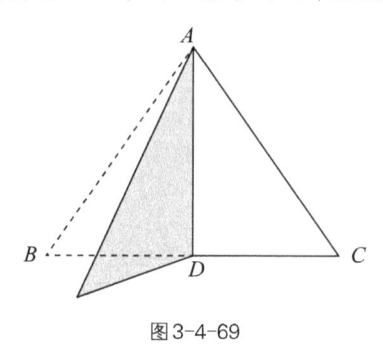

图3-4-69

【设计意图】让学生在自己动手操作的过程中探索发现等腰三角形的性质,通过折叠发现等腰三角形的两条腰重合,两个底角也是重合,进而得到等腰三角形的性质——等腰三角形的两个底角相等.这不仅培养了学生的动手操作能力、几何直观能力,也有利于加强学生对此知识点的理解.

【教学片段3】

师:通过刚才的折纸活动我们发现等腰三角形不仅腰相等,它的两个底角也相等.请同学们再仔细观察手中的等腰三角形纸片,探究折痕AD与底边BC有怎样的关系?

学生活动:在教师的引导下,学生通过折叠、观察等腰三角形纸片,发现折叠后BD和CD重合,即$BD=CD$,折痕AD为底边BC上的中线;同时还发现,折痕 AD 与底边 BC 所构成的两个夹角 $\angle ADC$ 与 $\angle ADB$ 重合,即 $\angle ADC = \angle ADB$,折痕 AD 为底边 BC 上的高线.综合以上发现,可得折痕 AD 为底边 BC 上的中垂线.

师:通过刚才活动中的反复折叠、观察,我们发现折痕 AD 为底边 BC 上的中垂线,即折痕 AD 不仅是底边 BC 的高线,还是底边 BC 的中线.那除此之外,折痕 AD 还具备什么特征呢?可以观察一下等腰三角形的其他构成要素与折痕 AD 的关系.

学生活动:学生再次折叠、观察等腰三角形纸片,发现折痕 AD 与顶角 $\angle BAC$ 也有关系.折痕 AD 与两条腰 AB 和 AC 分别构成的夹角 $\angle BAD$ 和 $\angle CAD$ 是重合的,即 $\angle BAD = \angle CAD$,折痕 AD 为顶角 $\angle BAC$ 的角平分线.

【设计意图】通过教师的引导,学生边操作边思考折痕 AD 与底边 BC 的关系以及折痕 AD 与顶角 $\angle BAC$ 的关系,在动手操作的同时,交流、思考、探索,循序渐进地引导学生探究等腰三角形的性质,有利于激发学生学习的欲望,不仅活跃了课堂气氛,让学生都参与进课堂中来,还锻炼了学生们动手操作能力和几何直观能力.

【教学片段4】

师:通过刚才的探究,我们一起发现了等腰三角形的一些性质,那这些性质是否对所有的等腰三角形都具备呢?请同学们进行小组探讨,观察同组不同形状的等腰三角形,看看其他同学的等腰三角形是否也具备这些性质.

学生活动:同学们进行组内合作交流,观察其他组员的等腰三角形纸片,通过折叠、观察比较,发现不同形状的等腰三角形都具备这些性质.

【设计意图】让学生体验从特殊到一般的数学思想方法.

【教学片段5】

师:刚才我们一起探究了等腰三角形的多个性质,请同学们尝试总结一下等腰三角形有哪些性质呢?

学生活动:学生组内交流讨论,总结等腰三角形的性质,在教师的引导下得出等腰三角形的顶角平分线、底边上的中线、底边上的高相互重合.(简写成"三线合一")

【设计意图】培养学生的归纳总结能力,让学生感受三线合一的产生过程,使学生对等腰三角形三线合一的理解更为深刻.

(三)验证猜想,证明性质

师:通过刚才的折纸活动,我们发现了等腰三角形的性质:

1.等腰三角形的两个底角相等(简写成"等边对等角").

2.等腰三角形的顶角平分线、底边上的中线、底边上的高相互重合(简写成"三线合一").

那我们该怎样去证明这两个性质呢?通过折叠等腰三角形纸片,我们可以发现折痕将等腰三角形分成两个可以重合的小三角形,这也意味着这两个小三角形是全等的.请同学们利用三角形的全等证明这些性质.

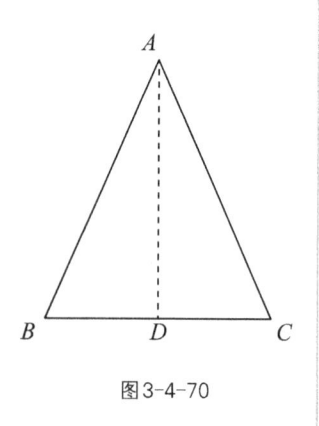

图 3-4-70

学生活动:利用三角形的全等证明以上等腰三角形的性质.

如图3-4-70,在△ABC中,AB=AC,作底边BC的中线AD.

因为 $\begin{cases} AB=AC, \\ BD=CD, \\ AD=AD, \end{cases}$

所以△BAD≌△CAD(SSS).

所以∠B=∠C.

由此,证明等腰三角形的两个底角相等(简写成"等边对等角").

除此之外,由于△BAD≌△CAD,可得∠BAD=∠CAD,BD=CD,∠BDA=∠CDA,从而AD⊥BC,即等腰△ABC底边上的中线AD平分顶角∠BAC并垂直于底边BC.

用类似的方法,还可以过点A作底边BC上的高线,得"等腰三角形底边上的高平分顶角并且平分底边";又可以作顶角的角平分线AD交底边BC于点D,得到等腰三角形顶角的平分线平分底边并且垂直于底边.

由此,证明等腰三角形的顶角平分线、底边上的中线、底边上的高相互重合(简写成"三线合一").

【设计意图】在学生通过折纸活动得到等腰三角形的性质猜想后,利用三角形的全等证明这些猜想,培养学生学习数学的严谨性.

(四)变式活动,发散思维

师: 如果给大家的纸片不是长方形的,而是一般三角形,我们又该怎样来探究等腰三角形的性质呢?请同学们画出并剪下一个一般三角形纸片并思考,可以小组交流.

学生活动: 学生在纸上任意画出并剪下一个一般三角形纸片,跟小组成员讨论对策.

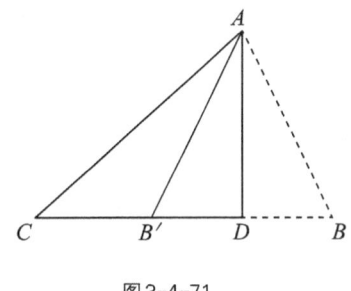

图 3-4-71

师: 要探究等腰三角形的性质,我们首先就需要得到等腰三角形纸片,怎样折叠一般三角形纸片才得到等腰三角形呢?请同学们结合等腰三角形的轴对称性进行思考.

学生活动: 学生在教师的引导下进行折纸活动,如图 3-4-71,对于 $\triangle ABC$,过点 A 作 BC 边上的高线 AD,沿着 AD 折叠,点 B 落在 CD 上的 B' 处,沿着 AB' 剪下三角形,展开得到等腰 $\triangle ABB'$,之后的探究过程同上.

【设计意图】用一般三角形探究等腰三角形的性质在教材上并未出现,但这个变式活动可以发散学生的思维,帮助学生加深对等腰三角形轴对称性的理解,让学生多角度去探究问题,获得更好的数学体验.

（五）折纸活动流程（如图3-4-72）

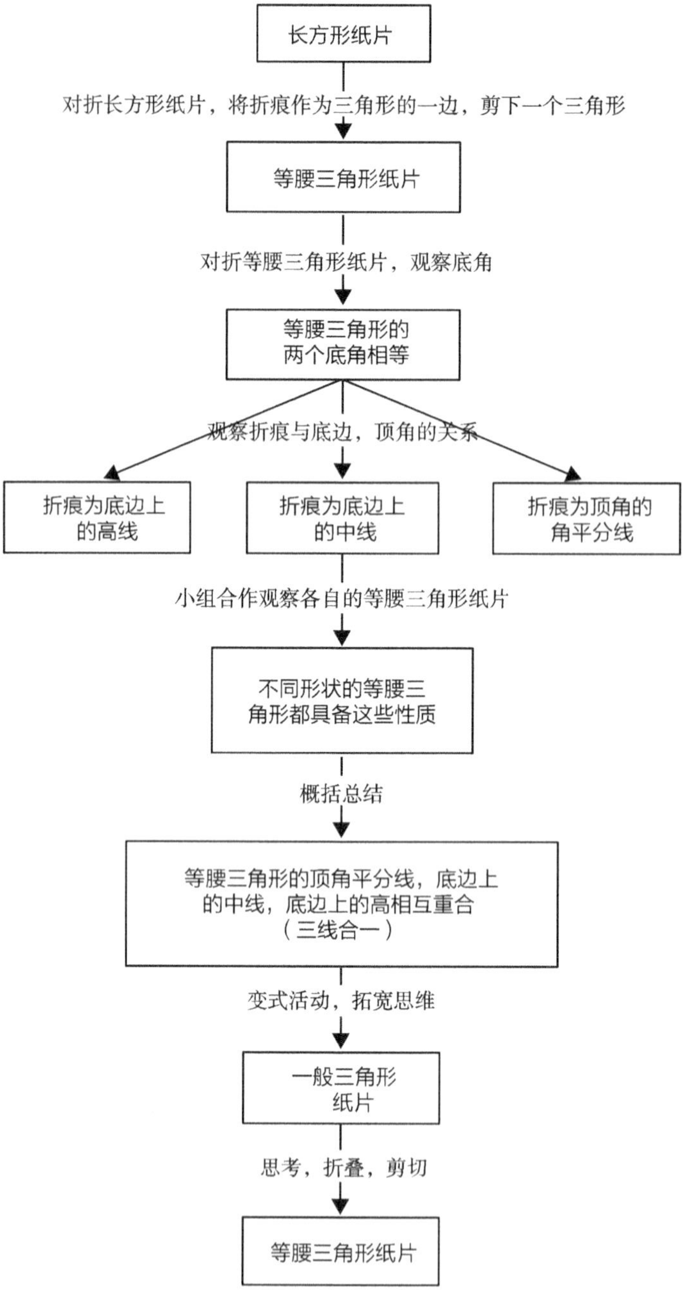

长方形纸片

↓ 对折长方形纸片，将折痕作为三角形的一边，剪下一个三角形

等腰三角形纸片

↓ 对折等腰三角形纸片，观察底角

等腰三角形的两个底角相等

↓ 观察折痕与底边，顶角的关系

- 折痕为底边上的高线
- 折痕为底边上的中线
- 折痕为顶角的角平分线

↓ 小组合作观察各自的等腰三角形纸片

不同形状的等腰三角形都具备这些性质

↓ 概括总结

等腰三角形的顶角平分线，底边上的中线，底边上的高相互重合（三线合一）

↓ 变式活动，拓宽思维

一般三角形纸片

↓ 思考，折叠，剪切

等腰三角形纸片

图3-4-72

4.折纸活动的几点建议

为了能够更好地将折纸活动融入数学课堂教学中,让学生在自己动手操作的过程中体验数学知识的生成,感受数学之美,积累基本活动经验,教师可以设计折纸—思考—总结等活动来锻炼学生的几何思维,同时也可以在教学中做好以下工作:

(1)充分运用教材中的折纸活动素材

如果能够在数学教学过程中将折纸活动合理地融入课堂,不仅能够活跃课堂气氛,激发学生学习的兴趣,营造良好的学习氛围,还能够帮助学生积累基本活动经验,培养学生的几何思维、空间想象能力和动手操作能力,因此我们应该充分运用教材中的折纸活动素材,如某些数学活动位于章末,所涉及的内容与考试确实并无影响,但这些活动中所蕴含的对学生思维的培养可以在潜移默化中改变学生,这一点不容小觑.例如七年级上册《几何图形初步》的章末学习中,人教版和华东师大版的教材都设计了制作长方体形状的包装纸盒的折纸实践活动,通过这个折纸活动,学生能够体会到数学来源于生活,能够教会学生学会用数学的眼光去观察和发现世界,同时还能帮助学生巩固《几何图形初步》这章的知识,让学生进一步认识和了解几何图形.通过这个折纸活动,也能让学生进一步体会长方体的平面展开图形和立体模型,使他们的印象更为深刻.因此教师不能被应试教育束缚,要灵活运用教材中的折纸活动素材.

(2)找准折纸活动的切入点

初中数学课堂往往以复习回顾或者生活情境进行导入,如若导入与实际的生活情境出入过大,就可能导致学生不知所以然,产生抵制情绪.适宜的导入是高效课堂的开端,故课堂的切入点非常重要,好的切入点可以让学生及时地、积极地参与到课堂.对于折纸活动的切入点,我们不仅要创设折纸问题情境,还要立足于学生已有的知识水平和教材内容,做到合理地设计教学内容,调动学生的课堂学习兴趣.

【案例3-4-7】
探索A4纸长宽之比

【活动1】
师:老师手中有一张A4纸,你们知道它的长宽之比是多少吗?请同学们用直尺分别测量A4纸的长和宽,尝试计算$\dfrac{AB}{BC}$的值(如图3-4-73).

学生活动:学生观察手中的A4纸,得到各自猜想的答案,通过观察得到的答案多样.学生为了验证自己猜想的答案的正确性,纷纷拿出尺子测量A4纸长和宽的长度,从而计算$\dfrac{AB}{BC}$的值,计算后可发现所得的$\dfrac{AB}{BC}$的数值非常接近$\sqrt{2}$,故得到猜想$\dfrac{AB}{BC}=\sqrt{2}$,同时想用几何证明的方法来验证自己的猜想.

图3-4-73

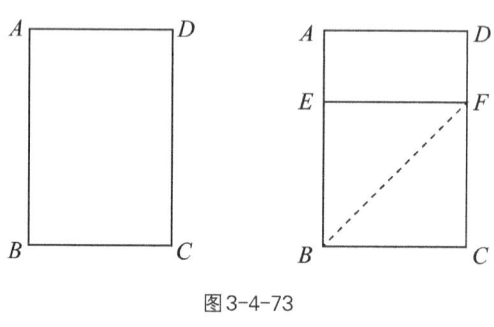

【设计意图】学生在思考的过程中不断地折叠A4纸,在猜想—测量—计算—折叠的过程中,经历从直接经验到实践操作验证的学习过程.但摆在学生面前的难题是如何折才能验证猜想,摆在教师面前的难题则是如何正确引导学生利用已有的知识解决问题.通过此环节,学生分析问题和解决问题的能力可以得到提升,这也是培养学生数学核心素养的关键所在.

学生在此前已经学习过等腰直角三角形的三边之比为$1:1:\sqrt{2}$,应引导学生应用已学过的知识解决问题,这也是本环节设计的初衷.故在学生尝试探索、合作交流之后,教师根据学生的折叠情况设计了活动2.

【活动2】
师:你能否利用手中的A4纸折出一个正方形?怎样折?请说出所得正方形的相关性质.

学生活动：学生根据折叠的性质得到一个以 BC 为边的正方形，如图3-4-74，正方形 $BCFE$ 的对角线 CE 和两条相邻的边 BC、BE 组成一个等腰直角三角形，因为 $\triangle GCE$ 由 $\triangle GCD$ 折叠而来，故 $CE=CD$，求 $\dfrac{AB}{BC}$ 的问题转换为了求 $\dfrac{CE}{BC}$，这样便简单地得到 $\dfrac{CE}{BC}=\sqrt{2}$.

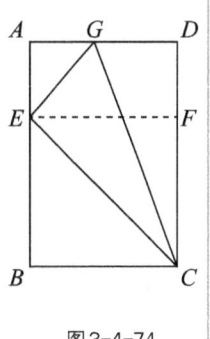

图3-4-74

【设计意图】 将求 $\dfrac{AB}{BC}$ 的问题转化为求 $\dfrac{CE}{BC}$ 对于学生而言是期待的，但此前提是应用已学过的知识解决问题，本环节则是应用此前已经学习过的等腰直角三角形的三边之比，至此学生沿 CG 折叠可以得出 $CE=CD$，这也说明找准折纸活动的切入点能让学生更有效地学习．

(3) 一题多折，培养创造性思维

由于人的思维具有多样性，学生在解决问题时总会迸发不同的想法，产生各式各样的折纸方法，而数学教学中的折纸活动本意并不是比较这些方法的优劣，而是借此活动培养学生的创造性思维，从中探究数学知识和原理．不同的折纸方法正体现着不同的思维方式，所以在学生天马行空的想象中，不应让他们盲从，使他们的思维变得狭隘，认为问题只有一种解法或热衷于"最优解"，这是对学生思维的限制，不利于他们发展创造性思维，因此教师要做到适当的"放手"．

利用折纸活动培养学生的创造性需要营造鼓励创造的环境，学校可以开设折纸活动课程，家庭可以让孩子处于幼儿时期就开始接触折纸、手工等，而社会应多鼓励创造．其次，利用折纸活动培养学生的创造性还需教师转变陈旧的教育观念，鼓励学生迸发不同的想法，与时俱进地学习必要的思维策略．同时还要塑造学生的创造性人格，鼓励学生的创新，保护他们的想法、好奇心，让他们勇于犯错，善于反思错误的原因，消除他们对于折纸方法错误的恐惧．

折纸活动本身就是一个充满创造性的活动，不同的方法变成了不同的声音．教师要善于发现、接纳、评价课堂中不同于自己的声音，这就要求教师要时刻关注每一位学生,要求教师理解学生所处的年龄思维特点,要求教师及时帮助学生理解自己方法的合理性与科学性,即及时对他们做出的方法批判性总结,同时也鼓励学生勤于思考、发散思维.

本节中的【折纸活动1】折矩形纸片剪裁正方形与【折纸活动2】折矩形纸片剪裁菱形可作为此观点的案例.

(4)建立与折纸活动相适应的评价体系

近几年各地中考中有关折纸活动的问题频频出现,多以折叠问题为主,突出了对动手操作能力的重视,体现了中考对学生能力和素质的要求不只局限于陈述性知识,还有操作实践性知识.解决折纸类问题,最关键的是要研究翻折前后的变化,尤其是要抓住翻折过程中不变的量——图形全等,从而得到线段的相等、角的相等等几何元素的关系.所以这就需要教师在平时对于学生的折纸方式进行及时评价,建立与折纸活动相适应的评价体系,如举办折纸作品展等.

作品展的形式可以是课堂折纸教学后的展示,让学生介绍自己的折叠方式,并阐明折叠的原理与思路,其他同学可以进行评价.思考—折叠—欣赏—评价的过程,让学生进行了多次的观察、思考、比较,使知识更深层次,印象更为深刻.在学校组织的大型展出活动以作品展的形式,将折纸活动作为专题,专门展出师生课内外的折纸活动作品,并可颁发奖项,不仅激发学生学习兴趣,还能改善数学学习氛围.

(5)设计从思考到动手的发展直观想象的折纸活动

直观想象,作为数学学科核心素养内容之一,旨在借助几何直观和空间想象感知事物的形态与变化,利用空间形式特别是图形,理解和解决数学问题.从思考怎么折到动手操作,学生需要先构建图形在空间中的形态变化,从而理解、解决折纸问题,这正是一种"长路径"的直观想象.设计从思考到动手的折纸活动,有利于学生从不同的路径思考解决问题的方法,也能进一步发展几何直观和空间想象能力.

【案例3-4-8】

师:同学们,你们能用面前的A4纸折出一个正方形纸片吗?

学生活动:学生集体先动手操作,并由学生1展示其折法,说明其方法.

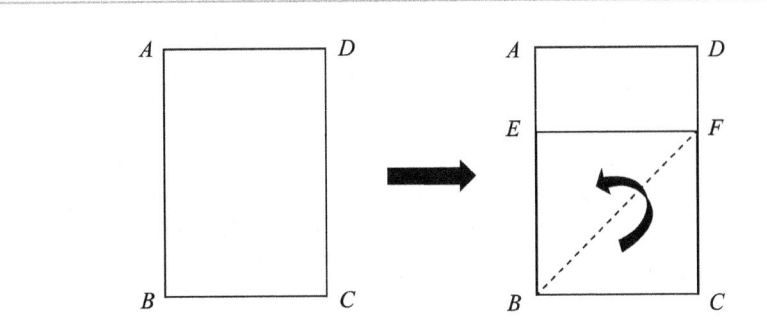

师：大家都是这样折的吗？

绝大部分学生使用此方法．

【案例3-4-9】

师：折痕只能这样吗？同学们是否还有其他的折法？请先思考再动手折一折．

学生活动：学生在思考后再次折叠A4纸，有以下两种不同的方法．

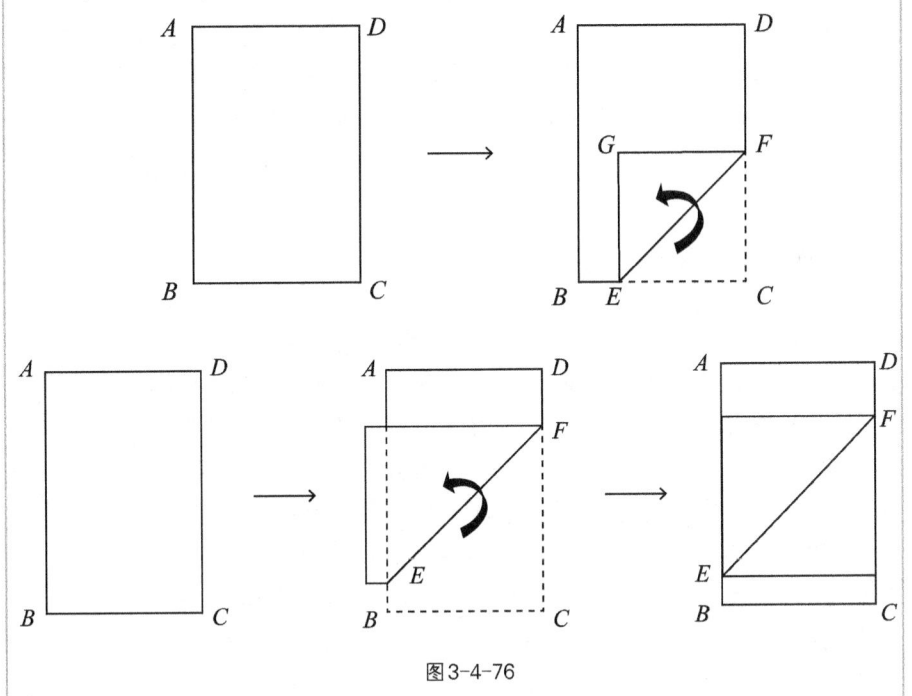

图3-4-76

师：同学们，这两种折叠为了保证所折图形为正方形，折痕与A4纸边

> 的夹角应有怎样的要求?
>
> 生:折痕与A4纸边的夹角为45°.

【活动分析】

案例片段3-4-8中,教师仅提出用A4纸折正方形的要求,并未做其他更多的要求.学生仅有一个图形目标指向,即如何折一个正方形.由于教师在此期间并未给学生下达具体的程序性指令,学生就需要在此活动中融入思考,或先思考再动手,或边动手边思考.先思考再动手的学生会有较为清晰的思路,边动手边思考的学生则更偏向于自主探索.

案例片段3-4-9在学生自主动手折叠得到一个合乎思维习惯的统一答案后,要求学生拓宽思维思考"是否还有其他的折法",并且强调"先思考再动手折一折".案例片段3-4-9这样设计的折纸活动不同于学生执行程序性指令般的折纸飞机活动,折纸飞机大多数情况下只是对执行程序的模仿,其着眼点更多的是关于怎么折的步骤执行,缺少了数学味道,也不利于学生用数学的眼光观察和体验现实世界,只有处理好思考与动手的关系才能体现数学味道.

在教学中组织片段3-4-7的活动,可以让学生经历各自的尝试,从而获得各自的直观想象.在学生经历此活动得到初步体验之后,教师再组织"先思考再动手折一折",尝试不同的方法.这样的活动能够更好地将思维反映下的行为更直观地体现出来,发展学生的直观想象,有利于培养学生的几何直观和空间想象能力.

三、测量问题的教学实践

"图形的相似"这一章的内容,通常被教师认为是几何图形教学中比较难教的一部分,也是学生比较难学的一块内容,特别是相似三角形,其概念、性质、定理的理解和应用是初中几何的一个重难点.相似三角形作为平面几何学习的一个核心知识点,在学生的数学几何学习中起着至关重要的作用.近几年,相似三角形在各省市的中考题目中所占的比例和分值都比较高,主要考查相似三角形的概念、性质、判定定理及其在实际生活中的应用.其中以相似图形为知识背景,综合考察相似三角形在实际生活中的应用,常以选择题、填空题的形式出现,但也不乏以解答题的形式出现.

《义务教育数学课程标准(2011年版)》对"图形的相似"中相似三角形的应用相关内容提出教学要求:会利用图形的相似解决简单的实际问题;《义务

教育数学课程标准(2022年版)》对"图形的相似"中相似三角形的应用相关内容提出的教学要求并未改变,仍为会利用图形的相似解决一些简单的实际问题,并在附录例81展示利用图形的相似解决问题的活动(例81为利用相似三角形测量高楼的高度).

例81 利用图形的相似解决问题

在现实生活中,对于较高的建筑物,人们通常用图形相似的原理测量建筑物的高度.

【说明】如图,右边是一个高楼的示意图.可以组织相关教学活动,启发学生利用相似三角形测量高楼的高度.

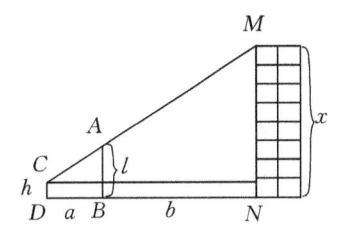

在距高楼 MN 为 b 米的点 B 处竖立一个长度为 l 米的直杆 AB,让学生调整自己的位置,使得他直立时眼睛 C、直杆顶点 A 和高楼顶点 M 三点共线.测量人与直杆的距离 DB,记为 a 米;测量学生眼睛高度 CD,记为 h 米.设高楼的高度 MN 为 x 米,由相似三角形可以得到

$$\frac{x-h}{l-h}=\frac{a+b}{a}$$

因此,高楼的高度为

$$x=h+\frac{(a+b)(l-h)}{a}$$

图3-4-77

数学课程强调学生应发展应用意识与创新意识,前者包括两方面:一是对于生活中的实际问题,会用数学概念、性质、定理和方法解释,并用数学知识处理这些实际问题;二是对于生活中所包含的有关数量与图形的问题,学生会用数学的眼光观察,能够有意识地将这些问题抽象成数学问题,并用数学的方法将其解决.而相似三角形在生活中的运用也较为广泛,如求不易测的物体的高度或宽度、切料方案、小孔成像等.

1.三角形在现实生活中的应用

(1)利用三角形测量物体的高度

古希腊数学家泰勒斯通过测量同一时刻标杆的高度、标杆的影长以及金字塔的影长,成功推算出埃及金字塔的高度.这种推算利用的正是相似三角形的相关知识.

【教学片段1】

例1 小明和小华利用阳光下的影子来测量一建筑物顶部旗杆的高.如图3-4-78所示,在某一时刻,他们在阳光下,分别测得该建筑物 OB 的影长 OC 为16米,OA 的影长 OD 为20米,小明的影长 FG 为2.4米,其中 O、C、D、F、G 五点在同一直线上,A、B、O 三点在同一直线上,且 $AO \perp OD$,$EF \perp FG$.已知小明的身高 EF 为1.8米,求旗杆的高 AB.

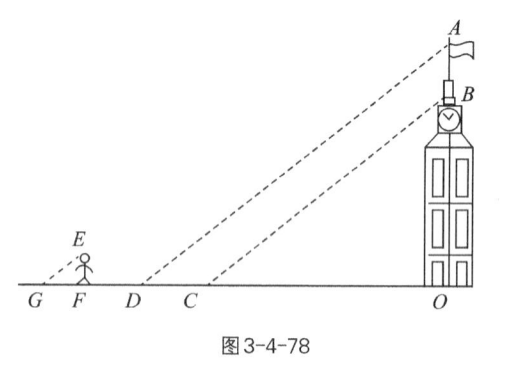

图3-4-78

【分析】 解法一:先证明 $\triangle AOD \backsim \triangle EFG$,列比例式可得 AO 的长,再证明 $\triangle BOC \backsim \triangle AOD$,可得 OB 的长,最后由线段的差可得结论.

解法二:过点 C 作 $CM \perp OD$ 于 C,证明 $\triangle EGF \backsim \triangle MDC$ 可得结论.

【解答】 解法一:

因为 $AD // EG$,

所以 $\angle ADO = \angle EGF$,

因为 $\angle AOD = \angle EFG = 90°$,

所以 $\triangle AOD \backsim \triangle EFG$,

所以 $\dfrac{AO}{EF} = \dfrac{OD}{FG}$,

即 $\dfrac{AO}{1.8} = \dfrac{20}{2.4}$,所以 $AO = 15$,

因为 $AD // BC$,所以 $\triangle BOC \backsim \triangle AOD$,

所以 $\dfrac{BO}{AO} = \dfrac{OC}{OD}$,即 $\dfrac{BO}{15} = \dfrac{16}{20}$,所以 $BO = 12$,

所以 $AB = AO - BO = 15 - 12 = 3$(米);

解法二:如图3-4-79,过点C作$CM \perp OD$,交AD于M,

因为$\triangle EGF \backsim \triangle MDC$,

所以$\dfrac{EF}{FG} = \dfrac{CM}{DC}$,

即$\dfrac{1.8}{2.4} = \dfrac{CM}{20-16}$,

所以$CM = 3$,即$AB = CM = 3$（米），

答:旗杆的高AB是3米.

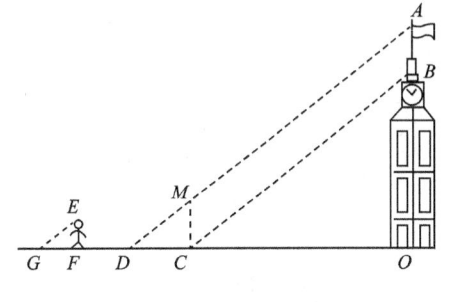

图3-4-79

【教学片段2】

例2 图3-4-80左图是装了液体的高脚杯示意图(数据如图),用去一部分液体后如图3-4-80右图所示,此时液面$AB = ($　　$)$

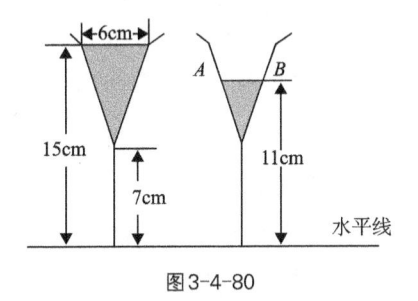

图3-4-80

A.1cm　　　B.2cm　　　C.3cm　　　D.4cm

【分析】高脚杯前后的两个三角形相似,根据相似三角形的判定和性质即可得出结果.

【解答】解:如图3-4-81,过O作$OM \perp CD$,垂足为M,过O'作$O'N \perp AB$,垂足为N,

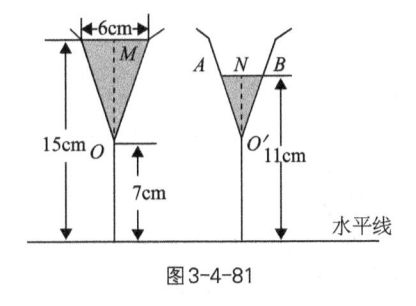

图3-4-81

- 207 -

因为 CD//AB,

所以 △CDO∽△ABO′,即相似比为 $\frac{CD}{AB}$,

所以 $\frac{CD}{AB}=\frac{OM}{O'N}$,

因为 OM=15−7=8(cm),O′N=11−7=4(cm),

所以 $\frac{6}{AB}=\frac{8}{4}$,

所以 AB=3cm,故选:C.

【点评】本题以高脚杯为载体,考察相似三角形在实际生活问题中的应用.解答本题的关键从实际生活问题中建立相似三角形模型,利用相似三角形对应高的比等于相似比列出等式.

(2)利用三角形测量物体的距离

在实际生活问题中,还会利用相似三角形求物体的距离,如河流宽度、海上距离等.这类问题一般需要借助 A 型或 X 型的相似三角形来进行解决.

【教学片段3】

例3 图3-4-82是测量河宽的示意图,AE 与 BC 相交于点 D,∠B=∠C=90°,测得 BD=120m,DC=60m,EC=50m,求得河宽 AB=____m.

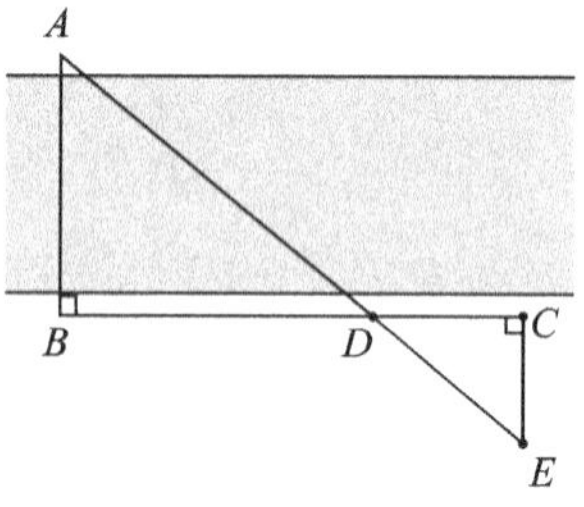

【分析】由两角对应相等可得 △BAD∽△CED,利用对应边成比例可得两岸间的大致距离 AB.

图3-4-82

【解答】解:因为 ∠ADB=∠EDC,∠ABC=∠ECD=90°,

所以 △ABD∽△ECD,

所以 $\frac{AB}{EC}=\frac{BD}{CD}$,$AB=\frac{BD\times EC}{CD}$,解得:$AB=\frac{120\times 50}{60}=100$(米).

故答案为:100.

【点评】本题考查了相似三角形的应用,借助 X 型的相似三角形模型可利用相似三角形的对应边成比例解决.

在现实生活中三角形随处可见,其形状大小丰富多彩,同时也存在不少的全等三角形,在学习了全等三角形的知识后,我们就可以利用这些知识来解决很多生活中的实际问题.

【教学片段4】

例4 (浙教版八上数学《1.5三角形全等的判定》课后题·改编)为测量一池塘两端A,B间的距离,小红和小颖两位同学分别设计了两种不同的方案,如图3-4-83.

方案一:如图3-4-83①,先过点B作AB的垂线BF,再在射线BF上取C,D两点,使$BC=CD$,接着过点D作BD的垂线DE,交AC的延长线于点E,则测出DE的长即为A,B间的距离.

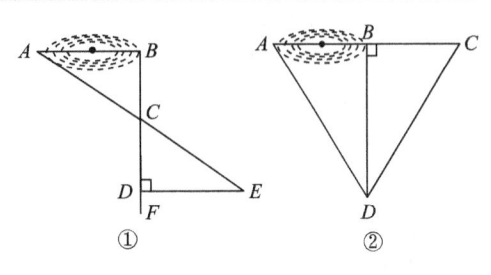

方案二:如图3-4-83②,过点B作$BD\perp AB$,再由点D观测,在AB的延长线上取一点C,使$\angle BDC=\angle BDA$,这时只要测出BC的长即为A,B间的距离.

(1)以上两位同学所设计的方案,可行的是 _____.
(2)请你选择一个可行的方案,说说它可行的理由.

【分析】 此题主要考查全等三角形的应用,正确掌握全等三角形的判定方法是解题关键,直接利用全等三角形的判定与性质进而分析可得出答案.

(1)两位同学作出的都是全等三角形,然后根据全等三角形对应边相等测量的,所以,都是可行的;

(2)方案一利用的是"角边角",方案二利用的是"角边角"证明两三角形全等,分别证明即可.

【解答】 解:(1)方案一、方案二;
(2)选方案一:由题意得,$AB\perp BC$,$DE\perp CD$,
所以$\angle ABC=\angle EDC=90°$,
在$\triangle ABC$和$\triangle DEC$中,
$$\begin{cases}\angle ACB=\angle ECD\\ BC=DC\\ \angle ABC=\angle EDC\end{cases}$$
所以$\triangle ABC\cong\triangle DEC(ASA)$,

所以 $AB=ED$,

所以测出 DE 的长即为 A,B 间的距离.

选方案二:因为 $AB \perp BD$,

所以 $\angle ABD = \angle DBC = 90°$,

在 $\triangle ABD$ 和 $\triangle CBD$ 中,

$$\begin{cases} \angle ABD = \angle DBC \\ BD = BD \\ \angle BDA = \angle BDC \end{cases}$$

所以 $\triangle ABD \cong \triangle CBD$ (ASA),

所以 $AB = BC$,

所以测出 BC 的长即为 A,B 间的距离.

(3) 利用三角形设计切料方案

在锐角三角形中裁剪出一块正方形材料,其方案是正方形的一边在斜边上.在这种情况下求正方形的边长时,需要利用相似三角形对应高的比等于相似比来解答,且是由正方形的对边平行得到的相似三角形.若在直角三角形中裁剪出一块正方形材料,其方案多了一种:正方形的两边在直角边上,但仍需要利用相似三角形求解.

【教学片段5】

例5 一块材料的形状是锐角三角形 ABC,边 $BC = 120$mm,高 $AD = 80$mm,把它加工成正方形零件如图3-4-84,使正方形的一边在 BC 上,其余两个顶点分别在 AB, AC 上,求这个正方形零件的边长.

【分析】设正方形零件的边长为 $x$mm,则 $KD = EF = x$, $AK = 80 - x$,根据 $EF // BC$,得到 $\triangle AEF \backsim \triangle ABC$,根据相似三角形的性质得到比例式,解方程即可得到结果.

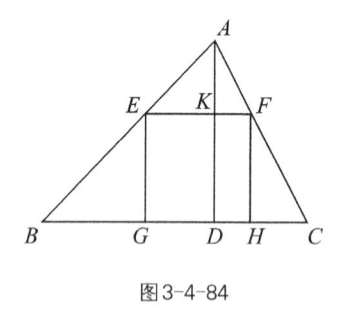

图3-4-84

【解答】解:设正方形零件的边长为 $x$mm,则 $KD = EF = x$, $AK = 80 - x$,

因为$EF//BC$,所以$\triangle AEF \backsim \triangle ABC$,

因为$AD \perp BC$,所以$\dfrac{EF}{BC} = \dfrac{AK}{AD}$,

所以$\dfrac{x}{120} = \dfrac{80-x}{80}$,解得$x = 48$.

答：正方形零件的边长为48mm.

【点评】本题结合正方形的性质,考查相似三角形的比例关系.

(4)利用三角形做小孔成像实验

【教学片段6】

例6 据《墨子》记载,两千多年前,我国学者墨子和他的学生做了"小孔成像"实验,阐释了光的直线传播原理.小孔成像的示意图如图3-4-85所示,光线经过小孔O,物体AB在幕布上形成倒立的实像CD.若物体AB的高为15cm,小孔O到物体和实像的水平距离BE,CE分别为10cm,6cm,则实像CD的高度为( )

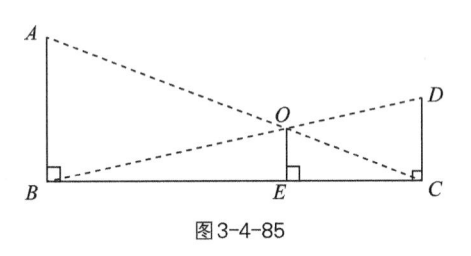

图3-4-85

A.4cm   B.6cm   C.9cm   D.10cm

【分析】先证明$\triangle ABC \backsim \triangle OEC$,利用相似三角形的性质可得$\dfrac{AB}{OE} = \dfrac{BC}{CE}$,从而解得$OE$,再证明$\triangle DBC \backsim \triangle OBE$,利用相似三角形的性质可得$\dfrac{CD}{OE} = \dfrac{BC}{BE}$,从而解得$CD$,即为所求.

【解答】解：由题意可知,$BE = 10$cm,$CE = 6$cm,

所以$BC = BE + CE = 10 + 6 = 16$cm,

因为$AB//OE$,所以$\triangle ABC \backsim \triangle OEC$,

所以$\dfrac{AB}{OE} = \dfrac{BC}{CE}$,即$\dfrac{15}{OE} = \dfrac{16}{6}$,

所以$OE = \dfrac{45}{8}$cm,

因为$OE//CD$所以$\triangle DBC \backsim \triangle OBE$,

所以 $\dfrac{CD}{OE}=\dfrac{BC}{BE}$，即 $\dfrac{CD}{\frac{45}{5}}=\dfrac{16}{10}$，

所以 $CD=9\text{cm}$.

故选：C.

(5)利用全等三角形修补玻璃

【教学片段7】

例7 （浙教版八上数学《1.5三角形全等的判定》课后题·改编）一块三角形玻璃样板不慎被小强同学碰破，成了四片完整的碎片（如图3-4-86所示），聪明的小强经过仔细地考虑认为只要带其中的两块碎片去玻璃店就可以让师傅画一块与以前一样的玻璃样板．你认为下列四个答案中考虑最全面的是（　　）

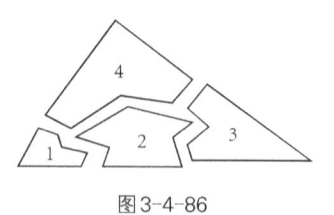

图3-4-86

A.带其中的任意两块去都可以

B.带1、2或2、3去就可以了

C.带1、4或3、4去就可以了

D.带1、4或2、3或3、4去均可

【分析】本题考查了全等三角形判定的应用；确定一个三角形的大小、形状，可以用全等三角形的几种判定方法．做题时要根据实际问题找条件．带1、4可以用"角边角"确定三角形；带3、4也可以用"角边角"确定三角形．

【解答】解：带3、4可以用"角边角"确定三角形，带1、4可以用"角边角"确定三角形．

故选：C.

2.三角形与测量

高度测量问题是现实生活中十分常见的一类问题．在学习完相似三角形的性质等相关知识后，我们就可以利用相似三角形的对应边成比例的性质来测量物体的高度．在现实生活中不易测的物体的高度测量过程较为复杂，但以测量物体的高度、宽度为背景考查相似三角形相关知识的题型却较多，学生面临此类问题表现得比较薄弱，或无法理解意义，或是理解图形也理解了

问题,但不知道从哪里着手答题.究其原因,一方面是学生对于相似三角形的相关性质理解不够彻底,另一方面是学生对测量不易测物体的高度方法不熟悉、不理解.

针对这一现象,教师有必要设计分层次的数学教学活动,将项目学习融入进数学课堂以帮助学生掌握此类活动的操作方法,增强学生的思维能力、动手操作能力,积累基本数学活动经验.

"相似三角形的应用"多以数学活动《测量旗杆高度》展开,学习该内容之前,学生已经掌握了相似三角形的证明方法和基本性质,并且会通过其性质进行几何问题的解答.另外学生在学习全等三角形时已经初步了解了使用全等三角形解决实际生活中的测量问题,但学生掌握的测量方法仅限于理论层面,在解决问题时即便题中已经给了相应的已知条件,学生的解决方法也比较片面,没有经过比较深入的思考,对知识的应用没有达到迁移的地步.因此,本书以相似三角形的证明方法为依托,相似三角形的相关性质为辅助,设计了《测量旗杆高度》的项目主题.从而让学生感受《相似三角形》这一章节知识在实际生活中的运用,深度理解章节知识,将数学与生活紧密结合起来,培养学生科学探究、知识迁移的能力.通过小组活动进行旗杆高度的测量和计算,以及对教学活动的实践,在活动以及小组合作过程中,学生学会了相互合作,小组成员之间经历体会到共同成功的魅力,激发了学生在数学学习方面的兴趣,增强了学生数学学习的热情.在巩固三角形相似的判定条件和其性质的同时,培养学生数学学习能力和应用数学解决实际问题的意识,还能通过整个解决问题的过程,提高学生运用知识的能力,使学生熟悉对数学建模的使用方法.

【案例3-4-10】
《相似三角形应用——为学校旗杆量身高》教学活动

1.活动概述:通过旗杆、标杆二者在阳光下的影子构造出两个相似的三角形,从而利用相似三角形的性质来计算旗杆的高度.

2.活动材料:标杆、刻度尺等.

3.活动目标:培养学生合理构建相似三角形以及利用相似三角形性质进行解答实际生活问题的能力.

4.驱动性问题:(1)如何构建相似三角形?(2)相似三角形的对应边是哪条?

【设计意图】数学建模思想旨在培养学生的动手能力和应用能力,让学生经历建模的过程,可以让学生体会到现实生活中问题的数学本质,从而对这些问题有更为透彻的认识,这也能培养学生自主思考的习惯.而在此教学活动中,解决高度测量问题最关键的一步正是建构相似三角形.在实际生活问题中,可能需要通过一些工具才能够成功构建,这就需要学生掌握相似三角形的建构方法以及有深入的了解.在成功构建相似三角形之后,教师还需引导学生找对对应关系,即要正确寻找相似三角形的对应边.

5.学习任务

(1)复习相似三角形的相关知识.解决高度测量问题的关键在于合理应用相似三角形的性质——相似三角形对应边成比例,故教师需组织复习,熟悉相似三角形的相关知识,如此才能保证高度测量、计算活动的顺利进行.

(2)学习并体验相似三角形的构建.相似三角形的构建不是像无头苍蝇乱撞凑巧得来的,应利用已知条件(工具).通过本节活动,学生要学习并体验如何利用已知条件(工具)来构建相似三角形帮助解决实际生活问题,增强学生的应用能力.

(3)正确计算学校旗杆高度.在成功构建相似三角形并测量出标杆、影子等长度之后,需正确利用相似三角形的性质计算旗杆高度,最需给学生强调的是找对相似三角形的对应边.

6.实施过程

(一)复习回顾,明确方法

师:同学们,我们已经学习了哪些的相似三角形性质?

(1)相似三角形的对应角相等,对应边成比例.

(2)相似三角形的周长之比等于相似比;相似三角形的面积之比等于相似比的平方.

(3)相似三角形对应边上的高线之比、对应边上中线之比、对应角平分线之比等于相似比.

【设计意图】解决高度测量问题的关键在于合理应用相似三角形对应边成比例的性质,若在测量旗杆高度活动之前不安排相似三角形性质的复习,大部分学生在实操的过程中会感到茫然,不知所措.只有掌握了相似三角形的相关知识,学生才能够更好地开展测量、计算活动,同时也为下一步的学习奠定了良好的基础.

(二)情景创设,引入课题

从数学教学的角度审视情景创设,可发现它的重要性.情境创设将生活与数学进行了联系,教会学生用数学的眼光去观察现实世界,并用数学的方法去解决现实生活中的问题.而此种能力的培养重在加强学生的数学建模能力,在实际情境中从数学的视角发现问题、提出问题、分析问题、构建模型,求解结论,验证结果并改进模型,最终解决实际问题.所以教师在教学中应让学生不断地了解与体会数学与生活的密切关系.出于对课堂教学的特殊性和数学教学的有效性考虑,教师要构建一个适宜的情景,让学生的学习过程更加主动,学习氛围更加浓厚.

针对合理创设情景的要求,对于《相似三角形应用》的情景可以考虑从实际生活中测量旗杆高度和数学史中的趣事入手.

【情景创设·片段1】实际生活中测量旗杆高度

师:同学们你能想到哪些测量学校旗杆高度的方法?

学生活动:学生猜想测量学校旗杆高度的方法.学生可能会回答将旗杆放倒测量;用气球挂着卷尺测量;带着卷尺爬上旗杆;用无人机飞到旗杆顶端查看高度……

师:非常有趣的方法,但这些方法测量的成本太大或者测量不够精确,你是否可以想到更加简单方便且较为精准的测量方法呢?

【设计意图】让学生思考他们的测量"趣法",主动参与到课堂教学中,激发学生的学习动机.当然,这些"趣法"在之后会与"数学建模"的解题方法形成对比,让学生对数学建模有更深的认识,学生也能了解并体会数学与现实生活的联系.

【情景创设·片段2】泰勒斯测量金字塔高度

师:在古希腊有一位叫泰勒斯的数学家,他被国王要求测出金字塔的高度.这个问题让泰勒斯冥思苦想了很久,最终他还是想到了利用相似三角形的性质以及身高和影子关系测量出金字塔高度的方法.

问题1　同学们今天可以通过上网搜索快速查阅到金字塔的高度,但在古希腊时期显然没有这个技术,那泰勒斯是如何进行测量的呢?你是否能尝试运用相似三角形的知识来猜测泰勒斯测量金字塔高度的方法?

问题2　同学们是否能类比泰勒斯测量金字塔高度的方法,将所用的方法与数学知识迁移到旗杆高度的测量呢?

【设计意图】通过数学史中的趣事创设情境引入课题,首先能引起学生的注意,让他们学习的兴趣更为强烈.其次以泰勒斯所用方法为主线可以引导学生用类比思想去思考测量、计算旗杆的高度所用的方法,让学生了解并体会数学与现实生活的联系,帮助学生培养数学建模能力,教会学生用数学的眼光去观察现实世界,在实际情境中从数学的视角发现问题、提出问题、分析问题,并用数学的方法去解决实际生活中的问题.

(三)合作探究,思考讨论

教师将学生带到学校旗杆处附近,分好组别并为每组提供标杆甲(1米长)、标杆乙(0.5米长)、卷尺、空白记录表等,尝试探究学校旗杆的高度.

任务1 将学生分为8组,学生根据下发工具独立思考在小组讨论探究学校旗杆高度的方案,并画出示意图.

任务2 每小组分工实施各自的方案.在阳光下一位同学扶正标杆,保证其与地面的垂直,其余同学负责测量标杆的影子长度并做好记录(多次测量,取平均值).

标杆	实际长度/m	影子长度/m	影子长度/m	影子长度/m	影子长度/m	影子长度/m	长度平均值
标杆甲	1						
标杆乙	0.5						

任务3 各组观察、总结标杆实际长度与影子长度的关系.(教师要引导学生发现标杆实际长度与影子长度存在比例关系,再进一步总结标杆实际长度与影子长度成正比例关系)

任务4 各组比较、分析标杆甲与标杆乙的实际长度与影子长度的比例关系,并画出示意图.(在任务2的记录表填写以及任务3的引导、计算、发现后,学生可得到标杆甲与标杆乙的实际长度与影子长度的比例相等)

在任务4的引导后,学生可画出以下示意图:

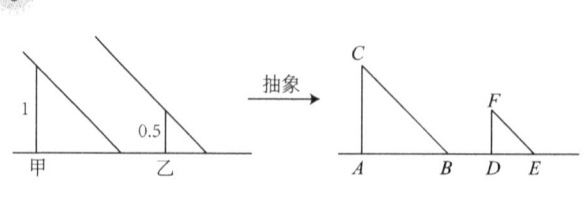

图3-4-87

图3-4-88

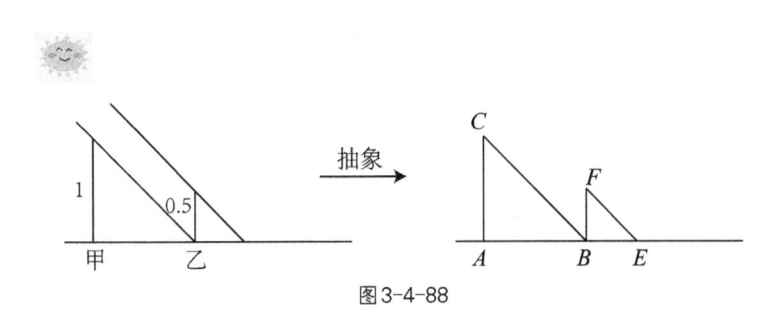

随着站位的改变,可得到大同小异的示意图,教师需引导学生从示意图与记录表的计算中发现并归纳出标杆与影子的关系,进一步得到两个三角形相似.

【设计意图】 教师将学生从原本对于各自趣味方法、泰勒斯所用方法的思考中转移至真实的情境中,让学生亲身体验活动的过程,体会从提出问题到解决问题的具体过程,这样的教学活动非常能激发学生的学习兴趣,让学生真正成为了课堂的主人,也带领学生用数学的眼光观察现实世界.在本环节的四个任务中,教师需给与学生明确的要求:先独立思考再小组讨论探究,让学生充分表达自己的想法并有思想的碰撞交流,对自己与同组其他的方案有及时的评价,从而选取与改进小组的测量方法,让学生在交流思考中提升、互相学习.

师:同学们,现在你们知道泰勒斯是怎样测得金字塔的高度了吗?

生:知道了,利用阳光下的影子构造相似三角形模型测量金字塔的高度.

师:那测量旗杆的高度,我们可以利用哪些工具的影子来构造相似三角形模型呢?

生:标杆、人、镜子等.

问题3 以小组为单位实施各自改进后构造相似三角形模型的方案,并画出示意图.

小组展示,大致有以下三种方法.小组派代表讲解他们的方案,教师作补充说明.

方案1:如图3-4-89,将1米长的旗杆DF竖直立于水平地面,分别测量出阳光底下旗杆AC的影子长度AB与标杆DF的影子长度DE,连接BC、EF,得到$Rt\triangle ABC$与$Rt\triangle DEF$.根据相似三角形的判定相关知识,可得

△ABC∽△DEF,原本求旗杆的高度问题转化为求Rt△ABC直角边AC的长度.根据相似三角形对应边成比例的性质可得:$AC=\dfrac{DF\times AB}{DE}$.

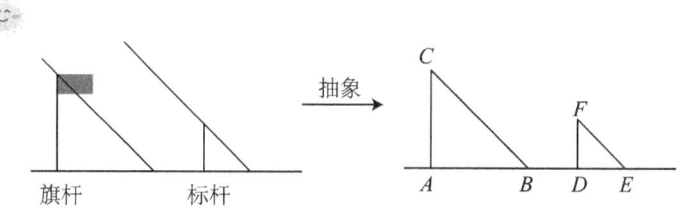

图 3-4-89

方案2:如图3-4-90,此法与方案1大同小异,可得△ABC∽△BEF,根据相似三角形对应边成比例的性质可得:$AC=\dfrac{BF\times AB}{BE}$.

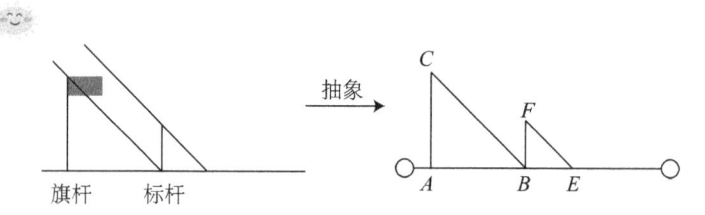

图 3-4-90

方案3:如图3-4-91,在旗杆与人之间的水平地面上摆上一面平面镜,合理调整平面镜的摆放位置以及人的站位并保持竖直站立,使得人眼恰好可以看见旗杆的顶部.根据平面镜反射原理,可得∠CBA=∠EBD,由相似三角形的判定相关知识,可得△ABC∽△DBE.此时只需测量出平面镜与旗杆的距离、平面镜与人的距离以及人眼距离地面的高度即可求出旗杆AC的高度.根据相似三角形对应边成比例的性质可得:$AC=\dfrac{DE\times AB}{DB}$.

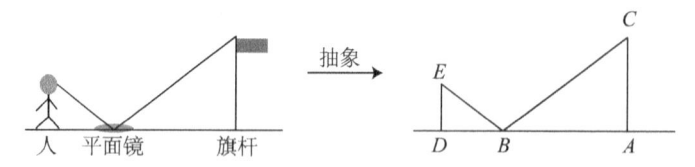

图 3-4-91

教师总结:同学们的想象能力和建构能力都很棒,前两种方法利用标杆构建相似三角形,利用了物理学中的太阳光线是平行光线.第三种方法别出心裁,跳出利用标杆构建的束缚,选择利用平面镜构建相似三角形,利用了物理学中的平面镜反射原理.

【设计意图】通过先前标杆甲与标杆乙实际长度与影子长度的比较分析后再问学生泰勒斯是怎样测得金字塔的高度,让学生在自己动手操作的基础上探索、发现、总结,发展学生的类比思想与动手操作能力.本问题环节主要想锻炼学生的数学建模能力,从实际生活背景中抽象出数学模型,而这对于初中生而言是困难的,因为他们缺乏实际操作并且尚未能用数学的语言准确表达生活中的问题.基于2022年数学义务教育阶段新课标的要求与教育理念,在测量旗杆高度活动中融入其他学科,如以物理学的光学知识为背景,通过实际操作去测量各影子长度得到标杆与影子长度成正比例关系,引导学生类比发现测量旗杆高度的方法——构造相似三角形模型.从而将测量不易度量的高度转化为测量易测的长度、距离,让学生体会到各学科的融合性,实现跨学科教学,体现了划归的数学思想方法.在任务中还要求学生多次测量,取平均值以减小误差,旨在培养学生的严谨性以及数据分析的素养.其次,强调学生之间的互相交流合作,开放学生解决问题的思维,不束缚他们的思想,将课堂"交"给学生,大胆让他们进行开放的设计,培养学生的创造力,让学生亲身体验和经历提出问题到实验操作解决问题的过程,体会数学与现实生活的联系,教会学生用数学的眼光去观察现实世界,在实际情境中从数学的视角发现问题、提出问题、分析问题,并用数学的方法去解决实际生活中的问题.

(四)变式思考,激活思维

问题4 如果旗杆的影子无法全部撒向地面,落在了教学楼上,如图3-4-92所示,我们又该如何去构造相似三角形呢?

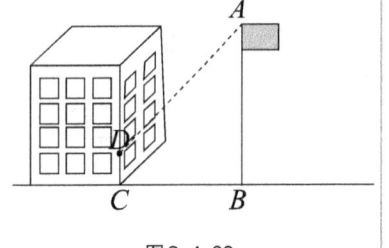

图3-4-92

方案4:如图3-4-93,先测量墙面上的影长 CD 与旗杆 AB 在地面上的影长 BC,再测此时竖立于地面长1米的标杆 FH 的影长 GH,由于同一时刻物高与影长的比一定,成功构造相似三角形,得到 $\triangle AED \backsim \triangle FHG$,其中

$$AB = AE + BE = \frac{FH \times DE}{GH} + BE = \frac{1 \times DE}{GH} + CD$$

图3-4-93

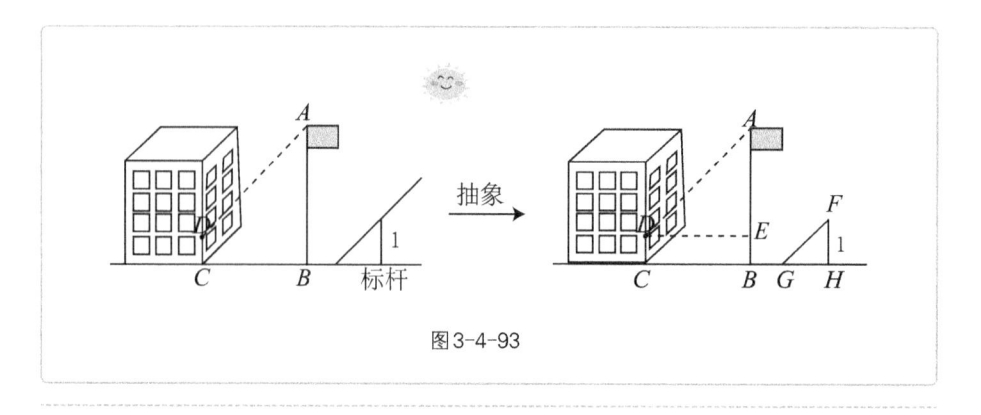

【设计意图】设计变式让学生想象不同条件下测量旗杆高度的方法,此时想象所体现出来的创造能力就显得格外重要,运用标杆与旗杆在墙面上的影长构造相似三角形使得切入口被打开,拓宽学生的思维,平时变式的训练有益于培养学生的创造性思维,也有利于调动学生的独特体验,使得学生能够迅速获得最佳解决问题的途径.

问题5 如果是阴雨天没有影子也不用平面镜,只有卷尺跟2米的标杆,你还能想到什么方法去构造相似三角形?

方案5:将2米的标杆立于旗杆与人之间,保证标杆垂直于地面,如图3-4-94所示.人抬头望见旗杆顶部与标杆顶部恰好重合,测量得到旗杆与标杆的距离AC,标杆与人的距离CE,EF为人眼距离地面的高度,由此成功构建三角形的相似,即$\triangle BCF \backsim \triangle DHF$.根据相似三角形对应边成比例的性质可得:

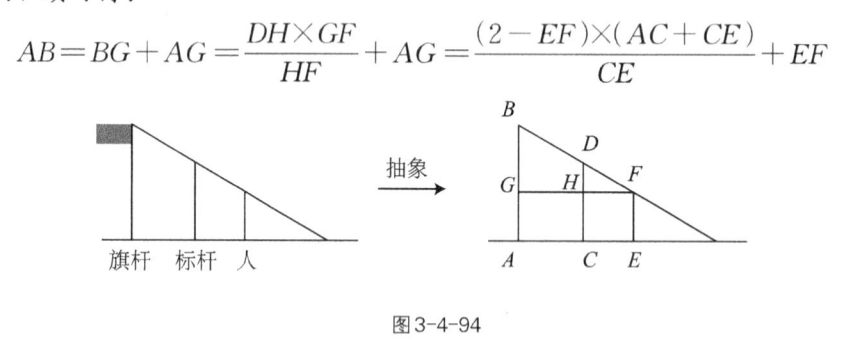

$$AB = BG + AG = \frac{DH \times GF}{HF} + AG = \frac{(2-EF) \times (AC+CE)}{CE} + EF$$

图3-4-94

【设计意图】让学生思考在没有阳光、不利用平面镜的时候如何构造相似三角形,继续发散学生的思维,令学生体验到在面对不同要求下的数学问题时,要抓住问题的本质,将所学的知识与方法应用于解决现实生活的问题中.

7.活动成果

学生对通过构造相似三角形以及寻找相似三角形的对应边,并且利用比例关系来计算相应的高度以测量学校旗杆高度的方法体验并掌握,且构造相似三角形的思路较为广泛,可以利用各种工具进行构造,如利用标杆、影子长度、水平镜面、人眼等,这极大地锻炼了学生的数学建模能力,学生了解并体验了在实际情境中从数学的视角发现问题,提出问题,分析问题,构建模型,求解结论,验证结果并改进模型,最终解决实际问题的过程.此活动采取项目化学习的教学方式,分层次地提出问题,不仅激发学生的学习兴趣,提高学生学习的主动性,让他们真正地参与数学课堂,还引导他们学会独立思考与合作交流,以亲身体验课本上提到的实际应用场景为契机,一定程度上锻炼了他们的社交能力,培养了他们的动手能力与创新能力.这样的课堂教学是具有高效性的,学生的能力与素质都能在活动中提升,在活动中复习深化先前所学习的知识.在项目学习的过程中,学生是主动地探究活动课题,成为课堂的中心,不再是被动地被灌输数学知识,教师只是引导者.

◎ 参考文献

[1] 张娟萍.谈数学教学中促进高阶思维发展的活动形式及评价量规[J].教学管理与教育研究,2018,52(04):112-113.

[2] 姜东海.初中数学课堂培养高阶思维能力的探究——以"分式方程"的教学为例[J].中学数学,2022,664(18):78-79.

[3] 张娟萍.培养高阶思维能力的教学设计研究[J].中国数学教育,2017,177(17):12-17.

[4] 张娟萍.谈数学教学中促进高阶思维发展的活动形式及评价量规[J].教学管理与教育研究,2018,52(04):112-113.

[5] 杨发宁.围绕知识核心开展教学设计的探讨——以"相似三角形的性质"为例[J].数学教学通讯,2022,810(29):19-20+26.

[6] 黄秀旺.重构优化:复习课教学的自然追求——以"三角形单元复习"为例[J].中学数学教学参考,2022,877(35):6-9.

[7] 中华人民共和国教育部.义务教育数学课程标准(2022年版)[M].北京.北京师范大学出版社.2022.

[8] 徐颖."分""合""联",整体设计三角形单元教学[J].中国数学教育,2019,204(23):17-20.

[9] 赵妙妙.挖掘例题价值 优化例题教学——以浙教版数学教材中的一道例题为例[J].中学教研(数学),2022,492(02):30-33.

[10] 徐策.精准设计多解散思——一道习题的同类设计与解析[J].基础教育论坛,2020,342(16):70-71.

[11] 邵光华.基于ACT-R理论的高中数学解题教学研究[J].教育研究与评论(中学教育教学),2020,435(05):31-34.

[12] 姜鹏.百折不挠话"折纸"——对一节中考数学二轮复习课的案例分析[J].数学教学,2021,412(12):35-40.

[13] 邓昌滨.在知识联系中把握本质,在迁移运用中感悟通法——《尺规作图的再认识》专题复习课教学设计与思考[J].教育研究与评论(中学教育教学),2022,516(08):42-47.

[14] 赵桂芳.加强尺规作图 建立几何直观[J].辽宁教育,2022,678(21):5-9.

[15] 周炼."新课标"下尺规作图的命题变革与教学展望——以2022年江苏省中考为例[J].中学数学杂志,2023,400(02):28-32.

[16] 鲍建生,章建跃.数学核心素养在初中阶段的主要表现之三:几何直观[J].中国数学教育,2022,265,266(Z3):3-9.

[17] 唐彩斌,王罗那.小学数学增加"用直尺和圆规作图"的意义和策略[J].小学数学教育,2022,365(11):19-20.

[18] 邓昌滨.在知识联系中把握本质,在迁移运用中感悟通法——《尺规作图的再认识》专题复习课教学设计与思考[J].教育研究与评论(中学教育教学),2022,516(08):42-47.

[19] 杨在英.折纸中的小学数学数感培养——评《折纸与数学》[J].中国造纸,2020,39(07):113.

[20] 李雷.折其形 明其理 寻其美——一堂"折纸"数学实验课的实践与思考[J].初中数学教与学,2022,472(04):24-27.

[21] 林雪.折纸活动在初中数学教学中的运用研究[D].南充:西华师范大学,2020.

[22] 胡燕.例析相似三角形在实际生活中的应用[J].中学数学,2021,646(24):46-47.

[23] 朱卡丽.常见的几种全等三角形的应用[J].初中生辅导,2021,936(26):56-63.

[24] 邢延平.基于STEAM教育理念初中数学图形与几何教学研究[D].洛阳：洛阳师范学院,2022.

[25] 吴秋菊,刘生贵.STEM教育理念下初中数学教学设计——以"相似三角形应用——为学校旗杆量身高"为例[J].数学教学研究,2022,41(05):26-30.

第四章
三角形单元促进推理能力的发展

第一节 关于推理能力的理论分析

推理是思维的基本形式之一,是数学学科的本质特征.推理具体包括合情推理和演绎推理其中,合情推理是从已有的事实出发,凭借经验和直觉,通过类比、归纳等推断某些结果;归纳和类比推理是从特殊到一般的思维方式,是发现、提出、形成数学概念、法则、关系、猜想的重要途径.例如,初中阶段的数与代数学习是小学阶段数的运算与数量关系的一般化,在知识建构的过程中通过归纳、类比学习,将小学的运算法则以及数的关系推广到代数层面.演绎推理是从已有的事实如定义、定理、公理和确定的规则如运算的定义、法则、顺序等出发,按照逻辑推理的法则证明和计算.演绎推理是从一般到特殊的思维方式,是形成数学命题、判断命题真伪和进行证明的基本工具.在解决问题的过程中,合情推理用于探究思路、发现结论,演绎推理用于证明结论.

《新课标》中指出,推理是核心素养的主要表现,其中,小学阶段主要培养学生的推理意识,初中阶段注重学生推理能力的培养.小学阶段的推理意识主要是指对逻辑推理过程及其意义的初步感悟.小学阶段的数学推理意识是形成推理能力的经验基础,主要表现为养成讲道理的思维习惯,认识到推理在数学学习中的重要性,其主要特点为符号化的水平较低,多为在实际的情境中发现和提出数学问题,借助直观操作和日常经验进行简单的类比推理或者归纳推理,对于严谨性的要求较低.通过测量、实验得到"两点之间线段最短""三角形内角和等于180°"等,为初中阶段发展演绎推理能力打下了坚实的基础.初中阶段的推理能力主要是指从一些事实和命题出发,依据规则推出其他命题或结论的能力.其中,推理能力的具体内涵为理解逻辑推理在形成数学概念、法则、定理和解决问题中的重要性,初步掌握推理的基本形式和规则;对于一些简单问题,能通过特殊结果推断一般结论;理解命题的结构与联系,探索并表述论证过程;感悟数学的严谨性,初步形成逻辑表达与交流的习惯.推理能力有助于逐步养成重论据、合乎逻辑的思维习惯,形成实事求是的科学态度与理论精神.在初中的数学课程中,明确了定义、命题、定理和证明的概念,设置了"基本事实",为推理提供了起点和基础.因此,在初中阶段要求学生在理解概念的基础上,掌握推理的基本形式,认识推理在数学中的意义与价值,运用推理形式和逻辑规则进行数学推理和证明,解决问题.

从推理意识到推理能力是数学符号化和严谨性显著提升的过程,是学生思维能力显著的进阶过程,为高中系统性、全面性和符号化的逻辑推理奠定基础,体现了核心素养发展的整体性、一致性和阶段性.研究表明,中学生的论证推理能力可以分为四个水平,具体为直接推理、间接推理、迂回推理和综合性推理,在正常的教育教学中,初一学生就已经具备了各种推理能力,中学生的数学推理能力随着年龄和年级的升高而提高,其中初二和高二是推理能力发展的转折点,初二学生普遍能按照公式进行推理,高二学生的抽象综合推理能力得到显著发展.

PISA数学素养是指个体在真实世界的不同情境中进行数学推理,并表达、应用和阐释数学解决问题的能力.PISA2012框架中,将数学推理定义为评估现实情况、选择解决策略、得出有逻辑的结论、制定和描述解决方案,以及应用方案来解决实际问题的过程,反映了问题解决中数学推理的思维过程.PISA2022框架中,数学推理是轴心,数学情境是背景,数学内容是载体,数学问题是导向,在测评中,注重学生的数学推理能力,不只是测评数学问题解决的能力,而是更注重考查学生解决问题中的高阶思维.

"数学学科核心能力框架模型"的研究成果中,对推理能力表现水平划分为记忆再现、联系与变式、反思与拓展三个层次.其中各个水平层次的表现指标有如下描述.

水平一:记忆与再现.能够形成一些合理的猜测,能够有条理地表达获得猜想的推理过程,能够在简单情境下解释命题的正确性.

水平二:联系与变式.能在较复杂问题情境下提出认知水平层次较高的猜想,能清晰地表述思考过程,能够联系他人的推理与已有经验进行解释.

水平三:反思与拓展.能够获得更多猜想,对结构进行反思和检验,有根有据地表达,说理充分,能通过归纳推理和演绎推理两种思路进行解释说明.

学生推理能力的发展水平会受到各个因素的影响.首先,在几何证明的过程中,学生的演绎推理表现会影响到学生的推理能力,如学生证明的书写能力,若书写证明的能力较薄弱,则会一定程度上影响推理能力.其次,个体的知识经验、信念偏向等,会对演绎推理也有一定的影响.再次,在特定的数学情境中,学生对于一些隐藏条件的理解是否到位也会影响演绎推理能否成功,需要学生具备一定的思维转化能力和信息处理能力.归纳推理受到前提项目多样性的强烈影响,材料类别与概念范畴、属性特征及其呈现方式、推理形式、知识经验等因素都会对归纳推理产生不同程度的影响.归纳推理能力还受到前提类别与结论类别的相似性的影响,并随着这种相似性的增强而增强.类比推理与类别迁移有关,相似度越高,越能促进类比迁移.如初中阶段的方程学习,二元一次方程、一元二次方程与一元一次方程的相似度极高,易于促进类比迁移,在一元一次方程的概念、知识建构逻辑的基础上,学生能够通过类比推理,发现、提出、形成数学概念.

关于推理能力的培养,还要注重以下几个方面:

1.关注发展关键时期,加强逻辑推理训练

学生的推理能力是按照一定的层次逐步发展的,具有显著的差异性和阶段性,因此培养和发展推理能力是一个长期的过程,可以基于真实情境和基本认知,从简单地讲道理开始,放宽对于符号化和严谨性的要求,逐步培养学生推理习惯,同时要抓住推理能力发展的关键期,协调发展多种推理形式,协调运用演绎推理方法,实现量变引起质变.

2.适当揭示逻辑规则,固化演绎推理思维

学习推理的初级阶段,要注重学生推理过程的训练,关注学生数学语言表达的准确性、严谨性和规范性,强调推理过程中的依据如定理、性质等,帮助学生理清其中的逻辑关系.

3.设置合理推理情境,培养归纳类比能力

合情推理的实质是"发现—猜想—证明",在教学过程中要设置合理的推理情境,让学生经历创造与再创造的过程,通过问题链的形式引导学生通过观察、合情推理、发现需要完成目标、提出猜想,再通过逻辑论证逐步深入,得到结论,培养学生的推理思维与推理能力.

第二节　发展推理能力的教学实践

一、基于要素和要素关系，探究一般观念下三角形教学

(一)三角形整章要素及要素关系梳理

数学是研究数量关系和空间形式的一门科学.数学源于对现实世界的抽象,基于抽象结构,通过符号运算、形式推理、模型构建等,理解和表达现实世界中事物的本质、关系和规律.

首先,教材与实际相联系.以三角形为例,三角形的发展要从三角学说起,三角学与天文学是密不可分的,它是对天文观察结果进行推算的方法.1450年作为球面三角与平面三角的时间分界点,在此后为了间接测量、测绘,平面三角形从球面三角形中独立出来.而从数学背景来看,三角形是最基本的封闭图形,但可组成许多形状不同的四边形,所以平面图形的性质研究往往要从三角形开始.

要认识研究对象.数学上的研究对象是源于现实而抽象出来的,当抽象出一个数学研究对象并且能用数学的方式表示时即为对该研究对象下定义.在数学上,对抽象出的一个数学对象有多种表示形式,有语言、符号和图形,抽象出三角形这个研究对象,那就是给三角形进行了定义.对几何图形进行研究,是指对一个数学对象进行研究,那么几何图形就是研究对象.对象定义之后,紧接着会给出三角形的符号表示,这个符号也称为研究对象的表示,但符号表示有所不同,可能是符号,也可能是图形.当学生能使用语言、符号和图形等形式表示出三角形,那就表示学生已经认识了三角形这个研究对象.学生得到了该研究对象的定义,获得定义就知道这个几何图形的一些基本特征和内涵.例如:三角形是由三条线段首尾连接而成的平面图形,这是明确三角形有三条边,首尾顺次连接的封闭图形则表示图形有三个角.章建跃先生指出:"得知图形有边有角,自然而然地就会想到,它们之间有没有什么关系,这就是性质研究."几何最重要的就是性质的研究,但是"性质就是一类事物共有的特性"这样的说法过于主观,在具体思考中缺乏可操作性,所以针对"性质是什么,需要根据具体内容进行归纳.

几何性质是指要素和要素之间确定的关系,研究几何图形性质的基本方法就是研究几何图形的构成要素之间的相互关系(包括位置关系、数量关系等).要素有不同,并且要素与要素之间的关系有所差别.要素分为组成要素和

相关要素,正如章先生所说:"数学源于对现实世界的抽象,基于抽象结构,通过符号运算、形式推理、模型构建等理解和表达现实世界中事物的本质、关系与规律."组成要素是指组成几何图形必不可少的要素,而相关要素则是指不是几何图形的必需要素但是又与几何图形有关的要素.

在一个或者一类三角形的研究中,首先关注的是组成要素内部的关系,通过对边和角的数量关系研究,学生可以清晰地知道"两边之和大于第三边""三角形内角和等于180°"等这些性质;然后再关注相关要素内部的关系,通过对相关要素"高线""中线""外角""角平分线"等进行研究,可以得到三角形的性质.当然对于三角形还要关注组成要素和相关要素之间的关系.接下来就要进行两个或者两类三角形的研究.这种类型的研究关注的是两个或者两类三角形的大小关系、形状差异,形状大小相等,即全等关系,也存在形状相同,大小不同的相似关系.

这样的思维模式具有一定的逻辑顺序,并且可以形成研究几何问题的基本模式:组成要素与相关要素间的分类——研究组成要素——研究相关要素——一个、一类或者多个、多类几何图形之间的比较.当形成一定的模式后就可以进行迁移,由于思维模式是按照一定的逻辑顺序进行,所以其迁移性很强,在三角形学习中使用这一套模式,后续学习四边形和圆等平面图形时就有路可循.

(二)一般观念引领下的推理能力设计要点

(1)三角形的定义设计要点

一个几何图形的本质特征是指其组成要素及其基本关系.以此为指导思想,通过对典型实例的分析、归纳得出共性,再抽象、概括出三角形的组成要素及其基本关系,然后用严谨的数学术语作出表述,就得到了三角形的定义.

仅仅从分析与综合、归纳与演绎、联系与类比等一般思维方法的角度阐释数学定义的抽象过程是不够的,因为这样并没有解决"如何分析""归纳什么""如何类比"等问题,而这些问题恰恰是启发学生展开数学思考与探究的关键.几何图形的组成要素及其基本关系归根到底要从点、线段、圆(或其部分)及其位置关系入手分析.例如,在三角形定义的教学中,先让学生明确"几何图形的要素、要素之间的关系各指什么",再对"三角形的组成要素是什么""要素之间有什么关系"展开分析、归纳、类比的思维活动.

我们把三角形作为一个系统,三个顶点、三条边、三个内角是基本要素.但如果研究的视野仅限于这些要素的关系,那么三角形的性质就有些单调乏味,就不能体现"反映空间大部分基本性质"的地位,所以必须对它的要素作出进一步的划分,更充分地反映三角形的结构、功能,为研究内部要素的关系提供更丰富的视角,为三角形与外部系统的联系提供更多的通道.可以看到,要素、相关要素及其关系是三角形丰富多彩性质的源泉所在.

(2)三角形中的要素及相关要素,如内角、边长、高、中线等设计要点

抽象出概念后,接着要从定义出发研究性质,即研究定义所界定的数学对象的内涵或要素之间的基本关系.我们把三角形要素之间的最基本关系(主要是定性的等与不等关系)称为基本性质,如边角的相等关系(等边对等角,等角对等边)、边角的不等关系(大边对大角,大角对大边)、三边的定性关系(两边之和大于第三边)、内角的定量关系(内角和等于180°)等等.上述三角形的基本性质非常直观,通过观察、测量或剪贴拼接是不难发现的,但要证明它们,则需要做一番逻辑关系的考量,并要有一些预备知识.

三角形性质的丰富多彩来自于基本要素与外角、中线、高线、角平分线等相关要素的相互作用和联系.如外角与内角的关系(外角等于不相邻两内角之和)、外角之间的关系(外角之和为360°)、中线的位置关系(三条中线交于一点)、高的位置关系(三条高所在的直线交于一点)、三角形任意两角的外角平分线和第三个角的内角平分线交于一点、三边中点连线与三边的位置关系和大小关系(两边中点连线平行于第三边且等于第三边的一半)等等.

在探索三角形性质阶段,对"三角形中的几何元素及其相互关系"有序而深入地探索,对于发现和提出性质的猜想是非常有用的,而且在探寻猜想的证明过程中,也能通过这种知识间的内在联系打开思路、找到方法.

(3)讨论要素间的关系,如正弦定理设计要点

要素、相关要素的相互关系就是性质.三角形的形状、大小可以由三组边、角要素分别唯一确定,所以我们可以定性地得出结论:三角形的边与角之间存在确定的定量关系.那么,三角形的边、角要素之间,有怎样的定量关系呢?

在三角形中,"边之比"与角之间的关系最明显的是直角三角形.以往的定性结论中有"在直角三角形中,30°角所对的边是斜边的一半".换一种表述方法,我们有:在△ABC中,∠A、∠B、∠C所对边记为a、b、c.对于任意Rt△ABC,∠C=90°,如果∠A=30°,那么$\frac{a}{c}=\frac{1}{2}$.根据勾股定理,还可以得出$\frac{b}{c}=\frac{\sqrt{3}}{2}$,$\frac{a}{b}=\frac{\sqrt{3}}{3}$.类似的,如果∠A=45°,那么$\frac{a}{c}=\frac{b}{c}=\frac{\sqrt{2}}{2}$,$\frac{a}{b}=1$.受上述结

论启发,一个合理的猜想是:在 Rt△ABC 中,给定∠A 的值,那么边的比值都唯一确定.一般地,我们有:在 Rt△ABC 中,∠C=90°,把 $\dfrac{a}{c}$、$\dfrac{b}{c}$、$\dfrac{a}{b}$ 分别叫做 ∠A 的正弦、余弦、正切,记作 sinA,cosA,tanA.这里,虽然只是"换一种表述",但却赋予了新的数学含义,在此过程中,数学思想、看问题的角度或观点发挥着决定性作用.

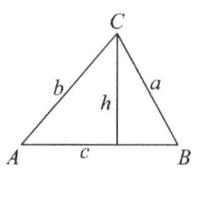

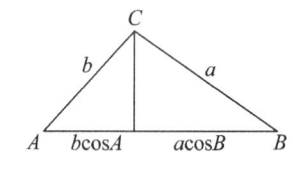

图 4-2-1

而对于一般三角形的边角关系,我们只要利用三角形的高,就可以转化为直角三角形的问题.由 $\dfrac{1}{2}bc\sin A = \dfrac{1}{2}ca\sin B = \dfrac{1}{2}ab\sin C$ 作恒等变形,就有正弦定理:

$$\dfrac{\sin A}{a} = \dfrac{\sin B}{b} = \dfrac{\sin C}{c}$$

在上述讨论中,因为面积是基本而重要的几何量,三角形面积公式又很容易由锐角三角函数得出,正弦定理就是面积等式的推论.于是,我们在"要素、相关要素之间的相互关系就是性质"的引领下,便可发现三角形的各种定性性质.

(三)从关注要素和要素关系设计教学

【案例 4-2-1】
认识三角形

一、教学内容及其解析

1.地位和作用

本节课是浙教版 2013 八年级上册第 1 章第 1 节,本章是三角形部分的起始章节,包含几何入门阶段所必需的基础知识和基本技能,是今后学习全等三角形、特殊三角形、相似三角形等几何知识的必要准备.本节课运用类比的数学思想,类比角的学习来研究三角形的概念,并且在此基础上学习三角形的性质.这为后续学习全等三角形等知识进行了思维铺垫,更重要的是为学生后续几何学习中对其他几何图形如四边形、圆、相似三角形知识如何研究埋下了种子,所以本节课具有承上启下的重要作用.

2.概念的解析

本节课学生通过类比角的学习,尝试给出三角形的概念,再类比角的表示,给出三角形的表示方法,并且能利用文字语言、符号语言、图形语言综合描述.学生通过归纳得出三角形的性质,并能运用性质解决一类问题.

3.思想方法

与角的学习一样,学生运用类比思想研究三角形的定义、表示,在类比中揭示知识之间的联系,加深知识的理解,明确了研究一类问题的"基本方法",利用文字语言、符号语言、图形语言对于概念的综合描述,也是把几何意义与数量关系相结合,即"数""形"结合,这是学习几何必须建立的一种重要思想意识.

4.知识类型

三角形的概念及性质属于概念性知识.

基于以上分析,确定本节课的教学重点:三角形的概念和"三角形任意两边的和大于第三边"的性质;感受学习过程中的类比思想.

二、教学目标及其解析

1.目标

(1)进一步认识三角形的概念,会用符号、字母表示三角形,了解三角形按角的大小和边的相等关系分类.

(2)理解"三角形任意两边的和大于第三边"的性质.

2.解析

达成目标(1)的标志是:能从几何图形和数量关系认识三角形,知道三角形的定义、分类,并会用文字语言和符号语言描述三角形及其要素.反之,能根据符号语言或文字语言所表述的图形及关系,用图形直观表示出来.

达成目标(2)的标志是:在学习过程中,能在教师的引导下归纳出三角形的性质,并运用性质解决问题,完善认知结构.

三、教学问题诊断分析

(1)**学生具备的基础(知识、能力)**

学生在小学已经掌握了三角形的基本知识,已经了解了学习方法和学习顺序,本节课之前也已经学习过角的相关知识,其方法上都很相似.

(2)**本课的目标需求(知识、能力)**

本节课是通过类比的方式,对三角形的定义、表示、分类进行学习,并且会用图形语言、符号语言、文字语言对其进行综合描述.学习三角形的性质,即三边关系及其推论,会用三边关系判断三角形是否存在及边长范围.

(3)可能存在的问题(问题、障碍)

图形、文字、符号语言的综合运用虽然在之前的学习过程中学生有所接触,但还是在初始阶段.对于综合运用三种语言描述概念,学生往往缺乏经验,对三角形的性质的归纳过程以及运用性质解决问题,也会存在一定问题.

(4)应对策略(过程、方法)

教师通过问题串的形式,利用类比思想,让学生明确研究顺序,这样的类比让学生更易理解三角形的概念和性质.利用针对训练,强化学生对于概念的理解,并会综合运用文字、符号、图形语言对概念进行描述,并熟练运用三角形三边关系.

基于以上分析,确定本节课的教学难点是:归纳三角形的性质,即三角形的三边关系定理和推论,并能熟练运用,解决问题.

四、教学支持条件分析

本节课教学充分运用多媒体技术,对出现的问题及时补救,提高教学的针对性.

五、教学过程设计

环节1 复习回顾,引入新知

问题 我们已经学习了三角形的哪些内容呢?

生: 在小学我们主要学习了三角形的特性、分类以及三角形内角的知识.而在七年级,我们也使用过类比的方法,对角的相关知识进行学习,掌握了角的概念以及角度和差的相关知识.

【设计意图】学习伊始,回忆与本节课内容相关的引导性材料——先行组织者.先行组织者能激活认知结构中已具备的相关知识,使学生认识到它们之间的联系;先行组织者为将要学习的材料提供了一个框架或线索,起到了"导游图"的作用,能使学生对学习进程心中有数,帮助学生建立有意义学习的心向,有助于学生掌握研究问题的方法.

环节2 观察思考,探索新知

问题1 我们是如何对角进行定义的?

师生活动 学生回顾并给出角的定义,从位置关系和组成要素解读角的定义.

问题2 请在练习纸上画出一个三角形.你能类比角的定义,给出三角形的定义吗?

师生活动 学生在纸上画出一个任意三角形并进行展示,师生共同从位置关系和组成要素类比得出三角形的定义,即由不在同一直线上的三条线段首尾顺次相接所组成的图形叫做三角形.

问题3 通过之前学习我们可以用符号来表示角,那三角形如何用符号表示呢?三角形中的各个要素又怎么表示呢?

师生活动 老师引导学生学会类比角的表示,用△符号表示三角形,并学会用小写字母表示三角形的三边,会表示三角形的三个内角.

【设计意图】以角的定义为背景,让学生动手实际操作画出三角形,将知识由角过渡到今天要学习的三角形的定义中来,衔接自然流畅.同时,遵循"图形—文字—符号"的学习过程,并通过类比的方法,对图形的定义首先进行讨论,从角的定义得到三角形的定义,加深学生对三角形定义的理解;再从角的表示过渡到三角形的表示,并掌握对三角形中各个要素的表示,从而使得学生能利用文字语言、符号语言、图形语言描述三角形的基本特征.

环节3 针对训练,掌握新知

1.根据图4-2-2,回答下列问题:

(1)图中有几个三角形?用符号表示这些三角形.

(2)图中∠ACB是哪些三角形的内角?

(3)图中∠ACB所对的边有哪些?

(4)图中线段BC是哪些三角形的边?

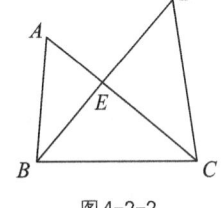

图4-2-2

师生活动 学生思考讨论,逐个回答上述问题.如果出现遗漏或错误,教师引导学生讨论正确的结果,从不同的三角形来看待问题,使学生的答案正确且不遗漏.

【设计意图】本题让学生熟悉三角形的定义及表示,并掌握各个要素的表示,同时也通过要素逆向推断所属的三角形,激发学生思考.本题除让学生巩固三角形的定义及要素表示外,也使学生对这些要素及对应的三角形有直观的认识,培养学生的几何直观,加深学生对三角形的认识.

环节4　由浅入深,再探新知

问题1　按角的大小不同,我们可以把三角形如何分类?

师生活动　学生通过回忆小学学过的三角形内容,从角的大小,也就是锐角、直角、钝角出发,将三角形分为三类,并明确彼此之间并没有重叠部分,教师用扇形图呈现分类关系.

问题2　那按照边的相等关系,你能够再将三角形进行不同的分类吗?

师生活动　学生根据三边是否相等,将三角形分为三边都不相等的三角形和等腰三角形,再进一步对等腰三角形进行分类,分成底边和腰不相等的等腰三角形和等边三角形.并用图表呈现分类关系.

问题3　任意画一个$\triangle ABC$,从点B出发,沿三角形的边到点C,有几条路线可以选择?各条路线的长有什么关系?

师生活动　学生可从图中找到最短方式,并说明理由为两点之间线段最短,教师引导学生比较从另外两边走与直接走的长度区别,从而引导学生归纳出三角形中任意两边之和大于第三边的性质,并帮助学生得到三角形任意两边之差小于第三边的推论.

练习1　下列长度的三条线段能否组成三角形?为什么?

(1) 3,8,4

(2) 5,6,10

(3) 6,5,11

(4) 12,7,6

练习2　若$2,7,x$能组成三角形,求x.

【设计意图】从小学熟悉的三角形分类出发,从角的大小和边的相等关系两个角度,分别对三角形进行分类,完善学生对三角形概念的理解.通过三角形基本要素的相互关系的讨论,即路线的选择及长短识别中,学生通过已经学过的两点之间线段最短的公理,归纳出三角形三边关系定理及推论,对三角形的性质有新的探索和认知,并通过适当的练习加深学生对三角形性质的理解,使得学生充分理解三角形的基本概念和性质.

环节5　小结新课,梳理新知

问题1　本节课我们学习了哪些知识?

三角形的基本概念,进一步学习了三角形的定义、表示、分类,并且会用图形语言、符号语言、文字语言对其进行综合描述;三角形的性质,即三边关系定理及其推论,会用三边关系定理判断三角形是否存在及边长范围.

问题2 本节课我们主要用什么方法来进行研究?

我们类比角的学习,从位置关系和组成要素两方面得出三角形的定义,并类比角的表示得到三角形的表示,从而进行后续学习.类比也是我们学习数学时重要的数学思想.

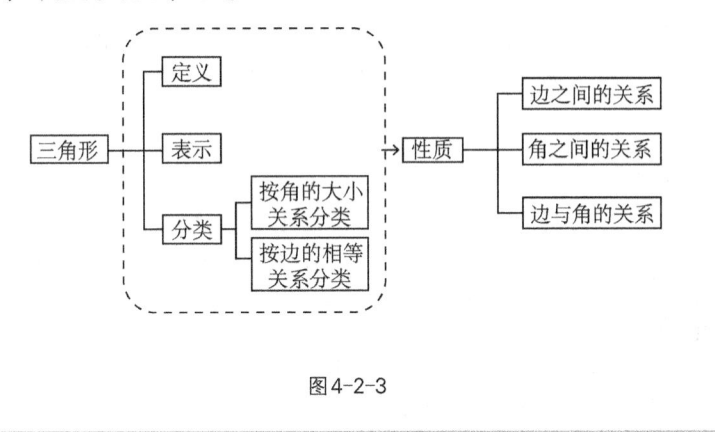

图4-2-3

【设计意图】构建知识网络,完善学生认知结构,提升核心素养.

三角形的教学是学习其他图形的基础,通过三角形的学习,对四边形、特殊四边形等进行研究.在研究几何图形时,我们需要关注要素与要素之间的关系,进而凸显推理能力.

二、基于实验几何角度,培养学生合情推理

(一)实验几何的课标描述

(1)核心素养维度

《新课标》指出,义务教育数学课程目标以学生发展为本,以核心素养为导向,进一步强调学生获得基础知识、基本技能、基本思想和基本活动经验,发展运用数学知识与方法发现、提出、分析和解决问题的能力,形成正确的情感、态度和价值观.

数学为人们提供了一种认识与探究现实世界的观察方式.通过数学的眼光,可以从现实世界的客观现象中发现空间形式;能够抽象出数学的研究对象及其属性,形成概念、关系与结构.实验几何就是从视觉上入手,通过图形

的折叠、旋转、平移、拼接或拆分等数学活动,发现一些几何事实或几何关系.实验几何的探究考验形象思维,是几何的初步认识手段,而空间观念与几何直观是贯穿义务教育各学段的两个数学核心素养.

"几何直观"主要是指运用图表描述和分析问题的意识与习惯,能够感知各种几何图形及其组成元素,依据图形的特征进行分类;根据语言描述画出相应的图形,分析图形的性质;建立形与数的联系,构建数学问题的直观模型;利用图表分析实际情境与数学问题,探索解决问题的思路.几何直观有助于把握问题的本质,明晰思维的路径.

(2)课程内容设计维度

《新课标》指出,课程内容选择应符合学生的认知规律,有助于学生理解、掌握数学的基础知识和基本技能;课程内容组织应重视数学内容的直观表达,处理好直观与抽象的关系,重视学生直接经验的形成.

初中阶段图形与几何领域包括"图形的性质""图形的变化""图形与坐标"三个主题.在小学阶段,主要侧重学生对图形认识、图形性质,以及图形变化与度量的感知.到了初中阶段,主要侧重学生对图形概念的理解,以及对基于概念的图形性质、关系、变化规律的理解,要培养学生初步的抽象能力、更加理性的几何直观和空间想象力;学生还将第一次经历几何证明的过程,需要理解几何基本事实的意义;感悟数学论证的逻辑,体会数学的严谨性,形成初步的推理能力和重事实、讲道理的科学精神.

表4-2-1 课标中图形与几何领域内容分析

课程内容	研究方法	教学提示重点
图形的性质	强调通过实验探究、直观发现、推理论证来研究图形	要通过生活中的或者数学中的现实情境,组织学生经历图形分析与比较的过程,引导学生感悟基本事实的意义,经历几何命题发现和证明的过程,感悟归纳推理过程和演绎推理过程的传递性,增强推理能力
图形的变化	强调从运动变化的观点来研究图形,理解图形在轴对称、旋转和平移时的变化规律和变化中的不变量	应当通过信息技术的演示或者实物的操作,让学生感悟图形轴对称、旋转、平移变化的基本特征,会用几何知识表达物体简单的运动规律,增强对数学学习的兴趣
图形与坐标	强调数形结合,用代数方法研究图形	引导学生经历用坐标表达图形的轴对称、旋转、平移变化的过程,体会用代数方法表达图形变化的意义,发展几何直观

(3)学生活动维度

《新课标》强调,学生的学习应是一个主动的过程,认真听讲、独立思考、动手实践、自主探索、合作交流等是数学学习的重要方式.教学活动应注重启发式,激发学生学习兴趣,引发学生积极思考,引导学生在真实情境中发现问题和提出问题,利用观察、猜测、实验、计算、推理、直观想象等方法分析问题和解决问题.

(二)实验几何教学如何培养学生的合情推理能力

"推理能力"是《新课标》提出的初中阶段数学核心素养之一.初中生数学推理能力主要是从一些事实和命题出发,依据规则推出其他命题或结论的能力.理解逻辑推理在形成数学概念、法则、定理和解决问题中的重要性,初步掌握推理的基本形式和规则;对于一些简单问题,能通过特殊结果推断一般结论;理解命题的结构与联系,探索并表述论证过程;感悟数学的严谨性,初步形成逻辑表达与交流的习惯.推理能力的培养有助于逐步养成重论据、合乎逻辑的思维习惯,形成实事求是的科学态度与理性精神.

合情推理就是合乎情理的猜测想象.从具体问题出发,从已有的事实出发,经过观察、分析、比较与联想,进行归纳、类比,进一步提出猜想.合情推理主要包括归纳推理和类比推理.

合情推理具有以下特点:

①合情推理并非毫无根据的猜测,需要一定事实作为猜想的基础;

②合情推理的开展需要一定的情境,在情境和活动中提出问题,探究问题,得出猜想;

③合情推理除了已有的事实外,更与个人的经验与直觉有直接的关系,主要通过观察、实验、归纳、类比、联想、猜测等获得结论;

④合情推理的结论并不可靠,合情推理本身无法解决猜想的真假.

结合课标要求,"图形与几何"领域的学习可以按如下路径(见图4-2-4)进行:

(1)从实验探究角度培养合情推理能力

几何图形是从客观世界中物体的形状抽象出来的,人们对于几何图形的认识始于观察、测量、比较等直观实验手段.

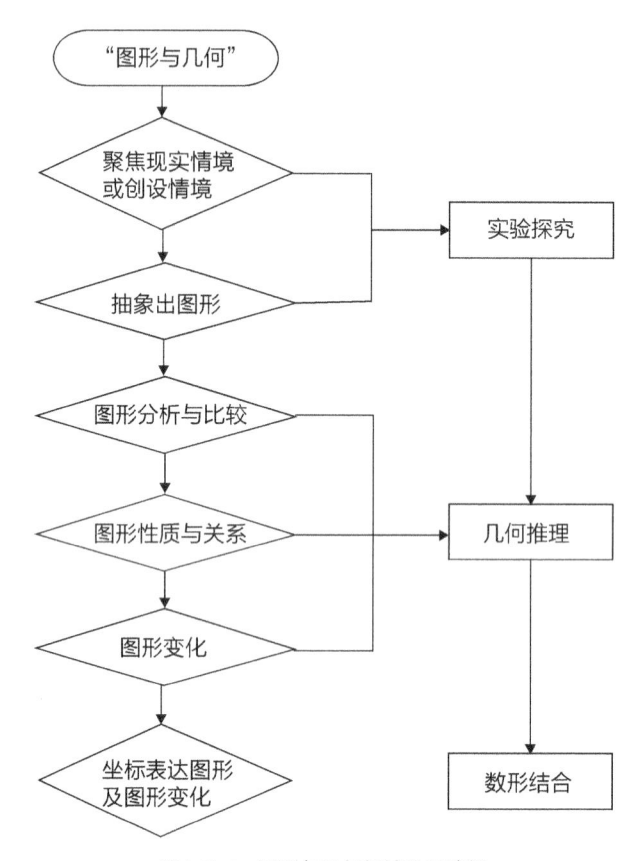

```
          "图形与几何"
              ↓
        聚焦现实情境 ────→ 实验探究
        或创设情境
              ↓
          抽象出图形
              ↓
         图形分析与比较
              ↓
         图形性质与关系 ────→ 几何推理
              ↓
           图形变化
              ↓
         坐标表达图形 ────→ 数形结合
         及图形变化
```

图4-2-4　图形与几何领域学习路径

①充分利用现有素材,创设情境,引导学生进行观察和实验.提出问题是认识的开始,教师要营造适当的氛围,充分调动学生学习新知的积极性和探究欲望.教师应依据学生原有的知识经验,围绕当前的教学主题,设置丰富生动的情境,按最近发展区的要求提供给学生能够获取知识的工具.创设情境的素材应贴近学生的现实,其中包括生活现实、数学现实和其他学科现实.根据教学内容不同,有些教学设计可以从学生熟悉的图片、生活场景引入,也可以让学生动手操作,从实验导入,还可以直接从数学现实开始.其中创设情境是基础,提出数学问题是关键.如2013浙教版七上《1.1　从自然数到有理数》这节体现数系扩充的重要起始课中,用学生非常熟悉的体温计做导入,比极少接触的存折引入更为合适;如2013浙教版八上《2.1　图形的轴对称》的教学中,可以设置图形折纸的实操情境,引导学生动手实践,从折叠过程中自然生成对称点、对称轴等要素;如2013浙教版八上《5.3　一次函数》的教学中,

可以让学生利用实际杆秤进行称重,通过实验得出各组变量数据,从而研究变化过程中不变的数学规律,抽象出函数概念,感受函数与生活的紧密联系.

②鼓励学生以各种方式探索猜想.探索猜想包含探索现象和做出数学猜想两个环节,做出数学猜想是探索现象环节的自然延伸.对提出的问题进行猜想,目的是培养学生的直觉思维能力.这需要学生根据已有的事实,在观察、实验的基础上,凭借已有的经验和直觉,通过归纳、类比等方法进行推理.在教学过程中,对较简单的问题,学生自主探索;对较复杂的问题,学生相互合作交流、分享思维的成果,必要时教师设置适当的问题串,以引导学生从多个角度进行分析,矫正解惑.

本环节要给学生提供充足的探究、交流的空间.如2013浙教版八上《1.1 认识三角形》的教学中,强化"三角形的两边之和大于第三边"这一知识点,不应该是要求学生直接在课本上划记,而是可以让学生利用直尺与圆规画各种给定长度的线段,尝试是否能够画出三角形,通过小组合作与对比进行组成三角形的三条线段长度要求的猜想,再进一步探索.

(2)从几何直观角度培养合情推理能力

依据范希尔理论,几何思维大致可以划分为五个水平:直观、分析、非形式的演绎、形式的演绎和严谨推理.几何直观不仅能为学生学习几何知识、进行几何探究与推理提供便利,而且能为学生理解与洞察其他更为抽象的数学内容与结构搭建桥梁.几何直观是启发问题解决思路的基本策略.

①重视概念、性质、公式、法则的教学.如2013浙教版九上《3.3 垂径定理》的教学中,垂径定理及其推论是可以从圆的轴对称性切入的,那么这就要求学生对"轴对称"相关知识具备正确的认识与研究经验.

②注重几何语言的规范,让学生养成言必有据的态度.学生不应该过于追求证明的技巧、证明的速度以及几何证明刷题的数量,而应该尊重客观事实、有证明的意识,理解证明的必要性和意义,把握证明的基本方法.如2013浙教版八上《1.1 认识三角形》的教学中,对于"三角形的内角和为180°"这一命题的证明就应该一字一句表述清晰.初中图形与几何领域的学习,要求学生在基本事实的基础上,证明关于平行线、三角形和四边形中的多条命题.

③积极探索各类动态几何软件.课标要求合理利用现代信息技术,提供丰富的学习资源.在很多对几何图形的研究情境中,特别是发生图形变化的情境中,借助信息技术进行演示便于学生直观感受.

(三)实验几何教学在初中三角形教学中的应用

【案例4-2-2】
探索勾股定理

一、教学内容及其解析

本节课是2013浙教版八年级上册第2章第7节,勾股定理从"边"的角度刻画了直角三角形的特征.学习勾股定理是进一步认识直角三角形的需要,也是后续几何定量计算的必要基础.勾股定理可以从数量的角度认识,亦可从几何的角度来认识,搭建了几何图形与数量关系之间的桥梁.

勾股定理的探究是从特殊的等腰直角三角形出发,到网格中直角三角形,再到一般三角形,充分体现了从特殊到一般的探究过程和研究方法.勾股定理的证明,可通过几何拼图来实现,将"数"转化为"形";在证明过程中,又用代数等量关系表示了几何关系,将"形"回归到"数",充分体现了数形结合与转化.定性拼图猜测到定量计算验证这样的研究过程,恰恰体现了构建几何直观到实践几何推理的进阶.

基于以上分析,确定本节课的教学重点:探索并证明勾股定理.

二、教学目标及其解析

1.目标

(1)经历勾股定理的探究过程.了解关于勾股定理的一些文化历史背景,通过对我国古代研究勾股定理的成就的简单介绍,激发培养学生的民族自豪感.

(2)掌握勾股定理,能用勾股定理解决一些简单问题.

2.目标解析

达成目标(1)的标志是:观察以直角三角形的三边为边长的正方形的面积之间的关系,能归纳并运用数学语言表示发现的结论;能通过割补法构造图形证明勾股定理,能够简单阐述勾股定理相关史料以及描述赵爽弦图与勾股定理的联系.

达成目标(2)的标志是:能运用勾股定理进行简单计算,并能合理运用方程思想,解决实际问题.

三、教学问题诊断分析

学生在本课之前已经理解直角三角形中三个角的关系,勾股定理揭示的三边关系正是直角三角形相关知识的承接和延续.且学生在先前的学习过程中,经历过探究性活动,因而在教师的适当引导下,学生具备识图抽象的能力.

但是在具体的探究过程中,"拼图-算图-公式"这样的算图推理形式起于直观、终于逻辑,非常考验学生的逻辑推理能力.本课可尝试让学生经历勾股定理的归纳猜想和探究证明过程,在探究过程中,进一步丰富学生的数学活动经验,不断发展学生的推理能力.

基于以上分析,确定本节课的教学难点是勾股定理证明方法的探索.

四、教学支持条件分析

本节课教学能够运用 Geogebra、几何画板等动态几何作图软件.

五、教学过程设计

环节1　复习回顾,引入新知

引入　通过第一章的学习,我们掌握了三角形的边角相关性质.在第二章中,将一般三角形的边特殊化,我们研究学习了等腰三角形的边角性质,自然而然,我们会想到将角特殊化,进一步研究直角三角形的边角性质.

问题　我们已经学习了它有关角的性质,类比可知,今天我们又将研究直角三角形什么方面的知识呢?

【设计意图】学习伊始,回忆与本节课内容相关的引导性材料——先行组织者.先行组织者能激活认知结构中已具备的相关知识,使学生认识到它们之间的联系;先行组织者为将要学习的材料提供了一个框架或线索,起到了"导游图"的作用,能使学生对学习进程心中有数,帮助学生建立有意义学习的心向,有助于学生掌握研究问题的方法.

环节2　观察思考,探索新知

探究1

问题1　相传2500多年前,毕达哥拉斯有一次在朋友家做客,发现朋友家用地砖铺成的地面(如图4-2-5)反映了直角三角形三边的某种数量关系.你发现图中的三个正方形 A、B、C 有什么关系?

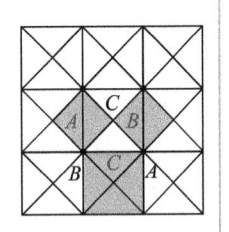

师生活动　学生确定正方形 A,B,C 的面积,表示出:$S_{正方形A}+S_{正方形B}=S_{正方形C}$.

图4-2-5

问题2　由这三个正方形 A,B,C 的边长构成的三角形的三条边长之间有何关系?

师生活动 学生依据正方形的面积可用边长的平方来表示,教师引导学生将面积的数量关系做进一步转化,可得等腰直角三角形ABC的三边关系:$BC^2+AC^2=AB^2$.

探究2

问题3 正方形网格中每个正方形边长均为1,如图4-2-6取一个非等腰的直角三角形,并探寻它三边之间的关系.

师生活动 学生根据之前的经验,探究1的研究思路,从求分别以三边为边长的正方形的面积计算出发,探索三边关系,其中正方形C的面积可通过"补形"和"分割"的方法求出.

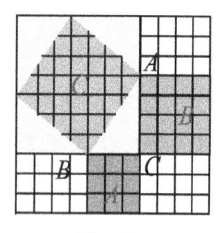

图4-2-6

问题4 如图4-2-7,你猜测直角三角形三条边之间有何特殊关系?

师生活动 学生猜想:直角三角形两条直角边的平方和等于斜边的平方.

探究3

问题5 此时直角三角形的三边未给定具体数值,而是用字母一般化地表示出来.我们该如何验证猜想是否成立?

$$c^2=a^2+b^2$$

师生活动 若是通过"补形",将正方形C补全,用字母表示面积,从而得出,这也正是勾股定理证明方法之一——邹元治弦图.若是通过"分割",正是三国时期吴国的数学家赵爽所给出的证明方法——赵爽弦图.利用多种方式推导勾股定理,并且融入相应数学史进行说明.

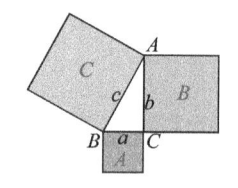

图4-2-7

问题6 你能用一句话归纳直角三角形三边的数量关系吗?

师生活动 运用文字语言、图形语言与符号语言表述勾股定理.(我国早在三千多年前便已了解这一性质,在周髀算经中,称直角三角形较短一边为勾,较长一边为股,斜边为弦.故而这一性质也称为"勾股定理")

【设计意图】 在三次探究的基础上,学生意识到研究的方法是从特殊的等腰直角三角形到一般的直角三角形.这样的探究过程是将识图抽象、算图推理紧密结合,发展学生的几何直观到几何推理能力.

环节3　实验探究，新知辨别

问题1　钝角三角形和锐角三角形在三边数量关系上，有没有直角三角形那样的特殊结论？

师生活动　引导学生在网格图中画出格点钝角三角形和锐角三角形．明确勾股定理是直角三角形特有的三边关系．

【设计意图】 从直角三角形到钝、锐角三角形，让学生自主发现只有直角三角形才有勾股定理，进一步完善对勾股定理的认识，加深理解．

环节4　独立练习，巩固新知

例1　如图4-2-8，字母 B 所代表的正方形的面积是（　　）

A.12　　B.13　　C.144　　D.194

例2　在 $Rt\triangle ABC$ 中，$\angle C=90°$，若 $b=12$，$c=13$，求 a．

例3　已知一个直角三角形的两边长分别为3和4，则第三边长的平方是（　　）

A.25　　B.14　　C.7　　D.7或25

例4　如图4-2-9，$\triangle ABC$ 中，$AB=AC=5$，$AD\perp BC$ 于 D，$BC=6$，则 $AD=$ ＿＿＿．

例5：如图4-2-10，$Rt\triangle ABC$ 中，$\angle C=90°$，D 为 AB 的中点，若 $BC=6$，$CD=5$，则 $AC=$ ＿＿＿，$\triangle ACD$ 的面积＝＿＿＿．

图4-2-8

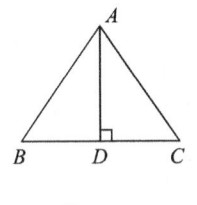

图4-2-9

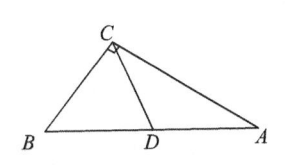

图4-2-10

【设计意图】 通过练习，强化所学知识，培养学生综合运用所学知识解决问题的能力．

环节 5　小结新课,梳理新知

问题 1　本节课我们对直角三角形有了哪些新的认识?

我们探索了勾股定理,并且会用图形语言,符号语言,文字语言对其进行综合描述.并且会用多种方式推理证明勾股定理.

问题 2　本节课我们主要用什么方法来进行研究?

我们从特殊等腰直角三角形出发,逐步对一般直角三角形进行探索,充分体会了从特殊到一般的探究过程,通过数形结合对勾股定理还进行了进一步的证明与辨别.相信同学们在未来的学习过程中,也能充分发挥探究精神.

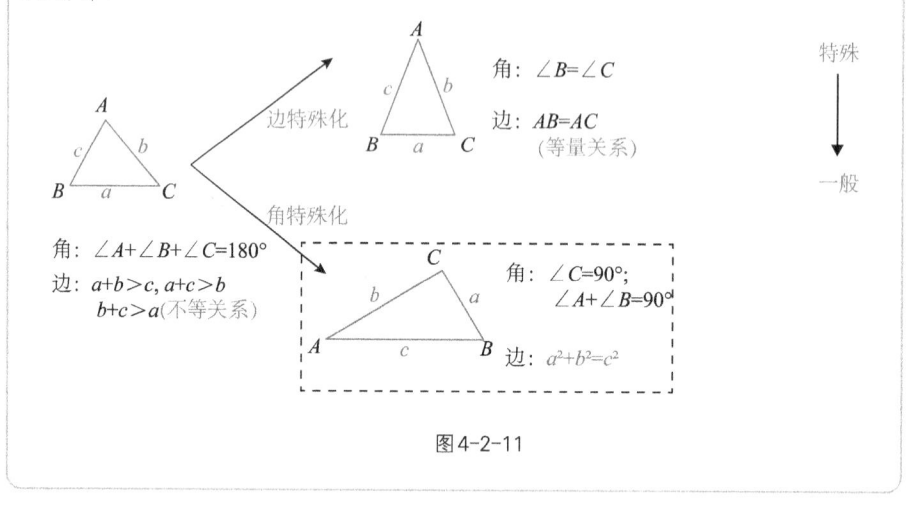

图 4-2-11

【设计意图】 学生在两个问题的引领下回顾并归纳知识技能、思想方法和情感体验,构建知识网络,完善学生认知结构,提升数学核心素养.

三、基于图形变化角度,探究特殊到一般的三角形教学

1.图形变化的课标描述:从旋转,对称,平移

《新课标》中提到初中阶段对于图形与几何领域包括:图形的性质、图形的变化、图形与坐标三个主题,其中"图形的变化"要求学生理解轴对称、旋转、平移这三类基本的图形运动,知道三类运动的基本特征,会用图形的运动认识、理解和表达现实世界中相应的现象;理解几何图形的对称性,感悟现实世界中的对称美,知道可以用数学的语言表达对称;知道直角三角形的边角

关系,理解图形相似的意义,会判断简单的相似三角形,在这样的过程中,发展几何直观和推理能力.教学中应当利用信息技术或者实物的操作,图形旋转、平移、轴对称变化时其形状,大小不会发生变化,让学生感悟其基本特征为图形中任意两点间距离保持不变,夹角保持不变.而在图形的相似时,其形状不变,大小却发生了变化,让学生思考可以类比全等图形进行学习,从特殊到一般,理清二者的关系.这样的教学活动不仅有助于学生理解几何学的本质,还会用几何知识表达物体的运动规律,增强对数学学习的兴趣.

2.图形变换如何培养学生的逻辑思维或推理能力

(1)从三角形旋转角度,培养推理能力

样例 如图4-2-12,在△ABC中,AC=BC,∠ACB=90°,点D是∠ACB平分线CM上一点,将线段CD绕点C逆时针旋转90°到CE,连结BE、BD交BC于F.

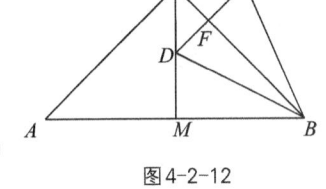

图4-2-12

问题1 你能在图中找到几对全等三角形? 请分别写出.

追问1 线段BD与BE有怎样的数量关系?
追问2 线段BC与DE有怎样的位置关系?

学生可以通过特殊的等腰直角三角形以及旋转的特性容易得出△ACM≌△BCM,△DCB≌△ECB,△DCF≌△ECF,△DFB≌△EFB,在追问1中可以锁定是哪一对三角形全等进而得出相等的关系,在追问2中借助全等三角形的性质容易得出垂直.

问题2 如果∠ACB = α°,线段CD绕点C逆时针旋转α°到CE,其余不变(如图4-2-13),此时全等三角形有几对?

追问1 线段BD与BE有怎样的数量关系?
追问2 线段BC与DE有怎样的位置关系?

虽然角度不确定,但是由问题1的引领,学生容易从同样的方法尝试、探索关系,最后得出与问题1同样的结论.

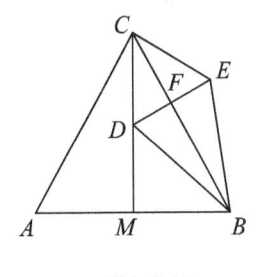

图4-2-13

【设计意图】本题需要通过旋转的性质感受对应边的关系,从而寻找全等三角形.在这个过程中能够加深学生对旋转的认识.经历对问题1的理解,循序渐进由特殊转为一般.既能让学生顺利解决含参几何,又能够体现从特殊到一般的解题思路,进一步发展学生的几何推理能力.

(2)从三角形平移角度,怎么培养推理能力

样例 如图4-2-14放置两个全等的含有30°角的直角三角板ABC与DEF($\angle B=\angle E=30°$),若将三角板ABC向右以每秒1个单位长度的速度移动(点C与点E重合时移动终止),移动过程中始终保持点B、F、C、E在同一条直线上,如图4-2-13,AB与DF、DE分别交于点P、M,AC与DE交于点Q,其中$AC=DF=\sqrt{3}$,设三角板ABC移动时间为x秒.

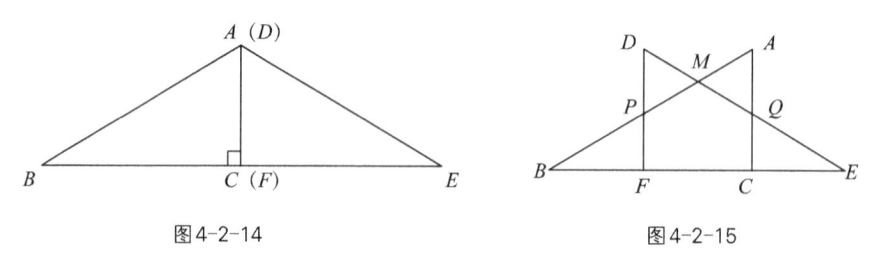

图4-2-14

图4-2-15

问题1 在图4-2-15中,你能找到哪些图形?

追问 这些图形与移动时间x有何关系?

问题2 你能用含x的代数式表示△AMQ的面积吗?

学生可以根据题意得$CF=x$,从而图4-2-16中$MN=\dfrac{x}{2}$,于是$S_{\triangle AMQ}=\dfrac{\sqrt{3}}{12}x^2$.

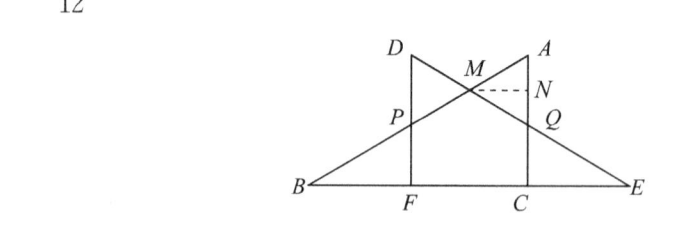

图4-2-16

追问1 你能否根据题干条件,提出一个具有挑战性的问题?

学生可能会关注△BPF的面积或是两个三角板重叠部分的面积,即五边形MPFCQ的面积,甚至会思考会不会存在最大值.

追问2 小组合作完成两个三角板重叠部分的面积最大值的求解.

学生会发现可以将问题转化为"$S_{重叠}=S_{\triangle ABC}-S_{\triangle AMQ}-S_{\triangle BPF}$"来解决,列出函数关系式为$S_{重叠}=-\frac{\sqrt{3}}{4}x^2+\sqrt{3}x$,最后通过配方求出最值.

【设计意图】 由于是平移变化,学生可以发现图2中有等边三角形,含30°角的直角三角形和一个五边形,它们的面积都会随着移动时间x的变化而变化,具有函数关系,随后进行特殊情况最值的求解.教师通过开放性的问题,激发学生的学习兴趣,并且问题之间层层递进,从而培养学生的逻辑思维.让学生明确在平移的动态变化下先寻找不变的关系,不变的量,再思考变量之间是否存在关系,最后从一般到特殊寻找变化过程中的特殊状态.从而学会在解决动态问题时要有序、有逻辑地思考.

(3)从三角形对称角度,怎么培养推理能力

样例 如图4-2-17,在Rt$\triangle ABC$中,$\angle ABC=90°$,$AB=3,BC=4$,过某一个顶点的直线把$\triangle ABC$分割成两三角形,其中至少有一个是等腰三角形,请画出所有分割的情况.

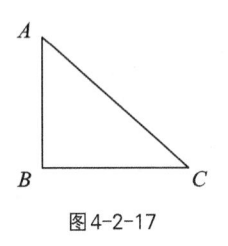

图4-2-17

分析 学生知道若已知一条线段,在平面内再找一个点构成等腰三角形,所有满足条件的点均在以该线段为半径,线段端点为圆心的圆上或是在该线段的中垂线上,即"两圆一线".所以不难得到只需分别对三条边AB,BC,AC作"两圆一线"即可,如图4-2-18共6个点.

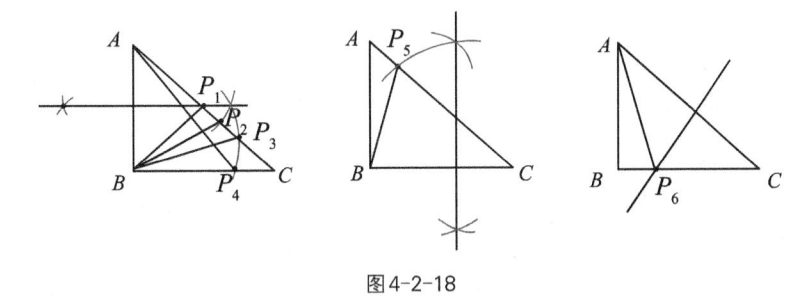

图4-2-18

问题 线段是轴对称图形吗?它的对称轴是什么?轴对称的性质是什么?

追问1 能否利用折叠的方式获得点P?

追问2 思考如何利用折叠的方式获得其余的点P?

【设计意图】在平面内找一个点与已知两点构成等腰三角形,学生可能只是了解可以利用"两圆一线"进行寻找.而本例教师将问题再设计,将其与图形的轴对称变化相结合,学生发现构造 P_1 与 P_6 只需要将边进行对折即可,即利用了对称轴垂直平分对应点连接的线段这一性质;再让学生思考,如何通过折叠获得其余的点 P,学生不难发现 P_2, P_4, P_5 的获得是分别将三角形中各角进行对折,同样利用了轴对称的性质,此时对称轴为各角的角平分线;最后 P_3 的获得是以 AC 边上的高为对称轴进行折叠所获得.本例从画一画到折一折,从图形变化的角度再次感受轴对称性质的应用,从而提升学生有逻辑的分析问题的能力.

【案例4-2-3】
全等三角形

一、教学内容及其解析

地位和作用

本节课是关于全等三角形的复习课,在这之前已经学习了全等三角形的概念、性质、判定等知识,在巩固前面几何知识的同时,为后续相似三角形的学习夯实基础.

将平移、轴对称、旋转三种图形的变化与全等三角形联系起来,让学生通过已有的经验认识到图形变化后得到的三角形与原来的三角形全等.让学生用运动的眼光看待全等问题,丰富学生认识全等的角度,培养学生的几何直观,使学生跳出题海,做到"做一题,会一类,通一片",提高学生解决问题的能力.

概念的解析

本节课将带领学生从图形变化的视角,先寻找全等三角形,再利用已知条件,合理运用判定定理"边边边""边角边""角边角""角角边""HL"进行判定,并最终探寻一般规律.

思想方法

本节课在画图、观察、实验、猜想、交流、说理等数学活动中,初步建立空间观念,不断发展推理能力.先由图形变化中认识全等三角形结构,再在组合图中抽离出一般图形,所以体现了从特殊到一般的研究过程,在整个教学中由易到难,由浅入深地发展学生的演绎推理能力,注重合情推理与演绎推理,有利于培养学生的几何直观.

知识类型

全等三角形的判定是概念性知识.

教学重点

基于以上分析,确定本节课的教学重点:从图形变化的视角进行全等三角形的判定.

二、教学目标及其解析

1. 目标

(1) 了解图形的三种变换,能够准确判断已知图形通过哪类变换得到.

(2) 掌握全等三角形的判定条件,会对简单几何图形中全等三角形进行判定.

(3) 掌握全等三角形的几类基本结构,能够在复杂图形中发现全等三角形并判定.

2. 目标解析

达成目标(1)的标志是:理解平移、轴对称、旋转三种图形变化,并能指出已知图形是如何通过图形变化得到.

达成目标(2)的标志是:能利用判定定理判定两个三角形全等.

达成目标(3)的标志是:能从复杂的图形中发现全等三角形,并能利用全等三角形的判定定理进行证明.

三、教学问题诊断分析

具备的基础

本节课之前学生已经经历了图形变换、三角形、全等三角形等几何图形的学习,为本节课的学习提供了经验和逻辑基础,九年级的学生已经具备较复杂的代数运算能力和几何论证能力,为本节课提供了能力基础.

与本课目标的差距分析

在图形变换与全等三角形相结合中,发现全等三角形以及对应的边与角需要一定的几何直观与推理能力.

存在的问题

学生对全等三角形的判定已有一定的认识,在对全等三角形判定的复习中,引导学生不要局部地看问题,而是要从图形变化的角度,整体地来看.先直观判断,提炼出基本结构再进行判定.学生可能存在的问题是,图形变换与三角形结合在一起,线段与角过多,学生会存在条理不清的状况.在复杂图形中,确定边、角的对应关系存在一定的难度,对学生的识图,分辨能力有一定的要求.

应对策略

通过开放型问题引入让学生通过自行画图感受图形的三种变换,教师借助学生画的图形引导学生分类、讨论、探索得出全等三角形在图形变换中的几种基本结构,从而避免在复杂图形中找不到对应边、角的情况.这不但有利于学生从学习内容、研究思路和研究方法上,统一认识全等三角形,而且有利于实现以全新的视角对全等三角形进行再认识,发展学生的空间观念、几何直观以及推理能力.

教学难点

基于以上分析,确定本节课的教学难点是:从图形变化的视角进行全等三角形的判定.

四、教学支持条件分析

本节课充分运用多媒体等信息技术直观呈现图形,利于学生发现、归纳图形中的数量关系与位置关系,对知识的再认识,从而解决问题,提高教学的有效性.

五、教学过程设计

环节1　回顾旧知,相互填补

问题1　八年级时我们学习了全等三角形,我们是如何研究的呢?

追问1　全等三角形的定义是什么?

追问2　全等三角形的判定方法有哪些?

追问3　你能用几何语言表示吗?

师生活动　学生对于几何图形研究思路已初具雏形,由学生为主,教师为辅引导学生回顾全等三角形的研究路径,预设学生能够回答出全等三角形的定义、性质、判定以及一般研究思路.

【设计意图】以开放型问题引入调动课堂氛围,增强学生自信,引导学生回顾全等三角形的研究路径,为后续画全等三角形以及全等三角形的判定证明做好准备.

环节2　借助图形,自编自拟

问题2　如图4-2-19,请你在学案中中画一个三角形与△ABC全等.

追问1　你能指出对应边,对应角吗?

追问2　你能通过画出的图形编一个简单的证明题吗?

追问3　还有其他画法吗?

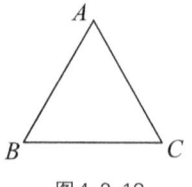

图4-2-19

预设1 学生画的大致相同(引导学生翻翻书本,作业本,试着模仿一些).

预设2 学生画出两个全等三角形轴对称、旋转型、平移型.

师生活动 由学生画一个三角形与已知三角形全等,然后剪下来,拼一拼,将拼出来的图形给予条件拟一道题.教师给予学生平台,在分享的同时学生能将平时熟悉的题干应用进去,如公共角、公共边等知识.教师在学生分享后引导学生归纳全能三角形的判定.

【设计意图】 由学生画三角形与已知三角形全等,通过剪一剪、拼一拼的方法充分调动学生,让每一个学生都能参与其中,通过自己所画,同学之间的相互自编推理论证,在增加乐趣与挑战性的同时也引导学生对全等三角形判定的条件再认识.教师放手学生利用不同的图形不同的思路求证全等,在说理画图的活动中初步建立学生的空间观念,并不断发展推理能力.

教师将学生刚才所画的图形尽可能地展示出来.

问题3 我们一起来观察这些图形,你能将这些图形再分分类吗?

预设1 不会分(学生想不到从图形变换的角度分类).

预设2 学生得出三种类型(平移、轴对称、旋转).

追问1 你能继续画出由这三种图形变换组合得到的全等三角形吗?

追问2 从图形变换的角度,你能给出全等三角形的几个基本结构吗?

【设计意图】 借助学生所画的全等三角形,由学生归纳小结出在图形变换中的全等三角形几类基本结构,让学生感受到层层递进,学有所用,不断发展学生推理能力,帮助学生建立知识与知识之间的联系.

环节3 图形分类,探求共性

由学生进行分类,不够的老师可以进行引导补充或自行补充.

表4-2-2

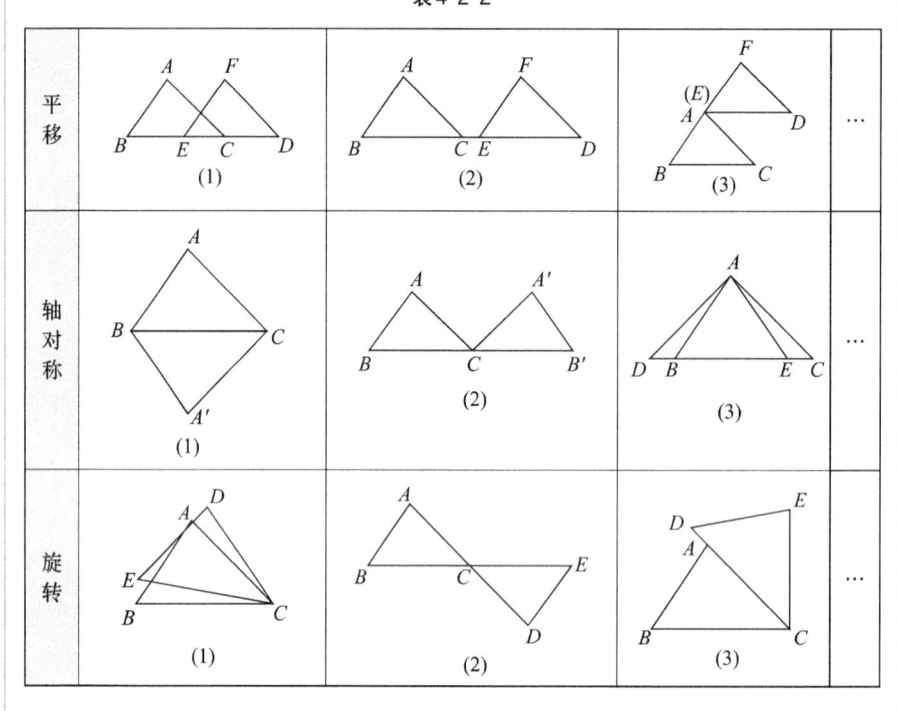

平移	(1)	(2)	(3)	…
轴对称	(1)	(2)	(3)	…
旋转	(1)	(2)	(3)	…

问题4 你能用自己的语言说说他们的特征吗?

预设1 学生说出在变换前后三角形形状大小都不变.

预设2 学生指出旋转型和轴对称型的全等三角形大部分共顶点.

追问1 如图4-2-20,这对我们学习全等三角形有怎样的帮助呢?

追问2 如果现在给你一对全等三角形你能判断出是通过哪种图形变换得出吗?

追问3 已知 $\angle 1 = \angle 2 = \angle FDC$, $AC = AE$ 你能判断哪两个三角形全等吗?

师生活动 帮助学生分类理解,从图形变换的角度掌握全等三角形的基本图形,培养学生的几何直观,并借助一次变换的习题帮助学生巩固与运用,发展几何推理的能力.

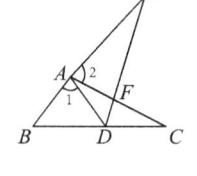

图4-2-20

追问 若已知 $\angle B = 55°$,你能求得 $\angle FDC$ 的度数吗?

师生活动 学生进一步巩固全等三角形的判定,教师再通过追问,让学生思考全等对应边对应角之间的联系,激发学生的推理能力,培养学生解题说理的能力.

【设计意图】对图形的分类有助于培养学生的分类意识,结合全等三角形的结构,加深学生对全等三角形的认识.借助旋转型全等三角形,运用已有的图形意识,提高学生知识运用能力.

环节4 深入探究,探寻本质

问题4 你能说说△ABC通过怎样的变换得到△DEF吗?

追问 你能通过这个图编写一个全等三角形的习题吗?

师生活动 同学发现该图形不仅仅只是一次变换所得,引导学生思考多种方式,在多种方式的背后仍有基础图形的影子,相互之间自编自做能让学生更好地掌握全等三角形的判定以及性质.

变式 如图4-2-21,已知F、E、B、C在同一直线上,DF∥AC,$EF=BC$,$\angle AEF=\angle DBC$,请你找出图中的全等三角形并证明.

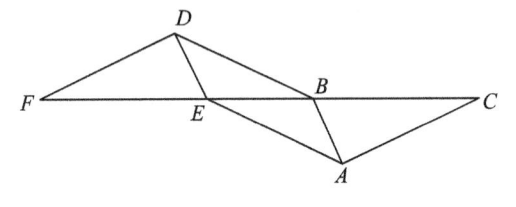

图4-2-21

追问 根据三角形全等,你还能得到其他什么信息?

师生活动 通过变式逐步让学生感受图形中的全等三角形,强化学生对全等三角形的理解,注重引导关注全等三角形的对应边、对应角.

练习 如图4-2-22,在△ABC中,BD平分∠ABC,$AB=BE$,$CB-AB=CD$,试判断△DEC的形状?

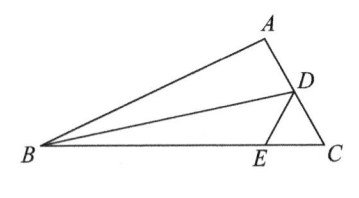

图4-2-22

追问1 是通过怎样的图形变化得到?

追问2 三角形全等之后有哪些要素对应相等?

【设计意图】通过变式与练习,学生有意识地能够结合图形变换来对全等三角形进行直观判断.并能根据已知信息准确地找到对应边,对应角从而进行判定.图形从易到难,从简到繁让学生能够从静态到动态重新认识全等三角形,从而培养学生的几何直观与推理能力,也为后续相似三角形的学习奠定基础.

> **环节5 思考回顾,树立结构**
>
> (1)全等三角形和图形变换的结合可以分为哪几类?
>
> 平移、轴对称、旋转.
>
> (2)本节课我们是如何巩固全等三角形的判定?是怎样研究的?
>
> 本节课学生通过亲身经历的操作活动,感受运动变化,详细分析并深刻认识到在平移、翻折、旋转与全等三角形之间的诸多内在逻辑关系,从而更准确地识别全等三角形的对应点、对应边和对应角,而后运用全等三角形的性质定理和判定定理,建立逻辑体系,发展和提高合情推理与演绎推理的能力.
>
> (3)巩固了全等三角形的判定,你可以用同样的方法去探索相似三角形的判定吗?
>
> 可以,思路基本一致.
>
> 图 4-2-23

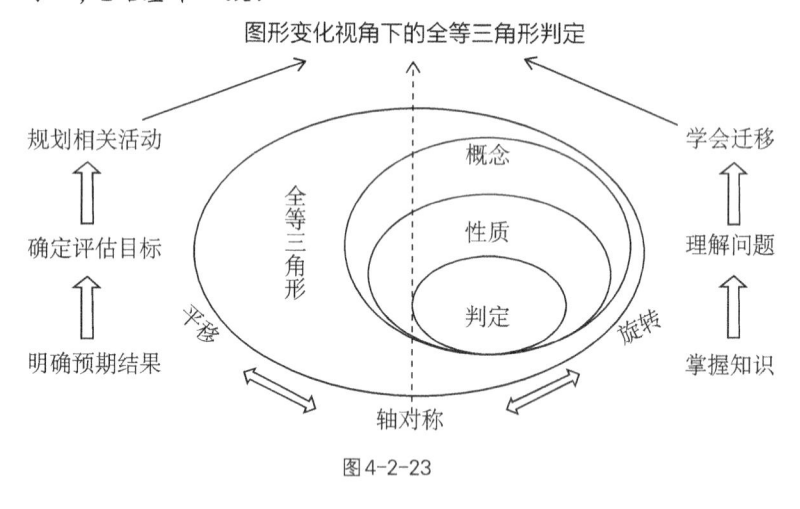

【设计意图】三角形作为几何图形中最重要的图形,本节课意从图形的平移、旋转、轴对称的动态变化的视角,把常见的图形作一些分类,以带领学生从更高层面认识这些图形,找到图形和图形运动变化之间的联系,在问题的分析过程中,从图形动态变化的视角,认识

全等三角形的运动变化,熟悉图形的运动变换后的不同组合,可以为我们之后进一步分析问题、解决问题带来很大的帮助.也为后续相似三角形、多边形等几何图形提供研究方法与思路.

【案例4-2-4】
相似三角形

一、教学内容及其解析

地位和作用

本节课是学生在学习了两个三角形全等关系的基础上,进一步学习两个三角形的相似关系,相似三角形是全等三角形的一般化,所以相似三角形的研究可以类比全等三角形的研究思路,即几何图形研究的一般套路,概念—性质—判定—应用进行展开,涉及的思想方法有类比、特殊到一般,相似三角形的学习为后续图形的类似研究起到示范作用,也为锐角三角函数的学习提供理论基础.

概念的解析

本节课的主要概念是相似三角形的概念.两个三角形,如果三个角分别相等,三条边分别成比例,那么这两个三角形叫做相似三角形,从相似三角形的概念可以直接得到相似三角形的性质和判定的方法.

思想方法

本节课类比全等三角形的研究思路对相似三角形展开研究,因为全等是特殊的相似,所以体现了从特殊到一般的研究过程,在获得相似三角形的概念后,继而考虑相似三角形的判定与性质,体现了研究几何图形的基本思路.

知识类型

相似三角形的概念是概念性知识.

教学重点

基于以上分析,确定本节课的教学重点:相似三角形的概念.

二、教学目标及其解析

1. 目标

(1)了解相似三角形的定义,能用相似符号准确表示两个三角形相似.

(2)能利用相似三角形的定义判断两个三角形是否相似.

(3)理解相似三角形的性质,能利用相似三角形的性质进行边角的定量计算.

2. **目标解析**

达成目标(1)的标志是:经历下定义的过程,从基本要素之间的不变关系,来刻画"形状相同",获得相似三角形的定义,并能用符号"∽"表示两个三角形相似,对应顶点字母书写正确.

达成目标(2)的标志是:能根据定义判断两个三角形是否相似,在已知两个三角形部分几何量的条件下,能通过计算判断两个三角形是否相似.

达成目标(3)的标志是:能从相似三角形的概念得出相似三角形的性质,能利用相似的性质求对应角的度数,对应边的长度.

三、教学问题诊断分析

具备的基础

本节课之前学生已经学习了比例的基本性质,线段的比,成比例的线段,为本节课的学习提供了知识基础.学生已经经历了平行线、三角形、全等三角形、平行四边形等几何图形的学习,对研究几何图形的基本思路与方法有一定的了解,为本节课的学习提供了经验和逻辑.九年级的学生已经具备较复杂的代数运算能力和几何论证能力,为本节课提供了能力基础.

与本课目标的差距分析

对相似三角形的研究路径以及概念、性质等获得需要一定的直观想象、归纳、迁移的能力.

存在的问题

学生对相似三角形已有直观感知,所以相似三角形概念的获得时,需要让学生提升到理性认识.从理性认识,再到理解运用,学生可能存在的问题是,利用定义进行判定时,条件过多,学生会存在条理不清的状况.在复杂图形中,确定边、角的对应关系存在一定的难度,对学生的识图、分辨能力有一定的要求.

应对策略

让学生经历下定义的过程,并在其中发现两个三角形的基本要素之间的不变关系,从而利用基本要素之间的关系获得概念.利用定义进行判定时,教师应引导学生有序地从基本要素边,角进行分析,并规范书写的格式.有序地思考,有助于培养学生的推理能力.在复杂图形中,确定边、角的对应关系时,教师可以适当"放手",让学生自主思考探究,并将学生的自然生成进行归纳总结,从而将直观的感受转化为逻辑的表达,培养学生的推理能力.

教学难点

基于以上分析,确定本节课的教学难点是:相似三角形概念的获得,理解与应用.

四、教学支持条件分析

本节课充分运用多媒体等信息技术直观呈现图形,利于学生发现几何图形的数量关系,理解概念,从而解决问题,提高教学的有效性.

五、教学过程设计

课前检测

1.如图4-2-24,AD,BE是△ABC的两条高线,找出一组比例线段,并写出比例式 _____.

2.如图4-2-25,证明△ABC≌△DEF,并写出对应边、对应角.

图4-2-24

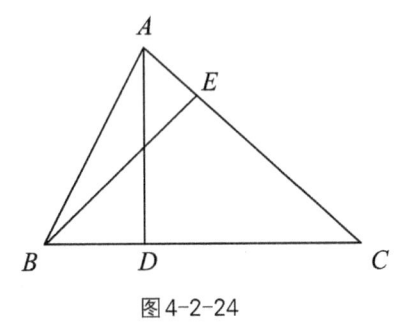

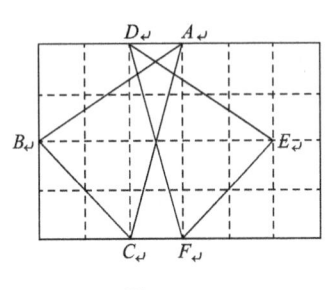

图4-2-25

【设计意图】复习比例线段以及全等三角形概念,性质,判定,为本节课的学习做知识上的准备.

环节1 先行组织,类比引入

问题1 八年级时我们学习了全等三角形,请问全等三角形研究的基本思路是怎样的?

追问1 全等三角形的定义是怎样的?

追问2 如何体现完全重合,能从三角形的要素的角度进行分析吗?

追问3 如何用几何语言表示?

追问4 全等三角形的性质是什么?如何判定两个三角形全等?

师生活动 学生已具有一些几何图形研究的经验,所以不难说出全等三角形的研究思路：概念—性质—判定—应用．并能结合图形用几何语言和文字语言清楚地表示全等三角形的概念、性质与判定．

【设计意图】 以全等三角形为类比源，类比以下两个方面：
1.几何图形的研究思路：概念—性质—判定—应用．2.全等三角形概念的表述与性质的获得，都需要关注基本要素．为本节课获得相似三角形的概念做足准备．

环节2　类比学习，获得概念

问题2　如图4-2-26，将△A′B′C′进行缩小，则△ABC与△A′B′C′形状，大小有怎样的关系？

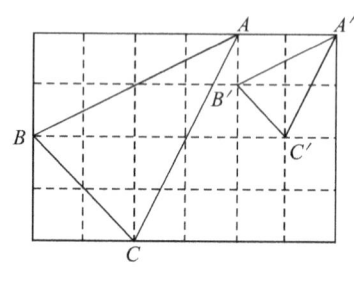

图4-2-26

追问1　如何体现形状相同，大小不同，能从三角形的要素的角度进行分析吗？

追问2　你发现了两个三角形的基本要素边，角有什么不变的关系吗？

追问3　你能尝试给相似三角形下定义吗？

师生活动　学生对相似三角形有直观感知，教师引导学生思考基本要素之间的关系，学生通过格点，利用勾股计算得到三条边的长度，从而得到边之间比值的不变关系，对于角度，学生先会利用度量方式，部分学生会采取证明推理的方式，提出利用构造全等的方法得到角的相等．当然还有少部分同学将△A′B′C′向左平移2个单位，直观地来获得两个三角形边与角之间的关系．

教师进一步给出相似三角形的定义，并用几何语言进行表示

$\because \angle A = \angle A'$，$\angle B = \angle B'$，$\angle C = \angle C'$，

$$\frac{AB}{A'B'} = \frac{AC}{A'C'} = \frac{BC}{B'C'}，$$

∴ △ABC∽△A'B'C'.

介绍"∽"符号,并要求和全等三角形一样,我们将对应的顶点字母写在对应的位置上.

【设计意图】 让学生经历概念的获得过程,引导学生关注基本要素之间的不变关系,帮助学生对定义的了解从几何直观向逻辑推理发展,培养学生的推理能力.教师放手学生利用不同方法求证相似三角形基本要素之间关系,体现了教学中注重知识之间的联系.

问题3 相似三角形的对应边的比值称为相似比,若 $\dfrac{AB}{A'B'} = \dfrac{AC}{A'C'} = \dfrac{BC}{B'C'} = k$,则 $\triangle ABC \backsim \triangle A'B'C'$,并且相似比是多少?

追问1 △A'B'C'∽△ABC的相似比是多少?

追问2 相似比能为1吗?

追问3 你发现全等三角形和相似三角形之间的关系了吗?

【设计意图】 前两问明确相似比是有顺序的,后两问理清全等和相似的关系,即全等三角形是相似三角形的一种特殊情况,即相似比为1.学生再次明确可以类比全等三角形的研究思路,对相似三角形进行研究.

环节3 巩固概念,定义判定

层次1 判断下列各组三角形是否相似.

(1)两个等边三角形;

(2)有一个角是30°的两个等腰三角形;

(3)两个等腰直角三角形;

(4)两个直角三角形.

师生活动 学生将一些熟悉的特殊三角形进行相似三角形的判定,并说明理由.而教师进一步让学生明确相似三角形的概念可以作为相似三角形判定的一种方法,加深对概念的理解.

层次2 如图4-2-27,判断下列三角形是否相似.

图 4-2-27

追问 如果将△DEF进行平移,两个三角形还相似吗? 那旋转呢?

师生活动 学生进一步巩固利用概念判定两个三角形相似,教师再通过追问,让学生思考相似的关系不会根据图形的位置变化而发生变化.

层次3 如图4-2-28,D,E分别是AB,AC边的中点,求证:△ADE∽△ABC.

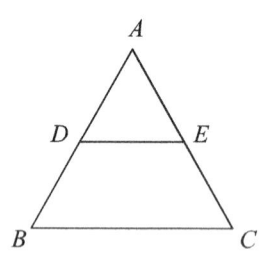

图 4-2-28

师生活动 让学生从会辨到会写,规范用概念进行判定的书写格式.

【设计意图】 本环节三个层次层层递进,从利用概念会辨别两个三角形是否相似,到会规范书写进行判定,帮助学生不断加深对相似三角形概念的理解.同时该环节还培养了学生利用严谨的数学语言进行推理表达的能力.

环节4 获得性质,定量计算

问题4 学会用概念判定两个三角形相似后,我们可以继续研究相似三角形的什么内容?

追问 你能类比全等三角形的性质,尝试说出相似三角形的性质吗?

师生活动 学生通过类比全等三角形的性质,得到相似三角形的性质为对应角相等,对应边成比例.让学生理解不仅可以根据概念判定两个三角形是否相似,还可以根据概念得到相似三角形的性质.

(板书)

$$\triangle ABC \backsim \triangle A'B'C' \Longleftrightarrow \begin{cases} \angle A = \angle A', \angle B = \angle B', \angle C = \angle C', \\ \dfrac{AB}{A'B'} = \dfrac{BC}{B'C'} = \dfrac{AC}{A'C'} \end{cases}$$

例题 如图4-2-29,已知下面两个三角形相似,其中a是已知数,试分别确定α, x的值.

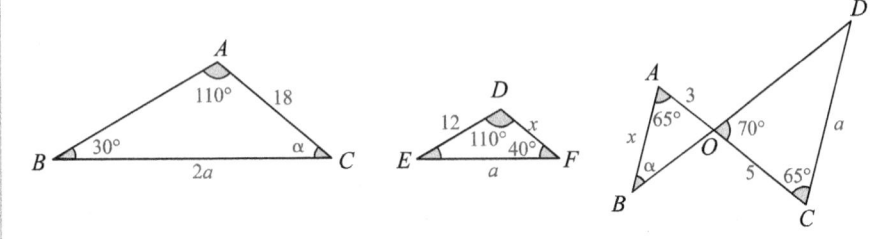

图4-2-29

追问 如何寻找对应边,对应角?

师生活动 通过例题让学生初步感受相似三角形的性质在定量计算中的作用,并让学生进行经验交流,发现可以利用图形,先找到相等的角作为对应角,再由等角所对的边作为对应边.

练习1 如图4-2-30,D,E是$\triangle ABC$的AB,AC边上的点,若$\triangle ADE \backsim \triangle ABC$,$AD:BD=2$,$BC=9$,求$DE$的长.

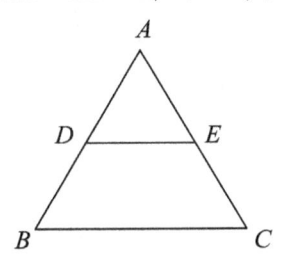

图4-2-30

练习2 如图4-2-31,BD,CE相交于点A,$\triangle ADE \backsim \triangle ABC$,
①若$\angle BAC=85°$,$\angle B=35°$,求$\angle E$的度数.

②若 $AB:AD=2, BC=8$,求 DE 的长.

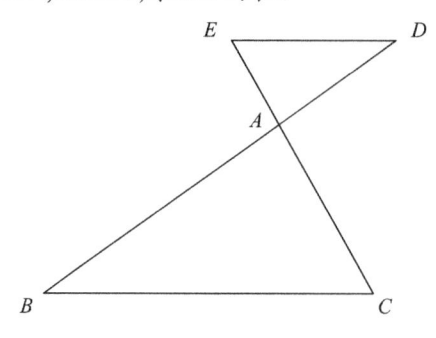

图 4-2-31

追问 如何寻找对应边,对应角?

师生活动 学生在完成2道练习后,发现可以根据题干中所写的对应关系去找对应边和对应角.

【设计意图】 通过例题和练习,加深学生对相似三角形性质的理解.并且在学生自然生成后,教师帮助学生总结在图形中寻找对应关系的方法:1.利用图形(先找对应角再找对应边),2.利用符号表示(对应顶点字母).学生有序地找边与角有助于培养学生的推理能力.

问题5 请大家再来仔细观察练习中的两张图,请说出如何利用图形变化将图4-2-30转变成图4-2-31?

师生活动 学生发现图4-2-30中的△ADE绕着顶点A旋转180°后变成了图4-2-31中的图形,教师让学生从图形变化的角度再次观察图形,提高学生的识图能力.

追问1 两个相似三角形通过图形的变化,可以得到新的图形,你能利用手中的一对相似三角形通过图形的变化,获得新的图形吗?

追问2 你能给定一些条件,出一道有关边或角的定量计算问题吗?

师生活动 学生通过图形的变化,拼出一些常见的相似三角形的结构.并结合自己的图形,编出相关的定量计算问题.

图 4-2-32

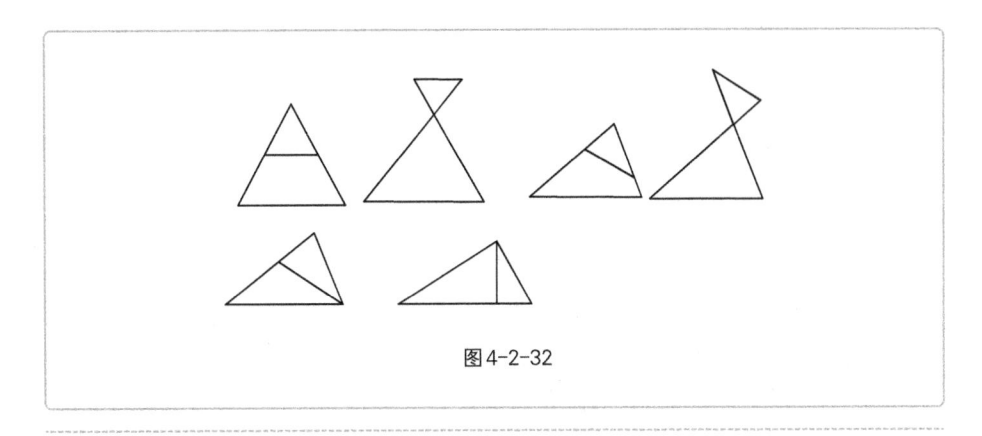

【设计意图】让学生从图形变化的角度思考图形之间的关系,利用手中的相似三角形,通过组合或是图形变化产生新的图形,在自己形成的新图形中寻找边角的对应关系,再次巩固刚才总结的方法,随后让学生自己出题,利用性质进行基本要素边角的定量计算,加强对基本性质的理解,最后从单元整体建构的角度,总结学生自然形成的图形就是本章学习中一些常见的基本图形,为后续学习夯实基础.

环节 5 小结新课,梳理新知

(1)全等三角形和相似三角形有怎样的关系?

全等三角形是相似三角形中的特殊情况,此时相似比为 1.

(2)本节课我们是如何研究相似三角形的?并且研究了哪些内容?

我们类比全等三角形的研究思路展开研究,研究了定义、表示、性质,利用定义进行判定.我们通过关注基本要素之间的关系来获得概念和性质.

(3)类比全等三角形,相似三角形是否也有简便的判定方法?

有,同样需要关注基本要素,明确后续研究方向.

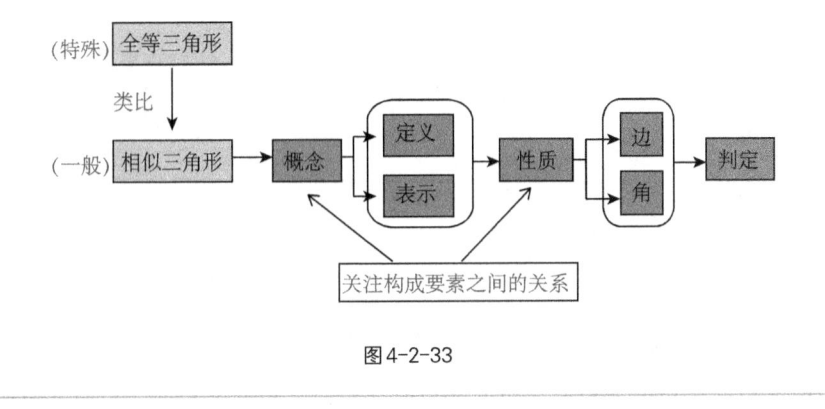

图 4-2-33

【设计意图】总结归纳,形成知识框图,研究方法路线图.

结束语:

三角形推理方法是几何学中的重要内容,也是初中数学中重要的学习内容之一.掌握三角形推理方法可以提高学生的几何直观和抽象思维能力,帮助学生更好地理解和掌握几何知识.同时,三角形推理方法也广泛,应用于计算机图形学、建筑设计、制造工艺等领域.

在教学中,针对三角形推理方法的特点和学生的实际情况,可以采用以下教学策略:

强调基础概念的理解:学生需要充分理解三角形的基本概念,如边长、角度、周长、面积等,这些基础概念是进行三角形推理的基础.

运用具体实例进行引导:通过具体的三角形实例,引导学生思考、观察,培养学生的几何直观和思维能力,同时可以让学生感受到数学知识在实际中的应用.

注重思维训练:通过一些具体的推理练习和问题解决,让学生逐渐形成一种合理的推理思路,帮助学生更好地理解和掌握三角形推理方法.

鼓励自主探究:在教学中,可以鼓励学生进行自主探究和研究,通过自己的思考和探究,进一步深化对三角形推理的理解和掌握.

综上所述,三角形推理方法的重要性在于提高学生的几何直观和抽象思维能力,应用价值在于广泛应用于各个领域中.在教学中,应该注重基础概念的理解,运用具体实例进行引导,注重思维训练,鼓励自主探究等教学策略.

附录："言"必有据——《证明》教学案例

《证明》是浙教版数学八年级上册第一章《三角形的初步认识》的过渡课，是学生第一次真正意义上对"证明"的学习，在此之前仅仅只是初步的接触，未形成规范意识.本节课是学生在上节课学习了证明的表述格式后的进一步的学习，包括文字型命题的证明的书写规范；进一步体会证明的两种方法，包括综合法和分析法，特别是体验辅助线在证明中的作用.这节课主要是由两个例题构成，对于一个大家都知道的简单事实如何给出严格的证明，例题的教学不再由教师直接给出，而是由教师引导学生由动手撕、拼验证，感受实验不代表证明，通过探究，合作交流，一步一步推理出证明的方法，然后由教师示范规范的书写方法.在这道例题的基础上，再给出一例，通过添加辅助线给出证明，体会综合法和分析法的证明思路，在整个过程中，提高了学生的参与度，促进了师生互动，教师适当提示促进了学生进一步的思考，形成了具有个人特色的思维方式.

案例发生在永嘉县岩坦镇岩坦村的一所全日制农村初级中学，即永嘉县岩坦中学.在学科教学上，学校还是比较落后的.因为这里大部分是山区，当地百姓还是比较贫困，对教育不是特别重视，把孩子放在学校也只是因为要履行义务教育的责任.学校基本为10年以内的年轻教师，教学经验欠缺，同时教师流动性又较大等因素，造成学校成绩不是很理想.在永嘉县多次课程改革中，岩坦中学作为改革试点学校之一，但多次改革基本悄无声息地结束.学校生源较差，每年考上重点高中的人数不会过十，上高中的人数平均各班也不会超过1/3，整体学习氛围比较弱，近1/3的学生厌学，属于后进生.因为学生基础的限制，大部分课堂为了提高效率还是以讲授式为主，以至于我们辛辛苦苦把学生"送"进高中，学生回来诉苦说又不会"学"数学了.此次县里开展课程改革，岩坦中学也是试点学校之一，主要以活动为中心，开展丰富的拓展课程.有十年教龄的我作为学校的"老人"，以课程改革的指导思想，同时结合新课程改革的理念，继续改善课程教学，尝试在课堂中多鼓励学生讨论，合作交流，动手操作等，课堂上教师始终是教学过程的引导者、组织者、合作者，使学生不偏离课堂"中心"，完成教学目标，提高学生探究、思考、分析问题的能力.

这节课上课的对象是在五个班级中成绩排在前列的初二(5)班的学生,全班41人,男女比例相近.在学习数学这门课程中,男生的热情比女生高,成绩也较好些.在本班,部分优等生还是能积极参与课堂讨论,并给出自己的想法,但是班级学生差异性较大,这给班级授课带来了一定的挑战性,教学内容难度偏低不利于优等生培养,偏高又不利于后进生的转化.此外,山区的学生解决问题的能力往往比较低.针对这种现状,在例题教学中,我尽量设置一些问题,让学生展开讨论,引导他们思考,不断提高他们的思考、分析、解决问题的能力.

案例正文

一、复习旧知 引出问题

这是一个阳光灿烂的早上,数学课在第一节课,学生应该是充满精神的,我照常早早地走进教室开电脑,投影,做好课前准备.

"老师,还上证明吗?"金晓庆问.

金晓庆,是一个斯文乖巧的女生,坐在靠外窗前的第二排位置,上课总是默默地认真听讲,但是由于基础能力较弱,学习起来非常吃力.对于她的问题,我笑笑点点头,她一脸伤心地回到位置坐下来,拿出数学课本发呆.

"我们知道,要判定一个命题是真命题,需要给出证明,为什么要证明呢?"

我微微一笑,目光注视着教室后面一排的男孩子们.在上课的开始,往往都是比较简单有意思的内容,我总是试图激起这一群后进生的一点点学习热情.于是一些调皮的学生大叫到:"因为眼见不一定为实."

"对,'眼见'不一定为实.要判定一个命题是真命题,往往需要从命题的条件出发,根据已知的定义、基本事实、定理(包括推论),一步一步推得结论成立.这样的推理过程叫做证明.这节课我们继续一起证明."我转过身在黑板上写下课题,又转过头看到喜欢数学的那一群学生们一脸期盼地等着老师讲新的知识,而两边和后面的学生经过刚才的短暂兴奋马上又恢复到一脸无趣的表情.

"大家看!这是什么?"我举起一个三角板.

"三角板!"学生又再次兴奋起来了.

"三角板是什么形状的?"

"三角形!"学生哈哈大笑,我注意的看了下第三组的张翼.

张翼是一位非常喜欢数学,喜欢做数学探究的学生,他比较喜欢做一些有深度的、有挑战的问题.因此对于我此次提出的问题,他的脸上浮现出了不屑的表情,认为这个问题太过于简单、毫无意义.

"三角形有几个角?"我继续不厌其烦地问着"弱智"的问题

"三个!"学生开心地继续叫着,还有后面几个女生举起了三个手指头.

"三角形的三个角有什么性质?郑鹏,你来说!"

"三角形的三个内角和等于$180°$."郑鹏洋洋得意地回答.

郑鹏是我们班的数学课代表也是班长,人聪明灵活,反应也十分迅速,但是有的时候太过骄傲,因此他经常是老师上课故意提问打击的对象.

"你怎么知道三角形三个角的和等于$180°$的?"我继续追问.

"老师,就是$180°$啊!"郑鹏先是愣了一下,但还是自以为是地回答着!

"你能用什么方法来说明三角形的三个内角和为$180°$呢?谁有想法?"郑鹏坐了下来,还是一脸不解,这时班级静了下来.

再看看张翼,皱着眉头,大概觉得老师今天讲的都是废话.

接着陈老师继续提问.

"大家还记得小学的时候,我们是用什么方法来验证三角形内角为$180°$的吗?"

同学们开始仔细地回忆着,很多皱起了眉头.

"小学的时候我们一般采用实验的方法,比如我们现在在纸上任意画一个三角形,大家把它剪下来,折一折,撕一撕,拼一拼.看谁最快找到验证方法."

同学们开始动手了,张冀似乎找到了兴趣,很快地画了一个三角形,剪下来后撕成了三块,但是保留角的完整,然后在桌上拼了起来.我一直在注意他,并且看到他已经拼出来了.然后我让他向大家展示他的方法.

"三个角被撕出来后很容易地就拼成了一个平角,所以能说明三角形三个内角和等于180°."张冀很肯定地说道.同学们点点头表示赞同.这时,戴着眼镜的时创微微举起了他的三角形.

"大家来看一下时创同学采用的是折纸的方法:比如这个直角三角形,将它的两个锐角折叠与直角重合,说明两个锐角和为90°,则三角形的内角和为180°."

时创是个成绩很不错的孩子,长得又斯文又秀气,肯动脑筋,但是缺乏一点自信.于是每次都会鼓励他,小心翼翼地引导他.

"时创想到了折纸的方法,非常好,但是这个三角形是不是太特殊了,如果换成锐角三角形或钝角三角形,还能这样折叠吗?"当他说完后,我小心翼翼地说.

"实验的方法虽然能验证某个三角形三个内角和为180°,但是对于说明'任意三角形三个内角的和等于180°'是真命题够不够呢?"

"不够,要证明!"前排中间几个男生叫到.

"对,如何给出严密的证明,具有普遍性呢?"

二、观察思考 探究新知

(PPT打出例3证明命题"三角形三个内角的和等于180°"是真命题.)

"对于这类文字型的命题,首先需要用几何语言表述命题的条件和结论.这个命题的条件是什么? 结论是什么?"我请了成绩中等的女同学回答了这个问题.

"条件是三角形的三个内角,结论是三个内角的和等于180°."

"能用如果……,那么……来连接吗?"

"如果是三角形的三个内角……"

"什么是三角形的三个内角?"她很快地纠正了自己的发言:"如果有三个角是三角形的三个内角,那么这三个角的和等于180°."回答很完美.

"既然要用几何语言描述就需要画出对应的图形,大家说需要画出怎样一个图形?"

"三角形."学生们回答这个问题毫不吃力.然后我用三角板在黑板上画出$\triangle ABC$,如图4-2-34.

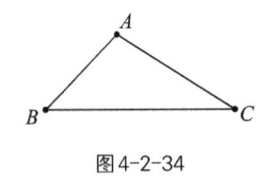

图4-2-34

"谁来用几何语言说说命题的条件和结论?"

"$\angle A$,$\angle B$,$\angle C$是$\triangle ABC$的三个内角,结论是$\angle A+\angle B+\angle C=180°$."一位喜欢发言的男生说道.

老师在黑板上分两行写下这个条件和结论:对于文字型命题,要先画图,再根据条件和结论写上已知和求证.

紧接着,老师接下来继续提问.

"同学们回想刚才的实验,时创和张翼一个折纸一个撕纸,不管用哪一种方法,最终的目的是让三角形的三个内角合并为一个什么角就能说明三个内角的和等于180°了?"

"平角."学生异口同声.

"现在这个画在黑板上的三角形能折能撕吗?"

"不能!"学生开始露出困惑的表情.

"有什么办法可以把分散的三个内角$\angle A$,$\angle B$,$\angle C$'凑'成一个平角呢?"我故装神秘地笑道.

此时,郑鹏同学已有些按捺不住.

郑鹏是我们班里特别喜欢积极举手发言的同学,每次举手及发言速度很快,但也最容易犯错误,总是不能更准确地把握住问题的条件和根本,缺少一分镇定,甚至会存在几分骄傲.但只要细心地引导,还是可以做到认真思考的.

"好,郑鹏,你有什么想法?"不管怎么样,我还是给了他表现的机会.

"添一条辅助线!"郑鹏斩钉截铁回答!

"你是如何想到添辅助线的?"

"因为添辅助线可以构造角,可以让角转移."我非常满意地点点头,以前接触过辅助线,他把我说过的话都记在心上了.

"非常好,郑鹏.那你打算如何添辅助线?"我继续问道.

"做一条平行线."

"在哪个位置做哪条线段的平行线?"我继续追问.

"过 A 点做 BC 的平行线."郑鹏回答很快.(我在黑板上做出这条辅助线,如图4-2-35.)

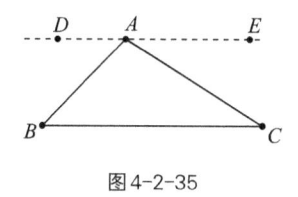

图4-2-35

"同学们注意做辅助线要用虚线.为什么要做这条辅助线?"

"这样∠B、∠C就能转上去了!"

"∠B、∠C分别和哪两个角相等,∠BAC就'凑'成了一个平角,即∠B+∠C+∠BAC=180°."

(教师和学生一起完成具体的证明过程,由教师书写,语句后面带上理由.)

"同学们还能想到如何添辅助线,将这三个角'凑'成一个平角呢?"学生似乎有了兴趣,开始在草稿纸上画画写写,老师下来巡视.

过了两三分钟,也无人想出另一种方法.几位爱动脑筋脾气有点差的男孩子开始不停地咬笔,敲笔.我顺势给了一点提示:"如果是过点 C 做一条平行线 CE 呢?"如图4-2-36.

— 270 —

"哪个角可以转移了?"

"∠A."学生经过刚才的思考一无所获有些失落地回答.

"现在可以在哪个位置"凑"平角?"

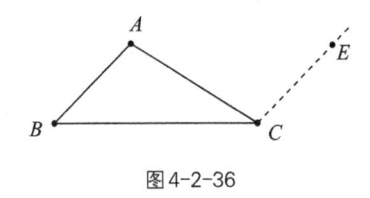

图 4-2-36

"∠BCA."有些学生说成了∠C.

"现在只需要转移哪个角就可以了?"老师笑着鼓励大家道.

"∠B!"学生又兴奋起来了,困惑总算解决了.

老师继续笑着说:"如何利用平行线CE实现∠B的转移?"

"璐瑶,你遇到什么问题?"

璐瑶是一个上课很认真听讲的孩子,喜欢思考,但有时候需要教师进一步地解释与引导.此时只见她两手托腮,思考着,显得又是一脸困惑.

"∠B对应的内错角,同位角什么的……"她不敢说出来.

"对,那是不是可以再添一条辅助线,构造一些新的角呢?"

"老师,可以再添一条BC的延长线."旁边的锦国高高地举起手回答道.

锦国是班里一位爱动脑筋并且喜欢动手实践的同学,做数学几何题时总喜欢做辅助线,因此,大家都喜欢叫他"添线宝宝".因此这次大家又哈哈笑了起来,有些显而易见的问题他也喜欢添辅助线去解决.

我按他的意思在黑板上做出延长线BC,如图4-2-37,问"此时∠B与哪个角相等?"

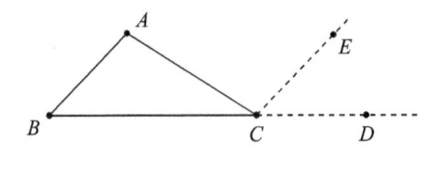

图 4-2-37

"∠B=∠ECD."

"因此,∠B+∠A+∠ACB=∠ECD+∠ACE+∠ACB=180°,'添线宝宝'这一次添的挺好.还有很多的添辅助线方法,也可以得证,同学们可以利用课后时间再想几种方法."

我看学生花的时间挺多,对于另外更高难度的方法就省略了.

"这些方法有一个共同点,就是可以通过添合适的辅助线,构造一些新的角,实现角的转移,'凑'成一个平角,问题即可解决.其次,对于文字型命题的证明,注意这几个过程的完整,简称'一画二写三证明'."

(PPT上打出文字型命题的表述格式.)

教师接下来接着问.

"在刚才我们做BC的延长线CD,构成一个新的角∠ACD.这样的角叫做△ABC的一个外角,如图4-2-38."(PPT上打出外角的定义.)

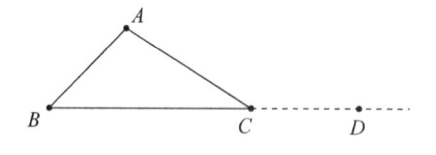

图4-2-38

"这样的外角有几个?"

"六个."学生毫不费力地答道.

"这个外角与三角形的三个内角有怎样的数量关系呢?"老师又开始新一轮的提问,希望同学们能自己找个答案.

"添线宝宝"又举手了.

"好,锦国,你有什么发现?"我伸出右手邀请他发言,这个班级也就这几位学生特别爱动脑筋.

"∠ACD与∠ACB互补,所以∠ACD+∠ACB=180°,又∠A+∠B+∠ACB=180°,所以∠A+∠B=∠ACD."一口气回答,表达得非常完美,他对自己看似也很满意,笑嘻嘻地坐了下来.旁边的同学望着他,露出羡慕的表情.特别是几个比较乖的女生,总是不敢举手发言,又羡慕男生的灵活思维,但是努力也是可以改变的.

老师在黑板上写下外角性质.继续问道:"这个外角和这两个不相邻的内角的大小关系如何?哪个角最大?"

"$\angle ACD$."有了老师的提示,学生很顺利地答出来了.

"$\angle ACD$ 与 $\angle A$,哪个角大?"老师提高了嗓门,希望再次激起学生的热情.

"$\angle ACD$!"学生异口同声地回答,简单的问题总能激发学生的热情,可以用来调节课堂的气氛,这时,后排几个完全不知道情况的调皮男生似乎也发现了什么,抬头眼睛盯着我.

"张文,你来说说,由 $\angle A + \angle B = \angle ACD$,可知 $\angle ACD$ 与 $\angle B$,哪个角大?"

张文是我们班不爱学习的一个学生,但他很聪明,于是,只能以这样提问的方式去吸引他的注意力,让他把注意力集中到课堂之上.此时他耷拉个脑袋,一脸迷茫,眯着眼睛看了一眼黑板,然后慢悠悠地说道:

"$\angle ACD$ 比 $\angle B$ 大."

"对,非常好,由此可知,三角形的外角大于任意一个不相邻的内角,作为一个推论."

老师在黑板上写下了板书.我总是想办法抓住一切可能的机会拉一下这些后进生,希望或多或少学一点,至少不要对数学这门课产生厌恶情绪.张文很开心地坐了下来,开始两眼盯着黑板.刚巧教室外出现一个年轻男人的身影,这是他们的班主任,毕业第二年,却为这个班级操心得像个爸爸.他正好目睹了让他头痛学生乖巧的一面,满意地走开了.

这时,给出两个练习题作为及时巩固.

练一练:

(1)在 $\triangle ABC$ 中,以 A 为顶点的一个外角为 $120°$,$\angle B = 15°$,求 $\angle C$ 的度数.

(2)如图 4-2-39,比较 $\angle 1$ 与 $\angle 2 + \angle 3$ 的大小,并证明你的判断.

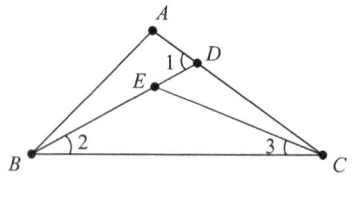

数学高阶思维区域推进的系列研究——三角形

图 4-2-39

"利用外角的性质,可以对角进行转换,关键看图形中是否有外角,确定是哪个三角形的外角."老师开始了第二个例题的教学.

三、例题巩固 能力提升

例4 已知:如图4-2-40,$\angle B+\angle D=\angle BCD$.

求证:$AB//DE$.

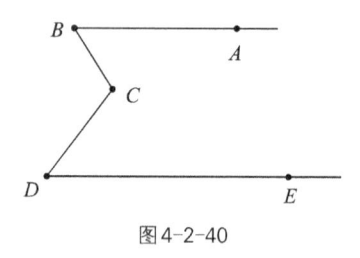

图 4-2-40

"题目要证的是两条直线平行,最常用的可以用来证明两条直线平行的依据有哪些?"

我开始给出一些方向,因为学生整体能力弱,所以我总是会在开始给一些提示,给一些思考的方向,后面由学生开始讨论.

"有哪些角相等就可以证明两条直线平行了?两条直线平行的判定定理有哪些?"我邀请金晓庆同学来说.

"嗯……,两条直线被第三条直线所截得的同位角相等,则这两条直线平行.两条……"看她不知所措的样子,我继续引导着.

金晓庆,是一个很乖很听话的孩子,每次的作业都会认认真真地完成,但

— 274 —

这些证明对她来说真的很苦恼,完全没有方向.于是我便以概念引导着她的思路.不出所料,她开始熟练地念起来,并且在此之后把这些重要概念都背会了.

"晓庆对定理非常熟练,再看图形,能不能找到一对同位角、内错角或同旁内角,如果能找到,问题就基本解决了."

"没有!"然后她开始皱眉头了.

"没有,我们可以采用什么方法构造新的角呢?"

"做辅助线!"她举起了手,开心起来.

"对,你能做一条辅助线吗?"我继续问,但晓庆一时回答不了,只能继续思考.

此时丽莎,她早就已经坐不住了,高高地举着手露出可爱的表情,笑嘻嘻地盯着我,我走到哪边她转到哪边.她是一个开朗、活泼的鬼精灵,特别喜欢跟老师说一些奇怪的事情.从上课开始就一直没给她回答问题的机会.因此,我点了她的名字,她开心地跳了起来.

"延长BC交DE于一个点,记为F."(我在黑板上也作出了这根辅助线.)如图 4-2-41.

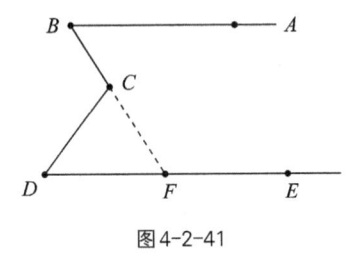

图 4-2-41

"你构造的是一对什么角?"

"内错角,$\angle ABF = \angle BFD$,所以AB平行于DE."她的思维很灵活,表达很清晰,声音又很响亮.其他同学点点头,表示赞同.

然后,顺着丽莎的方法,由丽莎说,老师写,完成了这个证明过程.因为平时丽莎的书写过程总是或多或少地有点欠缺,特地找机会给她纠正.

但是这是课本给出的方法,老师希望学生能有更多自己的方法.

"还有别的辅助线的添法吗?"我继续追问着同学们.

我走下去,环顾了一圈,发现李罗星在草稿纸上画了一个这样的图,如图 4-2-42.

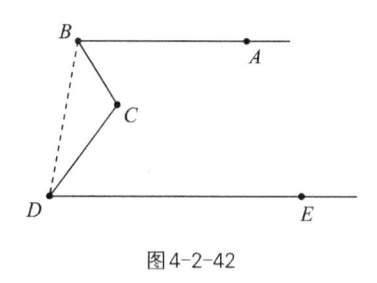

图 4-2-42

"我看到罗星有一种好方法,罗星,你来给大家说明一下."我示意罗星站起来.

"我觉得可以连结 BD."这是个害羞的小男孩,站起来后腼腆地笑了一下.

"你想构造一对什么角?"

"同旁内角,$\angle ABD+\angle BDE=180°$.因为题目说$\angle B+\angle D=\angle BCD$,又由$\triangle BDC$的内角和为$180°$,所以$\angle ABC+\angle DBC+\angle BDC+\angle CDE=180°$."老师一边听一边在黑板上写下几个关键的步骤.

"同学们说罗星的方法好不好啊?"老师想鼓励这个害羞的小男孩.

"好!"大家大声地叫着.害羞的男孩脸都红了,低着头坐下来,嘴角微微一咧.

"同学们真厉害,已经两种方法了,还有谁有不同的添线方法?"老师盯着"添线宝宝".他最喜欢研究辅助线了,这次他又是怎样添的呢?

"老师,我觉得可以过点 C 作一条平行线."他回答说.

"好,你作的是和哪条直线平行的线?"老师很有兴趣地纠正道.

"作 AB 的平行线."

老师开始在黑板上作图,如图 4-2-43.

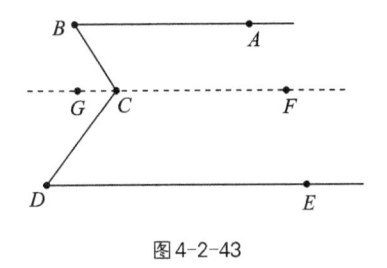

图 4-2-43

"由 AB 平行于 GF，可得∠ABC=∠BCG，又因为∠B+∠D=∠BCD，所以∠GCD=∠CDE，所以 CF 平行于 DE，所以……"他突然停住了，似乎发现了哪里有不对的地方.

"你是不是想说 AB 平行于 GF，CF 平行于 DE，所以 BA 平行于 DE?"老师笑着看着他，他不能肯定地点点头.

"这一步的理由是什么呢？"

"没有理由……"他发现自己的问题了.

"对，这个方法似乎很好，但是因为目前我们的知识还不够，不能说明平行于同一条直线的两条直线平行，所以最后一步不能得证. 所以这个方法行不通!"

"同学们再思考，有一个同学认为∠BCG=∠DCG，即 GF 平分∠BCD 啊！"

"不对，没有理由！"丽莎大声叫着，她总是充满激情.

"对，证明的每一步我们都要注意有充分的理由，要知道'言'必有据!"

"在刚才的这么多种方法中，同学们根据不同的需要添了不同的辅助线. 辅助线的最大优点是将分散的条件集中，隐含的条件显现，起着'牵线搭桥'的作用."

这时老师给出了一个问题，让学生独立完成.

想一想：

已知：如图 4-2-44，∠B+∠C+∠D=360°，

求证：AB∥DE.

— 277 —

图4-2-44

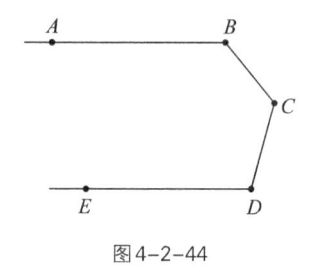

就在这时,下课铃声响起,这个题目老师留给学生课后写在作业本上上交批改.

结　语

本节课"'言'必有据"描述了一个情节,它发生在一个温州北部山区的一所升学率偏低的农村中学初二的一节新课上.这节课的重点是继续学会证明的方法和表述.陈老师从学生小学已有的实验方法出发,在实验中发生"冲突",继而给出证明.尽管大部分老师为了提高升学率采用讲授式的课堂为主,陈老师仍试图尝试对基础能力偏低的山区学生进行探究合作式的教学,根据学生以往的经验,通过生生交流,师生交流,大大提高学生的参与程度,减少过多的课内练习,在简单几个问题中有所体会,有所成长.

"'言'必有据"提供了一个探索在数学中如何证明一个命题是真命题的良机.同时,这个案例的重点放在了两个例题的分析过程中,通过教师引导,学生讨论,一步一步推理,并添加需要的辅助线,使证明之路顺畅.这些讨论,显然能扩展到任何命题的证明过程中.

一个好的起始问题是要求参与者回忆小学里证明问题的方法——实验.但是实验和证明又是有所不同的,进一步要求参与者如何给出严密的证明.同时思考,三角形外角、辅助线有一些什么作用?

这个案例的第二个重要问题是运用多种提问的方式,努力让学生参与其中,给出自己的看法形成自己的思路.在具体问题中,教师起到引导者的作用,帮助指引学生思考,遇到"路阻"时可以添一两条辅助线,瞬时"柳暗花明"!学生不禁体验到辅助线在证明中起到的"牵线搭桥"的作用.在整堂课中,通过合作讨论形成自己独有特色的思考方法,体会综合法和分析法的特点,灵活运用.学生之间互相交流,互相提高,进一步体验证明的意义.

案例思考题

1. 教育学问题

在农村,特别是山区学校,这种探究式讨论的学习是否真的可行?关于《证明》的教学之前,教师区分了实验与证明的不同,你认为有必要吗?

2.学习问题

在《证明》的教学中,证明的步骤是否一定要严格设置?当证明的过程和步骤繁多时,或者学生省略必要的过程进行证明时,如何让学生进行详略得当地把控?教师在追问三角形的内角和为180°的证明时,班级静了下来,如何看待这种静?只进行两个案例的教学,是否能够以一概全,使学生完全掌握证明步骤?教师在下课前并未给学生做出关于证明的小结,学生是否完全掌握了本节课的重点内容?

3.学生思维的评价问题

璐瑶同学在教师讲解了辅助线后,做辅助线时为什么还是一脸困惑?这说明了什么?之后,在锦国作出辅助线后,璐瑶同学是否真的理解了呢?

在锦国同学准确回答完问题后,旁边的同学露出羡慕的表情.特别是几个比较乖的女生,总是不敢举手发言,但是教师只是在反复提问个别的学生,其他不敢举手的学生是否真的参与到课堂活动中了?

如何解释在例题2中学生错误的添线?如何解释更好?

4. 教师教学法问题

你认为教师利用大量的提问,以教师为主导,引导讨论,给学生充分的自由,但是又费时费力,是否真的好?对学生来说,建构他们自己对证明的思考方法是非常重要的,本节课老师的教学方法能促进学生证明思维方法的提高吗?教师通过例题让学生开展合作讨论,帮助学生形成"添辅助线,转移角"的意识,你觉得老师的教学方法如何?

从学生的已有经验出发,不断地引导学生探究,得出思路,这样花费很长的时间,且整堂课练习不多.请思考这样的教学做法是否真的实用?对教师引导下的学生思考是否真的好?是否有助于学生思维能力的培养,提高分析问题的能力?是否会牵制学生的思维?如何利用分析法进行问题分析,综合法呢?如何针对一道证明题能最高效地利用这两种方法进行分析?

案例使用说明

1. 适用范围

适用对象:初学数学在职教师,大学三、四年级师范教育数学专业学生,数学教育硕士专业学位研究生.

适合课程:数学教育学,课程与教学论,课堂教学技能训练,数学教学实训.

2. 教学目的

(1)通过案例研究,让参与的教师了解探究合作式的教学法,以及与传统的讲授法对比出这种教学方法的优点.

(2)让参与教师体验对命题证明过程教学的数学课堂,探讨在数学课堂上进行证明过程教学的有效步骤与方法.

(3)通过案例讨论,能够形成更科学的例题教学过程,探讨几何例题教学更有效的途径.

(4)通过对案例中部分内容的剖析,探讨教学的有效性,提高学生课堂参与度的教学形式.

3.关键要点

(1)涉及的相关理论

建构主义理论认为:知识不是对现实的纯粹客观的反映,只不过是人们对客观世界的一种解释、假设或假说,将随着人们认识程度的深入而不断地变革、深化,出现新的解释和假设.在具体问题的解决中,需要针对具体问题的情境对原有知识进行再加工和再创造.学习是学生自己建构知识的过程.学生不是简单被动地接受信息,而是主动地建构知识的意义.学习是学习者根据自己的经验背景,对外部信息进行主动地选择、加工和处理.对所接收到的信息进行解释,生成了个人的意义或者说是自己的理解.

启发式教学理论指教师在教学过程中根据教学任务和学习的客观规律,从学生的实际出发,采用多种方式,以启发学生的思维为核心,调动学生学习的主动性和积极性,促使他们生动活泼地学习的一种教学指导思想.启发式教学的关键在于设置问题情境.启发式教学的实质在于正确处理教与学的相互关系,它反映了教学的客观规律.

(2)关键知识点

探究合作式教学方法、数学有效教学、几何变式教学、启发式教学、课堂教学公平.

(3)关键能力点

能够分析判断知识点讲解的有效性的能力;能判断教师在教学过程中提问的有效性判断课堂提问的能力;有效组织课堂讨论的能力;组织学生探究合作的能力;善于激发学生思考和发言的能力.

(4)案例分析的思路

第一,从问题的设置与处理环节以及知识点的讲解等来分析本节课是否有效合理.第二,根据教师的提问环节的设置与提问的方式以及提问后的应对环节来分析教师在这节课中所起的作用.第三,从学生合作探究得出结论后回答的效果,以及学生的参与度得出学生本节课教学知识点的掌握程度.第四,列举整节课中教师所用的授课方式及相关理论来分析教师在备课环节所做的一些准备.第五,讨论如何有效去检测本节课的课堂知识的落实程度以及学生课堂的真实感受.

4. 活动建议

时间安排:2课时.

环节安排:先独立阅读案例素材,课堂上组织学生先围绕案例思考题发表观点,教师适当点评;然后分组讨论案例后面的问题,并提出自己的见解,然后结合各自的实际展开讨论,最后小组汇报.

教学方法:案例思考讨论为主,讲授点评为辅.

组织引导:采取分组讨论,也可采取自由发言,相互论辩和补充的课堂讨论形式.

活动设计:未上过此内容的教师,在阅读此案例之前先熟悉教材内容,教学重难点.其次搜集相关知识点,对案例思考题进行回答,然后最好自己先做一个教学设计,并思考几个问题,然后参考案例,更好地进行研究讨论.课后要求学习者写下自己的心得体会或者提出对某个教学环节的改进意见,而教师及时进行教学反思.

◎ **参考文献**

[1] 张丹,白永潇.新课标的核心概念及其变化——《义务教育数学课程标准(2011年版)》解读(三)[J].小学教学(数学版),2012,468(06):4-8.

[2] 中华人民共和国教育部.义务教育数学课程标准(2022年版)[M].北京:北京师范大学出版社,2022.

[3] 张昆.发展数学核心素养的教学设计研究——从"推理意识"过渡到"推理能力"的视点[J].中小学教师培训,2021,423(10):39-43.

[4] 林晓榕,喻平.逻辑推理的心理学研究及其对中学数学教学的启示[J].教育研究与评论(中学教育教学),2020,444(08):21-27.

[5] 王宽明.高中生数学推理能力测评模型的研究[D].贵阳:贵州师范大学,2021.

[6] 宋煜阳.基于推理表现水平进阶的猜想、说理与例证——《比的基本性质》同课异构教学解析与思考[J].小学教学设计,2021,695(23):33-35.

[7] 邱冬,王光明.平面几何教学的新视角——"示以思维"——基于章建跃先生对"研究三角形"的过程分析[J].数学通报,2018,57(08):27-30.

[8] 章建跃.研究三角形的数学思维方式[J].数学通报,2019,58(04):1-10.

[9] 鲍建生,章建跃.数学核心素养在初中阶段的主要表现之三:几何直观[J].中国数学教育,2022,265,266(Z3):3-9.

[10] 李萌.教授蕴含于数学的智慧与美[J].中小学数学(初中版),2022,620(11):9-11.

[11] 鲍建生,章建跃.数学核心素养在初中阶段的主要表现之五:推理能力[J].中国数学教育,2022,271(19):3-11.

[12] 孙金栋.初中数学"图形与几何"中的合情推理研究[D].济南:山东师范大学,2011.

[13] 李海东.重视数学思想方法的教学——"中学数学核心概念、思想方法结构体系及其教学设计的理论与实践"初中第六次课题会议成果综述[J].中国数学教育,2011,97,98(Z1):11-13.

[14] 孙传银.从图形运动变化的视角,引领《全等三角形》复习[J].数学之友,2022,36(16):92-94+97.

第五章

促进学生数学思维发展的趋势

2022年10月16日,习近平总书记在中国共产党第二十次全国代表大会报告中对我国教育发展作出了重要指示.习近平总书记指出,教育、科技、人才是全面建设社会主义现代化国家的基础性、战略性支撑,要深入实施科教兴国战略、人才强国战略、创新驱动发展战略.三角形作为几何中最基本的图形,未来的发展领域和发展形势是我们更为关注的,将数学知识生活化是数学教育的根本目标,因此,在未来的学习、生活中,如何更好地利用数学知识是我们作为数学教师更为关注的一点.

对于初中阶段的数学内容教学来说,三角形的发展既可以是三角形在信息技术中的使用与图形的变换,也可以是高中三角形知识的延展.因此,本章从三角形与信息技术发展的相辅相成以及初高中三角形知识的衔接部分进行阐述.

首先关于信息发展这样强调:支持开展形式多样的人工智能科普活动,鼓励广大科技工作者投身人工智能的科普与推广,全面提高全社会对人工智能的整体认知和应用水平.实施全民智能教育项目,在中小学阶段设置人工智能相关课程,逐步推广编程教育,鼓励社会力量参与寓教于乐的编程教学软件、游戏的开发和推广.建设和完善人工智能科普基础设施,充分发挥各类人工智能创新基地平台等的科普作用,鼓励人工智能企业、科研机构搭建开源平台,面向公众开放人工智能研发平台、生产设施或展馆等.支持开展人工智能竞赛,鼓励进行形式多样的人工智能科普创作.鼓励科学家参与人工智能科普.

信息技术的使用对教育发展具有革命性作用,毕竟在历史发展潮流中时刻强调"科学技术是第一生产力",因此,信息技术的使用必须予以高度重视.而在初中数学课堂的教学中,信息技术的使用应在服务于教师教学的同时,对学生的学习也有所启发,有些信息技术我们也可以称之为"数学技术".但是,在我们的实际教学过程中,只有大学数学学习中,会更多地接触到信息技术,在中学阶段,这样的数学科技是我们极其欠缺的,学生更是难以理解学习数学对未来发展有怎样的启发.增强学生对信息技术的理解、掌握与运用,利用信息技术分析解决数学问题,在数学教学中使用信息技术是不可或缺的,这也从侧面表明了广大中学数学教师应当对数学技术的应用做出新的改进.

在实际的数学活动中能够使用的信息技术的软件和工具有很多,比如,科学计算器、动态几何系统、图形和 CAS 计算器、图形和数字分析软件包、统计分析系统、计算机代数系统等.实际教学中与使用信息技术相关联的是学生高阶思维能力的发展,表征于动手实际操作过程中,只有智力和动手能力融会贯通的学生,才能使科学技术或者数学技术的操作富有创造性,才能在理解和掌握数学的过程中给予更大的帮助,也能够在解决数学问题时(例如实际问题与数学建模)选择合适的工具,通过工具的使用达到更加理想的问题解决效果,才能自主地借助数学技术工具建立数学知识之间的广泛联系,也能有效进行图形与数学之间的高效切换.因此,数学课程中使用信息技术,归根到底要聚焦在数学的关键方面:推理和表达、图形与几何的融合、解决实际问题、解释问题和经验交流.其中,信息技术要在总结规律、客观猜想、解决问题、思路展示和成果等方面发挥最大的作用.

作为一线教师从使用信息技术中切实感受到了很多有益于教学的优势:

1.改善了传统数学内容的教学.例如,在讲解三角形几何中,以往的形式仅仅只能依靠教师动手画图,而引入信息技术之后,不仅可以借助动态几何软件作图,还能够通过改变点的位置实现数学动点问题的讲解.

2.为数学内容的重新选择和组织提供了机会.例如,以往的教学只能按照课本章节逐步进行,而信息技术中关于三角形全等和相似的讲解,可以整合成区块内容并且由学生进行展示.

3.为那些重要但难度较大的数学思想的教学提供有效途径.例如,分类讨论思想,二分法的逼近思想,即微分的数学思想方法,可以借助信息技术对其进行合理的、科学的演示.

4.是进行数学探究与发现的"催化剂".如代数推理、数理统计与分析以及代数运算等内容,使我们能做到猜想与实践的有效融合.

5.延伸了教学中作为研究事例的范围.例如,我们可以选择那些生活中发生的实例,例如概率中的抛掷硬币的问题、二次函数实际问题中最大值的存在性作为研究对象,技术允许学生同时运用不同的数学表现形式来进行数学实际问题的探究.

6.为教师备课、编写教案提供了有力的辅助手段.信息技术能够给予教师上课的教学思路和新颖的教学方法,例如三角形中的等腰三角形、全等三角形、相似三角形的内容均可以利用数学软件进行展示说明.

7.技术代替手工进行复杂的计算.有些计算学生能够进行,但是计算过程繁琐,学生容易因为某一步的失误而失去自信心,尤其是在二次根式的运算中,可以借助信息技术为学生省去繁琐的计算流程.

8.提供及时的反馈,学生能够借助信息技术监测自己的设想过程的准确性.

9.能够帮助学生澄清他们的数学思考流程,促进学生的理解方式的生成,最终提升学生的逻辑表达水平.

10.为那些在运算技巧上有困难的学生提供切实帮助.在实际教学过程中,很多学生明确借助什么概念、方法解题,但因为运算能力的问题而无法达到有效的进步.

11.能模拟情境和问题.例如,借助高端的人工智能端,可以以一种更为复杂和现实的方式进行实际问题的展示.

第一节 现代教育技术对三角形教学的促进

新课标背景下的初中数学教学,在课程理念促进信息技术与数学课程融合中表明:合理利用现代信息技术,提供丰富的学习资源,设计生动的教学活动,促进数学教学方式方法的变革.在实际问题解决中,创设合理的信息化学习环境,提升学生的探究热情,开阔学生的视野,激发学生的想象力,提高学生的信息素养.因此,在初中数学教学中借助信息技术提升学生的高阶思维能力具有创造性的意义.

三角形与信息技术的融合也更加广泛地应用于实际教学中,接下来将针对信息技术与初中数学教学融合的必要性与作用展开阐述,并结合实际三角形单元的教学提出新课标背景下信息技术与初中数学教学有效融合的相关措施,有效提升初中数学三角形单元的教学效果.

一、新课标背景下信息技术与三角形单元教学融合的必要性

新课标背景下,对学生关于三角形单元的培养教育要以学生的素养提升为中心.三角形的单元教学作为初中阶段重要的几何学习的基础,学生对其基本图形的理解和应用十分重要,新形势下,信息技术为优化三角形的教学过程、提升三角形单元的教学效果提供了更多的契机.在三角形单元的教学中,教师要立足几何图形的教学实践过程,帮助学生扎实掌握几何图形的基本知识,提高相应的几何能力.其中几何教学与信息技术的有效融合不仅能够提高学生的几何直观能力、逻辑推理能力,同时也吸引了学生的学习兴趣,有利于学生从平面几何向高中阶段立体几何的研究.

第一,从学生的学习中心地位来说,通过信息技术的教学形式能够通过不同的方式帮助学生接受和理解知识,让三角形动起来,不仅能够引起学生的学习兴趣,还能够让学生在学习的过程中体会到点、线、面积的动态变化,让几何图形变得具体化、形象化,适应学生认知的发展规律,学生更能够接受这样的教学呈现,更加有利于学生的理解.尤其是在三角形的教学实际中,学生原本只能借助尺规作图的方法构造想要的几何图形或判定几何图形,但尺规作图的过程中很容易产生误差,这就使得图形性质无法辨别,部分学生只能勉强"说服"自己该题目的条件的存在性,甚至有些线段由于误差或作图不规范导致无法解决几何问题,如若借助信息技术,图形则会更加规范.

第二,基于信息化技术,能够打造多样化的教学情境.教学中的情景设计,往往源自于回顾旧知或者实际问题的呈现,而实际问题中反映的是学生对现实生活的理解,而很多学生缺少基本生活经验,无法在脑海中呈现具体的数学情境,为此,可以借助信息化技术,对现实生活情境进行阐述,数学问题生活化才能引起学生的深度思考.例如翻转课堂的教学,学生可以借助信息技术对三角形等几何图形进行提前的了解,这样知识更容易理解和掌握.

第三,基于信息技术,教师能够在有限的教学时间内,通过数学教学内容的呈现,提升教学效果.每节课的上课时间往往限定在40分钟以内,在有限的时间内,让学生获得更高水平的提升,往往要对计算部分进行省略化的安排,尤其是在三角形内容的教学中,图形的推理、分析证明更为关键,因此可以借助信息技术呈现图形和公式,突出教学的重点与难点,使初中学生教学质量得到最大化提升.在有限的课堂教学时间里,让学生掌握更多的三角形知识,课堂教学目标也能更快地达到,借助几何画板,让学生更加细致地体会知识的内容.

二、新课标背景下信息技术与三角形单元教学融合的作用

新课标背景下,在三角形单元教学过程中有效融入信息技术不仅能够帮助数学教师顺利开展几何图形的教学,还能够拓展学生的数学视野,提升课堂的教学效率,使得三角形的研究与变换,学生能够掌握和理解,信息技术被有效融入初中三角形单元教学实践活动中,教学更加高效.

第一,信息技术进入初中数学教学课堂,在几何内容的教学中,从动态几何软件的不断优化,到教学过程中的熟练使用,教师和学生慢慢接受和适应了信息技术上课的方式,也能从中发现其优势,有效激活了数学教学的课堂,使传统的三角形教学课堂变得活跃起来、思维发散开来,逐渐变得富有乐趣,学生在三角形学习的过程中能够更加深入地理解基础知识、点线面的关系,并且真正喜欢上几何中的数学,激发学生对数学几何学习的兴趣.

第二,在三角形单元教学过程中融入多媒体等多样化的信息技术,为教师教学提供了便捷.教师通过信息技术能有效挖掘三角形单元的相关知识,对教材中的三角形内容进行整合.例如,将相似与全等知识的合并,可以借助信息技术帮助学生理解,基于学生的认知发展规律和实际学习水平,在学生的点滴知识的学习中,数学与信息技术的融合中,教师的教学也呈现出更大的可能性,弥补传统教学的不足之处,在三角形教学中充分发挥出信息技术显著的辅助功能.对于信息技术而言,在三角形教学过程中最常用的是图片、声音、文字、动图等,能够创设立体化的教学情境,丰富学生的视听体验,并且搭配相应的投影技术、动画技术,有效代替了传统数学教学中的黑板、粉笔等教具,不仅提升了教学的效率,同时也增强了现代技术带给学生的震撼,使学生对三角形学习的过程产生较深的印象,增强对几何图形的探索参与度,加深对三角形知识的理解,可以使得抽象化的数学变得更加直观化、立体化、具象化,帮助学生更好地理解其内容特点和数学符号,逐步建立起数学思维,特别是在几何例题等相关教学内容中效果显著.

三、新课标背景下信息技术与初中数学教学融合的教学案例

信息技术与初中数学教学融合的教学案例在初中阶段应用十分广泛,如何将几何教学内容融于信息技术也显得尤为重要.本节通过列举《勾股定理的证明》和《位似的性质》两个实际案例,阐述信息技术与课堂的教学融合情况.

【案例5-1-1】
勾股定理与动态几何证明

使用动态几何软件设计教学活动,利用面积的不变性帮助学生体会勾股定理的直观证明.

【说明】 在本活动中,首先呈现出四个相同的直角三角形(直角边分别记为 a 和 b)拼出的边长为 $(a+b)$ 的正方形(如图5-1-1),直角三角形的边长可动态调整(拖动点 Q,a 和 b 可以取任意长度,如图5-1-2).然后,左、右拖动滑块平移和旋转直角三角形,改变它们的位置,两两拼合直角三角形,在大正方形中拼出两个形状相同的矩形,让学生从直观上体会到图5-1-2中边长为 c 的白色正方形面积与图5-1-4中边长分别为 a 和 b 的两个白色正方形面积之和相等,从而感受 $a^2+b^2=c^2$.

如图5-1-1,教师呈现四个相同的直角三角形(阴影部分),拖动 SR 上的分割点 Q,

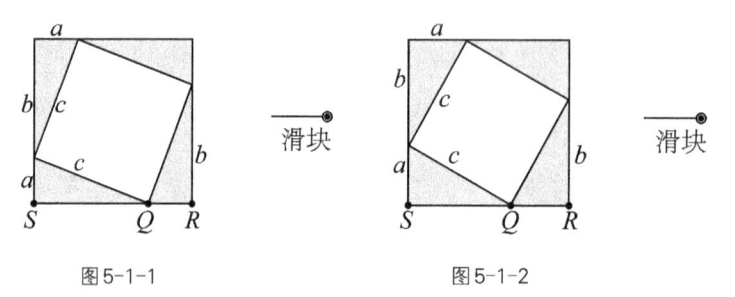

图5-1-1　　　　图5-1-2

可以同时改变所有直角边的长度(如图5-1-2),可以借助问题引领学生通过观察、操作,直观得到证明过程,感受数学的神奇和美.教学时,可参考如下问题.

问题1:图5-1-2中白色部分是什么形状呢?它的面积是多少?

问题2:拖动滑块向左移动,观察软件画面的动态效果,说一说,四个直角三角形的位置是如何变化的?(如图5-1-3)

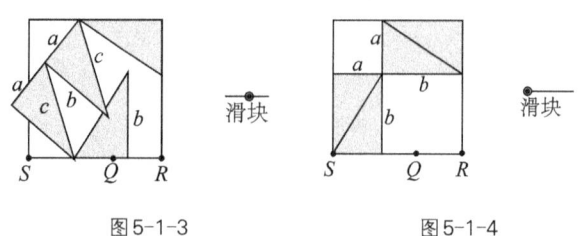

图5-1-3　　　　图5-1-4

> **问题3**：将滑块拖动到最左端时,四个直角三角形的位置如图5-1-4,此时两块白色部分的面积之和是多少?
>
> **问题4**：想一想,图5-1-2中白色部分的面积与图5-1-4中两块白色部分的面积之和相等吗?说出你的理由.

【设计意图】新版课程标准的修订,相较于2011版本课标而言增加了对勾股定理的直观证明板块,这样重大的调整凸显了几何直观素养的培养目标,同时也充分体现了勾股定理在几何探究学习中的重要地位;从"使用动态软件"的教学建议也可以看出信息技术与数学教学融合的导向要求.在直角三角形中,勾股定理体现了直角边和斜边的关系,可以通过实验发现也能够借助图形的边关系获得,而面积既可以作为推理的逻辑形式也可以作为勾股定理的验证方式,而教材中直接呈现出的"赵爽弦图"的证法并不有利于对学生高阶思维的培养,教师应该从创新的角度使用教材中的内容,利用信息技术中的拼图功能开拓学生的大脑,让学生能够在几何知识的学习中发挥自己的聪明才智,进行有效的拼图实验,在动手操作中能够放手让学生猜想、思考、合作、讨论交流,探究解决问题的多种方法.这不仅是教学中的难点也是重点,教师应给予学生充分的自主探索的时间与实际的条件,让学生的思维在互相的讨论交流中碰撞、在三角形的互助互学中得以完善.教师在实施过程中,应深入到学生中间去,观察学生探究方法,帮助学生纠正不合理的探究形式,与此同时,接受学生的猜想与质疑,对于不同的拼图方案给予学生肯定,使学生在学习的过程中,能够感受到自我创造的快乐,攻克重点,从而分散教学难点.由此也能体现出"学生是学习的主体,教师是组织者、引导者与合作者"这一教学理念.

在社会发展进程中,几何直观已经逐渐成了现代社会普通公民的必备素养,对人类文明的发展具有极其重要的意义.究其历史,早从公元前380年古希腊的柏拉图在雅典创办了"学园"开始,几何就成为了培养逻辑推理能力的基本课程.得益于几何图形的直观性,它不仅为学生学习三角形单元知识、进行几何的探究与推理提供了重要框架路径,而且为学生理解和掌握其他更为抽象的数学知识内容搭建了重要的组织框架.可以这样说,几何直观是启发问题解决三角形教学和解题思路的基本策略,这不仅是一种创造性的思维模式,在数学发现和发展过程中更是起到了无法替代的作用.

《义务教育数学课程标准(2022年版)》将"几何直观"作为初中学段核心素养的主要表现之一,并明确其内涵为"运用图表描述和分析问题的意识和习惯."具体分成了4个层次:一是能够感知各种几何图形及其组成元素,依据图形的特征进行分类;二是根据语言描述画出相应的图形,分析图形的性质;

三是建立形与数的联系,构建数学问题的直观模型;四是利用图表分析实际情境和数学问题,探索解决问题的思路.几何直观的作用就在于"把握问题的本质,明晰思维的路径",不止于把复杂的数学问题变得简明、形象,更在于通过思维交往,探索解决问题的思路,预测结果几何直观有助于把握问题的本质,明晰思维的路径.广大教师必须深刻领会课程标准之意,精心设计教学活动和内容,将几何直观素养培养的目标,渗透到几何教学的全过程,真正让核心素养落地生根.

那么,为何选取勾股定理的证明作为彰显几何直观素养培养的教学案例范式呢?我们知道,在初中阶段,三角形是几何研究的基础图形,而勾股定理这节内容不仅仅是学生由具体的数据转化为字母表示的关键一环,同时也是初中数学数形结合思想的应用典型例题,学生时常需要使用数形结合的思想方法解决数学问题,借助动态几何软件,能够让学生体会到图形与字母表达上的联系,数学因此也变得具体化、形象化.而本案例中的直角三角形,它的特殊之处在于勾股定理的综合,而勾股定理的重要性则是在几何教学中的定性研究和定量研究思考,体现的主要是三边之间的代数关系,同时也可以理解为图形与代数的完美融合,勾股定理不仅在实际生活中应用广泛,还可以为现代科学技术的研究提供数学知识的支撑,以"勾股定理"的实践教学为高阶思维培养的载体,通过图形建模,抽象图形具体化以及算图推理等高阶思维的生成,在"直观图形"的组织和研拓运算过程中,产生新的思路和新的方法观点,进而促进学生核心素养的形成和快速发展.

另外,案例中强调的"使用动态几何软件设计教学活动"这一点,作为一线教师的我们应该重点关注.我们知道,人工智能越来越发达的今天,计算机的教学对几何教学内容产生了深远的影响,现代以及未来的教学形式正在逐步由黑板呈现转变为信息技术的呈现,学生使用信息技术解决问题也越来越多,学生也十分期待学习的变革,期待能够使用软件绘图,因此,三角形单元的教育教学应该运用动态学习的形式,使得教学形式更加丰富,提高学生的直观感受、空间理解,促进学生学习方式的转变.几何知识尤其是三角形知识是初中数学重难点之一,倘若教学过程中缺乏立体感,不利于学生空间感的培养,也不能体现立体几何特征,影响课堂教学效率.而在课前运用多媒体呈现即将学习的几何图形可以节省为学生讲解其他重点难点的教学时间.多媒体技术能够更加立体地呈现几何图形变化,便于学生生动直观地感受到三角形的特征与魅力,降低对三角形知识的理解难度,以此提高学习效率,深化学生对几何图形性质的猜想、讨论和证明,进而培养学生的几何直观核心素养.

目前流行的一些动态几何教学软件有常见的几何画板、超级画板、Autograph、ArtMath、GeoGebra等等,这些几何动态软件工具,不仅可以为学生提供科学具体的探索数学实验的环境,有效地训练和提高学生对于三角形知识板块的作图能力,还能够培养学生的几何直观能力、空间想象能力.通过设计适当的问题情境,加上教师的具体引导,学生可以通过视觉方法(visual methods)与几何方法(geo-metrical methods)的互相支撑,获得较为完整的几何知识.

总之,计算机作为一种新的文化已经逐渐影响到教师教学和学生学习的各个方面,三角形教学应该与此相结合.而使用动态软件在解决三角形具体问题的过程中,能够帮助学生通过猜想与科学的验证去发现解题方法,培养学生的几何直观与空间观念意识.

【案例5-1-2】

位似性质的探索

利用图形计算器或计算机等信息技术工具,可以很方便地研究图形放大或缩小,还可以探索位似的性质.

在《4.6 相似多边形》中,由同学思考:两个相似立体图形的对应边成比例能否得到体积成比例?体积与边成怎样的关系?

下面以ggb软件探究立方体的位似性质以及对应边长比和体积比的关系.

探究一:

如图5-1-5,任意画一个立方体 $AEHD$-$BFCQ$,以点 B 为位似中心,自选新旧图形的相似比为 k,到立方体 $MNOP$-$IJKL$.

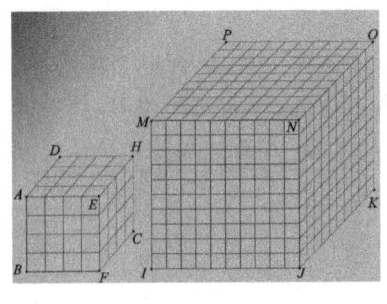

图5-1-5 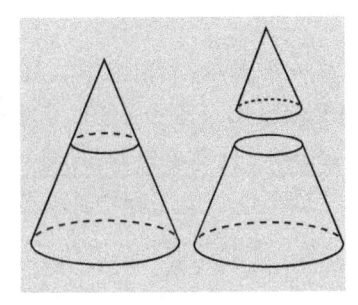　　　　　图5-1-6

1.度量对应边的比,观察结果与k的关系.

2.以B为原点建立平面直角坐标系,分别度量点A,M的横坐标、并计算比值;分别度量点A,M的纵坐标,并计算比值.观察比值与k的关系.其他对应点呢?

3.作线段BA,BM,BE,BN,BH,BO,BD,BP,BF,BJ,BC,BK,BQ,BL,度量它们的长度,你有什么发现?

4.任意改变立方体AEHD-BFCQ的位置,与上面问题得出的结论是否仍然成立? 由此,你能得出位似的一些性质吗?

探究二:

如图5-1-7,可以任意拖动其中一个立方体的边长,得到两个立方体的边长比,再算出两个立方体体积的比,你发现立方体的边长比和体积比有什么关系?

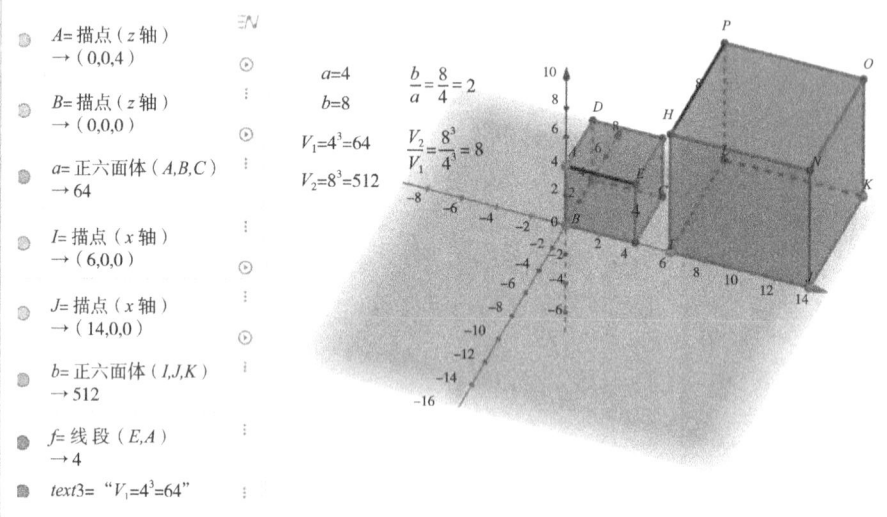

图5-1-7

先画一个圆锥(或圆柱等),作为参照物,可以选择地面圆的直径长度为1,调整相似比k,这个k值我可以自己输入,得到新的圆锥(或者圆柱)的底面半径和高.计算新圆锥(或圆柱)的体积,与参照物几何体的体积之比,你发现了这个体积比值和相似比有什么关系?

【设计意图】 设计与信息技术结合的相关内容.由ggb探索立体图形的位似性质和立体图形体积比与相似比的关系.

在我们的传统教学中,教师需要操作和演示立体几何时,往往通过黑板画出该图形,立体图形的规范性遭受重大的挑战.立体几何一直是高中数学几何教学过程中的重要任务之一,也是高中生学习难点之一.对学生的认知来说,从初中平面思维到高中的空间三维的扩展和提升,是一次重要的跨越,但学生在学习过程中往往缺乏空间想象能力,空间知觉与图形认识能力,故需要教师为学生建立适当的"支架".

然而学生对老师在黑板上勾画的立体图形还需要在自己的脑海中再次加工,对于抽象能力不强的学生,会形成理解障碍,甚至当图片不够规范时,会导致更大的理解偏差,由二维图形转化为三维立体图形时,学生很难理解老师课上所讲授的知识点.而数学基础一般甚至相对落后的学生,想要他能够理解一个图形如何从平面过渡到立体是有难度的.立体几何是多维的,而平面几何是二维的,"面"的改变较大,本来在初中阶段的平面几何中,点和直线的位置关系只有点与点的关系、点与直线的关系、直线与直线的关系这三种.在多了一个面之后就变成了立体几何中点、直线和平面三者逐步转化为六种位置关系了.而我们案例中GeoGebra软件便可以将这种抽象的位置关系形象地表现出来.

目前在我国的中小学,教师习惯用几何画板进行教学,而几何画板本设计意图是用于平面几何的教学,绝大部分是基于尺规作图完成,在立体几何中的图形三维呈现是其短板所在.而近半年,通过对一种新的动态数学软件——GeoGebra的学习与研究,发现它可以完全替代几何画板并且几乎囊括从幼儿园到高等教育中所有的数学知识.

《普通高中数学课程标准(2017年版)》明确指出:"提升信息技术的使用能力,通过信息技术与课程的深度融合以及课程资源开发的多样化实现."将信息技术与数学课程进行有效地融合,不仅提高数学教学的有效性,而且能够实现数学对象的多元表征(数字、表达式、图形等),有助于培养学生直观想象等核心素养.基于GeoGebra(下文简称GGB)的高中数学可视化教学研究策略:在课堂上,教师充分利用GGB动态超几何画板强大的功能,营造信息化教学环境,将符合学生认知能力、规律的相应数学教学内容内化为学生的认知结构,即为可视化教学.GGB可视化教学策略是通过GGB的动态演示、数据统计、三维可视、数据运算等可视化功能,达到直观演示、寓教于乐、创设情境、启发思维、探究实践的教学效果.

因此,在使用几何画板时,信息技术也需要更多的一线教师学习和掌握.

在三角形几何教学中合理运用GGB软件,动态展示三角形教学的规范性、合理性内容,将讲授的知识化抽象为具体,化复杂为简单,化静态为动态,创设符合实际的问题情境,科学的实践思路.GGB软件为初中数学教师实施可视化三角形等几何教学提供了有效的方式方法,进而提高教学效率,使数学课堂成为探究式的高效和信息技术互相融合的课堂,进而更好地培养学生的自主探究能力,促进学生高阶思维能力的形成和发展.

【案例5-1-3】

测量三角形的新工具——MAPLE软件

Maple是目前世界上最为通用的数学和工程计算软件之一,在数学和科学领域享有盛誉,有"数学家的软件"之称.三角形的学习过程中,在实践探究的部分时常需要通过测量进行验证,而这样的验证方式学生只会使用直尺来实现,因此,借助科学的软件实施测量显得格外重要.

在数学教学方面,动态几何软件包括Cabri、"几何画板"(The Geometer's Sketchpad)和Maple等软件.任何一种数学动态几何软件的标题中都包括测量这一项,能测量距离、周长、面积、角度、半径以及横纵坐标等.结合动态几何软件的拖动功能,改变图形的格式,对应的测量结果也会发生相应的改变.用测量工具进行数学的科学验证,准确又快捷,这样的形式有利于学生对数学的猜想和归纳.而在传统教学中,单靠直尺、量角器、圆规等工具是不容易完成的.

【案例5-1-4】

三角形证明方法——ASP语言(SPARC语言)

人工智能与课堂教学的结合往往基于对课堂教学行为数据的采集和分析.在大数据、机器学习、知识挖掘等技术的发展下,教师可以结合各种软硬件采集的数据来使课堂更加智慧.抛开传统的利用数据的方式,基于BOPPPS教学模型和人工智能领域中知识表征方向Answer Set Programming(ASP),提出了一种新的教学设计模型.证明过程结合ASP中的内容,提供了一系列提高课堂效率的操作,分析了该教学设计模型对学生各方面能力培养的促进作用,促进人工智能与传统教学的结合.

以全等三角形知识点为例,基于BOPPPS教学模型和ASP的课堂教学设计如下:

【导入环节】

展示:两座同等高度的大楼.

问题:如果我们以一束平行的太阳光照向这两座一样高的大楼,请同学们思考,此时大楼在地面的影子是否一样长?

【设计意图】以两座大楼的图片作为引入,学生能够直观地感受生活的实例,这样方便学生理解,而平行光的引入,代表着平行线的使用技巧.最后从影子的角度向学生提问,能够让学生联想到相似与全等三角形的知识.

【建模流程】

问题:同学们,请根据三角形全等的证明条件,列出用于表示相应类别、谓词和规则的词汇,我们根据相应的学习目标进行合理的建模.

【设计意图】三角形全等的学习目标是理解全等三角形的概念,识别对应边、对应角,掌握基本事实 SSS、SAS、AAS、ASA、HL 等证明方法.根据这一学习目标,所建立的 SPARC 程序模型所对应的部分就是相应的三角形全等的规则部分.

问题:如果我们想要画一个和小明同学画的三角形全等的三角形,我们需要几个关于边和角的条件? 一个、两个还是三个?

分析:按照证明三角形全等,我们可以借助边、角关系进行细致的分类,将其分类为三条边、两条边一个角,一条边两个角,三个角.通过以上四种情形进行分析操作.倘若不成立,应给予一个反例进行说明.

【设计意图】针对每一类问题,应该给出一个具体的例子,让学习者亲自尝试,看看是否能够给出反例.对每个具体的例子,教师演示使用相应的 SPARC 语言分别进行建模,并与学生确认相应的说法和规范的命名规则.通过这样的方式,可以让学习者进一步增强使用 SPARC 语言进行问题建模的能力.

提供:SPARC 程序文件"Description of triangles"

操作:请同学们通过 SPARC 语言针对三角形全等的可能条件进行提问并作相应回答,学生可以比较自己的答案和程序运行的答案.

【设计意图】在这个过程中学习者可以进一步熟悉三角形全等条件的 SPARC 建模程序以及需要学生借助软件去解决的问题.在全体学生应用软件学习过程阶段,教师首先给出关于三角形全等条件的定理.经过上面的过程,学习者对使用 SPARC 语言进行领域建模已经非常熟悉了,并且对相应的证明方法也已经掌握.

操作:教师带领学生对三边相等(SSS)、两边及其夹角相等(SAS)、两角及其夹边相等(ASA)、两角及一角对边相等(AAS)的三角形全等的条件进行 SPARC 语言的建模.

活动：学生编辑 SPARC 程序文件"SSS""SAS""ASA""AAS"(为了节省时间,这些文件由教师提供),便于我们查询两个已知的三角形是否全等,学生可以及时获得"yes"的答案.

【设计意图】 学生对于三角形全等的定理理解得足够好的话,自然可以顺利地完善相应的程序文件.同时,若查询两个已知的三角形全等时,获得了"yes"的答案,说明学习者编写的程序正确,也能反过来说明学生对三角形全等的相应定理已经完全理解了.若程序运行得不到学生想要的答案,学生可以进行检查并调试,直至程序输出结果正确.

说明：在这一过程中,学生可以进一步加深对相应知识的正确理解.后期的作业布置中,教师首先在黑板上画出两个三角形,并给出已知条件,然后让学生根据已知条件编辑 SPARC 程序文件"Congruent of triangles"(为了节省时间,该文件由教师提供),以便当我们查询两个已知的三角形是否全等的时候,可以获得"yes"的答案.教师可以随机点名某个学习者回答这个问题,教师通过学习者的回答判断学习者学习的效果.

最后：教师可以自己或者让学生编写相应的类别、谓词和规则或者根据相应的 SPARC 程序让学习者编写相应的注释来进行总结

【案例 5-1-5】

人工智能 ChatGPT 在三角形教学中的应用

何谓人工智能(Artificial Intelligence)？我国《人工智能标准化白皮书(2018年)》中给出了人工智能的定义："人工智能是利用数字计算机或者由数字计算机控制的机器,模拟、延伸和扩展人类的智能,感知环境、获取知识并使用知识获得最佳结果的理论、方法、技术和应用系统."简单地说,就是希望计算机能够像人类一样完成更多的智能工作,其表现形式包括会看(图像识别、文章识别);会听(语音识别、机器翻译);会说(语音合成、人机对话);会动(机器人、无人机);会写作(创作诗歌和小说);会思考(人机对弈、定理证明、精准医疗),会学习等.机器学习是把这种智能形式化为数学公式,转换成使用计算机就可以操作的算法和软件.总的来说,人工智能实际上是一个将数学、算法理论和工程实践紧密结合的领域.将其拆开来看,就是算法,也就是几何直观、统计学等各种数学理论的体现.

ChatGPT 出世了,作为人工智能,上知天文,下知地理,似乎无所不知,

无所不能,成了近期社会上的大热门.ChatGPT会改变世界吗?很多人会因此丢了饭碗吗?目前还是众说纷纭,见仁见智.相信每个人和ChatGPT打过交道后,都会有自己的感受和看法.那么ChatGPT的数学能力如何呢?先让我们看看ChatGPT的自我评价吧:"作为一个AI,我的数学能力可以说是非常强大的.我可以进行各种数学计算,例如代数、几何、概率、微积分等.我可以解决各种数学问题,包括线性代数、微积分、微分方程、统计学等领域的问题.此外,我还可以为学生提供数学课程和练习题,帮助他们加深对数学概念的理解和应用."

问题:正方形$ABCD$中,O是正方形中的一点,$\angle OAD = \angle ODA = 15°$,求证$\triangle OBC$为正三角形.

ChatGPT:首先,连接线段OB和OD,并作线段OE垂直于线段OD,使得点E位于线段OD上.因为正方形$ABCD$中,$\angle OAD=15°$,所以$\angle OAE=75°$(因为$\angle OAE$为直角,而$\angle OAD=15°$,所以$\angle EAD=75°$).由于正方形$ABCD$对称,因此$\angle OBC=90°-\angle OCD=90°-\angle OAD=75°$,因此$\triangle OBC$中的$\angle BCO$和$\angle OBC$都是$75°$.此外,由于正方形的性质,线段$OE$等于线段$OD$.因为$Rt\triangle OED$为直角三角形,所以$\angle OED=90°-\angle ODE=90°-45°=45°$.因此,$\triangle OEC$中的$\angle OCE$和$\angle OEC$都是$22.5°$.由于$\angle OEC$是$22.5°$,$\angle OBC$是$75°$,因此$\angle BCE=180°-\angle OCE-\angle OBC=82.5°$.因此,$\triangle OBC$中的$\angle BCO$、$\angle BOC$和$\angle BCE$都是$82.5°$,因此$\triangle OBC$是等边三角形,也就是正三角形.因此,已经证明了$\triangle OBC$是正三角形.

ChatGPT作为新的人工智能的应用,一线教师可以在对其深入研究的基础上应用于数学课堂的教学.ChatGPT一经问世,已然掀起学术界的轩然大波,其影响力波及社会各行各业,不仅震惊了人工智能技术领域的从业者和使用者,也对教育领域的理论研究者和实践工作者造成不小的冲击.可以说,以ChatGPT为代表的生成式AI的崛起既是人工智能领域的一次重大变革,也可能成为由专用性人工智能转向通用性人工智能的关键转折点(陈永伟,2023),更将引发学校结构性变革在事实逻辑层面和实践价值层面的持续探讨(张志祯等,2023).

本次"ChatGPT与未来教育"成功地实现了技术一线的人工智能专家和教育专家这两大重要研究主体的合作与对话,加深了教育研究领域对于ChatGPT与未来教育关系的理解与认识,基于教育实践、教育研究、教育学建构的独特视角,有力地回应了在教育数字化转型时代下ChatGPT对教育带来的挑战与冲击,继续探讨了如何利用ChatGPT带来的机遇促进中国教育转型,以及从教育理论和实践的多重角度重新理解、阐释并预测了Chat-GPT对中国未来教育的重要影响.

第二节　初高中衔接下的知识演进

众所周知,数学是一门基础学科,是教育体系中不可或缺的组成部分,在高考中占据了重要的地位,与此同时,在整个数学学习中所出现的问题越来越多,尤其是初高中数学知识的衔接问题更为严重.从当前的发展趋势分析,大多数数学教学并没有认识到初高中数学知识点衔接的重要性,没有做好初高中知识点的衔接教育,无法真正推动数学教学的有效发展.三角形作为几何图形中最基本的图形,不仅在初中数学教材中应用广泛,在初中三角形学习的基础上,高中对其进行了更加深入的研究,从初中的解直角三角形到高中的正弦定理、余弦定理,既可以看作知识的深入与衔接,也可以定义为思维的延展.

一、初高中知识衔接教学的必要性

(一)高中数学难度飙升

数学作为一种统一的、连续的学科,由小学到初中,由初中到高中,知识上存在着很高的连续性,到高中阶段,数学知识和数学定理变得更加抽象化、复杂化,知识更加富有挑战性.例如极限的概念是大学高等数学中的内容,在高中阶段已经有所涉及,因此,高中数学抽象的知识点增多,不仅增加了学习任务,同时也增加了学习的困难.面对初高中完全不同的知识结构,为了让学生由初中的平面几何图形,转向较为困难的立体几何图形、函数、集合等的学习,保证学生能够较快地适应高中的知识架构,适应高中的数学学习生活.需要加强初高中衔接的知识部分,以达到理想的效果.

(二)初高中知识侧重点有差异

初中阶段的数学学习以图形与几何为重难点,几何更多考查的是平面几何,除此之外,数也是初中阶段主要的学习内容之一,而进入高中以后,学生更加侧重于解析几何和立体几何的学习,而函数在初中阶段的学习更注重数的运算,高中阶段转化为图形的运算,由此可见,侧重点的差异性,更加需要借助初高中衔接作为中间的过渡,减缓思维的迅速拔高.

(三)初高中教材逻辑层次差异明显

初中数学教材的编著逻辑性并不明显,知识点的分布较为分散,数学思想方法仅仅适用于某一类特定的题目,而高中数学不仅是数学思维和能力的提升,对数学思想方法的使用以及各种数学建模思想的要求都很高,数学知识结构之间联系紧密,学生应更加关注相关知识点之间的逻辑架构,从而形成完整的知识脉络体系.因此,对于高中阶段的数学教学而言,教师应注重对解题思路的讲解,在这过程中产生的新的数学疑问需要在课堂上解决.

二、初高中知识衔接教学的案例分析

初高中数学衔接知识的教学案例在初中阶段应用十分广泛,如何将教学内容贯穿于初高中的点线面也显得尤为重要,本节通过列举《正弦定理的推理》和《三角形四心的向量表示》两个实际案例,阐述初高中三角形知识点的衔接情况.

【案例5-2-1】
正弦定理推理过程

教材内容分析:

《正弦定理》这节课要求学生在自己已经学习解直角三角形知识的基础上,通过对三角形边角之间关系的研究,发现并且掌握三角形中的边与角之间的数量关系.在教学过程中,先用直角三角形推出正弦定理的内容,然后让学生自己探究锐角三角形和钝角三角形两种情况.由特殊到一般,引导学生了解利用正弦定理能够解决两类关于解三角形的问题:

(1)已知三角形的两角和一边,解三角形;

(2)已知三角形的两边和其中一边的对角,解三角形.

【正弦定理教学片段解析】

教师:我们在初中已经学习了哪几个三角函数?

学生:我们已经学习了sin,cos,tan这三个三角函数.

教师:学过的三角形的三个边,三个角色之间都有什么关系?

学生:三角形中两边之和大于第三边;三角形中两边之差小于第三边;在三角形中大角对大边,小角对小边;三角形的内角和是180°.

【设计意图】通过对初中解直角三角形知识的回顾,学生明确学习目标,能尽快地适应正弦定理、余弦定理的学习内容.教师通过对学生三角形三边关系的提问,让学生回顾该知识点的过程中注意各边的取值范围.

> 教师:在初中,我们学习的直角三角形的三边的关系是什么?
> 学生:在这个直角三角形中,如果 a、b 为直角边,c 为斜边,则有 $a^2+b^2=c^2$.
> 教师:那同学们现在接着考虑,根据如图 5-2-1 所示的直角三角形,$\sin A$、$\sin B$ 应该怎样进行表示?
> 学生:$\sin A = \dfrac{a}{c}$,$\sin B = \dfrac{b}{c}$.

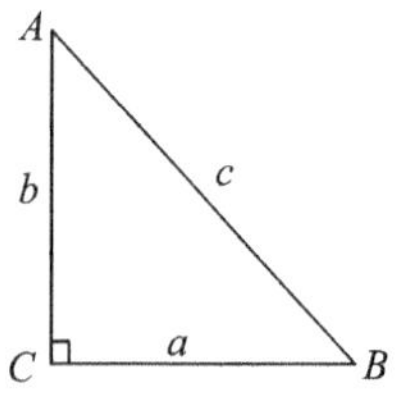

图 5-2-1

【设计意图】通过学生对 $\sin A$、$\sin B$ 的边角关系分析,让学生再次回顾初中正弦、余弦的边关系表示,对边比斜边、邻边比斜边,以此类推,让学生通过边关系转化,找到各边之间的对应关系.这样的问答形式更有利于学生知识的迁移.能够让学生从中得到启发,从而联想到另外一条边 c.

> 教师:那斜边 c 是不是可以用表示? a 与 $\sin A$,b 与 $\sin B$.
> 学生:$c = \dfrac{a}{\sin A}$,$c = \dfrac{b}{\sin B}$
> 教师:那是不是就存在 $c = \dfrac{a}{\sin A} = \dfrac{b}{\sin B}$,那根据咱们以前学习的知识 $\angle C$ 的正弦值应该是多少?那 $\dfrac{c}{\sin C}$ 又应该是多少?
> 学生:因为 $\angle C = 90°$,所以 $\sin C = 1$,$\dfrac{c}{\sin C} = \dfrac{c}{1} = c$
> 教师:通过关系转化能得出 $\dfrac{a}{\sin A} = \dfrac{b}{\sin B} = \dfrac{c}{\sin C}$,通过以上探究我们发现都是在特殊的直角三角形中完成的推理,从这个完美的比例式中可以发现,无论三角形形状如何,三角形的边角之间的正弦、余弦、正切都存在着等量的数学关系,但是比例值又会是多少呢?同学们,除了这种平面几何的证明方法以外,我们还可以借助其他的方法来解决,可以借助于三角

形的外接圆,同样能够证得三角形的正弦定理.由直角三角形的推导过程可以看出以上比值相等,都等于三角形的外接圆半径.那么对于任意三角形中是否存在相同的关系?

学生:可以得出在锐角三角形中存在同样的关系(证明过程由学生板演得出).

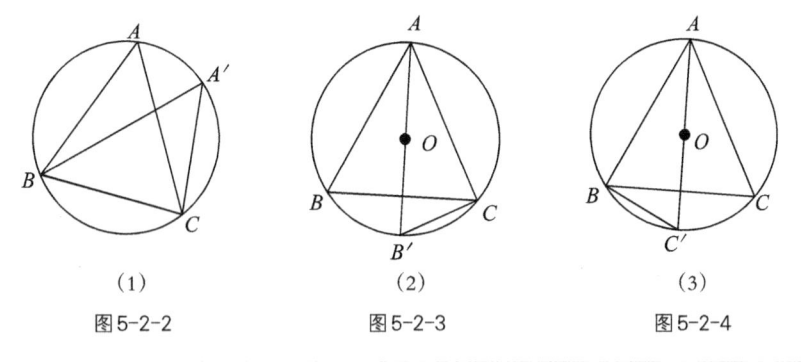

（1）

图5-2-2

（2）

图5-2-3

（3）

图5-2-4

方法一:如图5-2-2所示

(1)解:由圆的性质可知 $\angle A = \angle A'$ $\therefore \sin A = \dfrac{a}{2R}$ $\therefore 2R = \dfrac{a}{\sin A}$ 即$2R = \dfrac{a}{\sin A}$	(2)解:由圆的性质可知 $\angle B = \angle B'$ $\therefore \sin B = \dfrac{b}{2R}$ $\therefore 2R = \dfrac{b}{\sin B}$ 即$2R = \dfrac{b}{\sin B}$	(3)解:由圆的性质可知 $\angle C = \angle C'$ $\therefore \sin C = \dfrac{c}{2R}$ $\therefore 2R = \dfrac{c}{\sin C}$ 即$2R = \dfrac{c}{\sin C}$
$\therefore \dfrac{a}{\sin A} = \dfrac{b}{\sin B} = \dfrac{c}{\sin C} = 2R$在任意三角形中均满足			

教师总结:非常好的一种证明思路,借助在圆中同弧所对的圆周角相等,能够很快地很快地将相同的角进行转化,再借助过圆心的直径所对的圆周角是90°,将一般三角形转化为直角三角形,学生更加能够总结出比值为2R的结论.

方法二:

解:连结OC、OB

因为弧BC

所以$\angle COB = \angle CAB$(在同圆或等圆中,同弧所对的圆心角是圆周角的2倍)

如图5-2-5所示,作$OM\perp BC$于点M.

又因为$OC=OB$

所以$\angle COM=\angle BOM=\angle A$

所以$\sin\angle MOB=\dfrac{BM}{OB}=\dfrac{\frac{1}{2}BC}{OB}=\dfrac{\frac{1}{2}a}{R}=\dfrac{a}{2R}$

所以$\dfrac{a}{\sin A}=2R$

同理可得$\dfrac{b}{\sin B}=2R$,$\dfrac{c}{\sin C}=2R$

所以$\dfrac{a}{\sin A}=\dfrac{b}{\sin B}=\dfrac{c}{\sin C}=2R$

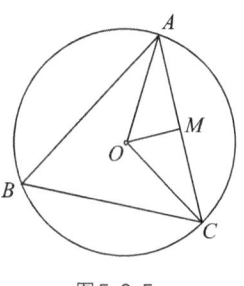

图5-2-5

【设计意图】圆的基本性质学生已经掌握,学生具备利用性质进行推理的能力,借助圆的半径为R,直径为2R,学生能够将锐角三角形转为直角三角形,能够借助角的正弦关系推出三角形外接圆的半径与正弦的关系,知识的延伸下,学生能够理解和运用这种关系.这样的设计有利于学生学科素养的形成、推理能力的提高.让学生经历从猜想到证明的过程,体会到数学新知识的发现仅仅依靠猜想和演绎推理是不够的,必须经过非常严密的数学逻辑推导进行证明才可以.在这个过程中,也进一步促进学生数学高阶思维品质的提升.

教师:在钝角三角形中是否也存在这种关系呢?

学生:一种方法还是能够借助上面的圆来解,另一种不用借助圆也是可以推理出来的! 板演如下:

解:如图5-2-6.作$CM\perp AB$

$\sin A=\dfrac{|CM|}{|AC|}$

所以$|CM|=|AC|\sin A$

$\sin B=\dfrac{|CM|}{|BC|}$

所以$|CM|=|BC|\sin B$

所以$|AC|\sin A=|BC|\sin B$

所以$b\times\sin A=a\times\sin B$

所以$\dfrac{a}{\sin A}=\dfrac{b}{\sin B}$

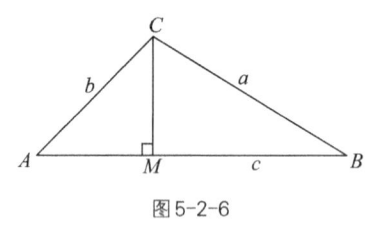

图5-2-6

所以 $\dfrac{a}{\sin A} = \dfrac{b}{\sin B} = \dfrac{c}{\sin C}$

知识应用一：

例1 如图，设 A、B 两点在河的两岸，测绘人员只有皮尺和测角仪两种工具，没法跨河测量．

1. 利用现有工具，你能帮忙设计一个测量 A、B 两点距离的方案吗？

2. 如果测量人员任意选取 C 点，测出 BC 的距离是 54m，$\angle B = 45°$，$\angle C = 60°$．根据这些数据能解决测量者的问题吗？

根据题目中的叙述，很明显可以抽象成这样的一个数学模型：在 $\triangle ABC$ 中，$BC = 54$，$\angle B = 45°$，$\angle C = 60°$．求边长 AB．

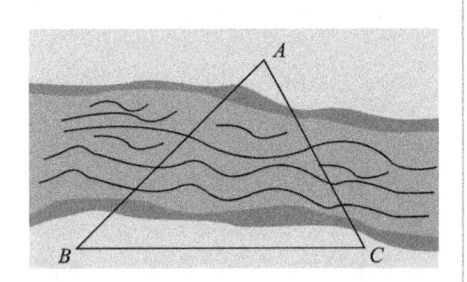

【设计意图】引导学生从熟悉的直角三角形出发，通过设计问题情境，进而解决实际问题，为后续证明一般三角形符合的正弦定理埋下伏笔．对于一般三角形，学生比较熟悉，可转化为直角三角形解决，通过这样的设计，让学生再度体会转化化归的思想．

解：根据正弦定理：

$\dfrac{AB}{\sin C} = \dfrac{BC}{\sin A}$，$\angle A = 180° - 45° - 60° = 75°$

所以 $AB = \dfrac{BC \times \sin C}{\sin A} = \dfrac{54 \sin 60°}{\sin 75°} = 27\sqrt{3}\left(\sqrt{6} - \sqrt{2}\right)$

答：A、B 两点间的距离是 $27\sqrt{3}\left(\sqrt{6} - \sqrt{2}\right)$ 米．

过渡：这样的设计就很好地利用了正弦定理中的三角形边和角的关系，根据已知的条件，借助对公式的变形，对等量关系的转化，这样的由已知量推理求得未知量的数学处理过程就称为解三角形．

知识应用二：

例2 在 $\triangle ABC$ 中，已知 $\angle A = 30°$，$\angle B = 45°$，$a = 2 \text{cm}$，解三角形．

例2解析：已知三角形中两角及一边，求其他未知的量，首先可以借助三角形的内角和$180°$的角的数量关系求出第三个角的量,接着再由正弦定理求其他两边.

解:由三角形内角和可得:

$\angle C = 180° - 30° - 45° = 105°$

由正弦定理 $\dfrac{a}{\sin A} = \dfrac{b}{\sin B} = \dfrac{c}{\sin C}$ 得:

所以 $b = \dfrac{a \sin B}{\sin A} = \dfrac{2 \sin 45°}{\sin 30°} = 2\sqrt{2}$

$c = \dfrac{a \sin C}{\sin A} = \dfrac{2 \sin 105°}{\sin 30°} = \dfrac{2 \sin(60° + 45°)}{\sin 30°} = \sqrt{6} + \sqrt{2}$

例 3 在 $\triangle ABC$ 中,已知 $a = 2\sqrt{2}$,$b = 2\sqrt{3}$,$\angle A = 45°$,解三角形.

例3解析:已知三角形两边与其中一边的对角,首先可以根据正弦定理得到 $\angle B$ 的正弦,会出现两种情形,接下来就要进行分类讨论.这里主要考查学生的分类讨论思想.

解:

由正弦定理 $\dfrac{a}{\sin A} = \dfrac{b}{\sin B} = \dfrac{c}{\sin C}$ 得:

所以 $\sin B = \dfrac{b \sin A}{a} = \dfrac{2\sqrt{3} \sin 45°}{2\sqrt{2}} = \dfrac{\sqrt{3}}{2}$

因为 $\angle B \in (0, 180°)$

所以 $\angle B = 60°$ 或 $120°$

当 $\angle B = 60°$ 时,$\angle C = 75°$

$c = \dfrac{a \sin C}{\sin A} = \dfrac{2\sqrt{2} \sin 75°}{\sin 45°} = \dfrac{2\sqrt{2} \sin(30° + 45°)}{\sin 45°} = \sqrt{6} + \sqrt{2}$

当 $\angle B = 120°$ 时,$\angle C = 15°$

$c = \dfrac{a \sin C}{\sin A} = \dfrac{2\sqrt{2} \sin 15°}{\sin 45°} = \dfrac{2\sqrt{2} \sin(45° - 30°)}{\sin 45°} = \sqrt{6} - \sqrt{2}$

教师:经过刚才同学们的证明,得到在任何三角形中都有 $\dfrac{a}{\sin A} = \dfrac{b}{\sin B} = \dfrac{c}{\sin C}$.这就是我们今天所学的内容,正弦定理.

> 正弦定理:在一个三角形中,各边的长和它所对角的正弦的比相等.
> 即: $\dfrac{a}{\sin A} = \dfrac{b}{\sin B} = \dfrac{c}{\sin C}$.

【设计意图】本环节是高中数学一堂重要的起始课.在帮助学生推理讲解的过程中,先由正弦定理在直角三角形中的情况进行讲解,以引起学生对旧知识的回忆,提问直角三角形的三条边关系,在对边关系的分析过程中引出对新课的讲解.在提问直角三角形三条边的关系后,导入直角三角形相关的知识点进行教学,然后由特殊的直角三角形过渡到任意三角形中,通过设计问题:在锐角三角形和钝角三角形中是否也存在这样的关系,鼓励学生深度思考.通过直角三角形讲解正弦定理的内容,学生可以讨论得出正弦定理的内容,从而呈现出本节课的教学重难点,然后让学生讨论所学内容在任意三角形中是否依然成立.让学生在自主思考和小组讨论中得出相关的结论,从而获得成就感,同时加深学生对于正弦定理的理解和使用方法.在正弦定理的内容讲解后,让学生在课后对直角三角形和钝角三角形的面积进行推导,目的是让学生提高探究问题的意识.

【案例5-2-2】
三角形"四心"的向量表示

(一)数学史中的三角形"四心"

三角形的研究一直是古代数学的重点和核心,也是数学基础教育中的重点和难点,如何创新现有的教学模式,是衡量教学成功与否的关键.如果我们能重现数学家当初面临的问题和挑战,重新发现三角形"四心"及相关性质,可能会产生意想不到的结果.

三角形的"四心"是指三角形的重心:centroid,三角形的中线;外心:circumcenter,三角形的垂直平分线;内心:incenter,角平分线;垂心:orthocenter,三角形的高.重心、外心、内心为古希腊数学家发现,而垂心则发现较晚.

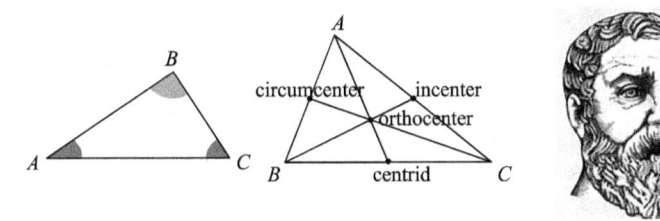

图5-2-7

(1)三角形重心的发现

三角形中线形成重心,也被称为 geometric center, center of mass,阿基米德一直研究物体的重心,第一次提出三角形的中线交于一点,即重心是古希腊的数学家海伦.19世纪后变得很普遍,1814年,正式命名为 centroid.

(2)三角形外心的发现

如图5-2-8,三角形垂直平分线形成外心.古希腊时期就已经发现.

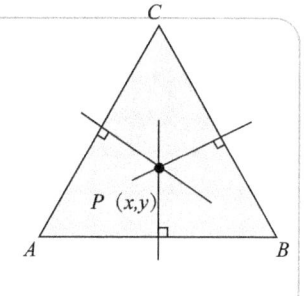

图5-2-8

(3)三角形内心的发现

如图5-2-9三角形角平分线形成内心,古希腊时期发现,欧几里得在几何原本第四卷命题4证明了三角形内心内切圆中心.

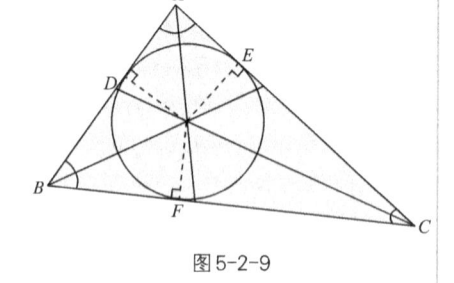

图5-2-9

(4)三角形垂心的发现

三角形的高线形成垂心,早期的名字叫阿基米德点:Archimedean point,垂心是唯一一个不是古希腊时期发明的.垂心的英文 orthocenter 发明较晚,直到1865年才被两位英国数学家发现,1765年,大数学家欧拉发现并证明三角形的外心(O)、重心(G)、垂心(H)三心共线奇特现象.

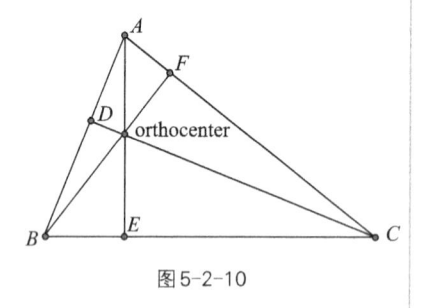

图5-2-10

(二)三角形"四心"的向量表示

2017年版《普通高中数学课程标准》中指出:通过高中数学课程的学习,学生能提高从数学角度发现和提出问题的能力,分析和解决问题的能力.新高考、新课程、新教材强调学生有过硬的本素质才是核心.高中数学素质的高低取决于学生数学的知识基础,学习习惯、思维习惯,其中初高中数学的联系最为紧密.高中数学和初中数学有着天壤之别,无论是知识容量还是思维高度,深层次提升,做好初高中数学知识的衔接刻不容缓,循循善诱,渐入佳境,使学生知其然,更知其所以然.

三角形的"四心",是几百年来数学家们都很感兴趣的研究对象,从中发现和证明了很多有意思的规律和结论,特别是大数学家莱昂哈德·欧拉于

1765年在他的著作《三角形的几何学》中首次提出定理:三角形的重心在欧拉线上,即三角形的重心、垂心和外心共线,而且重心到外心的距离是重心到垂心距离的一半.这就是著名的欧拉线定理.证明方法有很多种,现取其一:

欧拉线定理证明

证明:如图5-2-11.设AM为$\triangle ABC$的中线,H、O分别是垂心和外心,连接AH、OM.则$OM \perp BC$、$AH \perp BC$

所以 $\dfrac{AH}{OM}$

连结OB、OC

所以 $\angle BAC = \dfrac{1}{2} \angle BOC = \angle COM$

所以 $OM = OC \times \cos \angle COM = R \times \cos \angle BAC$($R$为$\triangle ABC$外接圆半径)

连接BH并延长与AC交于点D

所以$BD \perp AC$

所以 $AH = \dfrac{AD}{\cos \angle CAH} = \dfrac{AB \times \cos \angle BAC}{\sin \angle ACB} = 2R \times \cos \angle BAC$

所以 $AH = 2OM$

设OH与AM交于点G,则$\triangle AHG \backsim \triangle MOG$.

所以 $\dfrac{AG}{GM} = \dfrac{AH}{OM} = \dfrac{2}{1}$

所以G是$\triangle ABC$的重心,即O、H、G三点共线且 $\dfrac{GH}{GO} = \dfrac{AG}{GM} = \dfrac{2}{1}$

欧拉线:是指过三角形的垂心、外心、重心和欧拉圆圆心的一条直线.

欧拉圆:三角形三边的中点,三高的垂足和三个欧拉点(连结三角形各顶点与垂心所得三线段的中点)九点共圆,称为欧拉圆.但是三角形四心问题,初中阶段要求不高,而在高中又经常用到,尤其是出现在向量和立体几何、解析几何等部

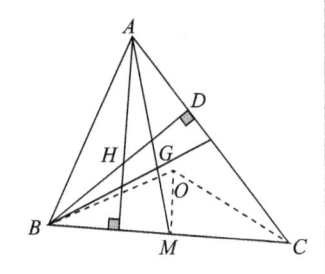

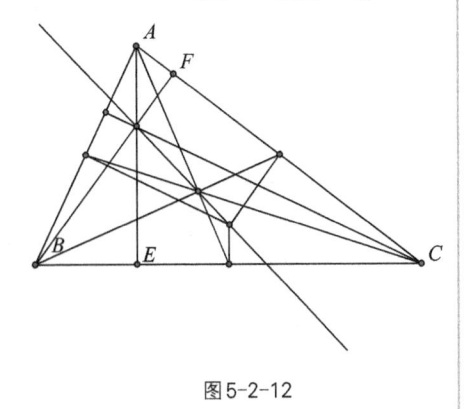

图5-2-11

图5-2-12

分.如果该知识掌握不好,基础不牢,没做好充分准备和衔接,会导致学生知识混淆,概念不清,容易失分.

知识点一:三角形的外心

三角形的外心是三角形三条边的垂直平分线的交点(或三角形外接圆的圆心).

三角形的外心的重要性质:

(1)三角形三条边的垂直平分线交于一点,该点即为三角形外接圆的圆心.

(2)三角形的外接圆有且只有一个,即对于给定的三角形,其外心是唯一的.

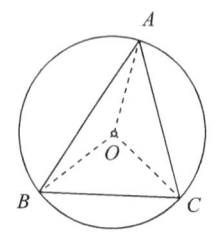

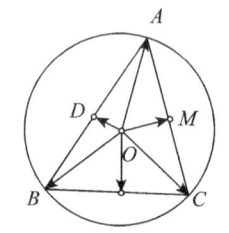

图 5-2-13　　　　　图 5-2-14

外心(O) △ABC外接圆的圆心(三条中垂线交点)

(1)证明$|\overrightarrow{OA}|=|\overrightarrow{OB}|=|\overrightarrow{OC}|$长度均为半径,故成立

(2)$(\overrightarrow{OA}+\overrightarrow{OB})\times\overrightarrow{AB}=(\overrightarrow{OB}+\overrightarrow{OC})\times\overrightarrow{BC}=(\overrightarrow{OC}+\overrightarrow{OA})\times\overrightarrow{CA}=0$

证明:在△ABC中,取AB中点D,连接OD

$\overrightarrow{OA}+\overrightarrow{OB}=2\overrightarrow{OD}$

所以$2\overrightarrow{OD}\times\overrightarrow{AB}=0$

所以$\overrightarrow{OD}\perp\overrightarrow{AB}$

又因为D为AB中点

所以OD为AB的垂直平分线.

同理OM为AC的垂直平分线,ON为BC的垂直平分线

所以O为中垂线交点,即O为外心.

知识点二:三角形的内心

三角形的内心是三角形三条内角平分线的交点(或内切圆的圆心).

三角形内心的重要性质：
(r 是内切圆半径)
(1)三角形的三条角平分线交于一点,该点即为三角形的内心；
(2)三角形的内心到三边的距离相等,都等于内切圆半径 r.
如图 5-2-15, I 为 $\triangle ABC$ 的内心

证明：(1)
$$\overrightarrow{AI} = \lambda \left(\frac{\overrightarrow{AB}}{|\overrightarrow{AB}|} + \frac{\overrightarrow{AC}}{|\overrightarrow{AC}|} \right)$$

(其中 $\lambda = \dfrac{bc}{a+b+c}$)

($\dfrac{\overrightarrow{AB}}{|\overrightarrow{AB}|}$：$|\overrightarrow{AB}|$ 与 $\overrightarrow{AB}$ 同向的单位向量)

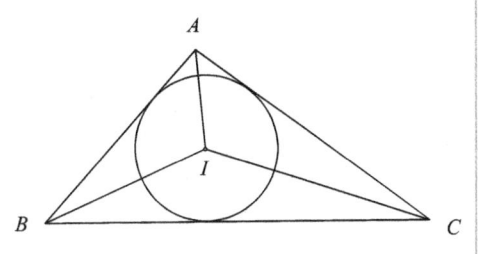

图 5-2-15

$\vec{e}_1 = \vec{e}_2$ 时,则四边形 $ANMQ$ 为菱形
(如图 5-2-26)

所以 AM 为 $\angle BAC$ 的角平分线
所以 $\overrightarrow{AI} = \lambda \overrightarrow{AM}$
即 $\overrightarrow{AI} = \lambda \left(\dfrac{\overrightarrow{AB}}{|\overrightarrow{AB}|} + \dfrac{\overrightarrow{AC}}{|\overrightarrow{AC}|} \right)$

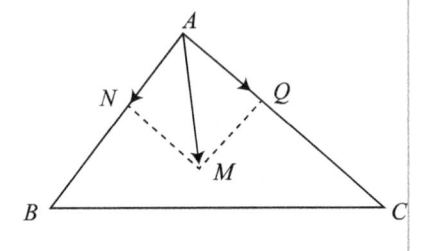

图 5-2-16

证明(2)
$$\overrightarrow{IA} \times \left(\frac{\overrightarrow{AB}}{|\overrightarrow{AB}|} - \frac{\overrightarrow{AC}}{|\overrightarrow{AC}|} \right)$$

$$= \overrightarrow{IB} \times \left(\frac{\overrightarrow{BC}}{|\overrightarrow{BC}|} - \frac{\overrightarrow{BA}}{|\overrightarrow{BA}|} \right) = 0$$

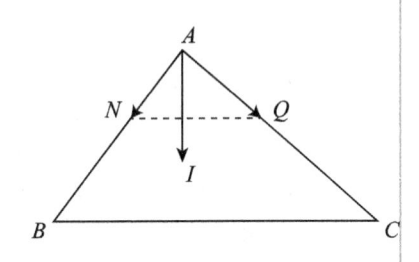

图 5-2-17

根据向量减法法则 $\vec{e}_1 - \vec{e}_2$ (如图 5-2-17 所示).

因为 $\overrightarrow{IA} \times \left(\dfrac{\overrightarrow{AB}}{|\overrightarrow{AB}|} - \dfrac{\overrightarrow{AC}}{|\overrightarrow{AC}|} \right) = 0$

所以 $\vec{IA} \perp \left(\dfrac{\vec{AB}}{|\vec{AB}|} - \dfrac{\vec{AC}}{|\vec{AC}|} \right)$

又因为 $\vec{e_1} = \vec{e_2}$

使用 $\triangle ANQ$ 为等腰三角形，由三线合一，则 IA 为 $\angle BAC$ 的角平分线.
同理 IB 为 $\angle ABC$ 的角平分线.

知识点三：三角形的重心

三角形的重心是三角形三条中线的交点.

三角形的重心的性质：

(1)重心到顶点的距离与重心到对边中点的距离之比为 $2:1$

(2)重心和三角形3个顶点组成的3个三角形面积相等.

重心：如图 5-2-18，$\triangle ABC$ 各边中点为 D、E、F 连接 AD、BE、CF 交于点 G，则 G 为 $\triangle ABC$ 的重心.

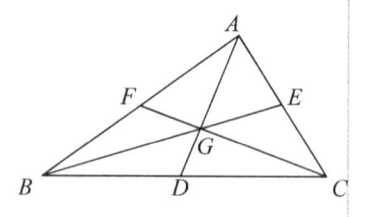

图 5-2-18

知识1：证明 $\vec{AG} = 2\vec{GD}$

连结 EF.则 $EF \underline{\parallel} \dfrac{1}{2} BC$

又因为 $\triangle EFG \backsim \triangle BCG$

所以 $\dfrac{EF}{BC} = \dfrac{EG}{BG} = \dfrac{FG}{CG} = \dfrac{1}{2}$

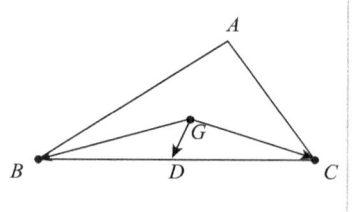

图 5-2-19

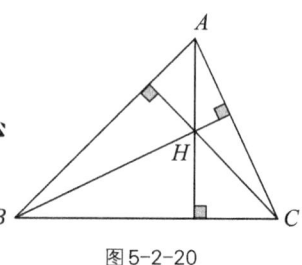

则 $\vec{AG} = 2\vec{GD}$（D 为 BC 中点）

知识2：如图 5-2-19，证明 $\vec{GA} + \vec{GB} + \vec{GC} = 0$

因为 $\vec{GB} + \vec{GC} = 2\vec{GD}$

又所以 $\vec{GA} = -2\vec{GD}$

所以 $\vec{GA} + \vec{GB} + \vec{GC} = 0$

知识点四：三角形的垂心

三角形的垂心是三角形三边上的高度交点（通常用 H 表示），如图 5-2-20.

垂心(H)

图 5-2-20

(1) $\vec{HA} \times \vec{HB} = \vec{HB} \times \vec{HC} = \vec{HC} \times \vec{HA}$

因为 $\vec{HA} \times \vec{HB} = \vec{HB} \times \vec{HC}$

则 $\vec{HB} \times (\vec{HC} - \vec{HA}) = 0$

$\vec{HB} \times \vec{AC} = 0$ 所以 $\vec{HB} \perp \vec{AC}$

同理因为 $\vec{HB} \times \vec{HC} = \vec{HC} \times \vec{HA}$

所以 $\vec{HC} \times (\vec{HA} - \vec{HB}) = 0$

所以 $\vec{HC} \times \vec{BA} = 0$ 所以 $\vec{HC} \perp \vec{BA}$

同理 $\vec{HA} \perp \vec{BC}$ 所以三条垂线交点 H 为垂心.

(2) $\vec{HA}^2 + \vec{BC}^2 = \vec{HB}^2 + \vec{AC}^2 = \vec{HC}^2 + \vec{CA}^2$

因为 $\vec{HA}^2 + (\vec{HC} - \vec{HB})^2 = \vec{HB}^2 + (\vec{HC} - \vec{HA})^2$

所以 $\vec{HA}^2 + \vec{HC}^2 + \vec{HB}^2 - 2\vec{HC} \times \vec{HB} = \vec{HB}^2 + \vec{HC}^2 + \vec{HA}^2 - 2\vec{HC} \times \vec{HA}$

所以 $\vec{HC} \times \vec{HB} = \vec{HC} \times \vec{HA}$

根据高考评价体系的整体框架,结合数学六大核心素养,提出数学学科5项关键能力:逻辑思维能力、运算求解能力、空间想象能力、数学建模能力和创新能力.其实三角形四"心"问题,在高中数学的解析几何中,也频繁出现,考查了学生的空间想象能力、运算求解能力.通过以上初高中部分三角形知识衔接内容的解析,可以看出,做好知识的衔接和储备,打好基础,为高中的学习做好充分的准备,是相当重要的.

◎ 参考文献

[1] 丁晋清.着力推动高质量发展[J].智慧中国,2022(12):25.

[2] 课题组.章建跃.数学·信息技术·数学教学"中小学数学课程核心内容及其教学的研究"[J].课程·教材·教法,2012(12):01.

[3] 蔡承非.新课标背景下信息技术与初中数学教学的有效融合[N].新课程,2022(09):13.

[4] 袁玉龙.一种基于人工智能的课堂教学设计[J].现代职业教育,2022(08):13.

[5] 王鹏远.人工智能时代,数学教育面临的挑战与变革[J].中小学信息技术教育,2020(10):01.
[6] 张震.新高考下的初高中知识衔接:三角形四"心"[J].数理化学习(教研版),2021(09):10.

后 记

五月的青山湖,舒朗静美.微风拂过发间,那是一种久违的自由感觉.《数学高阶思维区域推进的研究丛书》书稿在大家的支持和帮助下,终于付梓了.笔者主持《发展学生高阶思维的实践探索》系列课题研究近二十年,获得2022年浙江省基础教育教学研究成果奖.2022学年始,笔者全职加入杭州临安教育大家庭,在领导、专家和同事的支持帮助下,以丛书撰写为载体推进"思维燎原",为教育共富贡献研究力量.

丛书选择了这六个主题——"几何直观与代数表达""代数推理""三角形""圆""函数""跨学科和真实背景的项目化学习"展开研究.重点关注数学史研究、课程标准和教材梳理、以学生为主体的教学设计以及课堂实施、教学评价和作业跟进等维度.本研究丛书,可作为教师日常教学和数学内容研究路径的参考范例,也是教师培训的抓手.整个区域每个学校都有教师作为作者参与丛书编写,更有利于发挥教学参考和研究的辐射作用.

穿行在苕溪绿道花海中,感恩的心融化在五月的阳光里.

原中国教育学会中学数学专业委员会理事长、人民教育出版社主编章建跃教授,山东省沂南四中正高级教师李树臣老师,浙江省特级教师正高级教师张宏政老师,浙江省特级教师正高级教师朱先东老师,湖州师范学院张跃飞老师,杭州市上城区徐雪峰老师的倾囊指导,赋予了本书别样的精彩.写作过程中,一直得到浙江大学出版社的热情支持,感谢编辑老师.

本书的编撰与出版,杭州市临安区教育局褚凯军、高凌等领导给予鼎力支持,临安区教育研训中心沈建忠、杜群儿给予不断鼓励,以及锦城六中的谢玲等老师的帮助,在这里一并表示感谢.

在丛书的编写过程中,笔者组织68次主题研讨会,统一理念、打磨框架、凝炼经验、萃取案例,并对每一篇文稿进行了认真审读、反复修改,尽显精益求精之匠心.本书编写组成员:艾阳、戴秀梅、王卫东、孟敬芳、金纶、孙杰,他们夙兴夜寐,同向、同心、同行,相互赋能,在研究中蜕变,在蜕变中成长,让我倍感欣慰,备受鼓舞!

"数学高阶思维"的研究,我们一直在路上.书中肯定会有未尽如人意的地方,加之作者水平有限,谬误也在所难免.期待大家共阅此书,并提出您的宝贵意见和建议,为提升学生思维、发展数学素养而努力!

张娟萍

2023年5月于杭州临安